iPad & iPad Pro

Edward C. Baig
Bob LeVitus

iPad & iPad Pro pour les nuls

FIRST
INTERACTIVE

iPad & iPad Pro pour les Nuls
Titre de l'édition américaine : *iPad & iPad Pro For Dummies*

Publié par
Wiley Publishing, Inc.
111 River Street
Hoboken, NJ 07030 – 5774
USA

ISBN 978-2-412-07879-2
Dépôt légal : 3e trimestre 2022
Imprimé en Italie

Éditions First
92, avenue de France
75013 Paris – France
e-mail : firstinfo@efirst.com
Site internet : www.pourlesnuls.fr

Traduction : Bernard Jolivalt

Sommaire

Quatrième partie L'iPad personnalisé

Cinquième partie Les dix commandements

Introduction

Les iPad sont des appareils mobiles qui ne cessent de se perfectionner année après année, et de versions iOS en versions iOS. Le grand avantage de ces matériels aux performances époustouflantes est que vous pouvez les utiliser immédiatement (ou presque) après les avoir sortis de leur boîte. Mais, l'autre grand avantage des iPad est que vous n'êtes pas obligé d'acheter compulsivement le dernier modèle qui vient de voir le jour. En effet, si votre modèle d'iPad peut mettre à jour son ancien iOS en iPadOS 15, vous serez heureux d'apprendre que votre appareil n'est pas obsolète. De ce fait, nous avons conçu un livre dont le contenu pourra être appliqué à la grande majorité de modèles de la famille iPad, et ceci même si l'ouvrage a été écrit en utilisant l'incroyable iPad Pro.

L'iPad semble être un appareil très intuitif à utiliser et à maîtriser. Certes, il l'est, mais c'est sans doute là que réside le grand danger de ces matériels séduisants. En effet, vous risquez de ne les utiliser qu'à 20 % de leurs possibilités. Car les 80 % restants sont beaucoup moins faciles à découvrir par soi-même, et à appréhender de manière logique et performante. Par exemple, sauriez-vous acquérir cette incroyable app (pardon, « application ») avec laquelle votre cousine Lisa ne cesse de vous narguer au point de vous faire passer pour un(e) ringard(e) aux yeux de la famille réunie autour du Messie iPad ? Et serez-vous capable de prendre d'aussi belles photos et vidéos que vos voisins qui, eux, ont lu le livre que vous tenez entre les mains ?

Pour atteindre ce niveau de performance, vous vous êtes rallié à cette idée qu'il fallait investir dans un livre dédié aux iPad. Sachez qu'en rédigeant cet ouvrage, nous n'avons poursuivi qu'un seul but : fournir une information facile et agréable à assimiler. Nous espérons que vous prendrez plaisir à l'utiliser et aussi à lire ces pages.

Précision également une chose essentielle. Si tout le monde sait plus ou moins ce qu'est un iPad, le terme iPadOS reste nimbé d'un mystère sépulcral (à cause des OS). Bref, OS sont les initiales d'*Operating System*, « système d'exploitation » en français bien de chez nous. Le « i » désigne l'iPad, mais aussi les iPhone, iPod, iTunes et tous ces iQuelque chose de la nébuleuse Apple.

À propos de ce livre

À l'instar de la plupart des produits fabriqués par Apple, l'iPad est très design et son utilisation est plutôt intuitive. Bien que notre éditeur n'apprécie pas tellement que l'on révèle ce petit secret, surtout dès la première page, il se trouve que vous pouvez explorer par vous-même les nombreuses fonctions de l'iPad sans l'aide de ce livre (ou d'un autre).

Vous avez procédé à un achat des plus avisés. Pourquoi nous permettons-nous une telle affirmation ? Tout simplement parce que ce livre est truffé de conseils et d'astuces qui vont optimiser et faciliter l'utilisation de votre iPad. L'essentiel n'est-il pas de prendre du plaisir à utiliser un matériel informatique ? Alors, si telle est votre intention, gardez ce livre à portée de main pour le consulter dès que le besoin s'en fera sentir.

Les conventions utilisées dans ce livre

iPad pour les Nuls propose des démonstrations étape par étape, des listes à puces et des illustrations. Les adresses Internet sont présentées dans une police de caractères spéciale, comme `www.pourlesnuls.fr` par exemple.

Vous rencontrerez aussi quelques encadrés contenant des informations techniques. Vous n'êtes pas obligés de les lire, mais si vous y consentez, votre culture iPadienne n'en sera que meilleure. Nous nous sommes efforcés de réduire le jargon au minimum, en partant du principe que, hormis quelques rares exceptions, nous n'aurons pas à approfondir telle ou telle notion.

Comment ce livre est organisé

La plupart des livres commencent par une introduction, se poursuivent par un développement et se terminent par une conclusion, généralement tragique. Vous adhérez sans doute à cette structure linéaire, à moins que vous ne fassiez partie de ceux qui lisent les dernières pages d'un polar pour savoir qui est l'assassin !

Heureusement, ou malheureusement, il n'y a pas de chute surprenante dans un ouvrage de la collection « Pour les Nuls ». Nous ne vous en voudrons donc pas si vous parcourez ce livre dans le désordre, en sautant des chapitres, en terminant par le début ou en débutant par la fin. Cela dit, nous avons quand même organisé cet *iPad pour les Nuls* d'une manière sensée, du moins selon nous. Voici donc la structure de ce livre.

Première partie : Bien le bonjour iPad

Eh oui, signe des temps, nous partons du principe que l'iPad est non genré. Comme les anges, ce matériel n'a pas de sexe d'où la neutralité du titre de cette partie qui vous présente l'iPad en l'examinant sous toutes les coutures en cherchant à savoir à quoi servent tous ses boutons, bidules, trucs et machins. Vous saurez sur le bout des doigts comment utiliser son remarquable affichage virtuel Multi-Touch. Et bien sûr, vous découvrirez combien il est facile de synchroniser quantité de données afin de les déplacer du Mac ou du PC vers l'iPad, et inversement.

Deuxième partie : L'iPad et Internet

Cette deuxième partie se rapporte à tout ce qui concerne l'iPad lorsqu'il est connecté à Internet. Vous découvrirez comment visiter des sites Internet avec le navigateur Safari, configurer un compte de messagerie, envoyer et recevoir du courrier électronique, utiliser les plans et les cartes, et ainsi de suite. Vous apprendrez à acheter des applications sur l'App Store et à les utiliser. Et si vous n'avez pas le modèle Cellular de l'iPad, celui équipé d'une carte SIM, vous verrez comment vous connecter à l'Internet en utilisant un iPhone qui renverra tout simplement les données vers votre iPad.

Troisième partie : Travailler et se divertir avec l'iPad

Nous attaquons ici les choses sérieuses puisque nous abordons un sujet aussi sensible qu'essentiel : le travail avec l'iPad. Je sais, cela ne réjouira pas beaucoup d'utilisateurs et d'utilisatrices de cette tablette Apple. Heureusement, nous avons décidé de traiter aussi dans cette partie d'un aspect plus séduisant de l'existence, nous voulons bien entendu parler du divertissement comme la musique, la vidéo, les films, les photos, et aussi l'achat de livres électroniques dans la boutique de l'app Apple Livres. Vous apprendrez à utiliser Calendrier et Contacts et nous vous donnerons un aperçu des applications de productivité facultatives que sont KeyNote, Pages et Numbers.

Quatrième partie : L'iPad personnalisé

Cette quatrième partie explique comment configurer les réglages et dépanner un iPad ratatiné quand il fait des incartades et vous laisse dans la panade à pousser des jérémiades de plantigrade. Elle présente aussi quelques accessoires incontournables, et donc dignes d'intérêt.

Cinquième partie : Les dix commandements

C'est un incontournable de la collection «Pour les Nuls». Vous découvrirez quelques-unes des applications les plus pratiques ou les plus surprenantes, voire les deux à la fois, ainsi que quelques astuces fort commodes.

Les pictogrammes

Vous rencontrerez bon nombre de petits pictogrammes ronds en marge des paragraphes lors de votre lecture. Ils signalent un point particulier ou intéressant, ou encore une mise en garde. Voici leur signification :

Attire votre attention sur un conseil, un raccourci ou une recommandation qui facilitent l'utilisation de l'iPad.

Signale un point que vous devriez mémoriser, voire consigner sous la forme d'un pense-bête dans l'iPad lui-même.

Vous ne brûleriez quand même pas un stop ? Eh bien, c'est pareil pour ce pictogramme. Il signale en effet un risque pour votre iPad, et par conséquent pour votre portefeuille. À bon entendeur…

Ce paragraphe contient des notions un peu techniques, que vous n'êtes pas obligé d'assimiler. Mais ça fait toujours du bien de se coucher plus intelligent que la veille… Avec en prime le doux plaisir de briller, que dis-je, de frimer en société.

Et maintenant ?

Si on passait directement au Chapitre 1? Il semble en effet que le bon ordre des choses commence par... le commencement non? Mais avant cela, permettons-nous un dernier mot : au moment où ce livre est écrit, toutes les informations sont exactes pour les iPad équipés de la version 15 de son système d'exploitation iPadOS. Apple est susceptible d'introduire de nouvelles versions du système d'exploitation de l'iPad, notamment avec iPadOS 16. Si vous relevez des différences entre le contenu de ce livre et l'iPad que vous utilisez, visitez la page `www.apple.com/fr/ipad/`, sur le site d'Apple; vous y trouverez sans aucun doute des informations complémentaires ainsi que des mises à jour utiles.

Partie 1
Bien le bonjour iPad

DANS CETTE PARTIE...

Il nous a semblé nécessaire de commencer par le faire le tour du propriétaire avec le Chapitre 1. Nous avons poussé le vice jusqu'à vous faire découvrir ce que contient l'emballage, à supposer que vous ayez résisté à la tentation bien légitime de l'ouvrir. Nous finirons cette découverte par un petit tour des aspects matériels et logiciels afin que vous sachiez où se trouve quoi, quand vous en avez besoin ici et maintenant.

Une fois que vous serez familiarisé avec les différentes fonctionnalités de votre iPad, vous pourrez passer à la pratique. Vous commencerez par apprendre à allumer et éteindre l'iPad – eh oui... – et aussi à le verrouiller et le déverrouiller pour bien comprendre les tenants et les aboutissants de ces actions. Le Chapitre 2 présente une foultitude de trucs et d'astuces ; vous y apprendrez à maîtriser l'interface Multi-Touch, unique en son genre, et à l'utiliser efficacement, vous apprendrez ce qu'est le multitâche, et même à imprimer avec l'iPad si vous disposez d'une imprimante Wi-Fi avec des pilotes d'impression compatibles.

Enfin, au Chapitre 3, vous découvrirez la synchronisation, une fonctionnalité qui autorise l'échange de vos contacts, rendez-vous, vidéos, morceaux de musique, podcasts, livres numériques et autres éléments avec votre ordinateur, rapidement et sans peine.

DANS CE CHAPITRE

Vue d'ensemble.

Le tour du propriétaire.

Les applications de l'iPad.

Chapitre 1
Effeuiller la marguerite iPad

Nous ne pouvons que vous féliciter d'avoir choisi l'un des appareils mobiles les plus remarquables du moment. L'iPad est à la fois un baladeur multimédia, une liseuse de livres numériques, un outil de communication et de partage par Internet, une console de jeux portable, un appareil photo et une caméra vidéo numérique… et cette liste n'est pas exhaustive. C'est aussi une plateforme pour laquelle des centaines de milliers d'applications, ou apps, sont disponibles.

Ce chapitre présente tous les éléments qui constituent votre iPad, notamment ses révolutionnaires fonctionnalités matérielles et logicielles.

Vue d'ensemble de l'iPad

L'iPad est doté d'un grand nombre de fonctionnalités hors du commun, et depuis quelques années il est possible, selon les modèles, d'utiliser un clavier Magic Keyboard et un stylet Apple Pencil. Des claviers de sociétés tierces sont disponibles pour l'ensemble des modèles. Le stylet est disponible sur certains modèles, mais attention : il existe deux modèles de stylets, dont l'un, celui de seconde génération, réservé à la dernière génération d'iPad Pro et d'iPad

Air. Contrairement au précédent modèle qui se rechargeait par le connecteur Lightning, le nouveau modèle présente un côté plat qui lui permet de se fixer à l'iPad par un aimant pour la recharge et le jumelage automatiques.

Voici quelques caractéristiques des modèles disponibles au moment de l'écriture de ces lignes. L'iPad Pro est proposé en deux tailles d'écran tactile : 12,9 pouces ou 11 pouces de diagonale. L'écran de l'iPad standard mesure quant à lui 10,2 pouces de diagonale, tandis que celui de l'iPad mini est de 8,3 pouces. Enfin, l'iPad Air dernière génération possède un écran de 10,9 pouces. Les iPad Pro 12,9 pouces sont pourvus d'un écran Liquid Retina XDR, tandis que la version 11 pouces et les autres modèles d'iPad sont équipés d'un écran Retina.

Les résolutions des écrans des iPad sont les suivantes :

» **iPad Pro : 2388 × 1668 pixels à 264 pixels par pouce pour le modèle 11 pouces, et 2732 × 2048 pixels à 264 pouces pour le modèle 12,9 pouces.**

» **iPad Air : 2360 × 1640 pixels à 264 pixels par pouce.**

» **iPad : 2160 × 1620 pixels à 264 pixels par pouce.**

» **iPad mini : 2266 × 1488 pixels à 326 pixels par pouce.**

Les écrans Retina sont remarquables. Sur un écran d'ordinateur standard, la trame de pixels est visible, alors que sur un écran Retina, l'image est d'une netteté époustouflante. Les photographes désireux de montrer leurs réalisations apprécieront la qualité d'affichage des écrans des iPad.

L'écran des modèles les plus récents dispose de surcroît d'un revêtement antireflet, pour une lisibilité encore accrue en extérieur.

Un écran d'une grande netteté, c'est aussi agréable pour lire. Car les iPad sont aussi des liseuses. Sur l'écran Retina, les caractères typographiques sont affichés avec la même précision que s'ils étaient imprimés. Avec l'avantage, comparé au papier, de pouvoir changer la taille de la police de caractères ou la luminosité de l'écran. Sans parler du poids et de l'encombrement : des milliers et des milliers d'ouvrages peuvent être stockés dans les quelques centaines de grammes d'un iPad.

L'iPad fonctionne avec le dispositif de pointage que vous connaissez le mieux : votre doigt. Toutefois, Apple a introduit en automne 2015 l'Apple Pencil. Ce stylet, vendu séparément, fonctionne avec tous les iPad. Celui de première génération se recharge directement sur le connecteur Lightning de ces derniers et permet d'écrire des annotations, de dessiner ou d'effectuer des sélections précises. L'Apple Pencil de seconde génération spécial pour les iPad Air et iPad Pro se fixe sur le bord de l'appareil afin de le recharger, et sans risque de l'oublier ou le perdre.

Petite information supplémentaire concernant le prix de ces deux périphériques. L'Apple Pencil de 1re génération est proposé au prix de 99 €, et celui de 2e génération vous coûtera 135 €.

Un autre périphérique a vu le jour en même temps que le stylet Apple Pencil : le clavier directement connecté aux derniers modèles d'iPad Pro et d'iPad Air. Il existe en trois modèles : le Smart Keyboard, le Smart Keyboard Folio et le Magic Keyboard. Chacun est doté de 64 touches. Les claviers servent de support, afin que vous puissiez saisir du texte comme sur un ordinateur portable. Le Magic Keyboard propose un design suspendu de type cantilever qui permet de fixer votre iPad Pro ou iPad Air de façon magnétique et de l'incliner d'un geste selon l'angle qui vous convient. Le confort de frappe est assuré par des touches rétroéclairées présentant une course de 1 mm. Mais il y a tout de même un petit problème. Une telle technologie à un prix de 339 €.

De son côté, le Smart Keyboard Folio est un clavier lui aussi très confortable et qui protégera votre iPad quand vous ne l'utiliserez pas. En revanche, ses touches ne sont pas rétroéclairées. De facture moins sophistiquée que le Magic Keyboard, il ne vous en coûtera que, si je puis dire, 199 €.

Enfin, le moins élaboré des trois mais qui reste très utile, le Smart Keyboard, est disponible au prix de 179 €.

Ces trois modèles de clavier se replient afin de protéger l'écran.

Vous pouvez aussi opter pour un clavier d'une autre marque, moins onéreux, comme le Keys-To-Go de Logitech, compatible avec tout type d'iPad, auquel il se connecte par une connexion Bluetooth, donc sans fil.

Une autre fonctionnalité, renversante dans tous les sens du terme, est représentée par les capteurs de mouvement. Un accéléromètre détecte instantanément l'orientation de l'iPad pour un affichage en hauteur (mode Portrait) ou un affichage en largeur (mode Paysage), et il adapte le contenu de l'écran en conséquence.

Le contenu de l'écran se remet d'aplomb lorsque l'iPad pivote, sauf si le verrouillage de la rotation de l'écran est enclenché. Nous y reviendrons d'ici peu.

Dans les sections qui suivent, vous ne vous contenterez pas d'admirer béatement le magnifique écran. Vous ferez le tour de chacune des fonctionnalités de l'iPad.

Un capteur de lumière règle la luminosité de l'écran en fonction de l'éclairage ambiant.

En plus des capteurs déjà cités, les iPad sont équipés d'un gyroscope à trois axes fonctionnant conjointement avec l'accéléromètre et la boussole. Tous sont capables de connaître leur orientation et d'indiquer une direction. Les modèles les plus récents sont en outre équipés d'un baromètre et d'un lecteur d'empreintes digitales nommé Touch ID, qui permet notamment de déverrouiller votre appareil.

Si vous possédez un iPhone, vous pouvez configurer ce dernier pour que les appels reçus sonnent sur l'iPhone et l'iPad (et éventuellement sur votre Mac). C'est pratique si vous avez votre iPhone dans une pièce et que vous utilisiez votre iPad dans une autre pièce.

L'iPad et les communications Internet

L'iPad est un périphérique de communication Internet complet et – si vous nous pardonnez ce soupçon de jargon – un client de messagerie compatible avec la plupart des services de courrier électronique POP et IMAP, prenant en charge de surcroît Microsoft Exchange ActiveSync (c'est le genre de prose qui me rend euphorique, surtout en société). Nous reviendrons au Chapitre 5 sur les fonctionnalités Internet de l'iPad.

L'une de ces sympathiques fonctionnalités Internet porte le doux nom de Plans. Grâce à un GPS (modèles Wi-Fi + Cellular) ou par triangulation (modèles uniquement Wi-Fi), l'iPad peut déterminer votre localisation, afficher une carte ou une imagerie satellitaire, et vous indiquer un itinéraire ou vous fournir des informations concernant la circulation routière, quel que soit l'endroit où vous vous trouvez. Tout cela est expliqué par le menu au Chapitre 6. Vous pouvez aussi localiser des stations-service, des restaurants ou des hôpitaux, ou encore des boutiques Apple, tout cela simplement en quelques tapotements.

L'iPad liseuse de livres

À vrai dire, le livre, c'est vous qui le lisez. L'iPad ne fait qu'afficher ses pages, ce qui est déjà pas mal. Cela dit, l'application Livres vous permettra de découvrir une manière toute nouvelle de trouver et de lire des livres. L'application Livres, abordée au Chapitre 12, donne accès à une librairie remplie de volumes qui coûtent moins cher (enfin, pas toujours) que les mêmes livres en version papier. Mieux, en choisissant des livres virtuels, vous préservez l'environnement et les arbres (bon, d'accord, il faut quand même bien consommer un peu d'électricité).

Le contenu de la boîte

Nous avons présumé jusqu'ici que vous aviez déjà ouvert l'élégante boîte blanche qui sert d'écrin à l'iPad. Mais si ce n'est pas encore le cas, voici ce que vous trouverez dedans :

» **Le câble USB-C :** ce câble très commode sert à charger l'iPad et à procéder aux synchronisations. Il peut être connecté à un Mac ou à un PC tournant sous Windows, ou encore à un adaptateur secteur USB, comme décrit un peu plus loin.

Remarque : en connectant le câble au port USB d'un répartiteur USB, d'un clavier, d'un écran, ou même au port USB d'un Mac ou d'un PC ancien, vous parviendrez probablement à synchroniser les données, mais pas à recharger la batterie. En règle générale, le port USB intégré à l'ordinateur – un modèle récent – est suffisamment bien alimenté à cette fin. Si ce n'est pas le cas, le message *Aucune recharge en cours* est affiché en haut de l'écran, près de l'indicateur de la batterie. En fait, et comme pour tout appareil de ce type, la meilleure manière de charger la batterie de l'iPad est de le connecter à une prise de courant. Conclusion : n'oubliez jamais d'emporter le câble USB et l'adaptateur secteur lors de vos déplacements.

» **L'adaptateur secteur USB-C :** il sert à recharger l'iPad en le branchant directement à une prise de courant.

» **Quelques autocollants du logo Apple :** c'est une manie un peu collante, chez Apple.

» **Un feuillet d'instructions :** cette petite plaquette *recto verso* offre malheureusement – ou plutôt « heureusement » pour les plumitifs high-tech – assez peu d'informations sur l'obscur, oups... le lumineux objet de votre désir.

» **L'outil d'éjection de la carte SIM** (pour modèles Wi-Fi + Cellular uniquement) : c'est une variante hypersophistiquée, joliment chromée, du trombone de bureau que l'on déplie (utilisable si vous avez perdu le précieux outil).

» **L'iPad :** ah ben, on allait l'oublier, celui-là ! Eh oui, il y en a même un dans la boîte ! Elle n'est pas belle, la vie ?

Ce que vous ne trouverez pas dans la boîte, ce sont les écouteurs. Si vous souhaitez écouter de la musique, la bande-son d'un film, les bruitages d'un jeu vidéo ou n'importe quoi d'autre dans de bonnes conditions, vous devrez vous en procurer (le haut-parleur étant cependant très correct). Vous pouvez même opter pour un casque comportant un microphone, puisque les iPad permettent de dicter du texte avec l'application Dictée ou avec l'assistant vocal Siri. De plus, l'application FaceTime vous permet de converser avec d'autres utilisateurs d'appareils Apple (Mac, iPhone, Apple Watch). L'iPad est en tout état de cause doté de son propre microphone.

L'iPad est multimédia

L'iPad n'est pas en reste pour le multimédia et l'audiovisuel, notamment la musique, les livres audio, les podcasts audio et vidéo, les films, les émissions de télévision, tout cela sur le somptueux écran en couleur à haute résolution, avec une image riche, lumineuse et détaillée.

Le Chapitre 3 est entièrement consacré à la synchronisation. Mais, pour le moment, contentez-vous de savoir qu'une vidéo doit être convertie dans un format compatible avec l'iPad (résolution d'écran, taux d'image, débit binaire et format de fichier). Si vous tentez de synchroniser un fichier vidéo incompatible, Musique vous signalera le problème.

Nous l'avons déjà clamé haut et fort, mais on peut récidiver. Le splendide écran Liquid Retina ou simplement Retina des iPad est tout indiqué pour visionner de la vidéo. Branchez un câble comme expliqué au Chapitre 16, et l'iPad devient un superbe lecteur pour regarder de la vidéo sur un téléviseur (HDTV ou non), en résolution haute définition de 1080 p (oubliez le logo Full HD, c'est déjà du passé), voire 4K selon les modèles. Pour que l'image soit bien définie, l'iPad est équipé d'un stabilisateur d'image, mais il ne fonctionne qu'en vidéo, pas pour les photos.

Avec leurs objectifs en façade et au dos, et l'application de conversation FaceTime, les iPad sont des outils multimédias absolument fabuleux. Vous apprendrez au Chapitre 8 à utiliser la visiophonie avec FaceTime.

L'iPad comme plateforme pour des apps tierces

En optant pour un titre comme *L'iPad comme outil permettant de lire des applications tierces, c'est-à-dire développées par d'autres programmeurs que ceux de chez Apple ou par vous-même,* le titre aurait été plus clair, mais plus long. D'innombrables applications sont disponibles sur l'App Store dans des thèmes aussi divers que la finance, le bien-être, le divertissement, l'éducation, les jeux, la musique, la photographie, la productivité, la santé, le sport, les voyages et bien d'autres domaines. Ce qui est génial, c'est que la plupart des applications pour iPhone fonctionnent parfaitement sur un iPad. Parmi toutes les applications de l'App Store, des milliers sont conçues spécifiquement pour l'iPad, et bien d'autres ne manqueront pas de s'y ajouter. Le Chapitre 7 vous incite honteusement à truffer votre iPad de toutes les apps possibles et (in)imaginables. Une petite sélection pas piquée des hannetons se trouve dans le Chapitre 17 (qui ne parle que d'applications gratuites).

Que me faut-il pour utiliser un iPad ?

Pour utiliser véritablement votre iPad, vous n'avez besoin que des quelques éléments et services que voici :

» Un iPad (forcément...).

» Un identifiant Apple (si bien sûr vous souhaitez télécharger des apps, de la vidéo, des morceaux de musique, des livres numériques, des podcasts, voire tout bêtement mettre à jour le système d'exploitation ou vos apps, *etc.*). En fait, grâce à votre identifiant Apple.

» Un accès Internet. Une connexion à haut débit est vivement recommandée.

Il y a quelques années, vous aviez besoin d'un ordinateur et d'iTunes pour synchroniser votre iPad. Ceci n'est plus d'actualité. Aujourd'hui, vous activez, configurez, mettez à jour, sauvegardez, et restaurez votre iPad sans fil donc sans passer par un ordinateur.

Un dernier point : si vous voulez utiliser iCloud, le système de stockage de données sur les serveurs d'Apple, les prérequis sont un peu plus drastiques : vous devrez disposer d'un Mac équipé au minimum de la version Lion 10.7.5 – elle date de 2011, ce qui ne nous rajeunit pas – ou ultérieure de son système d'exploitation.

L'iPad vu de l'extérieur

L'iPad est une harmonieuse combinaison matérielle et logicielle. Dans les sections qui suivent, nous jetterons un rapide coup d'œil sur la partie matérielle, autrement dit sur sa partie extérieure.

Sur le dessus

Vous trouverez sur le dessus de l'iPad la prise pour les écouteurs ainsi que le bouton Marche/Arrêt/Veille, comme le montre la Figure 1.1. Voici quelques informations utiles :

Figure 1.1
Le dessus d'un iPad Pro.

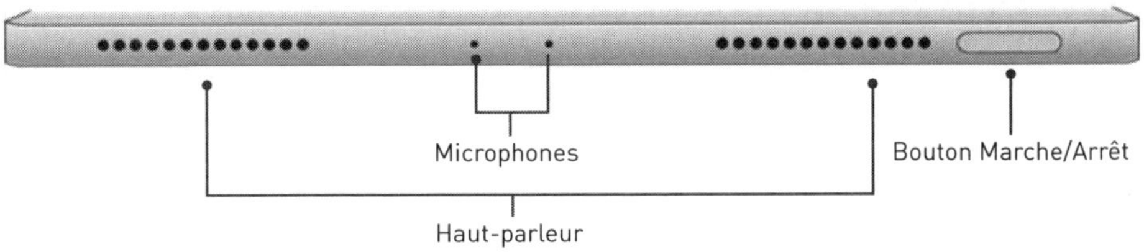

- **Marche/Arrêt/Veille :** ce bouton sert à mettre l'iPad en veille et à le réveiller, en appuyant brièvement dessus. Il sert aussi à l'allumer et à l'éteindre ; dans ce cas, maintenez le bouton enfoncé pendant un instant.

Comme la batterie de l'iPad se vide plus rapidement lorsqu'il est en marche, prenez l'habitude de le mettre en veille sitôt que vous ne l'utilisez plus.

Lorsque l'iPad est en veille, il ne se passe rien lorsque vous touchez son écran. Pour le réveiller, il suffit d'appuyer sur le bouton Marche/Arrêt/Veille ou sur le bouton principal (décrit d'ici peu) qui se trouve à l'avant de l'appareil.

Si vous avez adjoint un clavier de type Smart ou Magic, il suffit de le fermer pour basculer l'iPad en veille, et de l'ouvrir pour l'en sortir.

Vous apprendrez au Chapitre 14 comment régler le délai avant la mise en veille automatique, lorsque l'iPad n'est pas utilisé.

- **Prise audio :** uniquement présente sur les anciens iPad. Elle permet d'utiliser des écouteurs ou un casque. Vous pouvez utiliser les écouteurs livrés avec votre iPhone ou votre iPod, ou n'importe quels écouteurs équipés d'un jack stéréo de 3,5 mm. Sur les modèles récents, la prise audio a disparu au profit des écouteurs sans fil Bluetooth.

Dans tout ce livre, nous utilisons indistinctement les termes *écouteurs* ou *casque.* Les écouteurs sont ces petits machins au bout d'un fil qu'on se fourre dans les oreilles, tandis que le casque est formé d'un arceau sur lequel sont fixés les petits haut-parleurs.

- **Microphones :** situés sur le côté droit de l'iPad mini et au dos des iPad standard et Pro, deux microphones d'assez bonne qualité permettent d'enregistrer le son environnant en même temps que la vidéo ou de diffuser celui de votre voix lors d'appels en visiophonie ou pour dicter du texte à l'iPad.

Bien que l'iPad, contrairement à l'iPhone, ne soit pas livré avec l'application Dictaphone, vous pouvez télécharger plusieurs applications vocales gratuites pour votre iPad.

Sur le dessous

Sous l'iPad se trouvent les haut-parleurs et le connecteur Lightning, comme le montre la Figure 1.2.

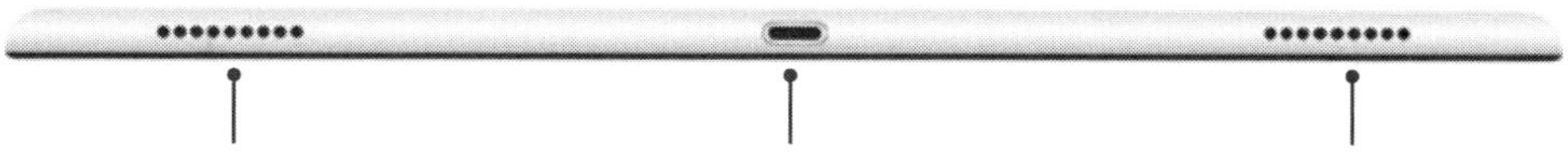

Figure 1.2 Le dessous de l'iPad.

» **Haut-parleur :** il diffuse la musique ou la bande-son des clips vidéo, lorsque les écouteurs ne sont pas utilisés.

» **Connecteur Lightning :** il sert d'une part au rechargement de la batterie, en connectant l'iPad à l'adaptateur secteur USB, et d'autre part au rechargement de la batterie tout en synchronisant les données. Connectez une extrémité de ce même câble au port USB d'un Mac ou d'un PC.

Reportez-vous à l'encadré « Qu'y a-t-il dans la boîte ? », précédemment dans ce chapitre, pour connaître les limitations des ports USB externes (répartiteur USB, port USB d'un clavier, d'un écran, *etc.*).

Sur le côté droit

Sur le côté droit se trouvent les boutons de réglage du volume visibles sur la Figure 1.3 et les micros (iPad mini) :

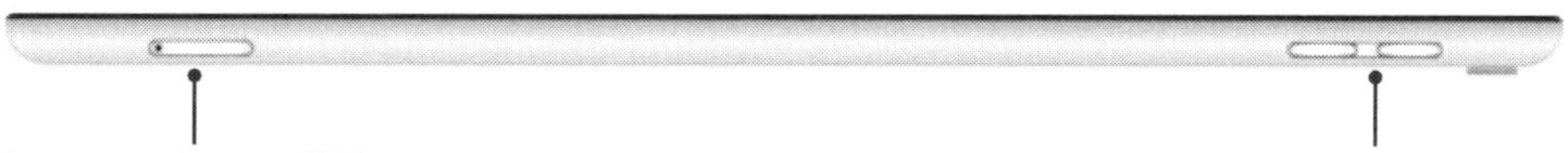

Figure 1.3 Le côté droit d'un iPad Pro avec logement SIM.

» **Réglage du volume sonore :** il s'effectue au moyen de deux boutons. Appuyez sur le bouton du haut pour augmenter le volume du son, sur le bouton du bas pour le diminuer.

» **Logement SIM** : il apporte à l'iPad des fonctions cellulaires. Sachez que les modèles uniquement Wi-Fi ne disposent pas de ce logement.

En façade et au dos de l'iPad

La Figure 1.4 montre un iPad Pro installé sur un Magic Keyboard. La Figure 1.5 montre la façade de l'iPad qui ne diffère pas qu'elle soit utilisée avec ou sans Magic Keyboard. Ainsi vous y trouvez :

Figure 1.4
L'iPad pro et un Magic Keyboard.

» **Écran tactile :** vous apprendrez au Chapitre 2 tout ce qu'il faut savoir à propos du somptueux écran tactile à haute résolution. Tout ce que nous pouvons dire pour le moment, c'est que vous pouvez baver d'admiration devant l'écran… mais pas dessus !

» **Bouton principal :** il n'est présent que sur les iPad standard et mini. Quelle que soit l'activité en cours, appuyer dessus affiche l'écran d'accueil.

Sur les modèles récents, le bouton principal ou bouton Accueil n'existe plus. Il a été remplacé par une petite barre horizontale située en bas de l'écran tactile. Il suffit de la balayer rapidement vers le haut pour afficher l'écran d'accueil de votre iPad.

» **Appareil photo en façade** : la caméra FaceTime HD est d'une résolution de 8 mégapixels sur l'iPad standard et de 12 mégapixels sur la nouvelle génération d'iPad. Mais au dos des iPad, un appareil photo de 12 mégapixels équipe tous les modèles, avec un ou deux objectifs (grand-angulaire et ultra grand-angulaire, selon les modèles), et permet de prendre des images d'une excellente qualité.

Figure 1.5 La façade de l'iPad est d'une élégante simplicité. À gauche, celle des iPad standard et mini, avec le bouton sous l'écran. À droite, celle des iPad Air et Pro.

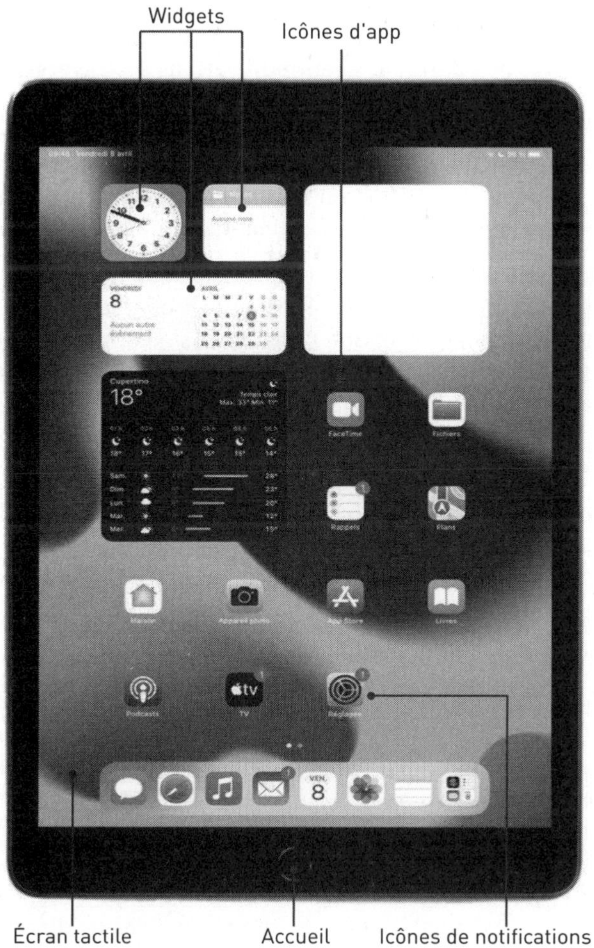

La barre d'état

Pour accéder à cette barre d'état, il suffit, sur les derniers iPad, de faire glisser vers le bas le bord supérieur droit de l'écran, c'est-à-dire là où sont affichées les icônes de la connexion Wi-Fi, de concentration, et du niveau de charge de la batterie. Vous accédez ainsi aux icônes et fonctionnalités illustrées sur la Figure 1.6. Voici une brève présentation des plus importantes :

- **Mode avion :** vous pouvez utiliser l'iPad en avion après que le commandant de bord en a donné l'autorisation (bon, d'accord, la situation se débloque progressivement). Vous n'avez cependant pas le droit d'utiliser le Wi-Fi ou la 3G/4G/5G, sauf lorsque l'avion est dans la zone de parking, avant son roulage vers la piste ou après l'atterrissage. Le mode avion de l'iPad désactive toutes les fonctionnalités sans fil, c'est-à-dire les communications au travers des réseaux 3G/4G/5G, GPRS, EDGE, Wi-Fi et Bluetooth. Mais vous pouvez écouter de la musique, regarder des vidéos ou lire un livre électronique pendant le vol. Notez qu'il devient de plus en plus possible d'utiliser le Bluetooth en vol, puisque les écouteurs sans fil sont de plus en plus courants. D'ailleurs, lorsque vous utilisez des écouteurs Bluetooth, le passage en mode avion ne coupe plus le Bluetooth.

- **3G (modèles Wi-Fi + Cellular seulement) :** cette icône vous informe que le réseau 3G, c'est-à-dire de troisième génération, de l'opérateur de télécommunications est disponible, et que l'iPad peut s'y connecter pour accéder à Internet. Reportez-vous à l'encadré « Wi-Fi, 3G, 4G, GPRS, EDGE... » pour avoir des détails sur les réseaux numériques.

- **Wi-Fi :** lorsque cette icône est affichée, cela indique que l'iPad est connecté à Internet au travers d'un réseau Wi-Fi. Plus le nombre d'arcs est élevé, plus le signal Wi-Fi est fort. S'il est faible (un ou deux arcs), déplacez-vous un peu pour obtenir une meilleure réception. Si l'icône Wi-Fi n'est pas affichée dans la barre d'état, cela signifie qu'aucune borne ou box Wi-Fi ne se trouve à portée.

- **Activité :** cette icône indique qu'une activité de réseau ou autre (synchronisation sans fil, réception ou envoi de courrier, chargement d'une page Internet...) est en cours. Certaines applications tierces se servent de cette icône pour indiquer qu'elles réfléchissent profondément à l'avenir du monde.

- **VPN :** indique que vous êtes actuellement connecté à un réseau virtuel privé (VPN, *Virtual Private Network*).

- **Ne pas déranger :** indique que l'iPad est mode Ne pas déranger, autrement dit les alertes et appels FaceTime sont réduits au silence.

- **Bluetooth :** indique qu'un appareil Bluetooth, comme un casque d'écoute ou un clavier, communique actuellement avec l'iPad. Lorsque l'icône est grise, comme l'icône de droite dans la marge, cela signifie que Bluetooth est activé sur l'iPad, mais qu'aucun appareil externe n'est connecté. Si l'icône est blanche, la connexion avec un appareil Bluetooth est établie. Et si l'icône n'apparaît pas, cela signifie que la fonction Bluetooth est inactive. Le Chapitre 14 en dit plus sur ce mode de communication.

- **Verrou de basculement d'écran :** reportez-vous à l'encadré précédent « Commutateur silence et verrouillage ».

- **Recopie d'écran :** permet d'afficher l'écran de votre iPad sur un écran de TV ou un autre Mac.

» **Batterie :** indique le niveau de charge de la batterie. Il est maximal lorsque l'iPad n'est pas alimenté par le secteur et que la batterie est en pleine charge, puis il décroît peu à peu. L'icône montre aussi l'alimentation par le secteur et indique si la batterie est à présent complètement chargée ou en cours de charge. Un message est affiché lorsque la charge est inférieure à 20 % et un autre quand elle atteint le seuil pratiquement fatidique des 10 %.

» **Lecture :** cette icône indique qu'un contenu multimédia est en cours de lecture.

» **Luminosité :** touchez cette icône et faites glisser le « curseur » vers le haut pour augmenter la luminosité de l'écran et vers le bas pour la réduire. Lorsque vous touchez cette icône, vous affichez également des icônes de mode d'affichage, comme Mode sombre, Night Shift, et True Tone.

» **Volume :** faites glisser la barre verticale de cette icône vers le haut pour monter le volume et vers le bas pour le baisser.

» **Lampe torche :** active/désactive la lampe torche de votre iPad.

» **Caméra :** active l'app Appareil photo pour prendre des photos ou tourner des vidéos.

Figure 1.6
La barre d'état du centre de contrôle de l'iPad.

Les spécificités de l'iPad Pro

Si vous en avez les moyens, investissez dans la Rolls-Royce des tablettes, c'est-à-dire l'iPad Pro. Pourquoi? Parce que tout simplement qui peut le plus peut le moins. Partant de cet adage, il serait dommage qu'en achetant, par exemple, l'iPad mini, vous soyez à plus ou moins brève échéance bloqué dans vos activités. En effet, de prime abord, il est difficile d'évaluer ses besoins propres sachant que plus un matériel offre de possibilités, plus lesdits besoins se révèlent à nous.

Mais qu'est-ce que l'iPad Pro a de plus que les autres modèles de la gamme des tablettes Apple? D'abord, il s'agit de la tablette la plus puissante équipée d'un processeur M1 avec un indice de consommation d'énergie des plus favorables. Grâce à un CPU (unité de calcul) et un GPU (processeur graphique) 8 cœurs et un Neural Engine 16 cœurs, les performances de l'iPad Pro permettent d'utiliser votre tablette comme un véritable ordinateur portable pour exécuter des tâches aussi gourmandes en puissance que la retouche photo et le montage vidéo.

Neural Engine est ce que l'on appelle un noyau d'accélérateur d'intelligence artificielle (IA). En d'autres termes, envisagez cette puce comme une puce destinée à améliorer les performances d'apprentissage de votre iPad. Elle sera ainsi utilisée pour la reconnaissance faciale et vocale, et bien d'autres applications à venir qui seront basées sur l'IA.

La Figure 1.4 (plus haut dans ce chapitre) montre l'iPad Pro lorsque vous lui avez adjoint un Magic Keyboard pour l'utiliser comme un ordinateur portable. Ce modèle existe en deux versions, chacune proposant deux couleurs : argent et gris sidéral. La diagonale de l'écran et sa qualité distinguent les deux modèles. Ainsi, l'iPad Pro 11 pouces est équipé d'un écran Retina qu'on ne présente plus, tandis que le modèle 12,9 pouces propose un écran Retina XDR. Cette technologie présente un haut taux de contraste et s'avère idéal pour visionner et modifier des photos et des vidéos HDR, mais aussi pour regarder vos films et séries préférées.

La capacité de stockage des deux modèles est personnalisable avec 128 Go, 256 Go, 512 Go, 1 To et 2 To, capacité qui joue un rôle fondamental dans le prix de la machine.

En matière de connexion à Internet, l'iPad Pro dispose d'une puce 5G et Wi-Fi 6 des plus performantes. Ajoutez à cela la possibilité d'opter pour un modèle avec données cellulaires qui permettent de disposer d'une connexion là où il n'y a pas de Wi-Fi. Pour en profiter, vous devez souscrire un forfait à la journée, semaine ou mois, ou bien en fonction de la quantité de données que vous pensez utiliser comme, par exemple, 1 Go. Dans ce cas, vous ne paierez que ce que vous consommerez.

Niveau photo et vidéo, l'iPad est équipé d'un objectif grand-angle et ultra grand-angle avec un capteur de 12 mégapixels. Vous pourrez filmer en 4K à la cadence de 24, 25, 30 ou 60 images par seconde, et bien entendu en HD 1 080p en 25, 30 et 60 ips, ou 720p mais cette fois uniquement en 30 ips. Sur votre iPad Pro, vous bénéficierez de la fonction Smart HDR 3 qui s'appuie sur l'IA et des techniques complémentaires pour obtenir la meilleure photo qui soit. Pour cela, lorsque vous déclenchez, l'iPad capture plusieurs images à différents niveaux d'exposition afin de capturer un maximum de détails dans les tons foncés et les tons clairs. Ensuite, l'iPad fusionne ces expositions pour délivrer une photo où toutes les zones sont parfaitement bien exposées.

La partie photo de l'iPad Pro est également équipée d'un scanner LiDAR dont la technologie permet de mesurer le temps que met la lumière pour être réfléchie par les objets. De cette mesure découlera la création d'une carte de profondeur de l'endroit où vous avez photographié, et vous seront ainsi proposées des expériences de réalité augmentée immersive.

Comme nous l'avons déjà évoqué, vous pouvez transformer votre iPad Pro en véritable petit ordinateur portable et tablette graphique. Pour cela, il suffit d'y adjoindre le Magic Keyboard (ou le Smart Keyboard Folio) et l'Apple Pencil. Le premier permet de saisir du texte plus facilement qu'avec un clavier virtuel, et le second fera de votre tablette une véritable planche à dessin.

Enfin, au niveau de la restitution audio, sachez que l'iPad Pro est équipé de cinq micros de qualité studio pour enregistrer un son de haute-fidélité pour vos vidéos, vos compositions musicales et bien d'autres domaines encore. Enfin, vous profiterez de quatre haut-parleurs pour restituer la bande-son de vos films préférés et qui prennent en charge le Dolby Atmos (son immersif de certaines salles de cinéma).

Mais, car il y a un « mais », toute cette technologie a un coût. Ainsi, l'iPad Pro 11 pouces (à écran Liquid Retina) est proposé à 899 euros dans sa version de base avec une capacité de stockage de 128 Go. La version 12,9 pouces à écran Liquid Retina XDR, avec cette même capacité de stockage, est proposée à 1219 euros. Maintenant, soyons fous ! Combien vous coûtera l'iPad Pro si vous optez pour la configuration optimale c'est-à-dire : écran 12,9 pouces, 2 To de stockage, Wi-Fi plus données cellulaires, Apple Pencil et clavier Magic Keyboard... roulements de tambour... attention les yeux : 2599 € ! (Gare au Codevi !)

Les fabuleuses icônes de l'écran d'accueil

L'écran des iPad est orné d'une vingtaine d'icônes du plus bel effet. Chacune représente une fonction de l'iPad, étudiée précisément dans la suite de ce livre. Nous nous contenterons donc d'en fournir ici une brève description.

Pour afficher l'écran d'accueil avec un iPad standard ou mini, touchez le bouton principal. Si l'iPad est en veille, l'écran de déverrouillage apparaît en premier. Touchez le bouton principal; il reconnaît votre empreinte et déverrouille aussitôt la tablette (voir Figure 1.5 plus haut dans ce chapitre).

Avec un iPad Air ou Pro, effleurez l'écran de bas en haut. Il reconnaît votre visage (si vous avez activé cette fonction) et déverrouille la tablette.

Si votre iPad n'est pas doté d'un lecteur Touch ID ou s'il ne reconnaît pas votre visage, il vous sera demandé de saisir un code : appuyez sur les touches du clavier numérique composant le code de déverrouillage de votre iPad.

Rassurez-vous, vous n'êtes pas limité aux seules icônes d'apps présentent sur l'écran d'accueil. Avez-vous observé l'existence des deux petits points situés au-dessus du Dock (lui-même affiché tout en bas de l'écran)? Cela indique qu'il existe un autre écran contenant des icônes d'applications. Pour y accéder, faites glisser l'écran d'accueil vers la gauche pour accéder à cette seconde page d'applications.

Si la disposition par défaut des icônes ne vous convient pas, voici comment les repositionner sous iPadOS 15 :

1. **Appuyez continûment sur une icône jusqu'à ce qu'un menu local apparaisse.**

2. **Dans le menu, touchez Modifier l'écran d'accueil.**

   Les icônes vibrent.

3. **Faites glisser les icônes jusqu'aux emplacements qui vous conviennent.**

4. **Appuyez sur le bouton principal (iPad standard ou iPad mini) ou touchez un espace vide de l'écran d'accueil (iPad Air ou iPad Pro) afin de valider le nouvel arrangement (les icônes cessent de vibrer).**

Si les icônes n'ont pas été déplacées, voici comment elles se présentent de gauche à droite puis de haut en bas :

» **Widgets :** la partie supérieure de l'écran d'accueil se compose de widgets :

- **Horloge :** affichez l'heure partout dans le monde, configurez une alarme, chronométrez ou décomptez le temps. Nous y reviendrons au Chapitre 13.
- **Notes :** ce programme sert à prendre des notes à tout moment. Vous pouvez les envoyer par courrier électronique ou les enregistrer sur l'iPad à toutes fins utiles (voir Chapitre 13).
- **Calendrier :** Selon le calendrier que vous utilisez sur votre ordinateur, vous pourrez synchroniser les événements et les alertes. Créez un nouvel événement sur l'ordinateur ou sur l'iPad, et la prochaine fois que vous connecterez les deux appareils, ces données seront automatiquement mises à jour. C'est clair, net et précis.
- **Météo :** donne des informations sur le temps qu'il fait là où vous avez localisé votre iPad. Si vous n'avez pas activé la localisation, Météo indique celle de Cupertino là où se situe le siège social d'Apple. Bien entendu, vous pourrez indiquer le lieu dont vous souhaitez connaître la météo.
- **À la une :** communique des actualités provenant de diverses sources que vous pourrez personnaliser.

» **FaceTime :** c'est une application de visiophonie que vous découvrirez au Chapitre 8.

» **Fichiers** ouvre un écran qui répertorie l'ensemble des fichiers que vous avez récemment consultés.

» **Rappels :** apparentée à Notes, cette application permet de noter des rendez-vous ou des tâches à accomplir. L'application Rappels est cependant plus puissante, car elle gère aussi les programmations dans le temps.

» **Plans :** affichez un plan de ville ou une imagerie satellitaire où que vous soyez dans le monde, ou définissez un itinéraire, demandez les conditions de circulation, ou l'emplacement d'un bouff'room – un restau, si vous préférez – dans les environs. Cette application est étudiée en détail au Chapitre 6.

» **Maison :** pour commander à distance, depuis votre iPad, vos différents accessoires connectés compatibles HomeKit : ampoules, caméra de vidéosurveillance, capteur thermique et autres outils domotiques.

» **Appareil photo :** cette application permet de photographier ou de filmer avec l'appareil photo situé en façade ou au dos de l'iPad.

» **App Store :** cette icône permet de se connecter à la boutique App Store afin d'y rechercher des applications pour votre iPad, téléchargeables gratuitement ou non au travers d'une connexion Wi-Fi ou, si possible, par le réseau cellulaire. Le Chapitre 7 explique comment acheter et utiliser des apps.

- **Livres :** c'est votre bibliothèque virtuelle, là où vous retrouverez les livres que vous avez achetés sur iTunes Store (ou sur iBookStore).
- **Podcast :** utilisez cette application pour gérer les podcasts que vous souhaitez écouter sur votre iPad. Par exemple, de nombreuses radios donnent accès aux enregistrements d'émissions, vous pouvez ainsi recevoir sur votre iPad le Podcast de vos émissions préférées.
- **TV :** cette application nécessitant un abonnement de 4,99 € par mois sert à regarder la télévision, les chaînes de replay ou les films à la une. Certains programmes sont gratuits et d'autres sont, par conséquent, payants. Apple propose également un abonnement à Apple TV+ pour accéder à de nombreux films et séries.
- **Réglages :** cette application sert à configurer l'iPad. Si vous possédez un Mac, c'est un peu l'équivalent des Préférences Système. Si vous utilisez un PC sous Windows, elle vous fera plutôt penser au Panneau de configuration.

Si vous faites glisser l'écran d'accueil vers la gauche, vous accédez aux icônes d'applications suivantes :

- **Photo Booth :** c'est comme un Photomaton, mais sans avoir à insérer de pièces dans la fente. Quantité d'effets spéciaux peuvent être appliqués aux portraits.
- **Localiser :** pour localiser vos amis (qui l'acceptent), être localisé par ces derniers, mais aussi localiser tous vos appareils connectés à iCloud.
- **Raccourcis :** en plus d'exécuter les raccourcis simples suggérés par Siri, vous pouvez utiliser l'app Raccourcis pour ajouter des raccourcis prédéfinis ou personnalisés à vos appareils. L'app vous permet de combiner plusieurs étapes sur plusieurs apps pour créer des automatisations de tâches puissantes.
- **Contacts :** cette très appréciable application contient les informations à propos de vos correspondants. À l'instar de l'application Calendrier, elle se synchronise avec les contacts du Mac ou du PC, là encore à condition d'utiliser les applications Calendrier, Outlook, Entourage ou Gmail. Quand vous créez ou modifiez un contact sur l'un des appareils, il est automatiquement synchronisé avec son homologue dans l'autre appareil dès que leur connexion est établie.
- **Bourse :** vous êtes intéressé par la bourse ? Cette application permet de suivre vos actions préférées.
- **Traduire :** permet de traduire tout texte sélectionné dans un document, mais aussi d'effectuer des traductions automatiques.
- **Dictaphone :** prenez des notes rapides en enregistrant un message vocal à l'aide du dictaphone. Vous pouvez également utiliser cette application pour enregistrer tout ce qui vous passe par la tête, comme le chant des oiseaux ou une réunion de travail.

- **Mesures :** vous avez besoin de mesurer un objet et n'avez ni règle ni mètre ? Utilisez cette application.
- **iTunes Store :** pour accéder au magasin de vente de musique, de films, et de séries en ligne.
- **Loupe :** permet aux personnes souffrant de déficit visuel d'activer la loupe afin de zoomer sur l'écran.
- **Astuces :** pour obtenir des informations sur votre iPad et iPadOS 15.
- **Clips :** permet de réaliser des vidéos fantaisistes.
- **GarageBand :** l'app de composition musicale qui permet de créer des morceaux de musique même si vous n'êtes pas musicien(ne).
- **iMovie :** pour créer des vidéos exceptionnelles avec des outils performants de montage, de transition, et de sonorisation.
- **Keynote, Numbers, Pages :** trois programmes de la suite bureautique d'Apple. Keynote permet de créer des présentations que vous diffuserez sur écran depuis votre iPad. Numbers est un tableur comparable à Excel (en moins performant tout de même). Enfin, Pages est le logiciel de traitement texte de la marque à la pomme.

Pour supprimer une icône de l'écran d'accueil ou de sa seconde « page », maintenez votre doigt appuyé dessus jusqu'à l'apparition d'un menu contextuel. Là, touchez Supprimer l'app. Dans le message de confirmation qui apparaît, touchez Supprimer de l'écran d'accueil.

Dans la partie inférieure de l'écran, appelée Dock dans le jargon iPadien, se trouvent les icônes suivantes, réparties en deux groupes. Voici pour le premier groupe, situé dans la partie gauche du Dock :

- **Messages :** cette application, décrite au Chapitre 12, permet d'échanger des iMessages avec d'autres correspondants utilisant un appareil mobile Apple tournant sous iOS ou iPadOS : iPad 2 ou ultérieur, iPhone 3GS ou ultérieur ou iPod touch de 4e génération ou ultérieur. Les échanges sont aussi possibles avec les ordinateurs Mac, à condition que l'application Messages soit installée. Nous en reparlerons dans le Chapitre 8.
- **Safari :** c'est votre navigateur Internet. Tous les utilisateurs de Mac le connaissent, et il existe aussi une version pour Windows. Vous apprendrez tout sur Safari au Chapitre 4.
- **Musique :** cette icône libère toute la puissance musicale qui sommeille dans chaque iPad, afin d'écouter de la musique ou des podcasts. Vous découvrirez comment au Chapitre 9.

» **Mail :** cette application sert à recevoir et envoyer du courrier électronique transitant par la plupart des serveurs POP3 ou IMAP, ainsi que Microsoft Exchange, si votre société vous a accordé un accès. Le Chapitre 5 explique comment utiliser l'iPad pour échanger du courrier avec votre entourage.

» **Calendrier :** voir plus haut dans cette section.

» **Photo :** cette application est le remarquable gestionnaire de photos de l'iPad. Vous pouvez visionner celles que vous avez transférées depuis votre appareil photo numérique ou depuis une carte mémoire SD, grâce à l'adaptateur optionnel, ou les photos transférées depuis votre ordinateur. Vous pouvez aussi zoomer en avant ou en arrière, créer des diaporamas, partager vos photos, mais aussi les retoucher pour les améliorer ou leur donner un look à la mode, *etc.* Tout cela est abordé au Chapitre 11.

» **Notes :** petit app qui permet de prendre des notes contenant du texte, des photos, des plans et bien d'autres choses encore. Vous pourrez y griffonner vos pensées grâce à des outils de dessin, et créer des notes personnelles que vous partagerez avec des collaborateurs qui pourront à leur tour les modifier.

Au départ, la partie droite du Dock est vide. Dès que vous lancerez une application à partir de l'écran d'accueil, son icône viendra se placer dans cette partie, à raison de trois icônes au maximum, ce qui fournit un raccourci pratique vers les dernières applications utilisées.

Notez qu'il est parfaitement possible d'ajouter des icônes dans le Dock (dans la limite de treize en tout dans la partie gauche). Il suffit de toucher continûment une des icônes présentes sur l'écran d'accueil afin de la faire vibrer, puis de faire glisser l'icône de votre choix dans le Dock.

Pour déplacer ou supprimer une icône du Dock, maintenez la pression dessus, puis faites-la glisser au sein du Dock ou sur l'écran d'accueil.

Enfin, sur le bord droit du Dock, vous notez la présence d'une icône contenant quatre petites icônes. Touchez-la pour afficher la Bibliothèque d'apps illustrée sur la Figure 1.7. Vous accédez alors à des groupes d'applications comme Suggestions, Ajouts récents, Divertissement, Créativité, etc. qui regroupent les apps de manière thématique. Vous pourrez en personnaliser le contenu en maintenant une pression du doigt sur un des groupes. Les icônes se mettent à vibrer et affichent une croix (X) dans leur angle supérieur gauche. Touchez la croix d'une icône pour la retirer du groupe. Dans le message de confirmation, touchez Supprimer. Pour trouver rapidement une application, touchez le champ de saisie Bibliothèques d'apps en haut de cet écran, et tapez les premières lettres de son nom. Touchez ensuite l'icône de l'app correspondant à celle que vous recherchez afin de l'ouvrir et donc de l'utiliser.

Figure 1.7
La bibliothèque des apps.

DANS CE CHAPITRE

Commencer par le commencement.

Allumer et éteindre l'iPad.

Verrouiller l'iPad.

Maîtriser la technique Multi-Touch.

Couper, copier, coller.

Le multitâche avec l'iPad.

Imprimer avec l'iPad.

Rechercher avec Spotlight.

Chapitre 2
Formation rapide à l'iPad

Vous savez à présent que l'iPad, qui ressemble à une ardoise très sophistiquée, reconsidère entièrement la façon d'utiliser un ordinateur. De quelle manière ? D'abord par l'absence de souris ou de tout dispositif de pointage (si l'on fait exception du stylet Apple Pencil et d'un clavier Magic ou Smart qui ne sont des accessoires utiles qu'à certains utilisateurs), et son absence de connecteurs traditionnels, hormis le port USB-C.

Comme nous l'avons mentionné au Chapitre 1, dans leur version de base, tous les iPad utilisent le dispositif de pointage que vous avez toujours sous la main : votre doigt.

Si vous possédez un smartphone, vous connaissez déjà la technique Multi-Touch pour naviguer dans l'interface du bout des doigts. Vous serez peut-être tenté de sauter ce chapitre, mais ce serait une erreur, car les choses se passent un peu différemment avec l'iPad.

Commencer par le commencement

Vous avez besoin des quatre éléments qui suivent pour apprécier pleinement votre iPad. Il est fort probable que vous les avez déjà…

» **Un compte Apple :** ce compte vous permet de télécharger du contenu depuis l'iTunes et l'App Store, et de tirer profit d'iCloud, dont ses fameuses sauvegardes. Comme pour la majorité des choses que vous effectuez sur un matériel Apple, le processus est très simple.

En règle générale, avec le système d'exploitation iPadOS 15, la synchro est proposée au premier démarrage de l'iPad en indiquant simplement l'identifiant et le mot de passe de votre compte Apple.

» **Un accès Internet :** nous savons que l'iPad peut se connecter à Internet de deux manières : par une connexion Wi-Fi ou par la 5G/4G/3G si vous avez acheté un iPad Wi-Fi + Cellular capable de se connecter à un réseau téléphonique. Le Wi-Fi permet de se connecter de chez soi, depuis un lieu public. La 5G/4G/3G permet de se connecter depuis presque n'importe où en France métropolitaine (ou dans tel ou tel D.O.M.-T.O.M.), pour peu que la zone soit couverte.

L'iPad Wi-Fi + Cellular est doté d'une carte nano-SIM. Vous pouvez aussi utiliser une carte Apple SIM. Pour plus d'informations, consultez la page d'Apple sur ce produit : `https://www.apple.com/fr/ipad/apple-sim/`.

Si votre modèle d'iPad n'est pas équipé d'une carte SIM, vous pourrez le connecter sans fil à un iPhone, *via* le partage de connexion, pour accéder à l'Internet autrement que par le Wi-Fi. Nous y reviendrons plus loin dans ce livre.

Allumer et éteindre l'iPad

Apple a eu le bon goût de charger partiellement la batterie de l'iPad, ce qui permet d'en profiter dès son achat. Après l'avoir extrait de sa boîte, maintenez le bouton Marche/Arrêt/Veille enfoncé, en haut sur le côté droit. Vous verrez d'abord apparaître le célèbre logo malique d'Apple, suivi l'instant d'après de l'image de l'écran de veille. Notez que vous pouvez remplacer cette image par une image ou une photo de votre choix, comme expliqué au Chapitre 11.

Pour éteindre complètement un ancien iPad, maintenez le bouton latéral et l'un des boutons de volume enfoncé jusqu'à ce que le curseur Éteindre apparaisse. Poussez-le vers la droite du bout de votre doigt. Si vous changez d'avis, touchez le bouton Annuler, en bas de l'écran. Sur les iPad plus récents, le fait d'appuyer

sur le bouton supérieur droit démarre l'assistant vocal Siri. Bien entendu, vous pourrez désactiver cette fonction de la manière suivante :

❶ **Depuis l'écran d'accueil, touchez l'icône Réglages.**

❷ **Dans l'écran Réglages, faites défiler le volet gauche verticalement, puis touchez Siri et Recherche.**

❸ **Dans le volet droit, basculez vers la gauche le commutateur Appuyer sur le bouton supérieur pour Siri, comme sur la Figure 2.1.**

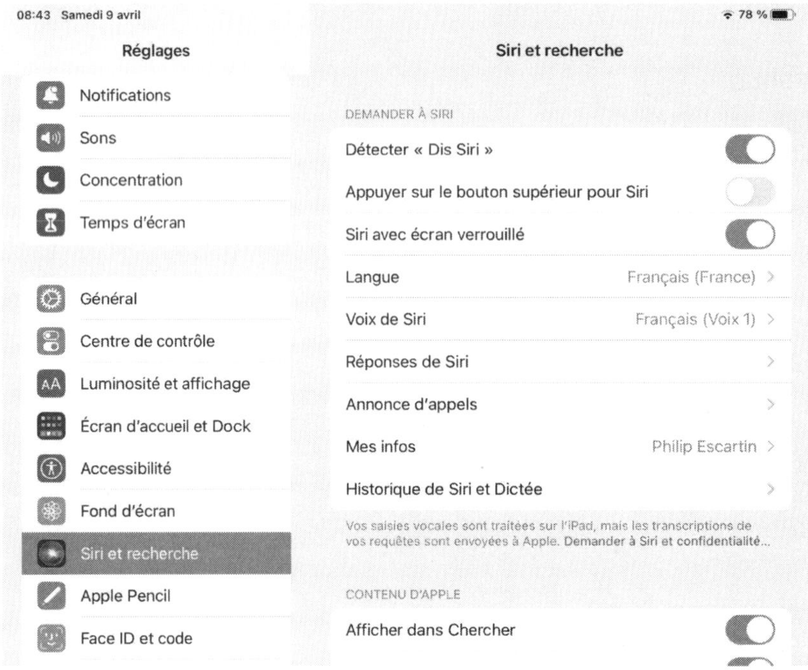

Figure 2.1 Pour ne plus démarrer Siri quand vous appuyez sur le bouton Marche/Arrêt/Veille.

Mais alors, comment éteindre véritablement mon iPad Pro (ou autre iPad récent) ? Appliquez cette technique :

❶ **Appuyez simultanément sur le bouton Marche/Arrêt/Veille en haut à droite, et sur l'un des boutons de réglage du volume sur le côté droit de l'iPad jusqu'à l'apparition du commutateur Éteindre.**

❷ **Faites glisser le commutateur vers la droite.**

Cette technique ne fonctionne pas si vous êtes face à l'écran de verrouillage. Vous devez donc préalablement entrer dans l'iPad.

Il existe une méthode alternative qui évite de manipuler les boutons de l'iPad. Voici comment la mettre en œuvre :

❶ **Depuis l'écran d'accueil, touchez l'icône Réglages.**

❷ **Dans le volet gauche de l'écran Réglages, touchez la rubrique Général.**

❸ **Touchez Éteindre en bas du volet droit, comme sur la Figure 2.2.**

❹ **Faites ensuite glisser vers la droite le commutateur Éteindre.**

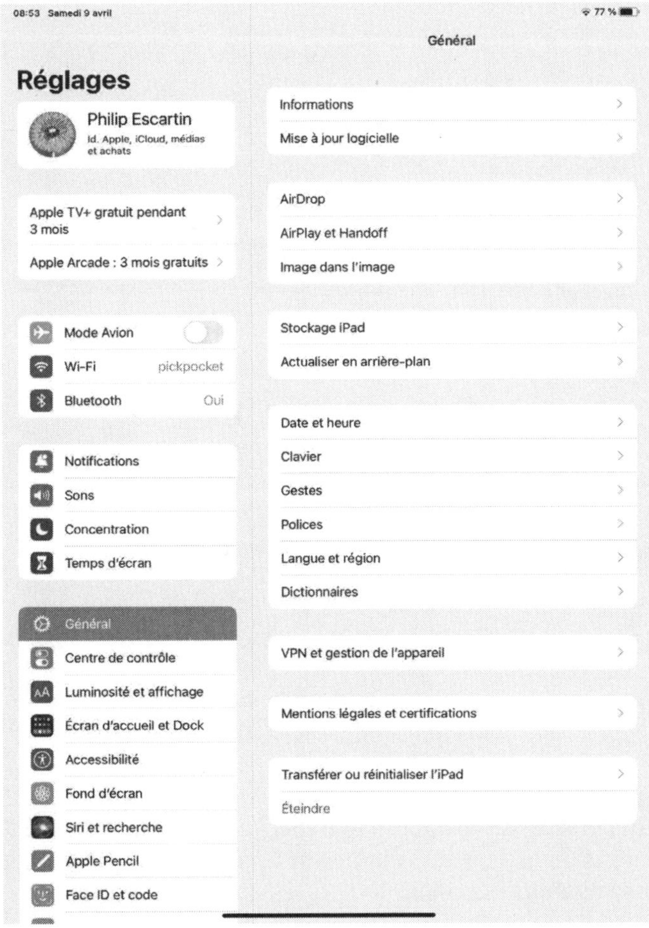

Figure 2.2 Une méthode alternative pour éteindre votre iPad.

Verrouiller l'iPad

Trimballer un téléphone mobile sans protection dans sa poche ou son sac n'est pas prudent. Vous n'avez cependant pas à craindre de réveiller votre conjoint à l'heure du loup tandis que vous courrez le guilledou en catimini dans la nuit épaisse et froide, car l'iPad n'est pas un téléphone (bien qu'une application comme FaceTime ou Skype, ou la connexion *via* un iPhone, permettent d'effectuer des conversations). Mais vous n'en avez pas moins quelques bonnes raisons de verrouiller votre iPad. Vous l'empêcherez ainsi de :

- **se mettre en marche par inadvertance ;**
- **dévoiler son contenu aux regards indiscrets ;**
- **drainer inutilement la batterie.**

Le verrouillage de l'iPad s'effectue en un clin d'œil.

En fait, vous n'avez rien à faire pour verrouiller l'iPad, car c'est ce qui se produit si vous cessez de l'utiliser pendant une minute ou deux. Comme vous le découvrirez au Chapitre 14, le délai avant le verrouillage automatique est réglable.

Pas le temps d'attendre ? Appuyez brièvement sur le bouton Marche/Arrêt/Veille pour verrouiller aussitôt votre iPad.

Le déverrouillage de l'iPad est tout aussi facile :

1. **Appuyez sur le bouton Marche/Arrêt/Veille. Ou alors, appuyez sur le bouton principal (iPad mini).**

   Dans les deux cas, l'écran de déverrouillage apparaît.

2. **Appuyez une nouvelle fois sur le bouton principal (iPad standard, iPad mini) ou effleurez l'écran du bas vers le haut (iPad Air, iPad Pro).**

   Si l'iPad est doté d'un lecteur Touch ID et qu'il reconnaît votre empreinte, ou s'il est équipé de la reconnaissance faciale, vous accédez directement à l'écran principal, qui est donc déverrouillé. Si ce n'est pas le cas, passez à l'étape suivante.

3. **L'iPad vous demande éventuellement de saisir le code de déverrouillage que vous avez indiqué lors de la configuration initiale.**

   La protection de l'iPad par mot de passe est décrite au Chapitre 14.

Maîtriser l'interface Multi-Touch

À quelques rares exceptions près, et jusqu'à l'avènement de l'iPad, quasiment tous les ordinateurs étaient équipés d'un clavier (AZERTY pour les francophones, ou QWERTY pour les anglophones) et, par la suite, d'un clavier et d'une souris.

Ne confondez pas Multi-Touch et Touch ID. Ce dernier est le système qui permet de déverrouiller son appareil par détection des empreintes digitales. Plusieurs modèles peuvent être enregistrés, mais cette protection est surtout destinée à être jumelée avec la technologie de paiement Apple Pay.

L'iPad, comme l'iPhone, dispense l'utilisateur de l'usage d'une souris (imagine-t-on un *chat* sans souris !) et aussi du clavier. Apple a toujours eu à cœur de faire les choses différemment…

Les touches et la souris ont été jetées aux oubliettes en faveur d'un *affichage Multi-Touch*. Ce magnifique écran qui réagit au bout des doigts est au cœur de bon nombre des actions que vous effectuez avec votre iPad.

L'entraînement dactylographique

Toucher, effleurer, pincer et faire glisser ne sont pas des gestes très compliqués :

» **Toucher, ou taper :** ce geste a plusieurs usages. Sur l'écran d'accueil, vous touchez une icône pour démarrer une application. Vous touchez aussi pour écouter un morceau de musique ou choisir l'album de photos à regarder. Parfois, vous double-tapez, ce qui permet de zoomer en avant ou en arrière dans une page Internet, un plan ou un courrier électronique.

» **Effleurer (ou feuilleter) :** pour effectuer ce geste, vous faites glisser rapidement votre doigt vers le haut, le bas, la droite ou la gauche. Ce geste fait défiler une liste de morceaux de musique, de courriers électroniques ou un ensemble de vignettes de photos. Touchez l'écran pour mettre fin au défilement, ou attendez tout bonnement qu'il s'arrête de lui-même (le manuel de l'iPad privilégie le terme « feuilleter », qui fait penser à un livre que l'on feuillette, mais nous utiliserons dans ce livre le terme « effleurer », plus approprié au geste consistant à balayer l'écran du bout du doigt. Vous entendrez aussi parler de pichenette pour décrire cette action.).

» **Pincer/Écarter :** placez deux doigts aux bords opposés d'une page Internet, d'un plan ou d'une photo, puis écartez-les pour agrandir l'élément ou rapprochez-les pour le réduire. Effet garanti sur les gens qui vous regardent faire !

» **Faire glisser :** vous appuyez légèrement sur l'écran et vous tirez l'élément. Cela peut être un plan que vous voulez parcourir, ou une photo trop grande pour être affichée en entier. Contrairement à l'action d'effleurer, vous faites glisser doucement votre doigt sur l'écran.

» **Faire glisser vers le bas depuis le centre supérieur de l'écran :** affiche d'anciennes notifications.

» **Faire glisser vers le bas depuis l'angle supérieur droit de l'écran :** affiche le Centre de contrôle qui permet d'activer et de désactiver un certain nombre de fonctionnalités comme la connexion Wi-Fi, Bluetooth, AirPlay, mais aussi de régler la luminosité et le volume de l'iPad, ainsi que de lancer des apps comme l'appareil photo.

» **Faire glisser vers le bas depuis le centre de l'écran :** lancer une fonction de recherche illustrée sur la Figure 2.3.

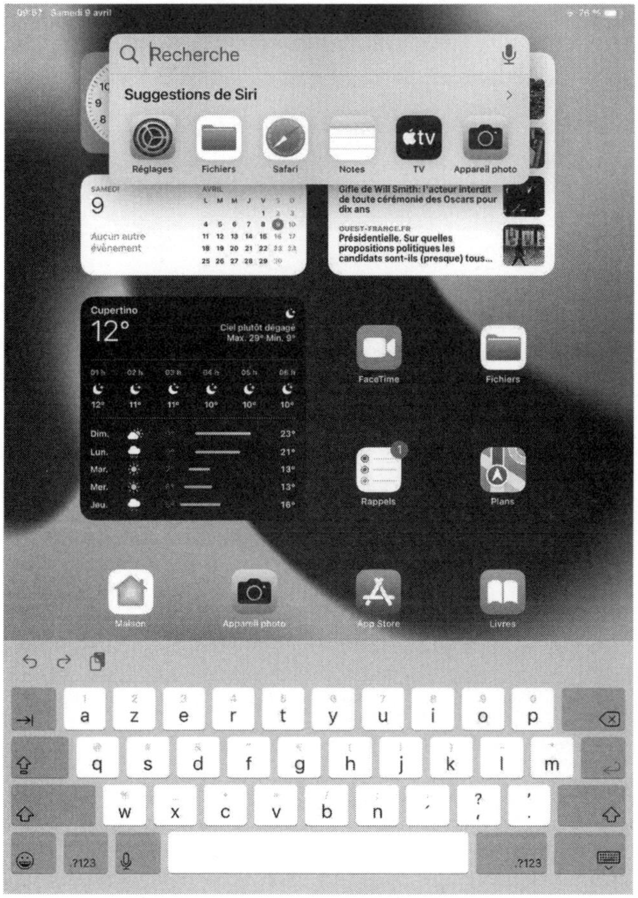

Figure 2.3 Une fonction de recherche activée par simple glissement de l'écran.

» **Faire glisser de gauche à droite depuis la première page de l'écran d'accueil :** affiche une page de widgets appelée « vue Aujourd'hui » qui communique des informations à la une, des souvenirs photo, des rendez-vous, la météo, et bien d'autres choses encore. Cette vue est disponible sur l'écran de verrouillage et les différentes pages (ou écrans si vous préférez) de l'écran d'accueil.

» **Faire glisser de droite à gauche l'écran de verrouillage :** active l'appareil photo.

» **Faire glisser depuis le bas de l'écran :** ouvre le commutateur d'applications qui permet de voir, de fermer, mais aussi de basculer d'une app actuellement ouverte à une autre, comme sur la Figure 2.4. Pour fermer une des applications ainsi ouvertes, faites glisser sa vignette en dehors du haut de l'écran.

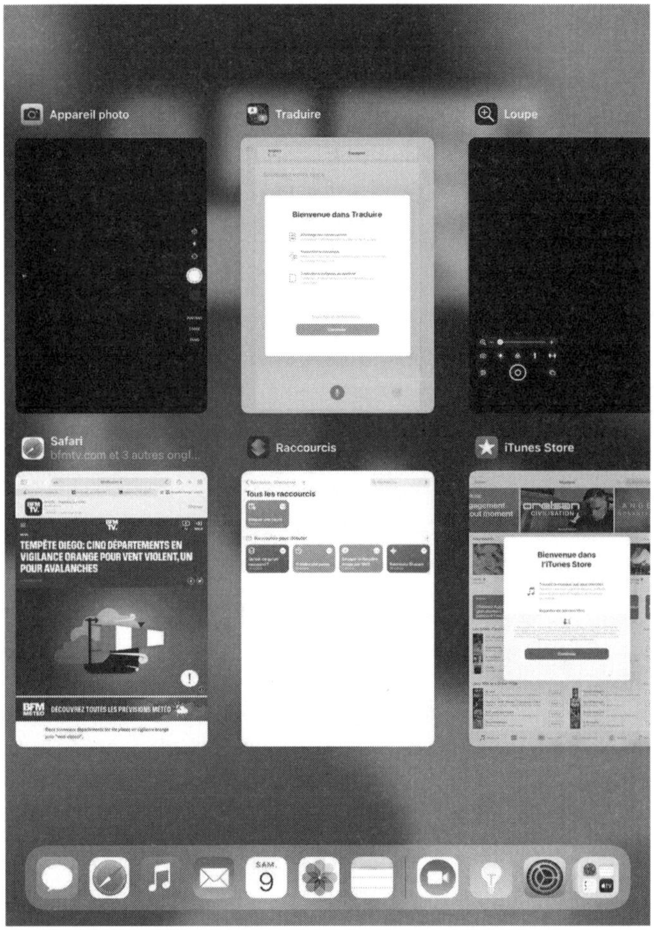

Figure 2.4 Le commutateur d'apps.

La navigation au-delà de l'écran d'accueil

L'écran d'accueil décrit au chapitre précédent n'est pas le seul endroit où se trouvent des icônes. Après avoir ajouté des applications téléchargées depuis l'App Store, comme expliqué au Chapitre 7, vous verrez apparaître quelques minuscules points supplémentaires entre la ligne d'icônes du bas (le Dock) et la rangée d'icônes qui se trouve juste au-dessus. Chaque point correspond à un écran (ou à une page) supplémentaire. Notez que la première de ces pages ne contient pas d'icônes mais des widgets. Nous y reviendrons d'ici peu.

Pour naviguer parmi les écrans, effleurez (ou faites glisser) horizontalement au milieu de l'écran, ou touchez l'un des points.

Vous devez être précis. Autrement, vous ouvrirez une application au lieu de changer de page.

Il existe autant d'écrans supplémentaires que de points. Le point blanc est celui de l'écran actuellement affiché. Les icônes de la rangée inférieure se trouvent dans la partie spéciale de l'écran appelée Dock. Vous pouvez y ajouter des icônes si vous le désirez (jusqu'à treize en tout), ou encore déplacer l'une des cinq icônes par défaut jusque dans la zone principale de l'écran d'accueil afin de libérer de la place pour insérer à la place l'icône d'une application de votre choix.

Appuyez sur le bouton principal pour revenir à l'écran d'accueil. Vous pouvez également faire glisser votre doigt vers le haut en partant du bas de l'écran. C'est la seule possibilité si vous possédez un modèle sans bouton principal.

Le clavier virtuel incroyablement intelligent de l'iPad

Au lieu d'un véritable clavier avec des touches à enfoncer, plusieurs claviers logiciels, ou virtuels, émergent du bas de l'écran lorsque vous en avez besoin. Tous sont des variantes du clavier alphabétique, mais avec des chiffres et de la ponctuation, ou encore des symboles. La Figure 2.5 montre des claviers virtuels de l'iPad en fonction des caractères à utiliser, ainsi qu'une version flottante.

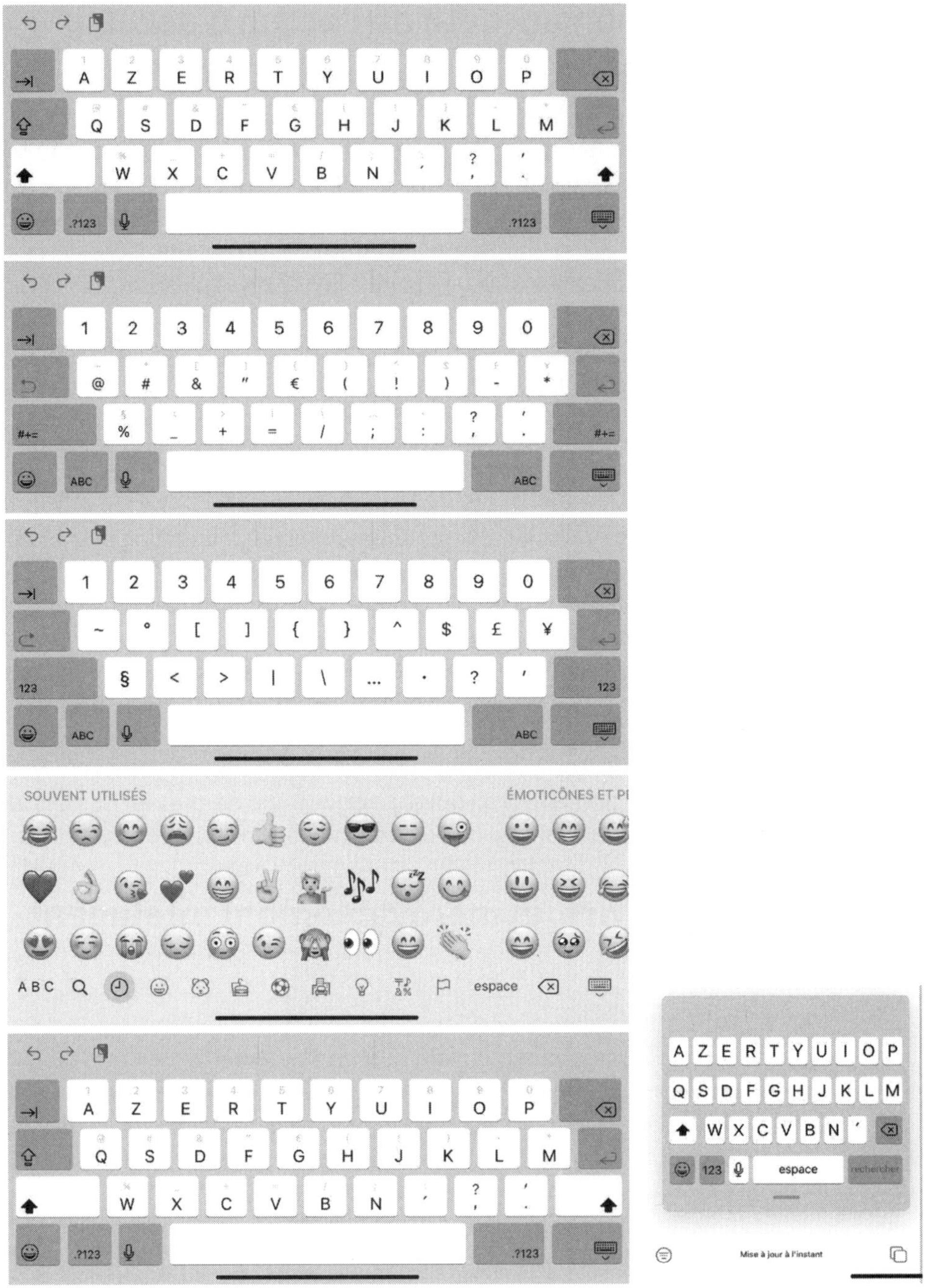

Figure 2.5
Six variantes du clavier de l'iPad. La version flottante affiche un clavier de petite dimension que vous pouvez déplacer sur l'écran.

Chacun de ces claviers a l'élégance de n'afficher que les touches appropriées pour la tâche en cours. Leur disposition dépend de l'application. Les claviers pour Mail diffèrent de ceux de Notes. Par exemple, dans Mail, la touche @ (arobase) est indispensable alors que dans Notes, elle n'est pas essentielle, mais néanmoins présente dans l'un des claviers.

Remarquez la touche ornée d'une icône en forme de microphone, à gauche de la barre Espace. Elle sert à dicter du texte avec Siri. Touchez-la, puis dictez votre prose. Touchez le bouton OK, et l'iPad transcrit tout ce que vous avez dit par écrit. Nous reviendrons sur cette intéressante fonctionnalité utilisable avec bien d'autres applications.

Si vous êtes plus à l'aise avec un véritable clavier, envisagez l'achat d'un clavier sans fil Apple fonctionnant par une liaison Bluetooth. D'autres claviers Bluetooth devraient convenir, y compris les modèles fabriqués par Logitech et par Microsoft. Selon votre modèle d'iPad, et s'il vous reste encore quelques économies, offrez-vous un des deux claviers Smart Keyboard ou le clavier Magic Keyboard d'Apple, qui se connectent tous deux directement à l'iPad, tout en leur servant de support. Reportez-vous au Chapitre 16 pour en savoir plus sur l'utilisation d'un véritable clavier avec votre iPad.

Avant d'aborder l'utilisation des claviers virtuels, une petite explication s'impose quant à sa soi-disant *intelligence*. Le fait qu'un clavier soit intelligent ne vous rendra pas plus intelligent, mais cela facilitera bigrement la saisie de votre prose. En effet :

- **Le clavier est associé à un dictionnaire comprenant même des mots de la culture populaire. Des dictionnaires dans d'autres langues sont disponibles. Ils sont automatiquement activés lorsque vous utilisez l'un des claviers internationaux, comme décrit dans l'encadré « Clavier sans frontière », plus loin dans ce chapitre.**
- **Il ajoute automatiquement vos contacts dans le dictionnaire.**
- **Le clavier utilise des algorithmes d'analyse complexes pour prédire le mot que vous êtes en train de saisir.**
- **Il suggère des corrections lors de vos saisies et place le mot proposé juste au-dessus du clavier. Lorsque vous déclinez une suggestion et que le mot que vous venez de taper ne figure pas dans le dictionnaire (en pratique, vous touchez la proposition la plus à gauche, celle qui est délimitée par des guillemets), l'iPad l'ajoute automatiquement à son dictionnaire. Il le proposera la prochaine fois que vous ferez une faute de frappe dans un mot similaire.**

Pensez à décliner une suggestion en saisissant les caractères que vous désirez au lieu d'accepter l'une des propositions affichées. En procédant ainsi, votre clavier deviendra de plus en plus « intelligent ».

» Comme le montre le dernier clavier de la Figure 2.5, vous pouvez utiliser une version flottante. Pour ce faire, laissez le doigt un instant sur la touche représentant un clavier en bas à droite du clavier virtuel puis, dans le menu qui apparaît, sans relâcher la pression sur l'écran, choisissez Flottant. Le clavier se place en bas à gauche de l'écran. Vous pouvez le déplacer à votre convenance en posant votre doigt sur la petite barre horizontale affichée sous la barre d'espace du clavier flottant, puis en le glissant où vous le souhaitez sur la surface de l'écran. Pour rétablir le clavier comme auparavant, faites-le glisser tout en bas de l'écran. Quand il reprend sa forme initiale, relâchez la pression de votre doigt.

Les touches spéciales

Le clavier de l'iPad contient plusieurs touches spéciales qui ne correspondent pas à des caractères typographiques :

» **Majuscule :** sert à activer la saisie en majuscules (capitales) ou en minuscules (bas de casse), avec le clavier alphabétique.

.?123

» **#+= ou 123 :** quand vous utilisez un clavier ne contenant que des chiffres ou des symboles, la touche Majuscule est remplacée par une touche portant les signes #+= ou les chiffres 123. Appuyer sur cette touche fait passer d'un clavier à chiffres et symboles à un autre.

» **Caractères secondaires** : notez la présence, dans la partie supérieure des touches, d'un caractère grisé, par exemple 1 sur la touche a ou A. Appuyez sur la touche en question, puis, sans relâcher, faites glisser vers le bas. Le caractère secondaire apparaît seul au centre de la touche. Relâchez la pression, et le caractère en question s'insère dans votre saisie. Cela permet de gagner du temps en vous épargnant de passer d'un clavier à l'autre (en l'occurrence, du clavier des lettres au premier clavier de chiffres et symboles, puis de ce dernier au second clavier de chiffres et symboles).

» **Verrouillage des majuscules :** pour utiliser cette touche, vous devez d'abord l'activer, si ce n'est pas déjà fait. Pour cela, touchez l'icône Réglages, sur le premier écran d'accueil, puis Général, et Clavier. Tapez ensuite sur l'option Majuscules verrouillées (le commutateur devient coloré lorsque cette option est active). Par la suite, un double-toucher de la touche Majuscule active la saisie en capitales. Tapez de nouveau sur la touche Majuscule pour la déverrouiller. Pour la désactiver totalement, répétez la manœuvre (Réglages > Général > Clavier) puis désactivez l'option Majuscules verrouillées.

» **Dictée :** touchez l'icône de micro, puis dictez votre prose. L'iPad transcrit tout ce que vous avez dit par écrit.

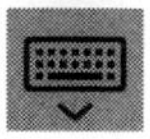

» **Déplacement et masquage :** cette touche fait disparaître le clavier. Comme nous l'avons expliqué, si vous maintenez le doigt enfoncé dessus, le menu local Flottant apparaît. Sans relâcher votre pression, placez le doigt sur cette commande pour obtenir un miniclavier que vous pourrez positionner à votre convenance sur l'écran.

» a et b**ABC ou . ?123 :** permet de passer alternativement du clavier des lettres à celui des chiffres, de la ponctuation et de certains caractères spéciaux (euro, arobase...).

» **Accentuation :** pour accentuer un caractère, appuyez continûment dessus puis, sans relâcher la pression de votre doigt, faites-le glisser sur le caractère accentué qui s'affiche dans le petit menu qui apparaît, comme sur la Figure 2.6.

» **Clavier international :** cette touche n'est visible que si vous avez activé un clavier international, comme expliqué dans l'encadré « Clavier sans frontière ». Ici la langue ajoutée est le bulgare.

» **Supprimer :** aussi appelée Retour arrière, cette touche efface le caractère immédiatement à gauche du curseur.

» **Retour :** renvoie le curseur à la ligne suivante.

Figure 2.6
Pour accentuer un caractère.

Si vous possédez un iPhone, sachez que la disposition des touches du clavier de l'iPad est plus proche de celle d'un clavier d'ordinateur classique, que de celle de ces petits appareils de poche. Par exemple, la touche Retour arrière se trouve en haut à droite, la touche Retour juste en dessous, et les deux touches Majuscule se trouvent de part et d'autre. Cela améliore sans aucun doute le confort des saisies.

Clavier sans frontière

L'iPad contient plus d'une cinquantaine de claviers nationaux, y compris en chinois et en cyrillique, et même un clavier avec rien que des émoticônes. Pour accéder à ces différents claviers, touchez Réglages > Général > Clavier > Claviers > Ajouter un clavier. Faites ensuite défiler la liste et sélectionnez la langue de votre choix.

Lorsque vous touchez Réglages > Général > Clavier > Claviers > Français, vous pouvez choisir parmi plusieurs types de claviers francophones (AZERTY accentué, AZERTY, QWERTY et QWERTZ). Si vous n'utilisez jamais la touche d'accentuation décrite précédemment, choisissez le clavier Azerty. Ainsi elle n'apparaîtra plus. Plusieurs dispositions de clavier sont proposées.

Vous êtes polyglotte ? Vous pouvez sélectionner autant de claviers étrangers que vous le désirez en les touchant dans la liste. Vous ne pouvez bien sûr en utiliser qu'un seul à la fois. Lorsque vous êtes dans une application qui active le clavier virtuel, touchez à plusieurs reprises le petit bouton International situé entre les touches ABC/?123 et Dictée jusqu'à ce que le clavier voulu apparaisse. La langue du clavier apparaît brièvement sur la touche Espace. Répétez l'opération pour revenir au premier clavier après avoir parcouru tous ceux que vous avez sélectionnés.

Vous voulez placer une émoticône dans un texte, ou n'importe quel autre des graphismes que montre l'illustration ? Choisissez le clavier Icônes Emoji (c'est finalement un clavier international comme les autres...). Attention : ces petits signes graphiques n'apparaissent pas dans les courriers électroniques reçus sur un PC. Ils sont réservés à l'univers Apple.

Pour supprimer un clavier de votre liste, touchez le bouton Modifier, en haut à droite de l'écran dans la page « Claviers », puis touchez le rond en forme de signal « sens interdit » situé à côté de la langue à laquelle vous voulez dire ***adios***, puis touchez Supprimer qui apparaît alors sur la droite.

La dactylographie virtuelle

Les claviers virtuels de l'interface Multi-Touch d'Apple sont vraiment un coup de génie. Mais ils risquent aussi de vous rendre dingue, au début tout au moins.

Avec un peu de pratique et de patience, vous vous habituerez à la saisie sur l'iPad... en une ou deux semaines. Il est important que vous finissiez par être à l'aise avec cette technique de dactylographie, car vous vous en servirez abondamment pour saisir du texte, des notes, les coordonnées d'un nouveau contact, *etc.*

Si vraiment vous ne vous en sortez pas avec le clavier virtuel, et que votre modèle d'iPad le permette, vous pouvez toujours investir dans le clavier Smart Keyboard ou Magic Keyboard d'Apple, dont nous avons déjà eu l'occasion de vous parler. Il existe également des claviers physiques Apple ou de marques tierces communiquant par Bluetooth. Lisez le Chapitre 16 pour en savoir plus.

Comme nous l'avons mentionné, Apple a introduit une certaine forme d'intelligence dans ses claviers virtuels, qui sont ainsi capables de corriger les fautes de frappe à la volée et de prédire ce que vous êtes en train de taper. Le clavier n'est pas télépathe, mais il parvient assez bien à deviner les mots auxquels vous pensez.

Voici quelques conseils qui vous seront fort utiles lors de vos saisies :

» **Vérifiez la lettre que vous allez saisir.** Lorsque vous touchez un caractère du clavier virtuel, la touche s'assombrit tant que vous n'avez pas ôté le doigt. Vous pouvez ainsi vérifier que le caractère est bien celui que vous voulez saisir. C'est seulement lorsque vous relevez le doigt que le caractère est saisi.

» **Touchez continûment pour afficher les lettres accentuées (ou dans Safari comme dans Mail, la touche** point **pour obtenir un suffixe d'adresse Internet ou de messagerie).** Quand le doigt s'attarde sur un caractère qui peut être accentué, toutes ses variantes sont affichées dans une palette, comme l'illustre la Figure 2.6 plus haut dans ce chapitre. Glissez ensuite le doigt vers la lettre voulue.

» **Si une touche contient un caractère secondaire grisé dans sa partie supérieure que vous voulez saisir, touchez-la puis faites glisser vers le bas et relâchez.** Le caractère en question occupe alors la totalité de la touche puis est inséré dans votre saisie.

» **Au fur et à mesure que vous saisissez des caractères, le système prédictif d'iPadOS vous suggère plusieurs mots.** Mais il ne le fait pas au hasard. Par exemple, si vous commencez à rédiger un texte dans Notes ou dans Mail, votre iPad vous proposera de commencer la phrase par « Je », « Le » ou « La ». Si c'est ce que vous vouliez saisir, il vous suffit de toucher l'un des mots suggérés. Pour imposer votre mot, au lieu d'une suggestion, touchez son occurrence à droite (celle entre guillemets).

» **Touchez la barre Espace pour accepter un mot suggéré en blanc sur fond gris.** Les fautes de frappe ne manquent hélas pas lorsque vous débutez. Supposons que vous saisissiez, dans Mail, les mots « Il est important » et que vous tapiez en réalité « Il est *imporyant* ». Le programme informatique qui vérifie votre saisie à la volée sait que sur le clavier, la touche *y*, qui est en faute, est entourée des touches *t, g, h, j, u, etc.* Il en déduit que vous vouliez taper le mot « important » et suggère cette correction en affichant ce mot en bleu dans la liste des prédictions (voir la Figure 2.7). Pour accepter cette correction, touchez tout simplement la barre Espace. Mais si vous tenez à saisir le mot

« imporyant », parce que c'est un exemple cité, comme dans ce paragraphe, touchez le mot suggéré à gauche de la liste et placé entre des guillemets (qui signalent qu'il est inconnu du dictionnaire).

Figure 2.7 Votre iPad vous aide à trouver la bonne orthographe.

Si vous n'appréciez pas cette fonctionnalité, désactivez la correction automatique et/ou la prédiction (voir le Chapitre 14).

Comme le programme informatique sait exactement ce que vous être en train de faire, le clavier virtuel s'adapte à la tâche en cours. Cela se vérifie notamment lorsque vous saisissez des chiffres, de la ponctuation ou des symboles. Les conseils qui suivent vous aident à trouver rapidement les caractères spéciaux les plus courants :

» **Les suffixes des adresses Internet :** lorsque vous saisissez l'adresse d'un site Internet, le clavier du navigateur permet de choisir rapidement un suffixe *via* un appui long sur la touche *point*, comme sur la Figure 2.8.

» **L'arobase d'une adresse de courrier électronique :** quand vous saisissez l'adresse du destinataire d'un courrier électronique, la touche @ figure sur le clavier principal. Sinon, vous la trouverez dans le clavier des chiffres et signes accessibles par la touche marquée . ?123 à droite, ou encore en caractère secondaire de la touche q ou Q.

» **Passer des lettres aux chiffres :** pour insérer des chiffres, une ponctuation ou un symbole dans une note ou dans un courrier électronique, tapez sur la touche .?123 pour accéder à un autre clavier virtuel, puis tapez la touche ABC pour revenir au clavier principal. Ces manipulations ne sont pas bien compliquées, mais elles agacent certains utilisateurs. D'ailleurs, pour gagner du temps, vous pouvez profiter des caractères secondaires grisés placés sur la plupart des touches que vous pourrez saisir en touchant cette dernière, puis en faisant glisser vers le bas.

Figure 2.8 Ajouter rapidement le suffixe d'une adresse Internet.

Utiliser la saisie gestuelle

Lorsque vous choisissez le clavier flottant, vous pouvez utiliser la saisie gestuelle pour écrire des mots.

❶ Activez le clavier flottant en appliquant la technique expliquée plus haut dans ce chapitre.

❷ Touchez la première lettre du mot, puis faites glisser votre doigt (sans jamais le relever) sur les lettres composant le mot.

❸ Une suggestion de mot apparaît en haut du clavier.

❹ Relevez le doigt pour accepter la proposition.

Le remplacement systématique d'un mot par celui suggéré par l'iPad vous horripile ? Il y a de quoi, trop souvent, il impose un terme complètement loufoque, voire inacceptable. Pour conserver les suggestions mais supprimer le remplacement d'office, touchez l'icône Réglages, puis Général, Claviers, puis à la rubrique Tous les claviers, désactivez le commutateur Correction automatique.

Corriger les erreurs

Il est recommandé de taper sans trop y penser et sans s'obnubiler sur chaque faute de frappe. La prédiction et la correction automatique viennent en effet à bout de beaucoup d'entre elles. Cela dit, les fautes de frappe seront nombreuses, surtout au début, et vous devrez les corriger manuellement.

Une astuce efficace, pour corriger une erreur, consiste à laisser le doigt en contact avec l'écran pour afficher la barre verticale de la Figure 2.9. Déplacez-la pour positionner le pointeur à droite d'une correction à effectuer. Appuyez sur la touche Retour arrière afin de supprimer le caractère erroné, puis tapez la touche appropriée pour la correction.

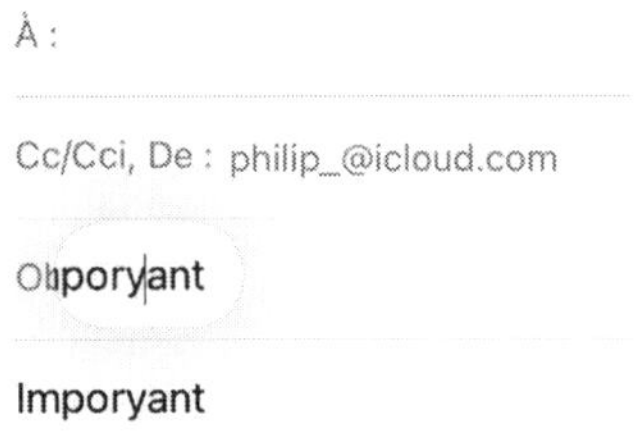

Figure 2.9 Corrigez vos erreurs à la loupe.

Sélectionner, couper, copier et coller

Pouvoir sélectionner puis couper, copier et coller du texte, des images ou tout autre élément d'un endroit à un autre, dans l'ordinateur, est devenu une opération banale depuis l'avènement des interfaces graphiques voici un quart de siècle, et il en va de même pour l'iPad. Vous pouvez ainsi déplacer ou copier du texte ou des images entre un courrier électronique et une note, et inversement, ou copier des photos ou des vidéos dans un message.

Supposons que vous ayez saisi quelques idées dans l'application Notes et que vous vouliez les envoyer par courrier électronique. Voici comment procéder par un copier-coller :

❶ Double-touchez (tap-tap) un mot pour le sélectionner.

❷ Vous pouvez aussi tirer les points, ou poignées de sélection (voir la Figure 2.10) pour sélectionner une plus grande (ou une plus petite) partie d'un texte qui a déjà été partiellement sélectionné.

Il faut bien reconnaître que cette opération exige un peu de pratique.

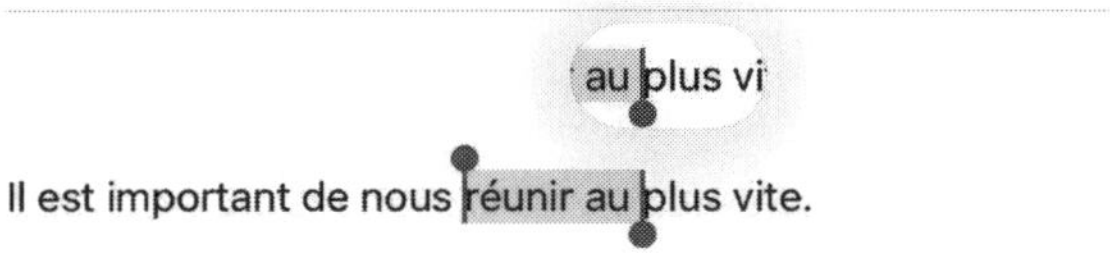

Figure 2.10
Tirez le point pour modifier votre sélection.

❸ Après avoir sélectionné le texte, touchez Copier dans la barre d'outils qui apparaît, comme sur la Figure 2.11. Si le bloc sélectionné doit être déplacé, et donc ôté de son emplacement d'origine, touchez Couper.

Vous pouvez aussi sélectionner l'option Remplacer, pour remplacer les mots que vous avez sélectionnés.

❹ Ouvrez maintenant l'application Mail, puis saisissez votre message.

❺ Arrivé à l'endroit où vous comptez insérer le texte copié, touchez le curseur.

Les commandes Sélectionner, Tout sélectionner et Coller apparaissent (voir Figure 2.11).

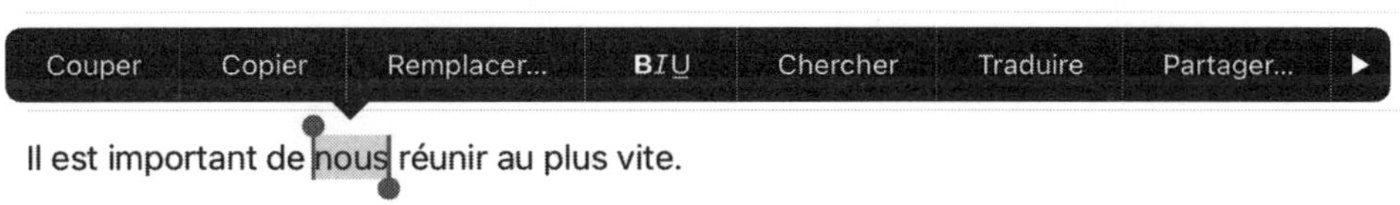

Figure 2.11
Touchez l'option Copier ou Couper puis Coller pour placer le texte précédemment dans un autre document.

❻ Touchez Coller afin d'insérer le texte dans le message.

Et voici le plus étonnant : si vous avez fait une erreur en coupant, copiant ou collant, secouez l'iPad et confirmez dans le message qui apparaît. Cette action annule la dernière modification !

Le multitâche, du plus simple au plus élaboré

Ce que l'on appelle le *multitâche* permet de faire fonctionner simultanément plusieurs applications et de passer facilement de l'une à l'autre. Par exemple, une application tierce comme France Inter (ou Europe 1, ou Skyrock…) continuera à diffuser ses émissions pendant que vous visitez des sites Internet, regardez des photos ou relevez votre courrier. Sans le multitâche, l'application que vous écoutez devrait cesser de fonctionner au moment où une autre est démarrée.

Entre autres, le multitâche laisse les applications de navigation se mettre à jour pendant que vous écoutez la radio. L'application de navigation parvient même à baisser le volume de la radio afin que vous puissiez entendre clairement les instructions d'itinéraire qu'elle vous prodigue.

Lorsque le téléchargement de photos s'éternise, vous pouvez passer à une autre application tout en sachant que le téléchargement se poursuit en tâche de fond.

Le multitâche de base

Appuyez deux fois de suite et très rapidement sur le bouton principal (iPad standard ou iPad mini), ou effleurez l'écran du bas vers le haut (iPad Air ou iPad Pro) pour afficher un écran contenant les éléments suivants (voir la Figure 2.12) :

» Les icônes et les miniatures des écrans des six dernières applications ouvertes. Ce sont celles des applications qui fonctionnent en tâche de fond. Faites glisser les icônes vers la droite ou la gauche pour afficher toutes les autres applications ouvertes. Touchez l'icône de l'application que vous voulez afficher. L'application reprend exactement où vous l'aviez laissée.

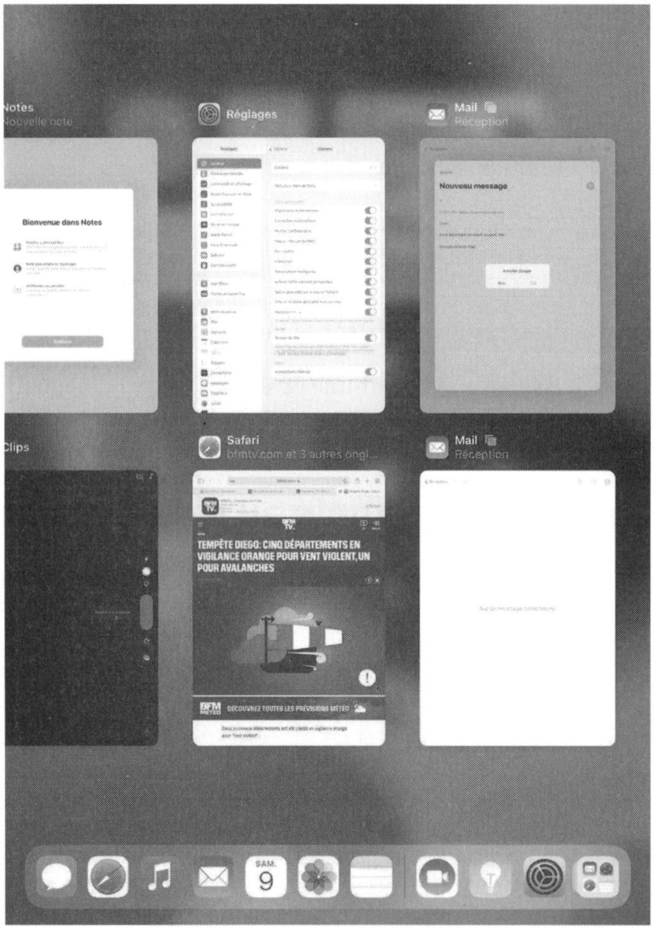

Figure 2.12 Les applications ouvertes sur votre iPad.

Pour fermer une application fonctionnant en tâche de fond ou suspendue, maintenez et faites glisser la miniature vers le haut de l'iPad.

» **Le dock en bas de l'écran avec les mêmes icônes que sur l'écran d'accueil.**

Du multitâche au multifenêtrage

Si vous possédez un modèle récent d'iPad (à partir d'Air 2, mini 4 et Pro), vous pouvez accéder à la fonction Split View. Pour cela, il suffit de faire glisser la fenêtre d'une app vers le bas de l'écran. La fenêtre n'affiche alors qu'une toute petite partie de sa surface sur le bord gauche de l'écran, et un message Split View apparaît en haut de l'écran comme sur la Figure 2.13 vous invitant à toucher une autre application. Exécutez-vous pour voir alors les deux applications ouvertes se partagent à présent l'écran à parts égales. Dans ce mode d'affichage, les deux applications actives à l'écran peuvent être utilisées conjointement, par exemple pour copier une image dans l'une et la coller dans l'autre. Pour redimensionner les deux fenêtres, faites glisser le séparateur central dans la direction voulue.

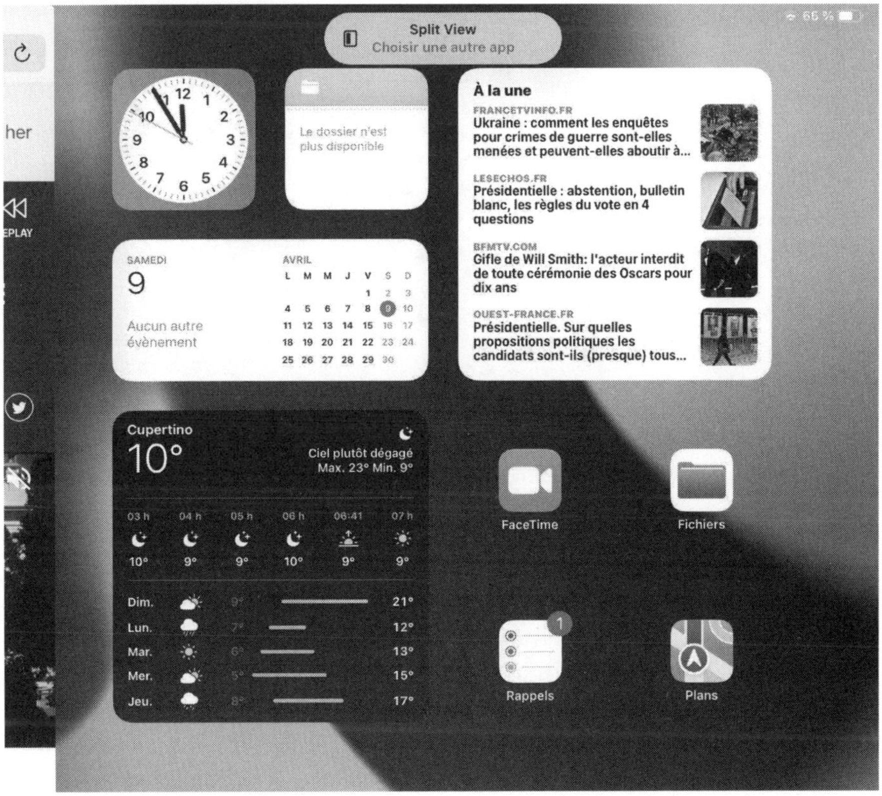

Figure 2.13 Utiliser le mode Split View.

Image dans l’image

Votre téléviseur grand écran 4K (voire HD) qui trône fièrement dans votre salon doit probablement disposer d’une fonction dite « image dans l’image » (*picture in picture*). Elle permet de visionner une chaîne de TV dans une petite fenêtre incrustée sur l’image plein écran de la chaîne que vous regardez. Pourquoi? Tout simplement pour basculer vers la chaîne incrustée afin de ne pas manquer la moindre seconde d’un programme que vous attendez depuis des semaines.

Votre iPad dispose d’une telle fonction. Elle permet, par exemple, de répondre ou de passer un appel vidéo FaceTime, tout en regardant une vidéo stockée sur votre tablette.

Figure 2.14
Une miniature de la vidéo en cours de lecture (en bas à droite).

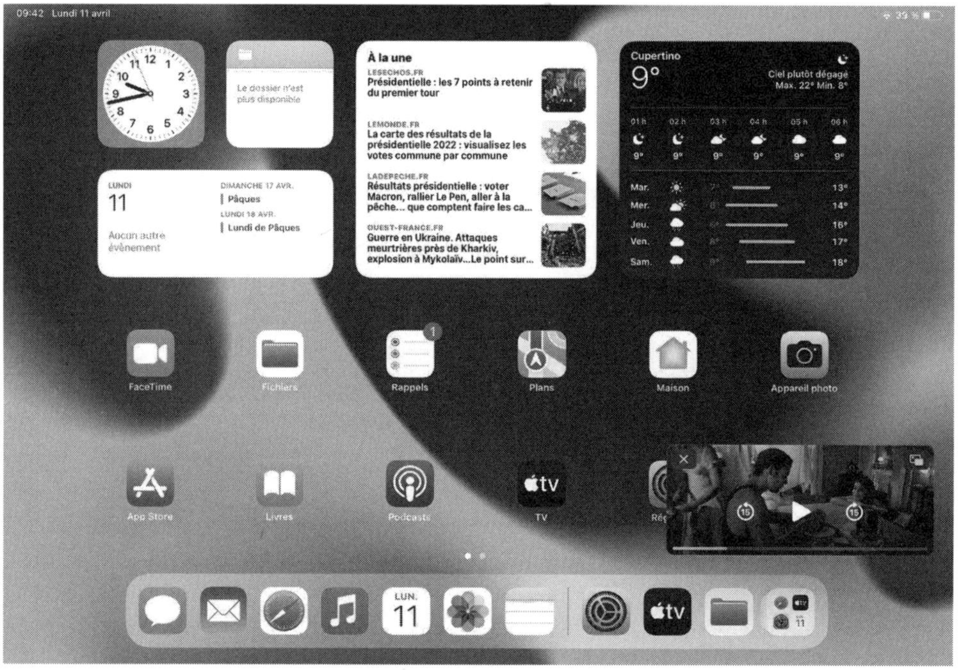

Dans une app de lecture compatible avec cette fonctionnalité, lancez la lecture de la vidéo puis touchez l’icône représentée ci-contre. Par exemple, dans l’app TV de votre iPad Pro, cette icône apparaît en haut à gauche de la fenêtre du programme. L’image se réduit alors dans une petite fenêtre que vous pouvez repositionner dans n’importe quel angle de l’iPad, comme sur la Figure 2.14. Cette incrustation met à votre disposition des boutons de contrôle pour reculer ou avancer la lecture par pas de 15 secondes (app TV), mettre en pause la lecture et la relancer, fermer la fenêtre ou bien encore l’afficher de nouveau en plein écran.

La gestuelle du multitâche

Les iPad Air récents et iPad Pro ont récupéré des gestuelles appartenant aux iPhone X, 11 et 12, qui ne possèdent pas de bouton principal. Nous y avons déjà fait allusion, mais voici une synthèse de ces gestes.

» **Revenir à l'écran d'accueil**. Pour fermer l'application que vous utilisez et revenir à l'écran d'accueil, faites glisser à partir du bas de l'écran jusqu'à ce que l'application fasse un zoom arrière et laisse place à l'écran d'accueil.

Faites glisser encore une fois vers le haut pour revenir au premier écran d'accueil.

» **Afficher le Centre de contrôle**. Faites glisser le doigt du coin supérieur droit, quelle que soit l'application présente à l'écran.

» **Afficher le Dock**. Faites glisser lentement le doigt vers le haut en partant du bord inférieur de l'écran. Ce geste demande un peu de pratique puisque, si vous allez trop vite, vous revenez à l'écran d'accueil.

» **Ouvrir le sélecteur d'applications**. Faites glisser votre doigt du bas vers le haut, mais en vous arrêtant et en laissant le doigt sur l'écran.

» **Revenir sur la dernière application ouverte**. Faites glisser vers le haut, en partant du bas de l'écran, et balayez vers la droite. Lorsque la fenêtre de l'application a réalisé un zoom arrière, vous accédez alors au sélecteur d'applications.

Placer les icônes dans des dossiers

Trouver l'icône que vous recherchez parmi les onze pages qui peuvent être affichées n'est pas une mince affaire. C'est pourquoi Apple a eu l'excellente idée de proposer la création de dossiers. Nommés à votre guise, ils peuvent contenir chacun jusqu'à vingt applications.

Voici comment créer un dossier :

❶ Touchez une icône jusqu'à ce qu'elles se mettent toutes à vibrer.

❷ Choisissez deux applications à placer dans un même dossier, puis faites glisser l'une jusque sur l'autre.

Les icônes superposées génèrent spontanément un dossier. Un nom lui est automatiquement attribué d'après la catégorie à laquelle appartiennent les applications.

❸ **(Facultatif) Pour changer le nom du dossier, touchez le dossier pendant deux secondes environ, puis touchez la commande Renommer dans le menu contextuel qui apparaît, comme sur la Figure 2.15.**

❹ **Tapez le nom que vous voulez.**

❺ **Touchez en dehors du dossier pour le fermer.**

Figure 2.15
Modifier le nom d'un dossier.

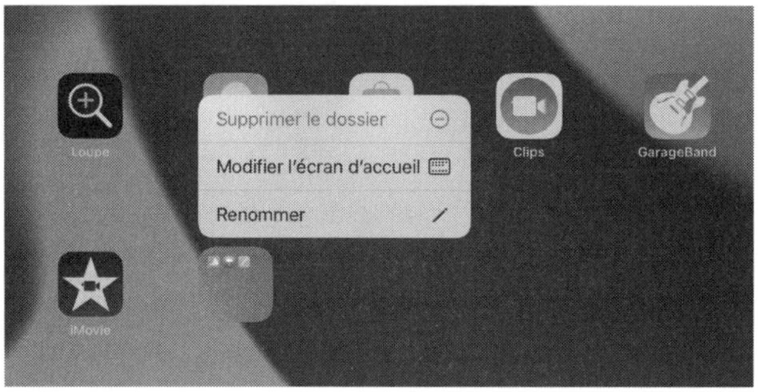

Pour démarrer une application présente dans un dossier, touchez l'icône du dossier puis celle de l'application à ouvrir.

Pour retirer une application d'un dossier, reprenez l'Étape 1 ci-dessus. Maintenez la pression sur le dossier jusqu'à ce que l'ensemble des icônes se met à vibrer et arbore un signe moins en haut à gauche. Ensuite, faites glisser l'icône à enlever vers l'extérieur. Celle-ci va tranquillement reprendre sa place sur l'écran. Quand toutes les applications sont retirées d'un dossier, ce dernier disparaît aussitôt.

Imprimer

Il est désormais très facile d'imprimer depuis un iPad. Il suffit d'ouvrir une app compatible avec la fonction d'impression, d'afficher le document puis d'exécuter la commande Imprimer. En effet, l'iPad reconnaît la majorité des imprimantes Wi-Fi.

L'imprimante compatible ainsi que l'iPad doivent être connectés au même réseau Wi-Fi.

Procédez comme suit pour imprimer :

❶ **Touchez la commande Imprimer. Elle apparaît de différentes manières selon l'application, mais est généralement accessible par le bouton Partager.**

Par exemple, dans Pages, touchez l'icône du cercle contenant trois petits points. Dans le menu local qui s'ouvre, touchez Imprimer, comme sur la Figure 2.16.

❷ À droite d'Imprimante, touchez Choisir. Sélectionnez ensuite l'imprimante qui a été détectée.

❸ Selon les caractéristiques de l'imprimante, indiquez le nombre de copies à imprimer, le nombre de copies recto verso et la plage de numéros de pages.

Figure 2.16 Imprimer depuis Pages.

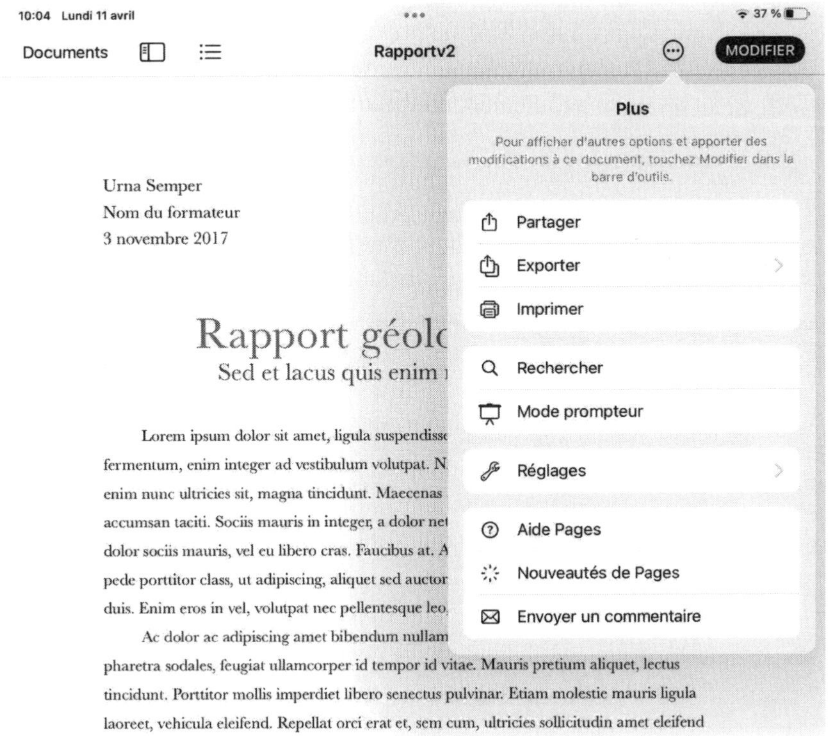

La recherche proactive de l'iPad

L'iPad et des apps spécifiques permettent d'effectuer des recherches en tout genre. Cette recherche permet de trouver des actualités et des sujets tendance, des restaurants, les horaires d'un film, mais aussi du contenu dans votre compte iTunes Store, App Store, et dans la librairie de l'app Livres.

Vous pouvez aussi utiliser l'assistante vocale Siri pour rechercher des informations diverses et variées.

Les recherches sur iPad peuvent être qualifiées de proactives, c'est-à-dire que votre tablette va s'enrichir de vos préférences afin de vous proposer un contenu adapté. L'iPad essaie de lire dans vos pensées (oui je sais c'est un peu effrayant). Par exemple, votre tablette sera capable de proposer des actualités de la localité dans laquelle vous résidez.

Voici comment utiliser cette fonctionnalité :

❶ Placez votre doigt au centre de l'écran d'accueil, puis faites-le glisser vers le bas.

La boîte de dialogue Recherche apparaît en haut de l'écran.

❷ Tapotez le champ Recherche et utilisez le clavier virtuel pour y saisir du texte.

Dès que vous tapez un caractère, une liste de propositions apparaît, inspirée par vos recherches antérieures. Cette liste s'affine au fur et à mesure que vous entrez de nouveaux caractères.

Les résultats sont généralement organisés de la manière suivante : des recherches que vous affinerez avec Safari ; des plans si le mot localise des restaurants, des musées, etc. ; des définitions du dictionnaire ; des produits disponibles dans l'App Store (comme des jeux) ; des sites Web suggérés par Siri ; et enfin un bouton Afficher plus de résultats qui proposera des séries TV, des films, voire du contenu musical.

❸ Touchez une des propositions.

DANS CE CHAPITRE

Votre première synchronisation.

Déconnecter l'iPad au cours d'une synchronisation.

Synchroniser les contacts, les calendriers et les signets.

Synchroniser des morceaux de musique, des podcasts, des vidéos, des livres et des photos.

Utiliser le partage de fichiers.

Chapitre 3

Synchroniser l'iPad

Nous avons deux nouvelles pour vous, une bonne, et une autre encore meilleure. La bonne nouvelle est la facilité avec laquelle vous pouvez transférer tous vos contacts, rendez-vous, événements, paramètres de comptes de messagerie, signets, livres audio, morceaux de musique, clips vidéo, émissions de télévision, podcasts ou photos (de ratons laveurs) depuis l'ordinateur vers votre iPad. La nouvelle encore meilleure est qu'après avoir procédé à ce transfert, vous pouvez synchroniser vos contacts, rendez-vous et événements afin qu'ils soient toujours automatiquement à jour dans les deux machines, que vous les ayez modifiés dans l'iPad ou dans l'ordinateur. Par exemple, dès que vous changez un rendez-vous dans l'iPad, ce changement apparaîtra dans l'ordinateur la prochaine fois que les deux appareils communiqueront.

Cette communication entre les deux machines est appelée *synchronisation*. Elle est très facile à mettre en œuvre ; ce chapitre explique la procédure en détail.

Ah, mais attendez ! Il y a une autre bonne nouvelle. Les éléments que vous gérez sur l'ordinateur, comme les clips vidéo, les émissions de télévision, les podcasts et les paramètres de compte de messagerie, ne sont synchronisés que dans un seul sens : de l'ordinateur vers l'iPad, ce qui est après tout normal.

En revanche, il est désormais possible de partager des fichiers entre votre iPad et votre ordinateur, autrement dit dans les deux sens (mais certes, à condition que votre iPad soit équipé d'une application compatible).

Les informations données dans ce chapitre sont basées sur l'app Musique et sur la dernière version de macOS Monterey, et sur la version 15.4.1 d'iPadOS, c'est-à-dire la version disponible au moment où nous avons écrit ces lignes.

Nous aborderons dans ce chapitre la synchronisation avec un Mac récent. Mais que les possesseurs de Mac ancien ou de PC tournant sous Windows ne se lamentent pas, car iTunes est à peine différent de l'interface que nous découvrirons.

Laïus sur iCloud

L'iCloud d'Apple est un service de synchronisation et de stockage des données en ligne et sans fil. Ce nuage informatique est idéal pour stocker et gérer des contenus numériques comme de la musique, des photos, des contacts, des événements, de multiples documents et bien d'autres choses encore. Ces contenus deviennent disponibles où que vous soyez dès lors que vous disposez d'une connexion à Internet. *De facto*, il est disponible pour tous vos périphériques connectés.

Ainsi, tout document enregistré sur iCloud pourra être consulté et modifié, tout en restant constamment actualisé, pour tous vos périphériques capables de les récupérer *via* Internet.

Tout possesseur d'un compte Apple pourra profiter d'un stockage gratuit de 5 Go sur iCloud. Si votre activité exige une plus grande capacité de stockage, vous pouvez en acheter au prix mensuel de 1,49 € pour 50 Go, 4,49 € pour 200 Go, et enfin 9,99 € pour 2 To.

Démarrer la synchronisation

Synchroniser l'iPad avec un Mac ressemble beaucoup à la synchronisation d'un iPhone ou d'un iPod. Si vous utilisez déjà l'un de ces petits bijoux, ce sera une partie de plaisir. Mais même si vous n'avez jamais synchronisé d'appareils de ce genre, vous constaterez que ce n'est pas difficile. Voici les étapes à suivre :

❶ Commencez par connecter l'iPad (en veille ou allumé) à votre Mac grâce au câble qui vous a été fourni.

Si l'iPad est en veille, une invitation à l'allumer apparaît sur l'écran.

❷ Dans le Dock du Mac, cliquez sur l'icône Finder.

Une fenêtre Finder s'ouvre. Le nom de l'iPad apparaît dans le volet à gauche, à la rubrique Emplacements.

❸ Dans le volet à gauche, à la rubrique Emplacements, cliquez sur le nom de l'iPad.

Une fenêtre Se fier à *Nom de l'iPad* apparaît. Cliquez sur le bouton Se fier pour confirmer la connexion.

Un message apparaît « Sur l'iPad : Faire confiance à cet ordinateur ? ». Cliquez sur Oui puis saisissez le code à six chiffres de l'iPad (notez l'extrême prudence des appareils).

L'interface de synchronisation apparaît (Figure 3.1).

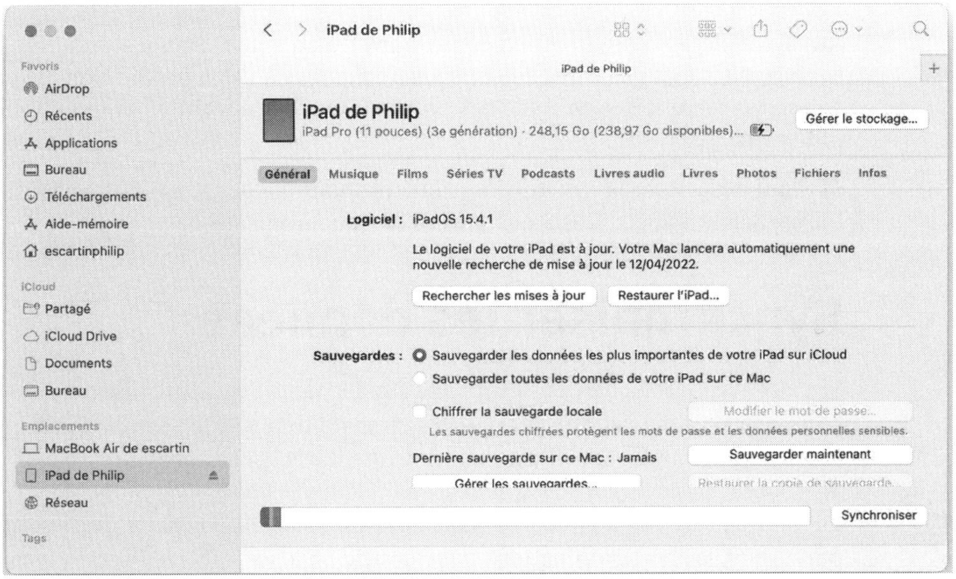

Figure 3.1 Le panneau de synchronisation apparaît sur le Mac. L'iPad nommé Gargamelle est connecté à l'ordinateur.

❹ À la rubrique Sauvegardes, choisissez le support sur lequel les sauvegardes doivent être stockées :

- **Sur iCloud :** une copie des données de l'iPad est conservée sur un ordinateur d'Apple. Vous pouvez effectuer une restauration de l'iPad depuis n'importe où dans le monde pour peu que vous puissiez accéder à l'Internet avec votre iPad.

- **Sur ce Mac :** la sauvegarde est effectuée sur l'ordinateur auquel l'iPad est connecté. Aucune connexion Internet n'est nécessaire. En revanche, si vous êtes en déplacement, vous ne pourrez restaurer votre iPad que si vous avez emporté votre ordinateur.
- Pour sauvegarder également les données sensibles, les mots de passe notamment, cochez la case Chiffrer la sauvegarde locale. Cette action n'est pas réalisable sur iCloud.

❺ Pour régler la qualité du son des morceaux de musique, cochez la case Convertir les morceaux dont le débit est supérieur en… puis choisissez un débit : AAC 128 kbit/s, ou 192 kbit/s ou 256 kbit/s.

Un débit binaire élevé garantit une meilleure qualité du son (du moins, si le son d'origine est bon…), mais au prix d'un fichier plus volumineux. Celui des morceaux de musique achetés sur iTunes Store ou sur Amazon, par exemple, est de 256 kbit/s. Quatre minutes de son à 256 kbit/s occupent environ 8 mégaoctets dans la mémoire de stockage. Converti au format AAC à 128 kbit/s, le fichier est à peu près deux fois moins volumineux, soit 4 Mo, pour un son d'une qualité quasiment similaire.

À vrai dire, c'est seulement en connectant l'iPad à une chaîne stéréo très performante équipée d'enceintes haut de gamme qu'une oreille exercée parviendra à percevoir la différence. Avec des écouteurs ou des enceintes grand public, elle est indiscernable.

❻ Pour désactiver la synchronisation automatique dans les onglets Musique, Films, Séries TV, etc. décochez la case de synchronisation.

Synchroniser les données

Si vous avez choisi de configurer manuellement la synchronisation des données, vous devrez maintenant choisir le genre de données à synchroniser. Pour cela, cliquez sur l'onglet Infos, en haut à droite dans l'interface.

Le panneau Infos peut ne pas vous donner accès aux options de synchronisation parce que la synchronisation à l'aide d'iCloud est active. Cette dernière étant prioritaire, vous n'avez pas besoin des fonctionnalités du panneau Infos. Mais si vous tenez à les utiliser, désactivez les applications Contacts et/ou Calendrier dans les réglages iCloud de l'iPad. Débranchez puis reconnectez l'iPad, puis dans le Mac, revenez au panneau Infos.

Le panneau Infos est divisé en trois parties : Synchroniser les contacts, Synchroniser les calendriers et Avancé. Examinons-les une par une.

Synchroniser les contacts

La synchronisation des contacts n'est accessible depuis l'onglet Infos que si vous désactivez iCloud pour l'app Contacts aussi bien sur votre Mac que sur votre iPad. Une fois cette désactivation réalisée, redémarrez l'iPad puis, sur le Mac, ouvrez l'onglet Infos de la boîte de dialogue affichant le «contenu» de la tablette.

Si vous passez par un PC, vous choisirez Outlook, Google Contacts, le carnet d'adresses Windows, ou bien encore celui de Yahoo! dans un menu local. Pas d'inquiétude, le processus est le même quelle que soit la plateforme informatique.

Comme le montre la Figure 3.2, la rubrique Synchroniser les contacts permet de synchroniser tous les contacts ou des groupes de contacts que vous avez créés dans le carnet d'adresses de votre ordinateur. Cochez les cases de la liste Groupes sélectionnés afin de ne synchroniser que ces groupes.

Figure 3.2
C'est là que vous synchronisez vos contacts.

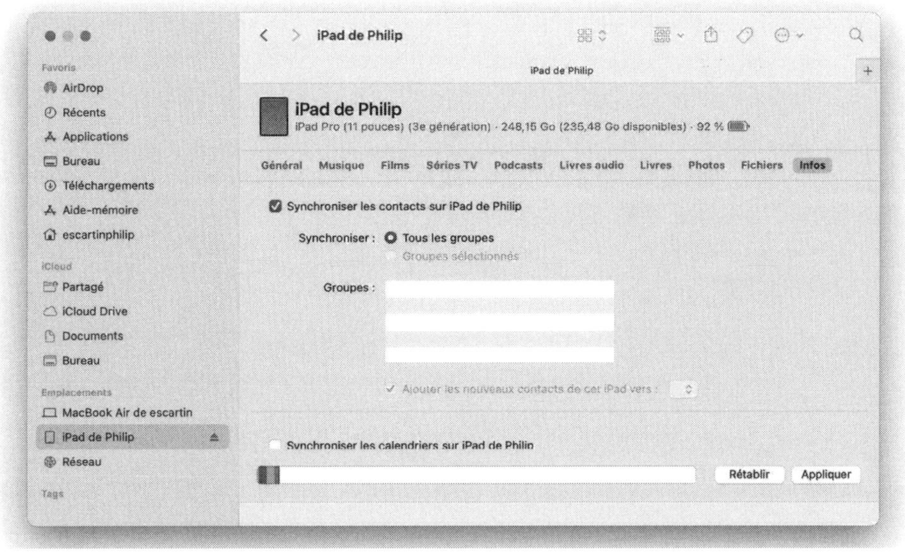

Voici comment utiliser les options de la section Synchroniser les contacts de l'iPad de <nom d'utilisateur> :

» **Tous les groupes : consiste à synchroniser tous vos contacts du carnet d'adresses de votre Mac ou de votre PC avec le contenu de l'app Contacts de l'iPad.**

» **Groupes sélectionnés :** consiste à synchroniser tout ou partie des groupes de contacts que vous avez ajoutés au carnet d'adresses de votre ordinateur. Une fois cette option cochée, cochez les cases adéquates dans la liste Groupes sélectionnés. Alors, seuls les groupes concernés seront synchronisés.

Synchroniser les calendriers

La rubrique Synchroniser les calendriers du panneau Infos détermine comment sera gérée la synchronisation des rendez-vous et des événements. Mais pour y parvenir, vous devez, comme pour Contacts, désactiver iCloud de l'app Calendrier aussi bien sur l'iPad que sur le Mac. Ensuite, il suffit de cocher l'option de synchronisation, comme sur la Figure 3.3.

Figure 3.3 Synchronisez vos événements.

Voici les programmes de calendrier que l'iPad synchronisera :

» **Mac :** Calendrier

» **PC :** Microsoft Exchange et Outlook 2003, 2007, 2010, et suivant

» **Mac and PC :** Google Calendar et Yahoo! Calendar

Avancé

De temps en temps, il y a une telle pagaille dans les contacts, calendriers et/ou signets de l'iPad que la meilleure solution est de supprimer ce fatras et de le remplacer par des données fraîches provenant de votre ordinateur.

Si cela vous arrive, cochez les cases Remplacer les contacts et/ou Remplacer les calendriers. Lors de la prochaine synchronisation, les données correspondantes seront remplacées dans l'iPad par celles transférées depuis l'ordinateur. Ces cases ne sont accessibles que si les cases des synchronisations correspondantes sont cochées, dans le même panneau.

Synchroniser les fichiers multimédias

Si vous avez choisi la synchronisation automatique des données, vous apprendrez dans cette section comment transférer vos morceaux de musique, vos photos, vos films ou vos séries TV de l'ordinateur vers l'iPad.

Les vidéos et photos ne sont synchronisées que dans un seul sens : de l'ordinateur vers l'iPad. Supprimer l'un de ces éléments de l'iPad ne les supprime pas de l'ordinateur lors de la synchronisation. Il existe toutefois des exceptions à ce comportement unidirectionnel, à savoir les musiques, podcasts, vidéos et livres audio achetés ou téléchargés depuis les applications iTunes Store, App Store ou l'iBookStore de l'iPad, ainsi que les listes de lecture que vous avez créées sur l'iPad. Comme vous vous en doutez, tous ces éléments sont automatiquement copiés vers l'ordinateur. Les photos arrivées par courrier électronique et enregistrées, celles copiées à partir de pages Internet (en maintenant le doigt sur une image, puis en touchant l'option Enregistrer l'image), les captures d'écran obtenues en maintenant le bouton principal enfoncé et en appuyant, selon le modèle d'iPad, soit sur le bouton Marche/Veille, soit en appuyant sur le bouton Marche/Veille et sur le bouton Volume+, ainsi que les photos prises avec l'appareil de l'iPad, peuvent toutes être transférées sur l'ordinateur, mais depuis le dossier de stockage de l'iPad, qui doit apparaître à la connexion de l'appareil par USB à l'ordinateur.

Une capture d'écran est une image montrant ce qui est à l'écran. La plupart des figures qui illustrent ce livre sont des captures d'écran.

Vous utiliserez les panneaux Musique, Films, Séries TV, Podcasts, Livres, Photos et Partage de fichiers pour indiquer les éléments audiovisuels à copier de l'ordinateur vers l'iPad. Le panneau Sur mon appareil permet d'avoir une vue plus synthétique de ce que contient votre iPad, voire d'écouter vos titres musicaux ou de visionner vos vidéos en faisant un double-clic dessus.

La dernière étape de chaque section invite à cliquer sur le bouton Synchroniser ou Appliquer, en bas à droite de la fenêtre d'iTunes. Vous n'avez à le faire que si vous activez (ou désactivez) un élément et lorsque vous le modifiez.

Synchroniser la musique

Procédez comme suit pour transférer de la musique dans votre iPad :

1 Cliquez sur l'onglet Musique, puis cochez la case Synchroniser la musique sur Nom de l'iPad.

2 Sélectionnez le bouton d'option Toute la bibliothèque musicale ou le bouton Artistes, albums, genres et playlists sélectionnés.

Si vous choisissez cette dernière option, cochez les cases qui se trouvent dessous : Inclure les vidéos et/ou Inclure les mémos vocaux (voir la Figure 3.4).

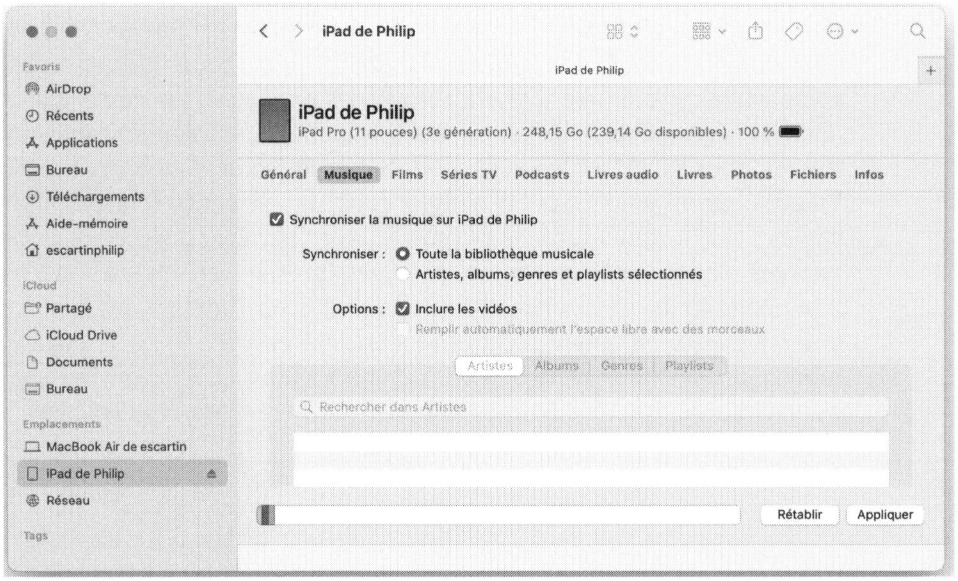

Figure 3.4
Utilisez le panneau Musique pour copier les fichiers audio dans votre iPad.

Si vous cochez la case Remplir automatiquement l'espace libre avec des morceaux, Musique remplira toute la mémoire de l'iPad avec des morceaux de musique.

❸ Si vous ne synchronisez pas toutes les bibliothèques, sélectionnez dans les rubriques Artistes, Albums, Genres et Playlist ce que vous voulez synchroniser.

Ce que vous ne cochez pas restera dans la bibliothèque du Mac, mais disparaîtra de la mémoire de l'iPad. Autrement dit, si vous ne cochez rien, vos choix musicaux se réduiront comme une peau de chagrin. Vous devez donc bien réfléchir d'abord à ce que vous voulez ou non écouter avec votre iPad.

❹ Cliquez sur le bouton Synchroniser ou Appliquer, en bas à droite.

Les morceaux de musique, clips et mémos vocaux sont synchronisés.

Les fichiers audio et vidéo sont notoirement connus pour occuper énormément de place dans une mémoire de stockage, y compris dans celle de votre iPad. Si vous tentez de synchroniser un trop gros volume de fichiers audiovisuels, un message risque de vous informer que la place manque sur l'iPad pour tout synchroniser. Vous voilà prévenu. Pour éviter ce problème, sélectionnez les listes de lecture, les artistes et/ou les genres en veillant à ce que tous ces éléments ne saturent pas la mémoire de l'appareil.

Que reste-t-il comme place dans l'iPad ? C'est une bonne question. La réponse se trouve en bas de la fenêtre de l'interface, sur le Mac, on en bas d'iTunes (PC), lorsque l'iPad est sélectionné. Un graphique montre le contenu de l'iPad ; un jeu de couleurs permet d'identifier la nature des données. Nous y reviendrons au Chapitre 18.

Synchroniser les films

Procédez comme suit pour transférer des vidéos dans votre iPad :

❶ Cliquez sur l'onglet Films, puis cochez la case Synchroniser les films sur Nom de l'iPad (voir Figure 3.5).

❷ Cochez la case Inclure automatiquement, puis choisissez une option dans le menu qui apparaît, pour les vidéos à synchroniser automatiquement, ou cochez la case de chacune des vidéos à prendre en compte.

Quel que soit votre choix dans le menu déroulant (autre que Tous les), vous pourrez sélectionner des vidéos une à une en cochant leur case.

❸ Cliquez sur le bouton Synchroniser ou Appliquer, en bas à droite de la fenêtre.

Vos vidéos sont synchronisées.

Figure 3.5 La synchronisation de vos vidéos dépend des choix effectués dans ce menu.

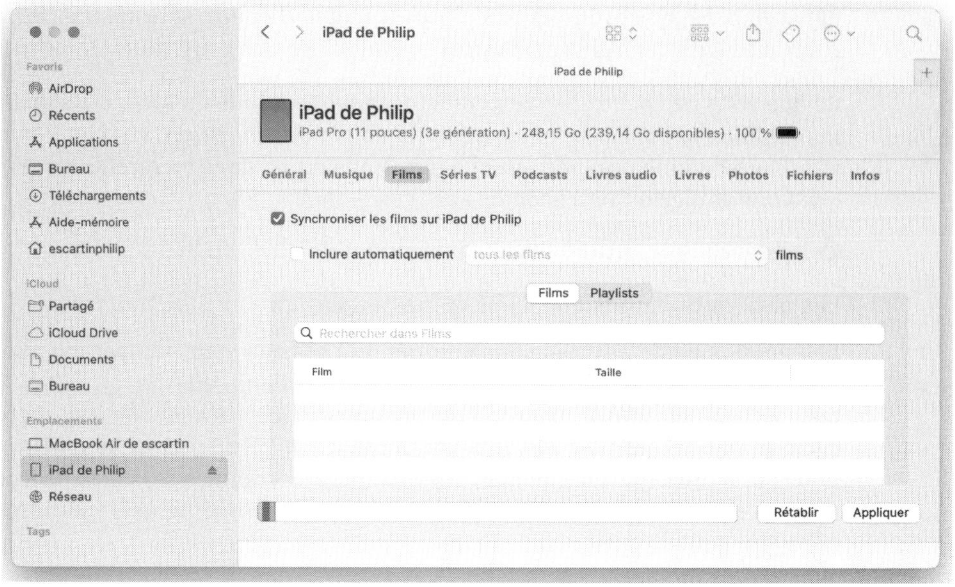

Synchroniser les séries TV

La synchronisation des séries de télévision s'effectue ainsi :

❶ Cliquez sur l'onglet Séries TV puis cochez la case Synchroniser les séries TV.

❷ Cliquez la case Inclure automatiquement, puis indiquez dans le premier menu à sa droite les épisodes à synchroniser.

❸ Dans le deuxième menu à droite, précisez s'il faut synchroniser les épisodes de toutes les séries ou seulement de celles qui sont sélectionnées.

❹ Pour inclure tel ou tel épisode en particulier, cochez sa case dans la liste Épisodes.

❺ Cliquez sur le bouton Synchroniser ou Appliquer, en bas à droite de la fenêtre.

Les séries de télévision sont synchronisées.

Quel que soit votre choix dans le menu déroulant (sauf si vous sélectionnez Tous les épisodes de toutes les séries), vous pourrez néanmoins sélectionner des épisodes en cochant leur case.

Synchroniser les podcasts

Procédez comme suit pour synchroniser des podcasts :

❶ Cliquez sur l'onglet Podcasts puis cochez la case Synchroniser les podcasts.

❷ Cochez la case Copier automatiquement, puis indiquez, dans le premier menu à sa droite, les épisodes à synchroniser.

❸ Dans le deuxième menu à droite, précisez s'il faut synchroniser les épisodes de tous les podcasts ou seulement de ceux qui sont sélectionnés.

❹ Pour inclure tel ou tel épisode en particulier, cochez sa case dans les rubriques Épisodes.

❺ Cliquez sur le bouton Synchroniser ou Appliquer, en bas à droite de la fenêtre.

Les podcasts sont synchronisés.

Synchroniser les livres

Via deux onglets, vous pouvez synchroniser les livres numériques et les livres audio respectivement dans les onglets Livres et Livres audio.

Procédez comme suit pour synchroniser des livres numériques :

❶ Cliquez sur les onglets Livres puis cochez la case Synchroniser les livres (ou Synchroniser les livres audio dans l'onglet Livres audio).

❷ Dans la rubrique Livres, cochez les cases des livres à synchroniser.

❸ Cliquez sur le bouton Synchroniser ou Appliquer, en bas à droite de la fenêtre.

Les livres numériques sont synchronisés.

Synchroniser les photos

Comme pour Contacts et Calendrier, la synchro n'est possible que si vous désactivez iCloud pour Photos aussi bien sur le Mac que sur l'iPad.

Les photos peuvent être synchronisées depuis n'importe quel dossier de l'ordinateur contenant des images. Voici la procédure :

❶ Cliquez sur l'onglet Photos puis cochez la case Synchroniser les photos sur votre appareil depuis, comme sur la Figure 3.6.

❷ Ensuite, ouvrez le menu local pour choisir le dossier dans lequel piocher les images à synchroniser.

❸ Cliquez sur l'option Tous les albums et photos ou Albums sélectionnés selon que vous voulez inclure tous les albums ou seulement ceux que vous indiquerez.

❹ Si vous avez cliqué sur Albums sélectionnés, cochez tout ou partie des options qui deviennent accessibles dans la section Options.

❺ Cliquez sur le bouton Synchroniser ou Appliquer, en bas à droite de la fenêtre.

Les photos sont synchronisées.

Figure 3.6 La synchronisation des photos.

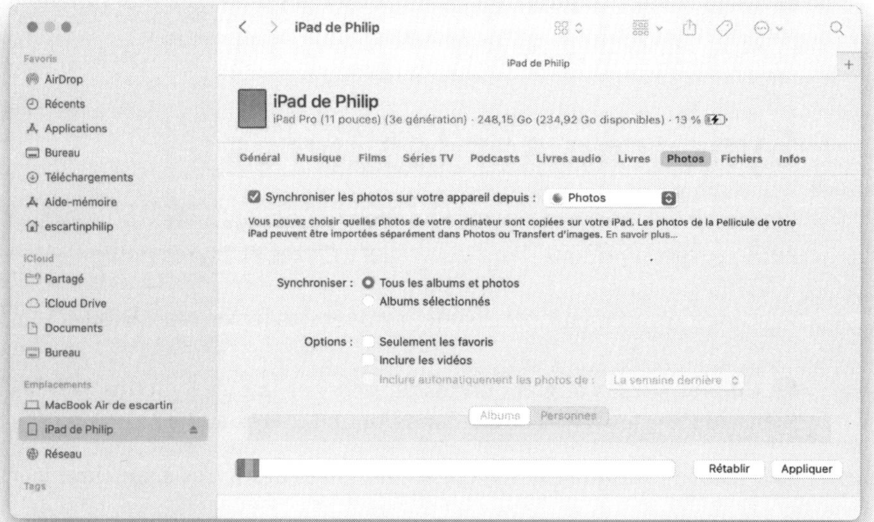

Pour transférer les photos stockées sur l'iPad vers un PC, il est possible de les copier directement depuis le dossier de stockage DCIM de l'iPad, accessible avec l'Explorateur de fichiers Windows. Vous les ferez glisser jusque sur dossier de destination de votre choix dans le PC.

Synchronisation manuelle

Même si nous pouvons louer les mérites de la synchro automatique qui se base sur des critères que vous avez préalablement spécifiés, comme le genre, les artistes, les playlists, et les albums, elle est inefficace pour transférer quelques éléments comme des chansons, des films, des podcasts, ou d'autres fichiers vers votre iPad.

Dans ce cas, vous devez vous en remettre à une synchronisation manuelle. Elle consiste à copier du contenu depuis un ordinateur (ou un iPhone) sur votre iPad.

Les synchronisations automatique et manuelle ne sont pas exclusives l'une de l'autre. Par exemple, vous pouvez synchroniser automatiquement certains contenus, et manuellement d'autres.

Voici comment effectuer une synchronisation manuelle :

❶ Connectez votre iPad à votre ordinateur via un câble USB-C, USB-vers-Lightning, ou bien encore en Wi-Fi.

Si sur un PC iTunes ne s'ouvre pas automatiquement, ouvrez-le manuellement.

❷ Les utilisateurs d'iTunes devront cliquer sur l'icône de l'iPad située à droite du menu local du type de média à synchroniser. Si vous passez par le Finder, cliquez simplement sur le nom de l'iPad dans la section Emplacements de la barre latérale.

Si vous possédez plusieurs périphériques iDevice, l'icône de l'iPad se transforme en un menu local listant l'ensemble des iDevices en question actuellement connectés. Ouvrez ce menu local et choisissez le périphérique concerné.

Dans le Finder de macOS, vous trouverez les périphériques iOS et iPadOS dans la section Emplacements de la barre latérale.

❸ (Facultatif) Si vous utilisez iTunes, cliquez sur l'onglet Résumé puis, dans la section Options, choisissez l'option qui gère manuellement la musique et les vidéos. Si vous utilisez le Finder, cliquez sur l'onglet Général puis, dans la section Options, cochez la case Gérer manuellement la musique, les films, et les séries TV. Cette étape désactive la synchronisation automatique de la musique et des vidéos.

Partie 2
L'iPad et Internet

DANS CETTE PARTIE...

Ce que les gens veulent surtout faire avec leur iPad, c'est visiter des sites Internet grâce à son plantureux écran tactile en couleurs. C'est avec Safari, le navigateur Internet, que commencent les pérégrinations virtuelles, et c'est donc par lui que nous commencerons cette deuxième partie.

Nous étudierons ensuite le gestionnaire de messagerie Mail, et nous verrons combien il est facile de configurer des comptes d'utilisateur et d'échanger des mots doux et des pièces jointes. Et comme les réseaux sociaux connaissent un grand succès, vous découvrirez la meilleure manière d'utiliser Facebook ou Twitter avec votre iPad.

Au Chapitre 6, nous partirons à la découverte de Plans pour trouver un restaurant (par exemple), établir un itinéraire et même connaître l'état de la circulation.

Le Chapitre 7 est franchement consumériste. Il explique en effet comment acheter sur l'App Store, une boutique en ligne débordant de petits programmes et d'applications. Mais, contrairement aux véritables magasins, beaucoup d'articles y sont gratuits.

Enfin, le Chapitre 8 vous dit tout sur les moyens de communiquer en ligne avec votre iPad, autrement dit avec Messages, FaceTime, Twitter et Facebook.

DANS CE CHAPITRE

Surfer sur Internet.

Ouvrir et afficher des pages Internet.

Liens, signets et historiques.

Sécuriser Safari.

Chapitre 4

Explorer le Web avec Safari

« C'est comme si vous aviez tout l'Internet entre vos mains. »

Les allumés du marketing adorent ce genre de formules, mais il se trouve aussi que ce n'est pas faux. Grâce au remarquable écran de l'iPad, visiter des pages Internet est un vrai plaisir.

Visiter des pages Internet

C'est grâce au navigateur Internet nommé Safari que la visite des sites s'effectue aussi confortablement qu'avec un ordinateur. Et c'est grâce aux magnifiques couleurs de l'écran de l'iPad que l'Internet est encore plus attirant. Ce n'est pas pour rien que Safari pour Mac ou Windows est réputé être le meilleur navigateur Internet. La version de Safari pour l'iPhone, quant à elle, n'a encore aucune concurrence digne de ce nom. Comme vous l'imaginez, la version de Safari installée dans l'iPad est fabuleuse.

Se connecter sans fil à la patte

Le Wi-Fi est actuellement la voie royale pour se connecter à Internet avec l'iPad. Bien que l'on trouve facilement des zones Wi-Fi d'où l'on peut établir une connexion – hôtels, gares, restaurants, parcs publics et même évidemment chez soi –, le fait est que le Wi-Fi n'est pas disponible partout.

L'iPad Wi-Fi + Cellular offre une solution appréciable lorsque aucune zone Wi-Fi ne se trouve près du lieu où vous êtes. Il utilise en effet, en France, le réseau 3G/4G/5G de téléphonie mobile, moyennant un forfait mensuel dont le prix varie selon la quantité de données téléchargées. Mais même sans l'option Wi-Fi + Cellular, un iPad peut accéder au réseau 3G/4G/5G comme expliqué ci-après.

Lorsque vous cherchez à établir une connexion Internet, un iPad Wi-Fi + Cellular s'efforce de se connecter au réseau Wi-Fi en premier. S'il ne détecte aucune borne Wi-Fi dans les environs, il essaye de se connecter au réseau 5G, 4G, ou 3G . Si la 5G est encore en cours de développement, la 4G est bien implantée même s'il reste quelques zones non couvertes. Dans ce cas, la 3G prend souvent le relais. Si vous êtes dans une zone non couverte par la 5G, 4G ou la 3G, l'iPad se rabat sur le réseau EDGE. Et si même EDGE ne répond pas, il se connecte au réseau GPRS, dont le débit est affreusement modeste. Soit dit en passant, si vous ne recevez pas, ou mal, un signal 3G à défaut de 5G/4G ou EDGE lorsque vous êtes dans une chambre d'hôtel, par exemple, se rapprocher de la fenêtre peut améliorer les choses.

Se connecter au réseau téléphonique

Lorsque aucune connexion Wi-Fi n'est disponible, ou lorsqu'elle est terriblement mauvaise, l'on se prend parfois à regretter de n'avoir pas acheté un iPad Wi-Fi + Cellular. Fort heureusement, rien n'est perdu si vous ou votre conjoint, ami ou collègue possède un iPhone fonctionnant sous iOS 12 ou supérieur. Voici comment procéder :

❶ Sur l'iPhone, touchez l'icône Réglages puis l'option Partage de connexion.

❷ Activez le commutateur Autoriser d'autres utilisateurs.

❸ Touchez l'option Mot de passe Wi-Fi. Dans le panneau qui apparaît, saisissez un mot de passe.

Sur l'iPad :

❶ Touchez l'icône Réglages puis l'option Wi-Fi.

❷ Dans la liste des réseaux, choisissez l'iPhone, reconnaissable à son nom.

» La connexion est établie.

❸ Saisissez le mot de passe entré précédemment dans l'iPhone.

» Vérifiez la présence de l'icône de partage de connexion, en haut à droite de l'iPad.

L'iPad est à présent connecté au réseau 3G/4G/5G. L'iPhone peut maintenant être mis en veille. Relevez votre courrier avec l'iPad, visitez des pages Internet... La session terminée sur l'iPad, désactivez le Partage de connexion sur l'iPhone ; ce n'est pas obligatoire, mais recommandé.

Explorer le navigateur

Nous commencerons notre cyberexploration par une rapide présentation du navigateur Safari. Jetez un coup d'œil à la Figure 4.1 : toutes les commandes de la version pour Mac et Windows ne s'y trouvent pas, mais son aspect nous est cependant familier. Les commandes que l'on y aperçoit sont décrites tout au long de ce chapitre.

Figure 4.1 Le navigateur Safari de l'iPad.

Internet ou Web ?

Internet est un réseau qui relie des millions d'ordinateurs dans le monde. Il est aussi parfois – mais de moins en moins – appelé « Web », abréviation de *World Wide Web*, la toile mondiale. Deux distinctions doivent être faites :

- **L'adresse électronique :** c'est celle de votre messagerie. Exemple : vous@chezvous.fr.
- **L'adresse Internet :** c'est celle d'un site Internet. Exemple : `www.site.com`. Ici, le préfixe www indique clairement qu'il s'agit du *World Wide Web*.

Plongée dans le cyberespace

Safari propose une seule zone pour la saisie des adresses Internet et pour les recherches. Lorsque vous saisissez une adresse dans la barre d'adresse, vous obtenez aussi des suggestions pour la recherche Google (présentée par la suite).

Toute visite sur Internet débute par une adresse Internet ou par une recherche ; le clavier virtuel de l'iPad apparaît dès que vous commencez une saisie dans la barre d'adresse (et de recherche). Voici quelques conseils d'utilisation (d'autres figurent au Chapitre 2) :

» Pour saisir rapidement un suffixe courant d'adresse, comme .com, .fr, .net, .org ou .edu, maintenez le doigt sur la touche . (*point*) puis choisissez un suffixe.

» Pour saisir la barre inclinée (/), maintenez le doigt appuyé sur la touche B ou b, puis faites glisser vers le bas et relâchez.

» Dès la première lettre tapée, Safari affiche une liste d'adresses Internet correspondant à cette lettre, puis aux suivantes (voir Figure 4.2). Par exemple, quand vous tapez la lettre « e » vous voyez apparaître les adresses d'eBay, easyjet, *etc.* Si vous tapez la lettre « a », la liste pourra contenir Amazon, Apple et ainsi de suite.

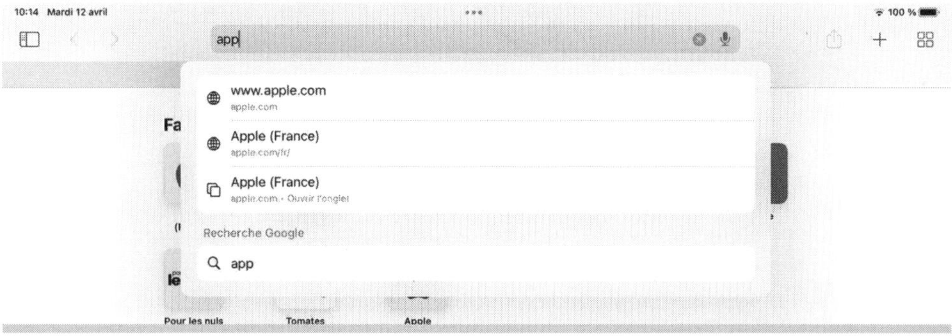

Figure 4.2 Safari fait des suggestions en fonction de ce que vous saisissez.

Vous pouvez énoncer à voix haute une adresse Internet en touchant le bouton Dictée (le micro à gauche de la barre d'espace) du clavier virtuel. Ce bouton est également accessible pour d'autres opérations, comme la dictée de critères de recherche ou, dans une page Internet, la dictée dans des zones de texte ou dans des formulaires. C'est très efficace et très pratique.

L'iPad puise dans plusieurs sources pour suggérer des adresses Internet au cours de votre saisie :

» **Le moteur de recherche :** par défaut, c'est celui de Google.

Selon ce que vous tapez, Safari peut même vous faire des suggestions encore plus ciblées, par exemple pour vous proposer des applications dans l'App Store ou des artistes dans Musique ou iTunes Store.

» **Les signets :** ce sont ceux créés avec Safari dans votre ordinateur, et éventuellement les favoris créés, sous Windows, avec Internet Explorer. Nous reviendrons d'ici peu sur les signets.

» **L'historique :** la seconde source d'adresses plausibles, pour l'iPad, est l'historique. Il mémorise en effet tous les sites et les pages que vous avez récemment visités. Cette fonctionnalité est également décrite plus loin.

Voici comment accéder à une page Internet :

❶ Touchez l'icône Safari, dans le Dock en bas de l'écran d'accueil.

Elle fait normalement partie des icônes présentes par défaut dans la partie gauche, avec Messages, Musique, Mail et Fichiers.

❷ Touchez la barre d'adresse.

❸ Commencez à saisir l'adresse Internet (appelée aussi URL, Uniform Resource Locator, adresse de ressource unifiée) sur le clavier qui remonte du bas de l'écran.

❹ Effectuez l'une de ces opérations :

a. Pour accepter l'une des suggestions d'adresses proposées par Safari, touchez-la.

b. Safari la place aussitôt dans la barre d'adresse.

c. Continuez à taper l'adresse Internet sur le clavier, puis touchez la touche Retour affichée en bleu sur le côté droit du clavier.

Il n'est pas nécessaire de taper les lettres www au début de l'adresse Internet. Par exemple, si vous voulez visiter le site `www.leconcombre.com` et ainsi « glabougner dans le non-être », il suffit de taper « leconcombre.com » pour être transporté de joie jusqu'au site des aventures potagères du Concombre masqué. Vous pouvez même vous dispenser du .com. Si vous tapez « leconcombre », vous obtenez une page de résultats de recherche sur Google et vous pouvez trouver le site officiel de la plus célèbre phanérogame angiosperme de la classe des dicotylédones gamopétales.

Comme la version de Safari pour l'iPad repose sur une variante du système d'exploitation mobile de l'iPhone, vous risquez de tomber de temps en temps sur un site qui vous propose la version dite mobile du site Internet. Certains sites sont hélas parfois incapables de faire la distinction entre l'iPad et les autres appareils mobiles. Dans le meilleur des cas, vous aurez le choix entre deux versions.

L'Internet, c'est beau, c'est grand

Maintenant que vous savez comment accéder à un site Internet, vous allez découvrir combien il est facile de zoomer dans une page pour mieux la voir et consulter plus confortablement son contenu.

Essayez ces astuces sympas :

» **Double-touchez l'écran afin qu'un pavé de texte ou une image emplisse tout l'écran :** dans la seconde qui suit, l'image d'abord brouillée devient nette. La Figure 4.3 montre cette manipulation. À gauche, vous voyez une page du site de photographies Flickr. La partie de droite la montre agrandie suite à un double-toucher. Répétez le double-toucher pour revenir à la page normale.

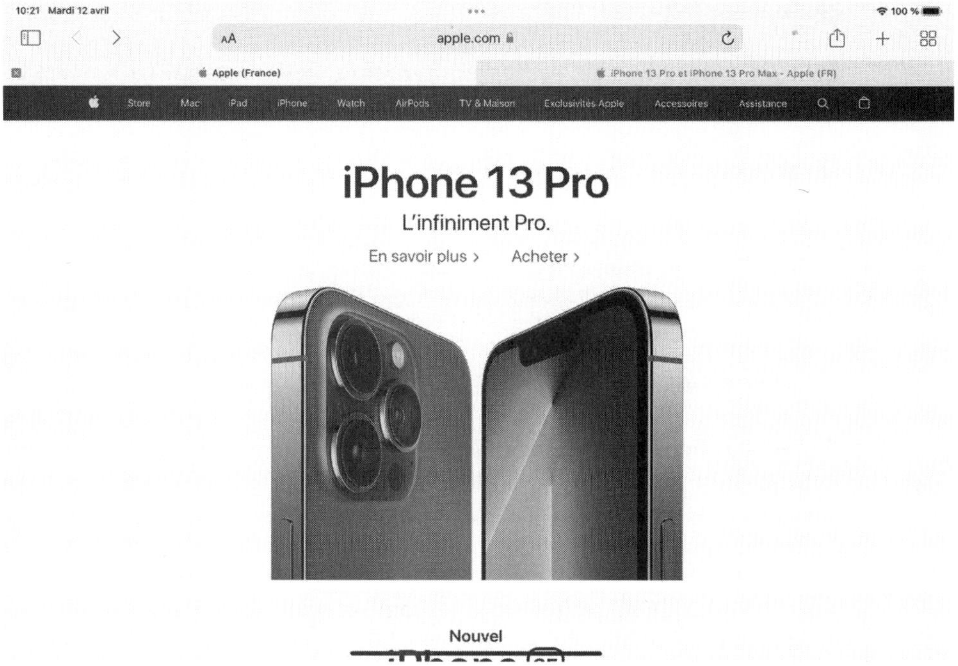

Figure 4.3 Double-touchez une page (à gauche) pour zoomer en avant (à droite) ou en arrière.

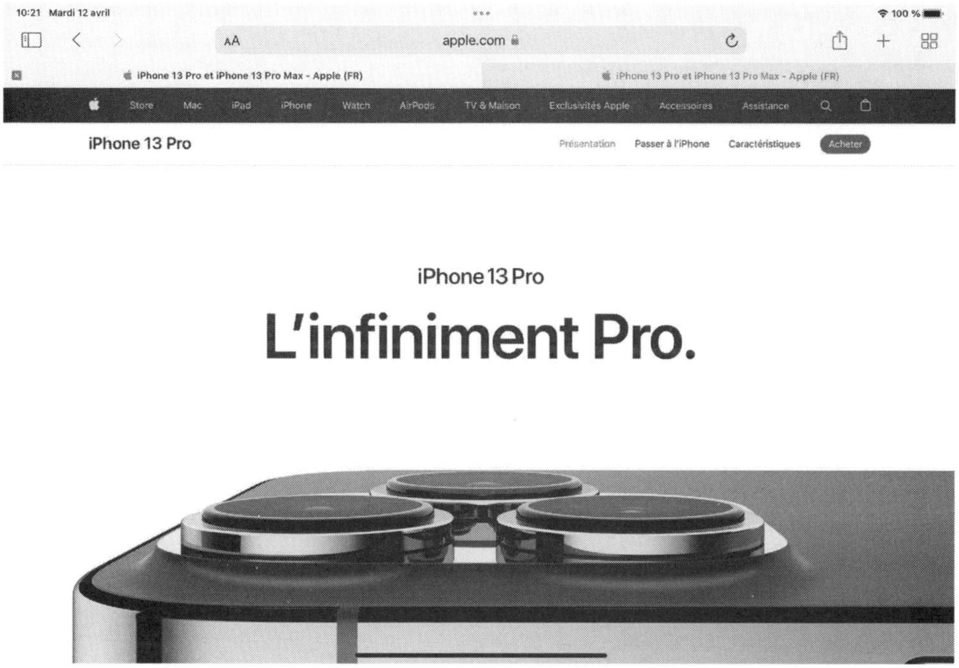

» **Écartez ou pincez la page :** écarter le pouce et l'index ou les rapprocher fait zoomer en avant ou en arrière. Là encore, il faut une petite seconde à l'image pour devenir nette.

Si vous continuez le pincement alors que la page est revenue à sa taille normale, vous affichez graphiquement la liste des pages actuellement ouvertes. Nous allons y revenir dans la section suivante.

» **Le doigt appuyé sur la page, tirez-la dans n'importe quelle direction :** vous la menez du bout du doigt.

Si vous faites glisser la barre d'adresses vers le haut, cette barre d'adresse et les onglets sont masqués pour laisser le plus de place possible à la page. Pour les réafficher, touchez ce qu'il reste de la barre.

» **Basculez l'iPad de côté :** la mise en page est respectée lorsque l'iPad pivote à l'horizontale ou la verticale (voir la Figure 4.4). Certains sites sont même capables de cadrer les photos et de redisposer les colonnes pour s'adapter au nouveau format.

Figure 4.4
La mise en page s'adapte à l'affichage en hauteur ou en largeur.

Ouvrir plusieurs pages Internet en même temps

Quand nous visitons des sites à partir d'un ordinateur de bureau ou d'un ordinateur portable, nous nous contentons rarement d'afficher une seule page à la fois. En fait, il nous arrive souvent d'en ouvrir plusieurs en même temps, soit parce que nous allons de l'une à l'autre sans nous donner la peine de fermer celles que nous quittons, comme nous le verrons à la prochaine section, soit parce qu'un lien ouvre une nouvelle page – ce sont parfois des publicités dont nous nous passerions volontiers – sans fermer celle en cours.

Sur l'iPad, Safari permet lui aussi d'ouvrir plusieurs pages à la fois. Voici comment procéder pour afficher ces pages Internet supplémentaires :

1. Touchez l'icône Nouvel onglet (reportez-vous à la Figure 4.1), à droite de la barre d'adresse, en haut de l'écran (c'est le signe plus).

Une page contenant vos favoris ainsi que les sites les plus visités apparaît.

2. Saisissez l'adresse du site que vous souhaitez visiter.

Safari accède à la page demandée.

Si le site Internet souhaité se trouve dans la liste affichée sur la page, touchez son icône.

3. Visitez d'autres sites en procédant comme à l'étape précédente.

Safari est capable de gérer un grand nombre d'onglets (voir la Figure 4.5).

4. Pour changer de site, touchez l'onglet correspondant, sous la barre d'adresse.

Pour fermer un onglet Internet, touchez la croix (X) grise à gauche de son nom.

Pour fermer tous les onglets d'un coup sauf un, maintenez votre doigt appuyé sur l'onglet dont vous souhaitez conserver l'ouverture. Dans le menu contextuel qui apparaît, exécutez la commande Fermer les autres onglets.

Toucher un onglet sans faire d'erreur n'est pas toujours si facile. Mais vous pouvez aussi visualiser vos pages dans une vue en réduction afin de pouvoir plus facilement en ouvrir ou en refermer une. Voici comment procéder :

Figure 4.5 Sous la barre d'adresse, sept onglets sont ouverts, correspondant à autant de pages Internet.

❶ Touchez l'icône qui se trouve tout à fait à droite de la barre d'adresse, ou bien pincez nettement l'écran en resserrant bien les doigts.

Toutes les pages ouvertes vont s'afficher (voir la Figure 4.6).

❷ Pour afficher une des pages, touchez la vignette correspondante (si vous avez ouvert beaucoup de pages, vous devrez peut-être faire défiler le contenu de l'écran).

❸ Pour revenir à la page active, touchez le bouton Afficher.

❹ Pour ajouter un nouvel onglet, touchez le bouton « + ».

❺ Si vous avez ouvert beaucoup de pages et que vous ayez un peu de mal à retrouver la bonne, commencez à saisir quelque chose qui la concerne directement dans le champ Chercher des onglets. Seules les vignettes correspondantes vont apparaître. Touchez l'aperçu recherché, ou touchez le bouton Annuler.

❻ Pour refermer une page, vous pouvez toucher la croix affichée en haut et à gauche d'un aperçu, ou encore faire glisser celui-ci vers le bord gauche de l'écran.

Comme vous pouvez le constater, voyager sur Internet dans Safari n'a jamais été aussi facile !

Figure 4.6
Afficher une vue en réduction des pages ouvertes dans Safari.

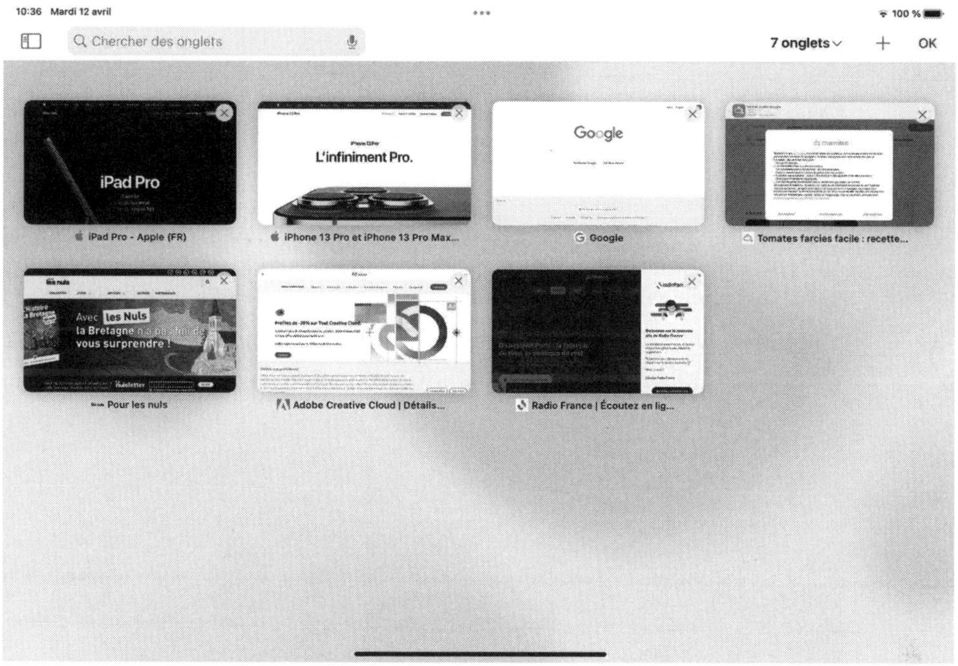

Vous avez également la possibilité de fractionner la fenêtre de Safari pour afficher côte à côte deux onglets de pages Internet différentes. Cette fonctionnalité, appelée Split View (voir Chapitre 2), n'est disponible que sur les iPad récents. Voici comment l'activer :

❶ Orientez l'iPad à l'horizontale, puis, dans Safari, maintenez votre doigt appuyé sur les trois petits points en haut et au centre de la fenêtre de Safari.

❷ Dans le menu qui apparaît, touchez l'icône située au centre afin d'activer le mode Split View.

La fenêtre de Safari se positionne sur la gauche de l'écran (à peine visible).

❸ Touchez alors l'icône Safari du Dock.

Une seconde fenêtre de Safari apparaît alors à gauche de la première, comme sur la Figure 4.7

❹ Saisissez dans la barre de recherche de la fenêtre de droite l'adresse ou les mots-clés de votre choix.

Vous pouvez consulter les deux pages Internet côte à côte à la fois en simultané et indépendamment l'une de l'autre.

❺ Touchez un lien avec deux doigts dans l'une des deux pages affichées en mode Split View et il s'ouvrira dans l'autre fenêtre.

❻ Pour mettre un terme à l'affichage côte à côte, faites glisser vers la gauche ou la droite le trait vertical situé au centre de la barre de séparation du mode Split View.

Une autre technique consiste à toucher de nouveau les trois points en haut et au centre de l'une des deux fenêtres de Safari, puis de toucher l'icône de gauche parmi les trois icônes qui apparaissent.

Maintenez votre doigt appuyé sur un onglet affiché en mode Split View, puis glissez-dépacez-le dans l'autre fenêtre.

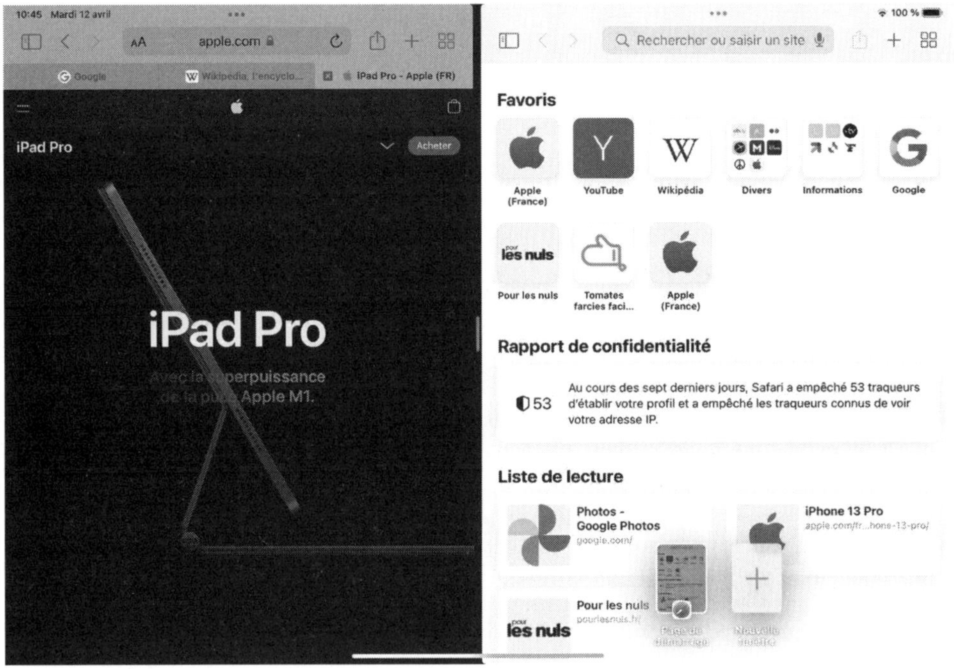

Figure 4.7 Safari en mode Split View.

Les liens

Visiter des pages Internet pourrait être terriblement fastidieux s'il fallait saisir l'adresse Internet de chaque page que vous voulez visiter. D'où l'intérêt des signets, mais aussi des liens. La version de Safari installée sur l'iPad étant semblable à celle des PC et des Mac, les liens se comportent de la même manière.

Les liens qui vous transportent d'un site à un autre sont classiquement soulignés ou en gras, ou font partie des éléments d'une liste, à moins qu'ils ne se dissimulent derrière des images. Touchez un lien pour accéder immédiatement au site ou à la page vers lequel il pointe.

Un lien peut exécuter d'autres actions comme :

» **Ouvrir un plan :** toucher un plan ou une carte démarre l'application Plans.

» **Préparer un courrier électronique :** touchez une adresse électronique, et l'iPad démarre l'application Mail (voir le Chapitre 5) en inscrivant l'adresse en question dans le champ À. Le clavier virtuel apparaît spontanément afin que vous puissiez saisir d'autres éléments, comme des adresses supplémentaires ou l'objet, et rédiger le message. Ce raccourci n'est toutefois pas proposé systématiquement lorsqu'un message apparaît sur Internet.

Pour connaître l'URL vers laquelle pointe un lien, maintenez le doigt appuyé sur le lien. Cette technique affiche parfois une miniature de la page vers laquelle renvoie le lien comme sur la Figure 4.8, accompagnée d'un menu contextuel proposant un certain nombre d'actions à exécuter. Ainsi, pour ouvrir la page correspondante, touchez la commande Ouvrir.

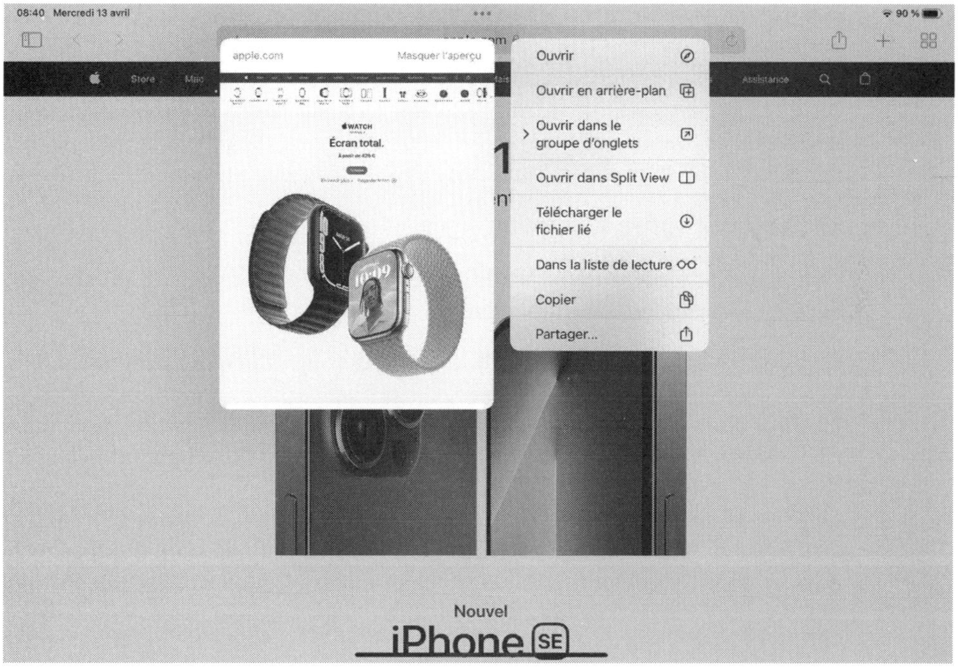

Figure 4.8 Miniature et menu contextuel qui s'affichent quand vous maintenez le doigt enfoncé sur un lien.

Tous les liens Internet ne coopèrent pas volontiers avec l'iPad. Au moment où ces lignes étaient écrites, l'iPad ne reconnaissait pas certains liens Internet standard, notamment ceux pointant vers des vidéos Adobe Flash. Mais tout n'est pas perdu, même en l'absence de Flash, car l'iPad prend en charge les standards émergents HTML5 et HTTP de l'audiovisuel en flux continu, ou *streaming*. Lorsque vous cliquez sur un lien incompatible, soit il ne se passe rien, soit un message est affiché, vous invitant à télécharger et installer un module complémentaire, ou *plug-in*, voire une app spécifique (voir Chapitre 7). Il est aussi possible que cette incompatibilité se traduise tout simplement par la présence d'un espace totalement vide dans la page…

Les signets

Vous savez d'ores et déjà combien les signets sont utiles et comment synchroniser ceux de votre ordinateur. Il est tout aussi facile de créer un signet pour une page Internet, directement depuis l'iPad :

❶ La page Internet à marquer d'un signet étant affichée, touchez l'icône en forme de carré à flèche sortante, à droite de la barre d'adresse.

Le menu de partage qui apparaît propose différentes options. Dans la partie supérieure, vous trouvez les icônes des applications que vous pouvez utiliser pour partager la page (par exemple, vous partagez un lien en touchant l'icône de l'app Mail. Pour afficher d'autres options de partage, faites défiler vers la gauche cette rangée d'icônes puis touchez Plus. Dans la partie inférieure, vous trouvez les options Ajouter aux favoris, Ajouter un signet, Ajouter à la liste de lecture, Sur l'écran d'accueil, Ajouter à une note rapide, Annoter, Copier et Imprimer.

❷ Touchez l'option Ajouter un signet.

Une nouvelle fenêtre apparaît. Elle contient le nom par défaut du signet, son adresse Internet et son emplacement.

❸ Pour accepter le nom et le dossier par défaut, touchez Enregistrer.

❹ Pour changer le nom du signet, touchez la croix (X) dans le cercle, à droite du nom. Saisissez un nouveau nom à l'aide du clavier virtuel puis touchez Enregistrer.

❺ Pour choisir un dossier de stockage pour le signet, touchez le nom de dossier affiché sous Emplacement (Favoris, par défaut), puis le nom du dossier ou sous-dossier dans lequel vous désirez stocker le signet, puis validez par Enregistrer.

Pour accéder à une page Internet au travers de son signet, touchez l'icône Signets, en haut à gauche de l'écran (reportez-vous à la Figure 4.1), si nécessaire, touchez l'onglet Signets (le livre) dans le volet qui s'ouvre puis le dossier où est stocké le signet recherché, et enfin le signet lui-même.

Si vous choisissez l'option Sur l'écran d'accueil – plutôt que créer un signet – à l'Étape 1 de la précédente manipulation, une icône est ajoutée à l'écran d'accueil de l'iPad, ce qui permet d'accéder rapidement au site. Nous y reviendrons d'ici peu à la section « Les clips de page Internet ». Mais si vous avez touché, par exemple, l'option Envoyer par e-mail, un nouveau message est créé. Il contient un lien vers la page ainsi que le nom du site dans le champ Objet.

La gestion des signets

Lorsqu'un signet n'a plus de raison d'être, vous pouvez le modifier ou vous en débarrasser :

» **Pour supprimer un signet ou un dossier,** accédez aux signets comme expliqué précédemment, puis maintenez votre doigt appuyé sur le signet à supprimer. Dans le menu contextuel qui apparaît, choisissez Supprimer. Le signet est effacé de la liste sans message de confirmation.

» **Pour modifier le nom ou l'emplacement d'un signet,** procédez comme pour le supprimer mais, dans le menu contextuel qui apparaît, choisissez Modifier. Touchez la croix à droite du nom du signet puis saisissez un nouveau nom. Ensuite, dans le champ Emplacement, touchez le nom du dossier, puis recherchez un dossier dans la liste.

» **Pour créer un nouveau dossier pour vos signets,** touchez Modifier en bas du volet des signets puis sur le lien Nouveau dossier en bas à gauche. Nommez-le et choisissez son emplacement.

Un dossier peut être renommé ou supprimé en procédant exactement comme pour un signet.

» **Pour déplacer un signet dans la liste,** touchez Modifier puis repositionnez-le en plaçant votre doigt sur les trois traits situés sur la droite puis faites-le glisser vers le haut ou le bas.

Pour afficher en permanence les favoris dans Safari, activez l'option Afficher la barre des favoris dans les réglages de Safari. Comme pour beaucoup de réglages de l'iPad, assurez-vous que le commutateur est vert (actif) et non blanc (inactif). Les principaux réglages de l'iPad sont décrits au Chapitre 14.

Utiliser la liste de lecture

La liste de lecture permet d'enregistrer le contenu d'une page Internet sur votre iPad afin de la consulter par la suite. De ce fait, vous pouvez consulter cette page même si vous n'avez pas de connexion à Internet.

❶ La page Internet à placer dans la liste de lecture étant affichée, touchez l'icône en forme de carré à flèche sortante, à droite de la barre d'adresse.

❷ Touchez l'option Ajouter à la liste de lecture.

❸ Dans le message de confirmation, touchez Oui.

La page Internet est ajoutée à la liste de lecture.

Pour accéder à une page Internet de la liste de lecture, touchez l'icône en haut à gauche, puis Liste de lecture. Enfin, touchez la page que vous souhaitez consulter.

Imprimer une page Internet

Pour imprimer une page Internet, touchez l'icône en forme de carré d'où sort une flèche, à droite de la barre d'adresse, puis touchez Imprimer. (Faites éventuellement défiler vers la gauche la ligne du bas afin d'afficher cette icône.) Une imprimante compatible AirPrint est indispensable, comme nous l'avons vu au Chapitre 2.

Les clips de page Internet

Vous visitez de nombreuses pages Internet, mais vous retournez plus fréquemment sur certaines d'entre elles (un quotidien, la météo, les horaires de train...) que sur d'autres. Dans leur infinie sagesse, les programmeurs de chez Apple nous offrent un moyen encore plus rapide que les signets pour accéder à ces pages privilégiées. Il suffit pour cela de les placer sur l'écran d'accueil. Apple appelle ces icônes des clips Web. Il est très facile de les créer :

❶ Ouvrez la page Internet et touchez l'icône de partage, à droite de la barre d'adresse.

❷ Touchez l'option Sur l'écran d'accueil. (Faites éventuellement défiler verticalement le contenu du menu local afin d'afficher cette fonction).

Une icône est créée. Elle reproduit le contenu de la page Internet, sauf si cette dernière possède sa propre icône personnalisée.

❸ Saisissez un nom aussi court et clair que possible pour la page Internet, ou conservez celui qui est proposé.

❹ Touchez le bouton Ajouter.

L'icône est placée sur l'écran d'accueil.

Pour supprimer un signet ainsi placé sur l'écran d'accueil, touchez son icône jusqu'à l'apparition d'un menu local dans lequel vous toucherez la commande Supprimer le signet. Confirmez en touchant de nouveau Supprimer.

L'option Historique

Il vous arrivera de vouloir retourner sur une page que vous aviez omis de marquer d'un signet, et dont vous êtes bien incapable de vous souvenir de l'adresse Internet. Dans ce cas, l'historique vous tirera peut-être d'affaire.

Safari conserve une trace de toutes les pages visitées au cours des derniers jours (sauf celles qui sont consultées en mode Navigation privée). Voici comment accéder à leur historique :

❶ Touchez l'icône ouvrant la barre latérale.

❷ Touchez l'option Historique.

❸ Faites défiler la liste jusqu'à la date du jour où vous êtes allé sur le site.

❹ Si la page se trouve dans la liste, touchez-la.

Vous effectuez un retour historique sur le site.

Pour supprimer l'historique afin que nul ne puisse découvrir les traces de vos pérégrinations sur Internet dont vous n'avez pas lieu d'être fier – sinon, pourquoi s'en débarrasser ? –, touchez Effacer, en bas et à droite de la liste. Choisissez alors l'étendue de la destruction (de la dernière heure jusqu'à la totalité de l'historique).

Vous pouvez aussi passer par l'icône Réglages, sur l'écran d'accueil, puis toucher Safari, puis Effacer historique, données de site. La suppression est alors plus drastique, puisqu'elle concerne toutes les données de navigation, dont les cookies.

La suppression concerne également tout appareil connecté à votre compte iCloud.

Démarrer une recherche sur Internet

Saisissez l'objet de votre recherche dans la barre d'adresse de Safari (voir la Figure 4.9). Dans les suggestions du navigateur, vous pouvez toucher la proposition affichée sous Recherche Google. Vous pouvez aussi opter pour Bing, Yahoo! Ou DuckDuckGo dans les réglages de Safari.

Figure 4.9 Une recherche sur les mots « iPad Pro » avec Google.

Voici comment effectuer une recherche avec un iPad :

❶ Touchez la barre d'adresse, en haut de l'écran.

Le clavier virtuel émerge du bas de la page. Nous avons vu au Chapitre 2 comment le clavier s'adapte à ce que vous êtes en train de faire. Celui qui apparaît possède une touche Accéder (bleue avec une flèche retour).

❷ Saisissez le terme ou la phrase servant de critère, puis, au choix :

- Tapez la touche Accéder.
- Touchez soit un des mots-clés proposés dans la section Recherche Google, soit une des propositions dans la liste de votre historique de navigation, ou bien encore *via* la section Sur cette page.

Si vous effectuez votre recherche en ouvrant le site de Google (`google.fr`), vous pourrez choisir dans la barre d'outils de voir les images, les vidéos ou encore les actualités correspondant à la recherche.

Vous pouvez dicter le ou les critères de recherche, si vous le préférez. Pour ce faire, touchez le bouton Dictée (micro) à gauche de la barre Espace, puis procédez comme expliqué au Chapitre 1.

Pour passer du moteur de recherche Google au moteur de recherche Bing, Yahoo!, DuckDuckGo ou Ecosia, touchez l'icône Réglages, sur l'écran d'accueil, Safari, puis Moteur de recherche, et enfin le moteur de recherche de votre choix.

L'option Sur cette page, tout en bas du panneau contenant les suggestions sert à rechercher les occurrences du mot saisi dans la page Internet actuellement affichée. Cette fonction est utile lorsque vous recherchez un terme précis dans un texte particulièrement long.

Copier des images depuis Internet

La plupart des images des pages Internet peuvent être facilement copiées. Sachez cependant que, hormis pour une présentation dans le cadre strictement personnel ou familial, il s'agit d'une violation du droit d'auteur (délit de contrefaçon) et d'une spoliation du travail des graphistes et des photographes. Voici néanmoins comment copier une image d'un site Internet :

❶ Touchez continûment l'image.

❷ Dans le menu qui apparaît, ainsi que le montre la Figure 4.10, touchez Ajouter à Photos ou Copier.

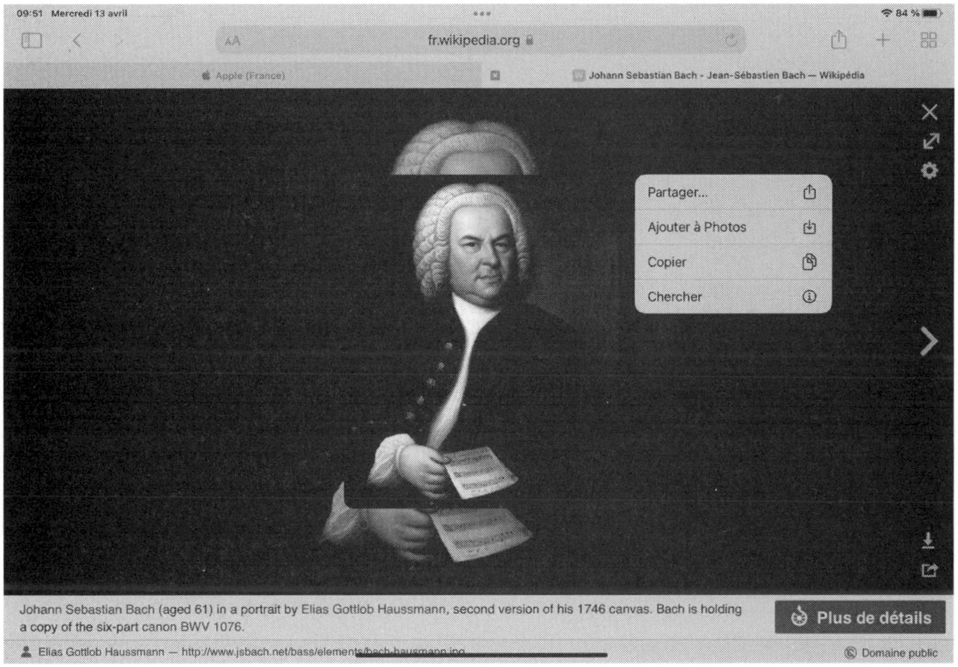

Figure 4.10 Touchez une image dans Safari pour l'enregistrer dans l'application Photos.

- Les images enregistrées se retrouvent dans l'application Photos, d'où elles peuvent être synchronisées vers l'ordinateur.
- Une image copiée peut être collée dans un message électronique ou sous forme de lien dans l'application Notes.

  Quand l'image appartient à une publicité, un bouton propose de l'ouvrir dans une nouvelle page.

Les paramètres intelligents de Safari

L'Internet fourmille d'informations intéressantes, mais il peut aussi devenir intrusif et persécuteur. Vous devrez protéger votre vie privée et assurer la sécurité de vos données. Pour cela, commencez par toucher l'icône Réglages, sur l'écran d'accueil. Touchez ensuite l'option Safari (voir la Figure 4.11). Sans entrer dans tous les détails, voyons les principales options proposées :

» **Rechercher :** les options de cette rubrique permettent d'affiner la manière dont le champ de recherche de Safari réagit. *A priori*, il n'y a aucune raison de modifier quoi que ce soit ici (à part le moteur de recherche, comme nous l'avons vu précédemment).

» **Remplissage automatique :** par définition, vos mots de passe ainsi que vos coordonnées ou le numéro de votre carte bancaire ne sont pas stockés en mémoire. Et c'est très bien ainsi… Mais si vous activez les différentes options de cette section, Safari remplira automatiquement les formulaires à partir de vos informations de contact personnelles, des noms d'utilisateurs et des mots de passe, ou à partir des informations d'autres contacts de votre carnet d'adresses.

L'iPad propose un gestionnaire de mots de passe, auquel vous accéderez en touchant l'icône Réglages sur l'écran d'accueil > Comptes et mots de passe > Apps et sites Internet. Il vous faudra alors saisir le code de l'iPad afin de visualiser les identifiants et mots de passe nécessaires pour vous connecter sur certains sites Internet, et d'en ajouter ou en modifier à votre convenance.

» **Bloquer les pop-ups :** ces fenêtres qui surgissent spontanément sont généralement des publicités dont on se passerait volontiers. Mais certains sites les utilisent pour afficher des informations complémentaires. C'est pourquoi il vous arrivera de les activer ou de les désactiver. En fait, il est préférable de laisser cette option active.

» **Bloquer tous les cookies :** les cookies sont de petits fichiers qui mémorisent votre passage sur telle ou telle page Internet. En général, ils ne présentent aucun danger, et nombre de sites Internet refuseraient d'ailleurs d'apparaître sans eux. Vous devriez laisser cette option en l'état (c'est-à-dire inactive).

Figure 4.11
Safari et ses réglages.

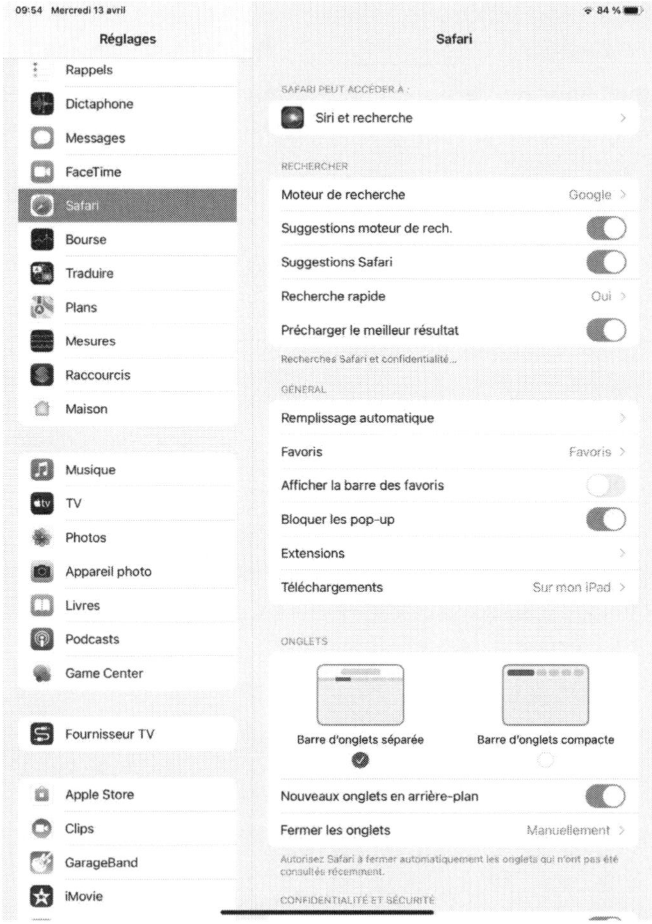

En refusant les cookies, certaines pages Internet ne pourront pas être chargées correctement, voire pas du tout. De nos jours, toute page Internet qui se respecte devrait vous prévenir qu'elle utilise des cookies et vous permettre de les accepter ou non.

» **Alerte si site Web frauduleux :** Safari peut vous prévenir lorsque vous accédez à un site malveillant. Cette mise en garde est mieux que rien, mais ne vous dispense pas du tout de rester sur vos gardes, car elle n'est pas infaillible. Ce réglage est actif par défaut, et c'est bien ainsi.

» **JavaScript :** (touchez l'option Avancé pour obtenir cette option) les programmeurs utilisent le langage JavaScript pour agrémenter les sites Internet de diverses fonctionnalités, comme afficher la date et l'heure, ou changer une image lors de son survol par le pointeur. Mais cette technologie a aussi été utilisée à des fins malveillantes. Bon, c'est vous qui voyez. Pas de quoi paniquer, mais sachez quand même qu'Oracle, le concepteur de JavaScript, met celui-ci à jour très régulièrement.

» **Effacer historique, données de sites :** cette option permet non seulement d'effacer votre historique de navigation, mais aussi les cookies ainsi que d'autres données que vous auriez pu saisir en naviguant sur Internet.

DANS CE CHAPITRE

Configurer des comptes de messagerie.

Envoyer un courrier électronique.

Lire et gérer les messages.

Rechercher des messages.

Définir les préférences de courrier électronique.

Chapitre 5

Communiquer par e-mail

Le programme Mail livré avec l'iPad sert à envoyer et recevoir des messages, mais surtout, il est doté de fonctionnalités HTML permettant entre autres de choisir une police de caractères, sa taille et ses couleurs, ou d'incorporer des images dans le texte. Si quelqu'un vous envoie un message illustré de photos, vous pourrez les voir directement.

De plus, l'iPad est capable d'envoyer des pièces jointes, notamment des fichiers PDF, des images en JPEG, des documents Word, des présentations PowerPoint, des classeurs Excel et tous les fichiers produits avec des applications spécialisées : des documents Pages, des feuilles de calcul Numbers, ou encore des présentations Keynote. Tous ces échanges de fichiers peuvent se dérouler en tâche de fond, pendant que vous surfez sur Internet ou que vous jouez à un jeu vidéo.

La préparation : tous comptes faits

Pour utiliser l'application Mail, vous devez disposer d'une adresse de messagerie, communément appelée « adresse électronique », voire « adresse Internet ». Si vous êtes abonné à un réseau à haut débit (ADSL, câble...), votre fournisseur d'accès Internet (FAI) vous en aura fourni une. Autrement, il reste toujours la possibilité d'en obtenir une gratuitement auprès de services comme Yahoo! (`mail.yahoo.com`), Google (`mail.google.com`), Microsoft (`signup.live.com` ou `login.live.com`) et beaucoup d'autres.

Bien entendu, vous avez sous la main votre identifiant Apple, plus éventuellement votre adresse iCloud. Soit autant de comptes de messagerie prêts à l'emploi !

Configurer facilement un compte

Le Chapitre 3 explique comment synchroniser facilement des comptes enregistrés dans un ordinateur sous macOS ou sous Windows. Si vous avez choisi cette option, vos comptes de messagerie devraient déjà être opérationnels dans l'iPad. Vous pouvez passer directement à la section « T'as du courrier ! ».

Sinon, procédez à cette synchronisation puis allez à la section « T'as du courrier ! ».

Configurer (moins) facilement un compte

S'il n'a pas été préalablement synchronisé, un compte de messagerie peut être configuré manuellement dans l'iPad. Ce n'est pas aussi facile qu'un simple clic sur le bouton Synchronisation, mais ce n'est quand même pas sorcier. Voici quelques recommandations :

» **Si aucun compte de messagerie n'est défini dans l'iPad,** le premier démarrage de l'application Mail affiche un écran de bienvenue qui vous propose d'ajouter un compte. Vous avez le choix entre iCloud, Microsoft Exchange (messagerie d'entreprise), Google/Gmail, Yahoo!, AOL (disparu en France !), Outlook.com, et Autre.

Contentez-vous de toucher le type de compte à configurer dans l'iPad, puis appliquez les étapes décrites dans les sections « Configurer un compte avec iCloud, Yahoo!, Google ou Outlook.com », « Configurer un compte auprès d'un autre fournisseur » ou « Configurer un compte d'entreprise », plus loin dans ce chapitre.

» **Si un ou plusieurs comptes ont déjà été configurés sur votre iPad, et que vous désiriez en ajouter un autre manuellement,** commencez par toucher l'icône Réglages sur l'écran d'accueil, puis touchez Mail > Comptes > Ajouter un compte.

L'écran qui apparaît contient les mêmes options que celles de l'écran de bienvenue (voir la Figure 5.1). Poursuivez selon l'une des trois prochaines sections, en fonction du compte de messagerie que vous avez choisi.

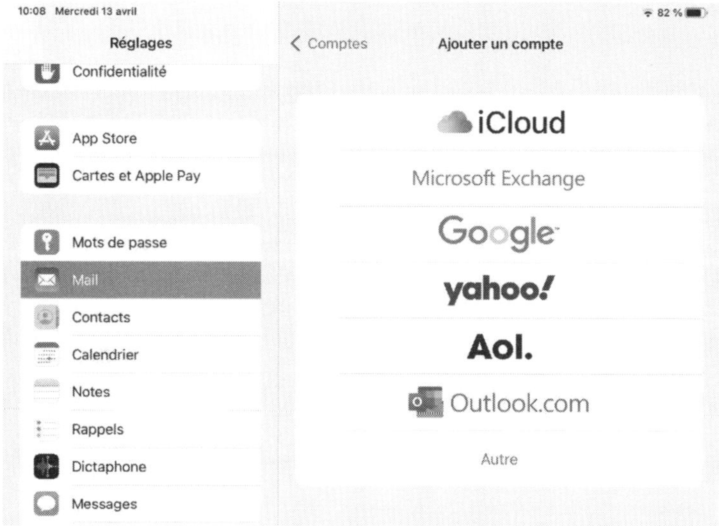

Figure 5.1 Touchez une option pour configurer le compte correspondant.

Configurer un compte avec iCloud, Google, Yahoo!, AOL ou Outlook.com

Procédez comme suit si vous avez opté pour un compte iCloud, Google, Yahoo!, AOL ou Outlook.com.

❶ Touchez le bouton approprié sur l'écran Ajouter un compte ou, si c'est la première fois que vous utilisez cette messagerie, Bienvenue dans Mail (reportez-vous à la Figure 5.1).

❷ Saisissez votre nom et/ou votre adresse de messagerie et/ou le mot de passe, dans le formulaire qui apparaît, comme montre à la Figure 5.2 ; c'est celui d'un compte Yahoo!, mais la procédure est quasiment identique pour les autres comptes de cette section.

❸ Touchez le bouton Suivant, Se Connecter ou Connexion selon le type de compte, en complétant au besoin les champs proposés.

Vous devez notamment saisir le mot de passe d'accès à votre compte de messagerie, et touchez Suivant.

❹ Dans le formulaire qui apparaît ensuite, touchez le bouton Autoriser ou Accepter si cela vous est demandé, et enfin validez le compte en touchant Enregistrer en haut à droite.

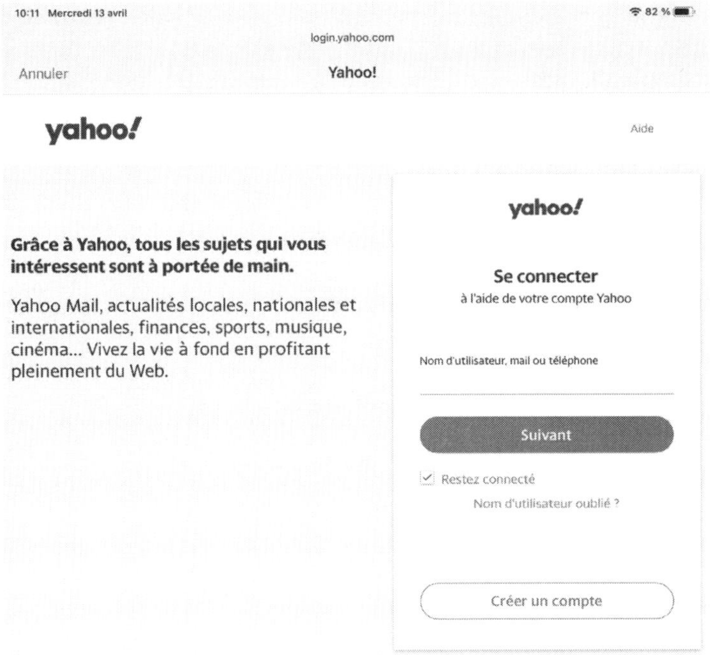

Figure 5.2 Commencez la configuration de votre compte de messagerie à partir d'un panneau comme celui-ci.

Vous pouvez alors activer/désactiver des apps à lier avec Mail comme Contacts, Notes, ou encore Rappels.

C'est terminé. Il n'en faut pas davantage pour configurer un compte de messagerie que vous retrouverez désormais dans la liste des boîtes aux lettres de Mail.

Configurer un compte auprès d'un autre fournisseur

Si votre compte de messagerie vous a été fourni par un autre service qu'iCloud, Yahoo!, Google ou Microsoft Outlook.com, la configuration sera un peu plus longue. Vous aurez besoin de plusieurs informations concernant le compte, que vous aurez ou n'aurez peut-être pas sous la main.

Nous vous recommandons de parcourir d'abord attentivement les instructions qui suivent, de noter les éléments dont vous ne disposez pas, puis de les trouver avant de passer à la pratique. Vous trouverez les éléments manquants, soit dans la documentation qui vous a été envoyée par votre fournisseur d'accès Internet lorsque vous vous êtes abonné, soit sur son site Internet.

Voici comment configurer un compte de messagerie :

❶ **Touchez le bouton Mail.**

Si un compte a déjà été défini, allez dans l'écran d'accueil puis touchez Réglages > Mail > Comptes > Ajouter un compte.

❷ Dans l'écran Ajouter un compte, touchez l'option Autre, puis Ajouter un compte Mail.

❸ Saisissez les nom, adresse électronique, mot de passe et description, puis touchez le bouton Suivant (comme sur la Figure 5.3).

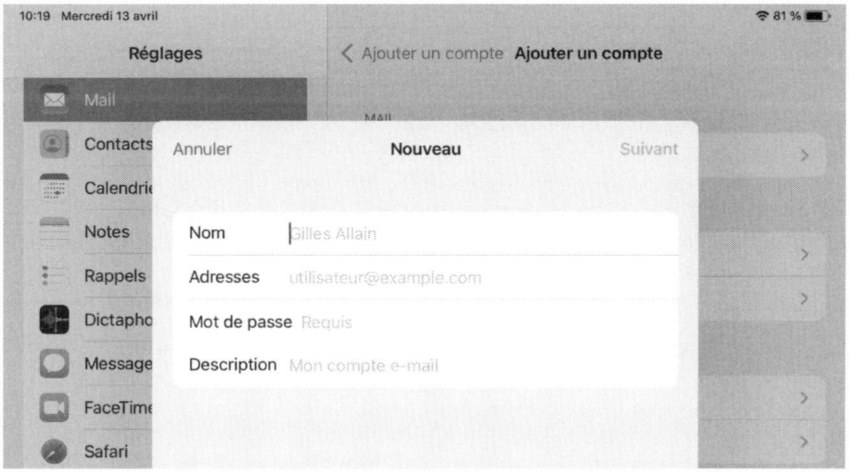

Figure 5.3 Configurez vous-même le compte de messagerie.

L'iPad se connecte au serveur de messagerie et vérifie votre nom d'utilisateur et votre mot de passe. Si tout va bien, le panneau suivant est presque aussitôt affiché, sans que vous n'ayez rien à faire. Il contient une option Notes permettant de synchroniser vos notes en même temps que vos messages.

❹ Touchez le bouton Enregistrer, en haut à droite, afin de créer le compte.

Certains serveurs de courrier n'ont pas besoin de votre nom d'utilisateur, ni de votre mot de passe. L'iPad sait lorsqu'ils sont facultatifs. Nous vous recommandons de fournir néanmoins ces informations. Cela vous évitera de devoir les saisir ultérieurement si le serveur de messagerie sortant exige un nom de compte et un mot de passe, ce qui est souvent le cas aujourd'hui.

Configurer un compte d'entreprise

L'iPad fait bon ménage avec les serveurs Microsoft Exchange utilisés dans les grandes entreprises.

De plus, si votre entreprise utilise le logiciel Microsoft Exchange ActiveSync, vous pourrez exploiter la fonction *Push* afin que les messages arrivent aussi rapidement à l'iPad que sur les autres ordinateurs. La fonction Push des calendriers et des contacts est également prise en charge. Pour qu'elle soit exploitable, votre entreprise doit avoir installé Microsoft Exchange. Renseignez-vous auprès du service informatique.

Configurer une messagerie Exchange n'est pas spécialement compliqué. L'iPad est capable de se connecter à Exchange sitôt extrait de son emballage. Mais vous devrez peut-être consulter le technicien informatique pour certains réglages.

Procédez comme suit pour configurer la messagerie d'entreprise de votre iPad :

❶ Dans l'écran Ajouter un compte, touchez le bouton Exchange (reportez-vous à la Figure 5.1).

❷ Saisissez votre adresse de messagerie et votre mot de passe, plus éventuellement une description. Touchez ensuite le bouton Suivant.

Si tout se passe bien, vous avez pratiquement terminé. Passez à l'Étape 4.

❸ Si le service Microsoft Autodiscovery ne trouve pas automatiquement la trace de votre compte, vous allez devoir saisir le nom de votre serveur Microsoft Exchange ActiveSync, puis toucher le bouton Suivant.

Vous avez du mal à trouver cette information ? Voyez ce que dit l'aide de Microsoft à ce sujet (`http://help.outlook.com/fr-fr/140/Dd125429.aspx`). Mieux, encore, confiez ce travail au type du service informatique qui est chargé de gérer Microsoft Exchange.

❹ Choisissez l'information que vous voulez synchroniser avec Exchange en touchant chacun des éléments désirés.

Vous pouvez choisir Mail, Contacts et/ou Calendriers. Un bouton vert Actif apparaît à côté de chacun des éléments sélectionnés.

❺ Touchez Enregistrer.

L'entreprise pour laquelle vous travaillez ne tient pas à ce que n'importe qui puisse accéder à vos courriers électroniques, surtout si votre iPad a été perdu ou volé. C'est pourquoi il peut vous être demandé de changer fréquemment de mot de passe de verrouillage, sous Réglages (voir le Chapitre 14). Ce mot de passe est différent de celui d'un compte de messagerie. Si votre iPad tombe entre de mauvaises mains, votre société pourra effacer tout son contenu à distance.

Par défaut, les messages peuvent être synchronisés pendant toute la semaine qui suit leur réception ou leur envoi. Pour modifier cette durée, touchez Réglages > Mail, puis touchez le compte de messagerie utilisant ActiveSync. Touchez E-mails à synchroniser et choisissez une durée (1 jour, 3 jours, 2 semaines ou 1 mois).

Si vous travaillez pour plusieurs entreprises, vous ne pouvez malheureusement configurer qu'un seul compte Exchange ActiveSync à la fois. Vous n'irez pas plus loin si vous touchez l'option Microsoft Exchange sur l'écran d'ajout de compte, alors qu'un compte ActiveSync fonctionne déjà sur l'iPad.

Changer le nom du compte assigné par défaut

Vous constaterez qu'en ajoutant un compte comme Yahoo! ou Gmail (et autres), il apparaît sous ce nom dans la liste des boîtes aux lettres de Mail. Pour changer ce nom mais aussi le nom par défaut de tout compte géré avec Mail, conformez-vous aux étapes suivantes :

❶ Touchez l'icône Réglages de l'écran d'accueil.

❷ Touchez Mail.

❸ Touchez Comptes.

❹ Touchez le nom du compte dont vous souhaitez changer le nom.

❺ Touchez de nouveau Compte.

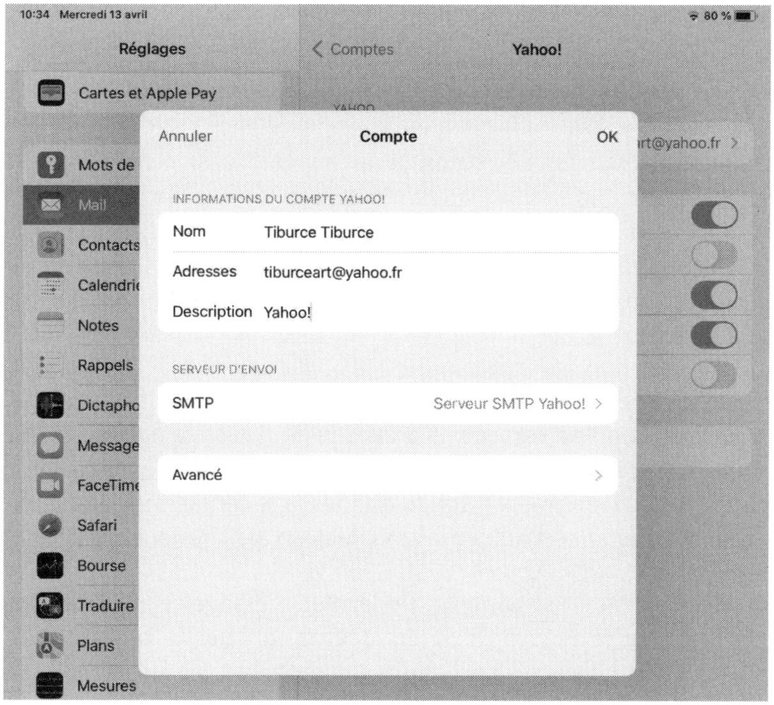

Figure 5.4 Modifiez le nom du compte par défaut dans le champ Description.

Vous accédez à la boîte de dialogue Compte.

❻ Dans la boîte de dialogue Compte, touchez le nom affiché dans le champ Description.

En effet, comme le montre la Figure 5.4, ce nom est celui assignez par défaut (ici Yahoo!).

❼ Effacez ce nom et saisissez celui de votre choix, puis validez en touchant OK en haut à droite.

Cette modification ne sera prise en compte dans Mail qu'après redémarrage de votre iPad.

T'as du courrier !

Les comptes de messagerie étant configurés, voyons comment envoyer du courrier avec l'iPad. Un message peut prendre différentes formes : texte pur et dur, texte illustré de photos, message inachevé (brouillon), réponse à un message reçu, transfert d'un message reçu, etc. Les sections à venir étudient toutes ces formes épistolaires. La dernière section décrit quelques paramètres très pratiques pour le courrier en partance.

Envoyer un courrier électronique

Pour rédiger un courrier électronique – appelé aussi «mail», ou «-mail» –, touchez l'icône Mail, sur l'écran d'accueil. Ce qui apparaît ensuite dépend du sens dans lequel vous tenez l'iPad. S'il est tenu en largeur (mode Paysage) comme à la Figure 5.5, les comptes de messagerie ou les dossiers de courrier sont listés dans un volet à gauche de l'écran, le message lui-même étant affiché dans la fenêtre principale.

Selon la configuration de l'application Mail la dernière fois que l'iPad a été éteint, vous verrez ou ne verrez pas d'aperçu du message dans le volet de gauche de la boîte de réception. L'aperçu contient le nom de l'expéditeur, l'objet du message et les deux premières lignes du message (en allant dans les réglages, il est possible d'afficher de 1 à 5 lignes, ou de n'en afficher aucune).

Lorsque l'iPad est tenu en hauteur, le dernier message reçu emplit tout l'écran, ainsi que l'illustre la Figure 5.6. Vous devrez toucher le bouton Réception, en haut à gauche, pour accéder à un panneau contenant les autres aperçus de messages pour un compte, ou les autres comptes.

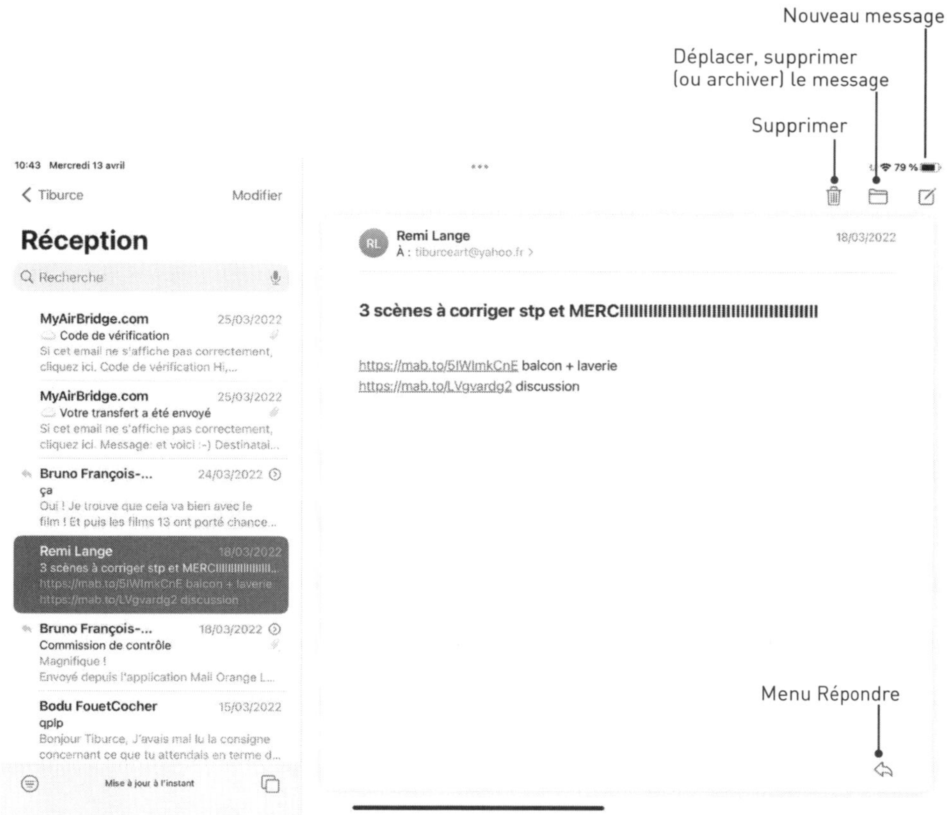

Figure 5.5 La présentation de Mail lorsque l'iPad est tenu en largeur.

Pour relever le courrier, placez votre doigt sur la liste des messages dans le volet de gauche et faites glisser vers le bas. Une roue apparaît dans la partie supérieure pour indiquer la mise à jour de la liste des messages. Les nouveaux messages sont immédiatement chargés.

Procédez à présent comme suit pour créer un nouveau message :

❶ Touchez le bouton Nouveau message.

Un écran semblable à celui de la Figure 5.7 apparaît.

❷ Saisissez le ou les noms ou les adresses électroniques des destinataires dans le champ À. Ou alors, touchez le bouton « + », à droite du champ À, pour choisir un ou plusieurs destinataires dans la liste des contacts de l'iPad (voir la Figure 5.8).

Figure 5.6

Lorsque l'iPad est tenu en hauteur, le message se présente ainsi.

Figure 5.7

L'écran Nouveau message, prêt à recevoir l'adresse du destinataire.

Figure 5.8
Touchez l'adresse de messagerie à laquelle vous voulez envoyer un courrier.

Vous pouvez aussi dicter vocalement l'adresse du destinataire de deux manières :

- **Touchez le bouton de micro sur le clavier et énoncez l'adresse.** Vous devrez dire « arobase » pour placer le signe @. Et très souvent, vous devrez corriger l'adresse, car le module de dictée ne sait pas gérer les mots accolés comme editionsfirst, qu'il écrira immanquablement sous la forme « édition First », en mettant un accent – interdit dans une adresse –, en omettant le pluriel du premier mot, et en séparant les deux mots.
- **Touchez le bouton de micro sur le clavier et énoncez un nom figurant dans l'application Contacts.** Un petit panneau apparaît avec la ou les adresses de messagerie de la personne en question. Touchez l'adresse de la personne en question pour la sélectionner. C'est la technique la plus sûre et la plus commode.

❸ Touchez la mention Cc/Cci.

Cette action produit deux champs séparés : Cc et Cci.

Les initiales Cc et Cci sont celles de Copie carbone et Copie carbone invisible. La copie carbone est l'équivalent de « pour information ». Vous envoyez une copie du message à des personnes que l'information peut intéresser, mais qui ne sont pas les destinataires principaux et n'ont pas forcément à répondre.

La copie carbone invisible (Cci) permet d'envoyer une copie du message à des personnes, mais sans qu'aucune puisse savoir à qui d'autre elle a été envoyée.

Pour assurer une confidentialité totale, mettez votre propre adresse électronique dans le champ À, et tous les destinataires dans le champ Cci. Touchez le champ Cc ou Cci puis saisissez des noms, ou touchez le bouton « + » pour ajouter un ou plusieurs contacts.

❹ (Facultatif) Si plusieurs comptes ont été configurés sur l'iPad, vous pouvez également voir un champ De. Touchez-le afin de choisir le compte de messagerie depuis lequel envoyer le message.

Quand vous saisissez une adresse électronique, toutes celles qui correspondent à la saisie en cours apparaissent dans une liste, sous le champ À ou Cc. Si l'une d'elles est justement celle que vous êtes en train de taper, sélectionnez-la.

❺ Dans le champ Objet, saisissez le sujet du message.

❻ Rédigez le message dans la zone principale.

Vous ne manquez pas de place pour vous étendre sur le sujet!

Vous voulez joindre un fichier au message? Touchez une zone vide du message, jusqu'à voir apparaître une barre de commandes. Touchez le bouton Ajouter une pièce jointe, puis parcourez votre dossier iCloud pour localiser le fichier à joindre au message. Touchez le fichier, puis le bouton OK.

❼ Touchez l'icône de la flèche dirigée vers le haut pour envoyer votre message.

Votre message va, court, vole à travers le cyberespace vers le serveur du destinataire. Si l'iPad n'est pas à portée d'une borne Wi-Fi (ou dans une zone couverte par le réseau 5G/4G/3G ou EGDE selon le modèle), le message sera envoyé lorsque vous vous trouverez dans une zone où une connexion Internet est possible.

Le clavier virtuel est plus commode à utiliser quand vous faites pivoter l'iPad à l'horizontale.

Placer une photo dans le texte d'un message

Une image étant souvent plus explicite qu'une laborieuse description, voici comment en placer une dans le texte d'un message :

❶ Touchez l'icône Photos, sur l'écran d'accueil.

❷ Touchez la photo à envoyer.

❸ Touchez le bouton carré avec une flèche qui sort, en haut et à gauche de l'écran.

❹ Touchez le bouton Mail.

Un message électronique apparaît. La photo se trouve dans la zone de rédaction, mais le destinataire la recevra sous la forme d'une pièce jointe.

❺ Saisissez l'adresse du destinataire, rédigez votre prose, puis touchez le bouton Envoyer (flèche dirigée vers le haut).

Des boutons dans la partie supérieure du clavier, lors de la saisie du message, permettent d'ajouter des photos et des documents à votre courriel.

Afficher plus de dossiers

Supposons qu'un message soit affiché pour une certaine adresse e-mail. Pour remonter le fil de votre messagerie, touchez le mot Réception, Retour ou le nom du compte, en haut et à gauche de l'écran. Recommencez si nécessaire pour accéder au niveau principal, intitulé Boîtes. Vous y voyez la liste de vos comptes, éventuellement suivis d'un nom qui indique la quantité de messages non lus (voir la Figure 5.9).

Figure 5.9 Mail et vos comptes de messagerie.

Mais, en réalité, Mail contient bien plus de boîtes que ce qu'il affiche par défaut. Pour en afficher de nouvelles, procédez de la manière suivante :

❶ En haut et à droite du panneau Boîtes, touchez le bouton Modifier.

❷ Dans la liste qui apparaît, touchez le nom d'une ou plusieurs boîtes pour les cocher ou les décocher (voir la Figure 5.10).

Figure 5.10 Choisir les boîtes à afficher dans Mail.

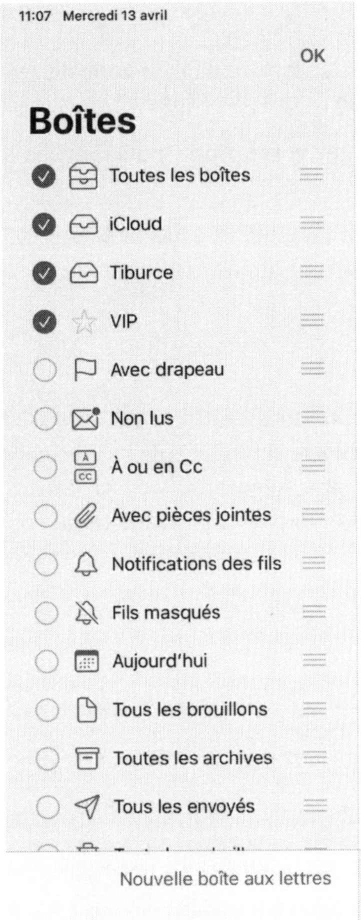

❸ Le cas échéant, faites glisser verticalement la triple barre, à droite d'un nom, pour modifier l'ordre de présentation des boîtes.

❹ Touchez le bouton OK quand vous avez terminé.

Pour le propos de la prochaine section, activez au moins l'affichage de la boîte Tous les brouillons.

Pour accéder aux boîtes associées à un compte particulier, touchez son nom dans la rubrique Comptes du panneau Boîtes.

Différer l'envoi du message

Vous n'avez parfois pas le temps de terminer le message en cours de rédaction. Stockez-le sous la forme d'un brouillon que vous terminerez ultérieurement en procédant comme suit :

1. **Commencez à rédiger le message.**

2. **Touchez le bouton Annuler, en haut à gauche de l'écran.**

Vous pouvez à cet instant effacer le brouillon (si c'était juste une erreur), ou bien l'enregistrer.

3. **Touchez le bouton Enregistrer le brouillon pour conserver le message sous forme de brouillon, en attendant de le terminer ultérieurement.**

Si vous touchez le bouton Effacer le brouillon, le message disparaît définitivement.

Pour reprendre le message, touchez la boîte aux lettres Brouillons puis touchez le message à rouvrir. Après l'avoir retravaillé, vous toucherez le bouton Envoyer ou, si votre bel ouvrage n'est pas encore terminé, le bouton Annuler pour le laisser dans les brouillons (à moins que vous ne décidiez de tout effacer).

Si vous ne voyez pas la boîte Brouillons, (re)lisez la section précédente pour savoir comment l'afficher.

Le nombre de messages dans le dossier Brouillons est affiché à sa droite. Il en va de même pour le contenu des autres dossiers de messagerie.

Quand vous rédigez un message que vous allez placer dans le dossier Brouillons, ne saisissez pas l'adresse du ou des destinataires. Attendez que le message soit terminé : ainsi, vous ne risquez pas de l'envoyer par mégarde alors que vous n'avez pas terminé la rédaction.

Répondre à un message ou le transférer

Pour répondre à un message, ouvrez-le puis touchez le bouton en forme de flèche incurvée, en bas à droite de l'écran (voir la Figure 5.11). Touchez ensuite l'option qui vous intéresse.

Figure 5.11 Choisissez ce que vous voulez faire de ce message.

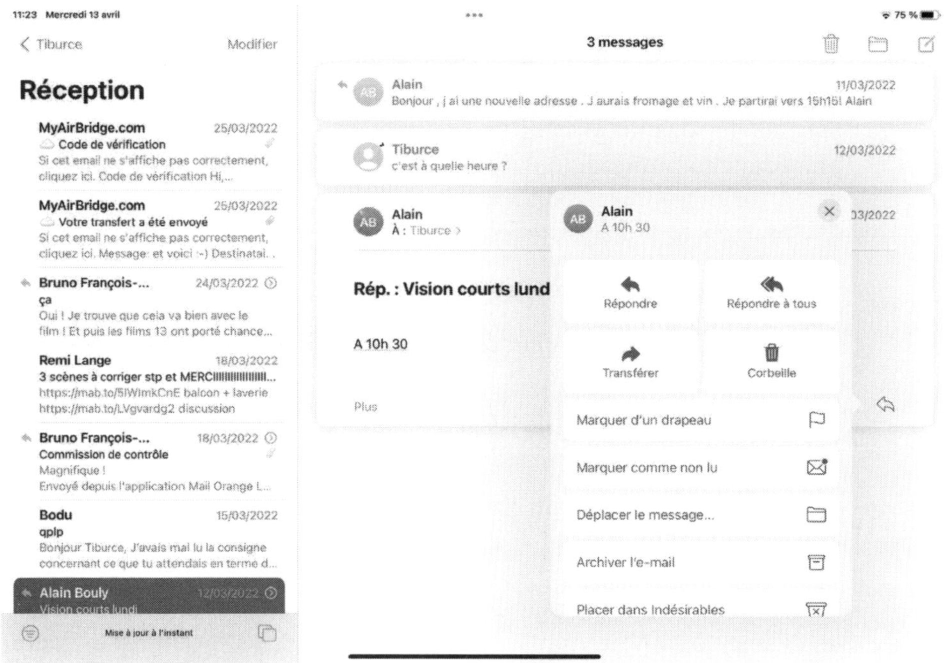

L'option Répondre crée un message vierge adressé à l'expéditeur du message original. L'option Répondre à tous crée un message vierge adressé à l'expéditeur ainsi qu'à tous les destinataires du message original, y compris ceux qui sont en copie carbone (Cc). Notez que l'option Répondre à tous n'est affichée que si le message a été envoyé à plusieurs personnes. Dans les deux cas, le préfixe *Re:* est ajouté dans le champ Objet. Par exemple, si l'objet était à l'origine *Astuces pour l'iPad*, l'objet devient *Re: Astuces pour l'iPad.*

Le texte du message original est automatiquement ajouté à la fin de la réponse. En revanche, les pièces jointes éventuelles ne sont pas reprises.

Toucher l'option Transférer crée un message sans adresse de destinataire contenant le texte du message d'origine. Choisissez d'inclure ou non les pièces qui étaient jointes au message, puis ajoutez l'adresse ou les adresses électroniques du ou des destinataires et touchez le bouton Envoyer. Le préfixe *Fwd:* (pour *Forward*, transférer) est ajouté au champ Objet (vous pouvez bien sûr le modifier).

Vous avez la possibilité de supprimer le courriel et d'effectuer différents choix pour classer le document.

Pour envoyer une réponse ou transférer un message, touchez le bouton Envoyer, comme d'habitude.

Pour enregistrer une image reçue dans un message, touchez continûment cette dernière puis touchez le bouton Enregistrer l'image. Cela transfère aussitôt la photo dans l'album Pellicule de l'application Photos. Si le message contient plusieurs photos, trois par exemple, une autre option propose de les télécharger en totalité.

Les paramètres d'envoi de courrier

Les courriers reçus ou envoyés peuvent être personnalisés de diverses manières. Nous aborderons dans cette section les paramètres d'envoi. Plus loin dans ce chapitre, nous nous intéresserons aux paramètres qui ont un effet sur les messages reçus et lus. Dans tous les cas, commencez par toucher l'icône Réglages, sur l'écran d'accueil. Ensuite :

» **Pour qu'un signal sonore indique que le message a bien été envoyé :** dans l'écran Réglages principal, touchez Sons, puis Nouvel e-mail dans le volet droit. Choisissez alors une sonnerie dans l'une des rubriques proposées. Les sons d'alerte sont réputés très simples, et les sonneries sont plus... musicales (mais parfois très intempestives). Pour désactiver cet avertissement, choisissez Aucune.

Une fois les réglages terminés, touchez le bouton principal sur la façade de l'iPad (iPad standard ou iPad mini) ou tirez vers le haut la barre en bas de l'application (iPad Air ou iPad Pro) pour revenir à l'écran d'accueil. Cela vaut bien entendu ici comme pour tous les autres réglages.

» **Ajouter une signature à tous les messages que vous envoyez** : touchez Réglages > Mail > Signature (section Rédaction). La signature par défaut est « Envoyé de mon iPad ». Remplacez par exemple ce texte par un autre, votre nom et votre prénom suivis de vos coordonnées postales et téléphoniques. Cette signature sera systématiquement ajoutée à tous vos messages. Vous pouvez également définir des signatures différenciées en touchant l'option Par compte.

» **Envoyer vers votre serveur de messagerie une copie de tous les messages émis :** touchez l'icône Réglages > Mail et activez l'option M'ajouter en Cci (copie carbone invisible).

» **Définir le compte de messagerie par défaut pour les envois de courrier à partir des applications autres que Mail :** touchez l'icône Réglages > Mail > Compte par défaut. Touchez le compte à utiliser par défaut. Par exemple, quand vous envoyez une image directement depuis l'application Photos, c'est le compte de messagerie désigné qui sera utilisé. Ce réglage n'est évidemment possible que si plusieurs comptes de messagerie ont été définis.

Vous savez désormais l'essentiel sur les réglages qui s'appliquent à l'envoi de courriers électroniques.

Trouver, lire, classer, supprimer : la gestion des messages

Nous avons vu comment envoyer des messages. Voyons à présent comment les recevoir et les lire. En configurant le ou les comptes de messagerie, le plus dur a déjà été fait. Relever les messages et les lire est vraiment tout ce qu'il y a de plus facile.

Vous savez que des messages non lus se trouvent dans l'iPad en consultant l'icône Mail, en bas de l'écran d'accueil. Leur nombre est mentionné dans un petit rond rouge, en haut à droite de l'icône.

Dans les prochaines sections, vous apprendrez comment lire les messages et ouvrir les pièces jointes, et aussi comment les envoyer à la Corbeille une fois qu'ils n'ont plus d'intérêt. Vous apprendrez aussi à localiser un message que vous ne parvenez pas à trouver. La lecture des messages s'effectue presque comme avec un ordinateur de bureau ou portable. Ce sont essentiellement les manipulations qui changent, car vous utilisez un écran tactile.

Lire des messages

Pour lire vos messages, touchez l'icône Mail, sur l'écran d'accueil. Rappelez-vous que la présentation de l'interface dépend du sens dans lequel vous tenez l'iPad : en hauteur ou en largeur, et aussi de ce qui était affiché dans l'application Mail la dernière fois que vous l'avez ouverte. Procédez comme suit pour lire vos courriers :

❶ Si la boîte aux lettres que vous voulez consulter n'est pas au premier plan et centrée, touchez le bouton qui est affiché en haut et à gauche du panneau des boîtes de réception jusqu'à ce que vous voyez apparaître le titre Boîtes. Touchez alors le nom du compte que vous désirez consulter.

Le nombre de messages non lus dans un dossier est indiqué à droite du nom de celui-ci. Dans la rubrique affichée en haut du panneau, vous affichez la boîte de réception d'un compte en touchant son nom. Dans la rubrique du bas, vous affichez tous les dossiers associés au compte que vous choisissez.

❷ (Facultatif) Tirez le panneau des boîtes aux lettres vers le bas afin de relever le courrier.

Le panneau rebondit légèrement puis le courrier en attente est téléchargé.

❸ Touchez la boîte de réception pour voir le courrier qui y a été déposé.

Un point bleu à gauche d'un message indique qu'il n'a pas été lu. L'iPad affiche le message le plus récent dans la boîte de réception du compte courant.

❹ Touchez un message pour le lire.

Lorsqu'un message est affiché, les boutons de gestion des messages entrants sont visibles en haut de l'écran. La plupart vous sont familiers. Lorsque l'iPad est tenu en hauteur (mode Portrait), des flèches ∧ et ∨, à droite du mot Réception, servent à afficher le message précédent ou suivant.

❺ Si l'iPad est tenu en largeur (mode Paysage), touchez l'aperçu d'un message, dans le volet de gauche, pour afficher le message dans la zone de lecture. Faites défiler la liste des aperçus pour en lire d'autres.

Gérer les messages

La gestion des messages consiste essentiellement à les déplacer ou à les supprimer. Vous avez le choix entre les options suivantes pour placer des messages dans tel ou tel dossier :

» **Pour créer un dossier dans l'application Mail :** affichez au besoin le panneau Boîtes en touchant Boîtes en haut à gauche, puis touchez Modifier et Nouvelle boîte aux lettres en bas à gauche. Saisissez un nom à votre convenance puis touchez Enregistrer. Vous pourrez vous servir ensuite de vos dossiers personnels pour organiser au mieux les messages que vous voulez conserver.

» **Pour déplacer un message vers un autre dossier :** touchez l'icône Déplacer (celle qui ressemble à un dossier, au-dessus du message). Dès que la liste des dossiers apparaît dans le panneau de gauche, touchez celui dans lequel vous désirez stocker le message.

» **Pour déplacer un ensemble de messages vers un autre dossier :** dans la boîte de réception du compte, touchez Modifier. Quel que soit le sens dans lequel l'iPad est tenu, la commande Modifier est affichée en haut de la boîte de réception, ou de toute autre boîte quand un dossier de courrier est sélectionné. Après avoir été touché, le bouton Modifier devient Annuler. De plus, des boutons nommés Marquer, Déplacer ou Corbeille apparaissent en bas de l'écran (Figure 5.12). Touchez le cercle à gauche de chaque message à déplacer. Touchez Déplacer puis le nom du dossier dans lequel ce message doit être stocké.

Figure 5.12 Effacer ou déplacer un ensemble de messages.

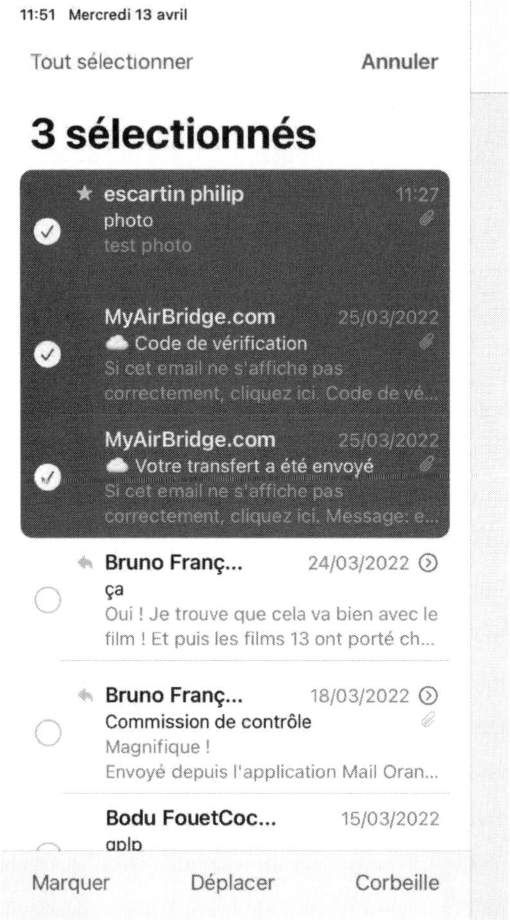

» **Pour lire un message stocké dans un autre dossier,** touchez le nom du compte dans le panneau Boîtes, puis le dossier en question. Touchez ensuite l'en-tête ou l'aperçu du message.

Supprimez le message actuellement affiché en touchant l'icône en forme de corbeille.

Vous avez la possibilité de renoncer à la suppression si vous avez touché l'icône par mégarde. Pour cela :

❶ Touchez le nom du compte concerné dans le panneau Boîtes.

❷ Touchez le dossier Corbeille. Les messages supprimés apparaissent. Touchez le bouton Modifier, en haut et à droite du panneau.

❸ Cochez le ou les messages que vous voulez traiter, puis touchez le bouton Déplacer.

Vous pouvez également en profiter pour marquer vos messages comme n'étant pas encore lus, les supprimer définitivement, les marquer d'un drapeau ou encore les envoyer dans le dossier Indésirables.

❹ Touchez la boîte Réception, et votre ou vos messages vont revenir comme par magie dans votre boîte principale.

Des messages peuvent être effacés, sans même avoir été lus, de deux manières :

» Dans le volet d'aperçu, passez le doigt de droite à gauche sur le message à effacer, puis relâchez dès que le bouton rouge Corbeille apparaît. Vous pouvez également faire glisser complètement vers la droite jusqu'à faire disparaître le message de la liste.

Si vous allez assez doucement, ce geste révèle plusieurs autres possibilités. En particulier, le bouton Options vous offre de nombreuses autres possibilités pour gérer vos messages (voir la Figure 5.13).

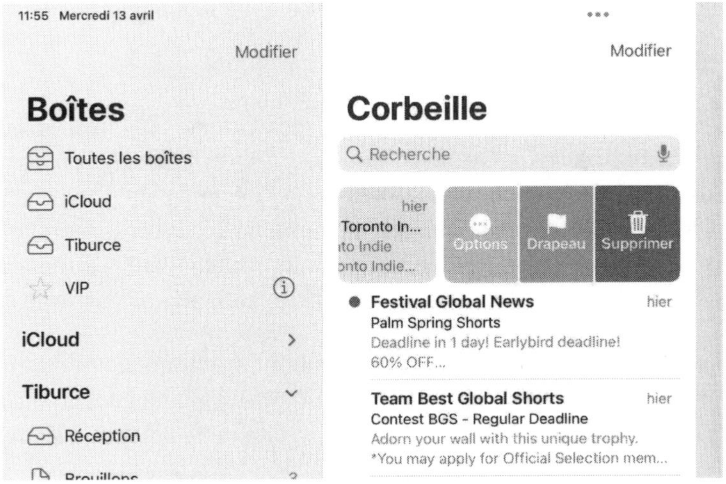

Figure 5.13 Faites glisser vos messages pour mieux les gérer.

Si vous faites glisser un message dans l'autre sens, autrement dit en allant de gauche à droite, vous pourrez le marquer comme étant non lu.

» Touchez le bouton Modifier, puis touchez le petit cercle à gauche de chaque message à effacer. Toucher le cercle place une coche et illumine le bouton Corbeille, en bas de l'écran. Touchez ce bouton Corbeille pour effacer tous les messages cochés. Ces derniers se retrouvent dans le dossier Corbeille.

Rechercher des messages

La fonction Spotlight permet de lancer facilement une recherche à travers quantité de messages téléchargés afin de retrouver celui contenant une information importante, comme celui d'un courtier en Bourse vous indiquant une bonne adresse dans un paradis fiscal. Vous saisirez le mot « Bourse » ou tout terme approprié dans le champ de recherche, en haut du volet d'aperçu d'une boîte aux lettres. Tous les messages contenant le critère apparaissent.

La recherche est en fait limitée aux champs De, À ou Objet. Pour effectuer une recherche dans le corps des messages, vous ferez appel à Mail lui-même. Dans une boîte de réception quelconque, il vous suffit en effet de toucher le champ Recherche, en haut et à gauche, puis de saisir un mot ou une expression à retrouver. Une fois le ou les messages voulus localisés, touchez le bouton Annuler, à droite du champ de recherche pour revenir à la boîte de réception.

Avec Exchange et certains comptes de type IMAP, il est possible d'effectuer une recherche dans des messages stockés hors du serveur.

Les messages des VIP

Les VIP (*Very Important Persons*) sont des personnes très importantes pour diverses raisons (affectives, professionnelles, platoniques...). Vous ne voulez manquer aucun de leurs messages. Pour cela, déclarez-les comme VIP dans votre iPad (ce sont des favoris, si vous voulez). Chaque message provenant de ces contacts sera placé dans une boîte spéciale appelée VIP. Le message d'origine, toujours présent dans la Boîte de réception, sera signalé par une étoile.

Voici comment attribuer le statut de VIP à un correspondant :

❶ Dans le panneau Boîtes, touchez l'icône i à droite de la boîte aux lettres VIP.

❷ Dans la petite boîte de dialogue qui apparaît, touchez Ajouter un VIP.

La liste des contacts apparaît.

❸ Touchez un contact.

Le nom du contact apparaît dans le volet Liste VIP.

❹ Si d'autres contacts doivent être ajoutés à la liste des VIP, touchez l'option Ajouter un VIP, dans le panneau Liste VIP.

Répétez cette étape pour tous les VIP à ajouter à la liste.

❺ Une fois tous les VIP ajoutés, touchez OK en haut à droite de cette boîte de dialogue.

En pratique, lorsqu'un VIP vous envoie un courrier électronique, vous êtes aussitôt prévenu par une notification sur l'écran d'accueil. Une copie des messages des VIP est placée dans la boîte aux lettres VIP. Dans les boîtes aux lettres, les messages des VIP sont marqués d'une étoile. En consultant régulièrement la boîte aux lettres VIP, vous serez sûr de ne jamais manquer des messages importants qui, dans une boîte aux lettres normale, risqueraient d'être noyés dans la masse des courriers.

Vous pouvez personnaliser les notifications émises lors de l'arrivée d'un message VIP. Pour cela, allez dans les Réglages, puis touchez successivement Notifications, Mail et enfin VIP. En particulier, vous avez la possibilité de demander qu'une alerte soit affichée sur l'écran lorsqu'un message VIP arrive.

Quand un courrier est supprimé dans une boîte aux lettres VIP, il l'est aussi dans la boîte de réception, et inversement.

Un VIP peut aussi être créé à partir d'un courrier reçu : ouvrez-le, touchez au besoin le lien Détails en haut à droite, puis le nom de l'expéditeur. Dans le menu qui est proposé, touchez le bouton Ajouter aux VIP (remarquez que vous pouvez aussi en profiter le cas échéant pour créer un nouveau contact ou compléter une fiche de contact existante).

Les pièces jointes

L'iPad peut recevoir des messages accompagnés de pièces jointes aux formats suivants :

- **carte de visite virtuelle :** .vcf
- **document PDF :** .pdf
- **image et photo :** .jpg, .tif, .tiff, .gif
- **page Internet :** .htm, .html
- **présentation Apple Keynote :** .key
- **présentation Microsoft PowerPoint :** .ppt, .pptx
- **tableur Apple Numbers :** .numbers
- **tableur Microsoft Excel :** .xls, .xlsx
- **texte brut :** .txt

» **texte mis en forme :** .rtf

» **traitement de texte Apple Pages :** .pages

» **traitement de texte Microsoft Word :** .doc, .docx

Si le format de la pièce jointe n'est pas pris en charge par l'iPad (par exemple, un fichier .psd de Photoshop), le nom du fichier est affiché, mais il est impossible de l'ouvrir.

Voici comment afficher le contenu d'une pièce jointe :

❶ Ouvrez le message contenant la pièce jointe.

Lorsque le fichier est correctement identifié par Mail, comme un fichier PDF, un aperçu est affiché sous le message.

❷ Touchez la pièce jointe (comme elle se trouve à la fin du message, vous devrez parfois le faire défiler pour la voir).

❸ Lisez la pièce jointe.

❹ Dans la fenêtre d'aperçu, touchez l'icône de partage en haut à droite puis, dans le menu local qui s'affiche, touchez Enregistrer dans fichier.

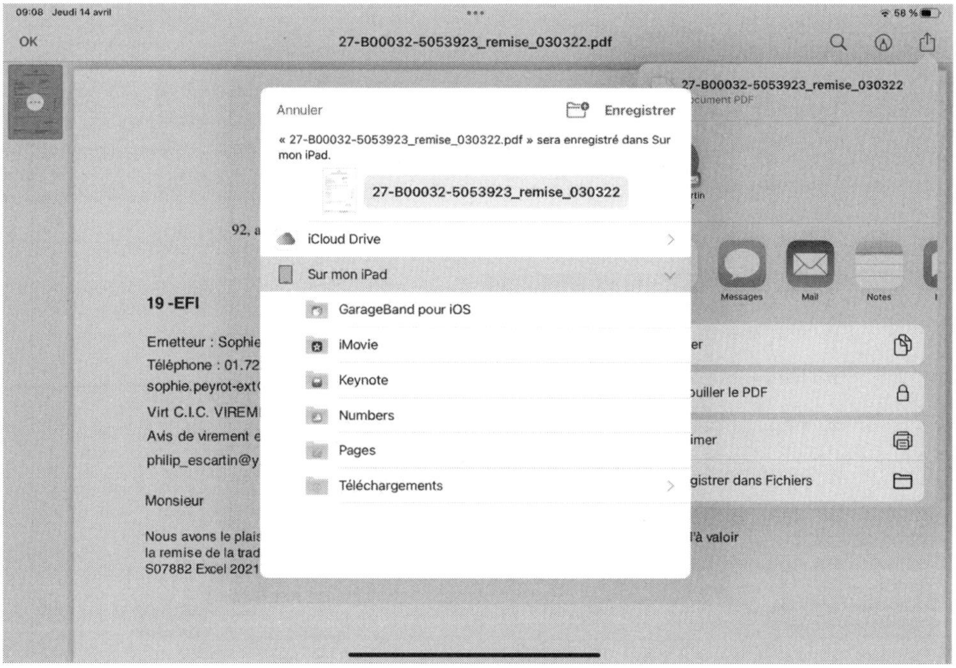

Figure 5.14
Enregistrer la pièce jointe.

❺ Choisissez alors d'enregistrer dans iCloud Drive ou dans un dossier de la section Sur mon iPad, comme le montre la Figure 5.14.

❻ Validez votre choix en touchant Enregistrer en haut à droite.

Vous retrouverez ce document dans le dossier indiqué. Si vous avez opté pour Sur mon iPad sans préciser de dossier, il suffit d'accéder au contenu de votre tablette *via* l'app Fichiers. Touchez ensuite Sur mon iPad dans la section Emplacements de la barre latérale.

D'autres fonctions de messagerie

Bien d'autres actions sont possibles sur les messages entrants. En voici quelques-unes :

» **Pour voir tous les destinataires d'un message :** touchez le mot plus..., à droite du nom de l'expéditeur.

Quand les destinataires sont affichés, le mot Masquer devient visible. Touchez-le pour n'afficher que l'expéditeur.

» **Pour ajouter un destinataire ou un expéditeur inconnu à vos contacts :** touchez le nom de l'expéditeur. Dans la fiche qui apparaît, touchez Nouveau contact ou Ajouter à un contact existant.

» **Pour marquer un message comme non lu :** dans la liste des messages de la boîte aux lettres, maintenez le doigt appuyé sur le message concerné jusqu'à l'affichage du menu [illegible] ouvrez le sous-menu Marquer et optez pour la commande [illegible] comme non lu. Il est à présent signalé par un point bleu. Le chiffre [illegible] messages non lus est mis à jour, sur l'icône Mail [illegible].

» [illegible] liste des messages de la boîte aux lettres [illegible] concerné jusqu'à l'affichage [illegible] Marquer et optez pour la [illegible] drapeau orange apparaît à droite du [illegible] boîte aux lettres.

[illegible] de cette manière, ajoutez la boîte Avec [illegible] (reportez-vous plus haut dans ce chapitre à la [illegible] dossiers »). Elle contient une copie de tous les messages [illegible] afin que vous puissiez y accéder plus efficacement.

» [illegible] **non sollicités :** marre des pubs ? Touchez l'icône du [illegible] du message puis, dans le menu local qui s'ouvre, tapotez [illegible] message est immédiatement déplacé dans le dossier Indésirables [illegible] vous pourrez ensuite décider tranquillement de son sort.

» **Créer une alerte :** un message, s'il a plusieurs destinataires, peut provoquer de multiples réactions et réponses croisées. C'est ce qu'on appelle un fil de discussion. Si vous voulez suivre ce fil, sans pour autant être forcé d'y participer, maintenez le doigt appuyé sur le message dans la liste des messages de la boîte aux lettres. Dans le menu local qui apparaît, choisissez M'alerter. Une petite cloche est alors affichée à droite du message dans la liste des messages. Pour annuler ce suivi, répétez cette procédure et touchez cette fois l'option Ne plus m'alerter.

» **Zoomer en avant et en arrière dans un message :** pincez ou écartez les doigts.

» **Suivre un lien :** touchez-le. Les liens sont classiquement affichés en bleu, mais apparaissent parfois dans une autre couleur et ils sont en général soulignés. Si le lien est une URL, la page Internet est ouverte dans Safari. Si le lien est un numéro de téléphone, iPad propose de l'ajouter à vos contacts. Si le lien est une carte, l'application Plans démarre et montre ce lieu. Et enfin, si le lien est une adresse électronique, un nouveau message vierge dont l'adresse est déjà remplie est créé.

Ne touchez jamais un lien dans un message provenant d'une source dont vous n'êtes pas absolument sûr. Le nombre de « faux » messages est terrifiant, et les conséquences d'un geste malheureux pourraient être catastrophiques pour votre iPad (cela reste tout de même peu probable), et surtout pour votre compte en banque (ce qui serait bien plus grave).

Si le lien ouvre Safari, Contacts ou Plans et que vous désiriez revenir au courrier électronique, appuyez sur Mail, en haut à gauche de l'écran.

Régler les paramètres de messagerie et de compte

Pour finir cette étude de Mail, nous nous attarderons sur les divers paramètres régissant vos comptes de messagerie (hormis la création d'une signature ainsi que les paramètres déjà évoqués à la section « Les paramètres d'envoi de courrier », précédemment dans ce chapitre).

Vérifier les paramètres de courrier

Plusieurs réglages affectent la vérification et l'affichage du courrier électronique :

» **Pour régler la fréquence à laquelle le courrier est relevé :** touchez l'icône Réglages sur l'écran d'accueil > Mail > comptes > Nouvelles données. Dans la section Récupération des données, choisissez Automatiquement ou l'une des trois durées possibles : toutes les heures, toutes les 30 minutes, ou toutes les 15 minutes, comme sur la Figure 5.15. les données à intervalles réguliers. La fréquence est : tous les quarts d'heure, toutes les demi-heures, toutes les heures, et manuellement. Touchez l'option que vous préférez.

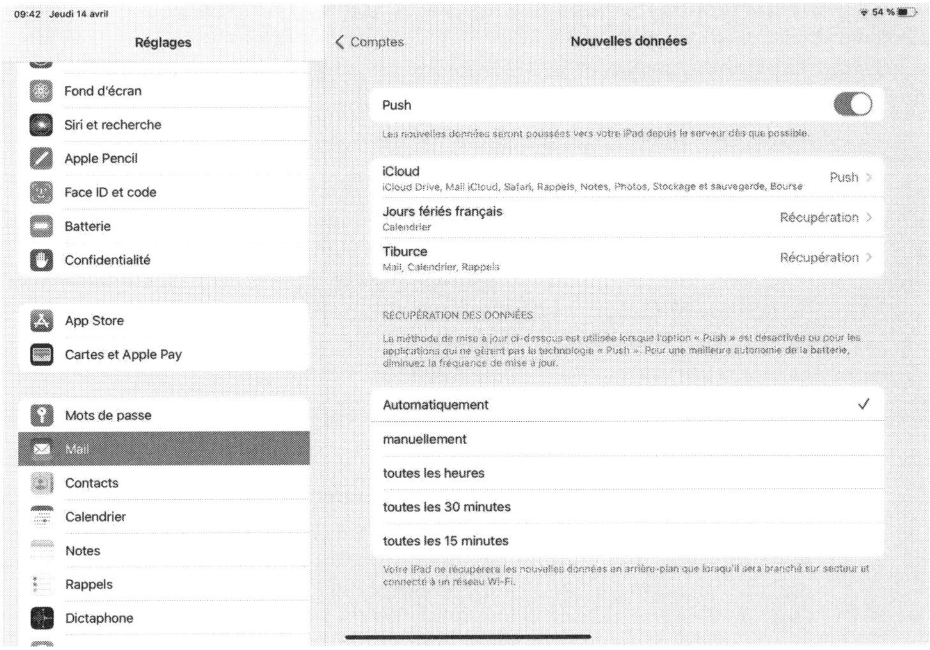

Figure 5.15 Choisir la fréquence du relevé du courrier.

- **Pour signaler l'arrivée des messages par une alerte sonore :** sur l'écran principal des réglages, touchez Mail > Notifications > Sons, puis choisissez le signal sonore dans la liste des sons proposés.
- **Pour régler le nombre de lignes de chaque message affichées dans la liste :** sur l'écran principal des réglages, touchez Mail > Aperçu. Choisissez ensuite un nombre de lignes de texte, de 0 à 5. Plus vous accordez de lignes aux messages, moins vous verrez de messages à la fois. Pensez-y avant d'opter pour 4 ou 5 lignes.
- **Afficher ou non les étiquettes À et Cc dans la liste des messages :** sur l'écran principal des réglages, touchez Mail, puis activez ou non l'option Vignettes À/Cc.
- **Activer ou désactiver l'alerte Confirmer avant la suppression :** sur l'écran principal des réglages, touchez Mail, puis activez ou désactivez l'option Confirmer la suppression. Lorsque cette option est active, vous devez toucher l'icône en forme de poubelle, en haut de l'écran, puis toucher l'option Supprimer le message afin de confirmer la suppression. Lorsque l'option est désactivée, toucher l'icône en forme de poubelle supprime aussitôt le message (aucun bouton Supprimer n'est affiché).

Une autre manière de supprimer un message consiste à faire glisser de droite à gauche le bandeau correspondant dans le panneau de gauche jusqu'à ce que le message disparaisse de la liste (reportez-vous à la Figure 5.13). Notez aussi que le mouvement inverse (de gauche à droite) permet de marquer un message comme non lu.

Modifier les paramètres de compte

Le dernier ensemble de réglages que nous aborderons dans ce chapitre concerne les comptes de messagerie. Vous n'aurez probablement jamais à modifier la plupart d'entre eux, mais nous nous en voudrions de ne pas les mentionner, ne serait-ce que brièvement :

» **Cesser d'utiliser un compte de messagerie :** touchez l'icône Réglages, sur l'écran d'accueil. Touchez Mail > Comptes, puis le nom du compte à désactiver. À droite de la ligne Mail, touchez le commutateur afin que de vert, il passe au blanc. Le compte est désactivé.

Cette opération ne supprime pas le compte. Elle évite simplement son affichage et l'empêche de recevoir et d'envoyer du courrier.

» **Supprimer un compte de messagerie :** touchez l'icône Réglages, sur l'écran d'accueil. Touchez Mail > Comptes, puis le nom du compte à retirer. Touchez alors Supprimer le compte (ou Déconnexion pour un compte iCloud). Confirmez dans le message qui apparaît. Le compte est supprimé (de l'iPad uniquement, bien sûr).

Il existe d'autres réglages avancés pour la messagerie, auxquels vous accédez de la même manière : touchez l'icône Réglages de l'écran d'accueil, puis Mail > Comptes > Comptes et enfin touchez le compte concerné. Dans la boîte de dialogue Compte qui apparaît, touchez Avancé. Vous accédez aux options illustrées sur la Figure 5.16. Voici la description de certaines d'entre elles :

» **Pour spécifier la durée pendant laquelle les messages supprimés sont conservés avant leur effacement définitif de l'iPad :** touchez Effacer dans la rubrique Messages supprimés (ne vous trompez pas de ligne !). Les choix sont : Jamais, Après un jour, Après une semaine et Après un mois. Touchez l'option que vous préférez.

» **Pour choisir si les brouillons, les messages envoyés et les messages supprimés doivent être stockés dans votre iPad ou dans votre serveur de messagerie :** dans la rubrique Boîtes aux lettres, vous avez le choix entre Brouillons, Messages envoyés, Messages supprimés et Archives. Touchez la ligne voulue pour choisir le dossier utilisé par ces éléments. Si vous choisissez de stocker tout ou partie sur un serveur, vous ne pourrez accéder à ces éléments que si une connexion Wi-Fi, 5G/4G/3G ou EDGE est établie. En les stockant dans l'iPad, vous y accédez en permanence, même sans connexion Internet.

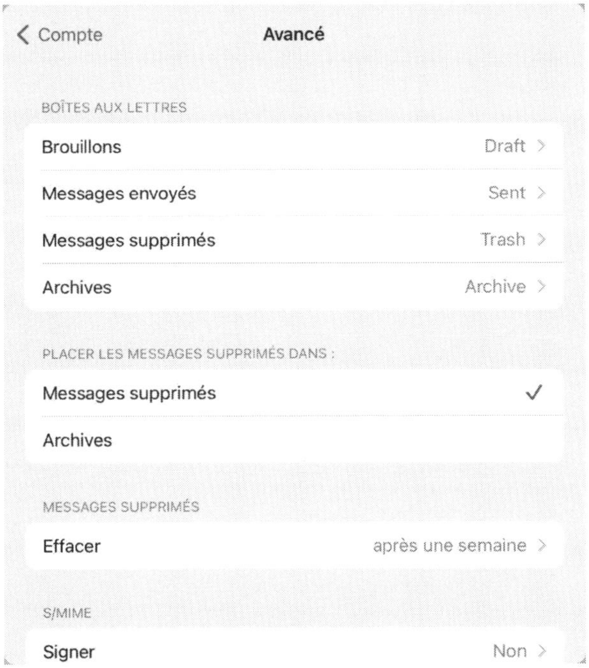

Figure 5.16 Les options avancées d'un compte de messagerie.

Nous vous recommandons vivement de ne pas modifier les deux paramètres suivants si vous ne le faites pas à bon escient en sachant comment et pourquoi. Si la réception ou l'envoi des courriers pose problème, commencez par contacter votre fournisseur d'accès Internet ou le service informatique de votre société. N'opérez que les modifications qu'ils préconisent. Là encore, l'affichage et l'apparence de ces réglages varient selon les comptes :

» **Pour reconfigurer les paramètres du serveur de messagerie :** revenez au premier écran de la boîte de dialogue Comptes, puis SMTP, et enfin le nom du serveur SMTP de votre serveur de messagerie. Touchez Nom d'hôte, Nom d'utilisateur, Mot de passe ou SMTP, à la rubrique Serveur de réception ou Serveur d'envoi, dans l'écran des paramètres de compte. Effectuez ensuite les modifications qui apparaissent nécessaires.

Vous êtes à présent pleinement qualifié pour configurer des comptes de messagerie et échanger du courrier avec votre iPad.

DANS CE CHAPITRE

Se localiser avec Plans.

•

Calculer un itinéraire.

•

Simuler un GPS.

Chapitre 6

La cartographie iPadienne

Depuis iOS 6, Apple utilise l'application Plans développée par TomTom, le célèbre fabricant de GPS, à la place du service de cartographie de Google. De ce fait, des fonctionnalités comme Street View notamment, qui permet de se déplacer comme un piéton dans les rues d'une ville, ont tout simplement disparu.

L'application Plans permet de savoir exactement où l'on est, de trouver des restaurants et autres établissements dans les environs, de suivre un itinéraire grâce à des instructions fournies en temps réel, de vérifier l'état de la circulation et d'obtenir une photo des rues dans de nombreuses villes.

Les apps décrites dans ce chapitre ne sont utilisables que si une connexion Internet par le Wi-Fi ou par un réseau 5G/4G/3G est active.

La géolocalisation grâce à Plans

Nous commencerons par quelque chose de vraiment simple, mais de fort utile : savoir où vous vous trouvez. Assurez-vous d'abord que les services de localisation sont activés dans Réglages > Confidentialité > Service de localisation.

Éventuellement, l'iPad vous demande préalablement l'autorisation d'utiliser votre emplacement actuel et s'il est possible d'utiliser des informations pour améliorer Plans. Après quelques secondes, une boule bleue (voir Figure 6.1) indique l'endroit où vous êtes. Le cercle bleu entourant la boule est une zone de certitude qui délimite votre emplacement probable. Le système de localisation est cependant si bien conçu que la plupart du temps, la boule bleue est exactement au bon endroit. Quand vous vous déplacez, l'iPad décale la carte au fur et à mesure afin que l'indicateur montrant votre localisation reste toujours au milieu de l'écran.

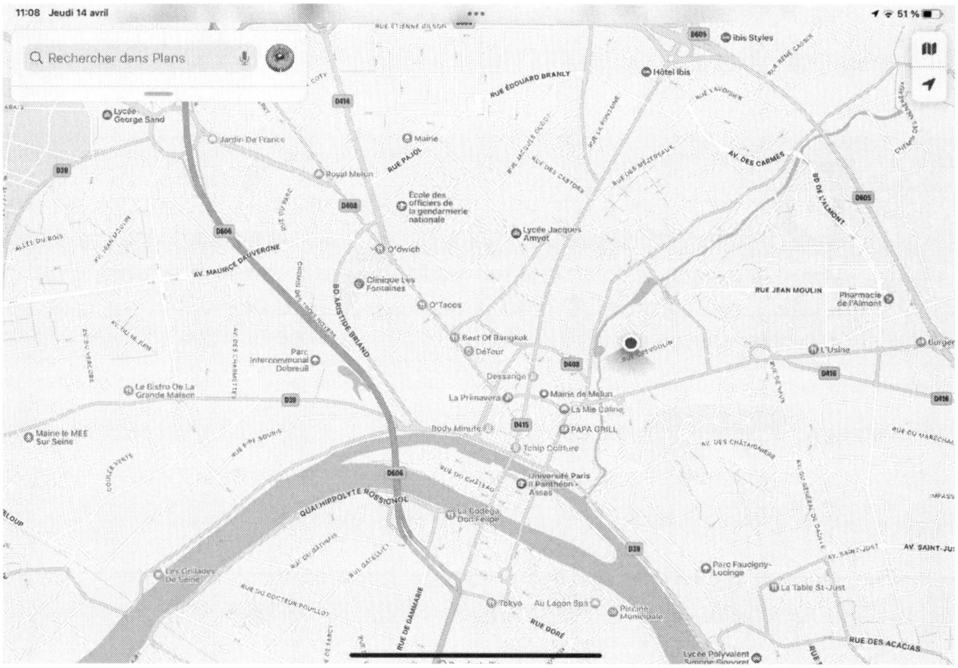

Figure 6.1
Un rond bleu indique le lieu où se trouve l'iPad.

Dans le coin inférieur gauche, un pictogramme (soleil, nuage…) indique le temps qu'il fait. La température locale est mentionnée juste à côté.

Quand vous touchez la carte, que vous la décalez ou que vous zoomez en avant ou en arrière, l'iPad continue d'indiquer où vous êtes, mais il ne centre plus le repère. Il peut même se retrouver hors de l'écran.

Vous centrer sur la carte

Pour savoir où vous vous trouvez sur la carte, touchez le petit bouton fléché en haut à droite de la carte. Cette dernière est aussitôt recentrée autour du lieu où vous êtes.

Par défaut, la carte est orientée avec le nord en haut de l'écran. Il est cependant possible d'orienter temporairement la carte dans la direction de l'iPad. Tenez l'iPad bien à plat puis touchez de nouveau le bouton fléché en haut à droite. Un petit tiret apparaît devant la flèche et le symbole d'un champ de vision (une sorte d'angle) apparaît sur la boule bleue. La carte s'oriente en fonction de la direction où vous regardez. Pivotez sur vous-même : la carte pivote également. Cette fonction est extrêmement commode pour s'orienter quand vous ne savez plus trop dans quelle direction vous devez aller.

Trouver un lieu, une adresse ou un service

Procédez comme suit pour trouver un lieu, une adresse ou un service :

❶ Touchez le champ Rechercher dans Plans, en haut à gauche, pour faire apparaître le clavier virtuel.

❷ Saisissez ce que vous recherchez.

Vous pouvez rechercher une adresse, un code postal, une intersection, une agglomération, un site ou des services par catégories – stations d'essence, par exemple – ou par noms (Esso, Total, Velib...), et aussi en mêlant les informations, comme dans *Paris garage Porsche* ou *Aubervilliers garage Fiat*. Si vous possédez une voiture électrique, Plans vous indiquera les bornes de chargement

❸ (Facultatif) Si des caractères que vous saisissez correspondent à un ou plusieurs de vos contacts, leur liste apparaît sous le champ Rechercher. Touchez l'un de ces noms pour voir le plan de l'endroit où il habite.

L'application Plans ne propose que les noms des contacts possédant une adresse postale. Nous y reviendrons à la section « Plans et contacts », plus loin dans ce chapitre.

❹ La saisie terminée, tapez la touche Rechercher sur le clavier.

La carte apparaît. Une ou plusieurs icônes signalent les emplacements correspondant à votre recherche. Par exemple, la Figure 6.2 montre le résultat de la recherche de bornes de chargement de voitures électriques.

Figure 6.2 Les bornes de chargement pour voitures électriques à Paris.

Pour localiser les bornes tout au long d'un itinéraire, faites glisser la carte avec votre doigt puis, arrivé dans la zone où vous voudriez trouver une borne, touchez le bouton Rechercher ici, en haut à droite de l'écran. La recherche définie précédemment sera effectuée dans cette région.

❺ La liste des établissements « épinglés » apparaît dans un panneau à gauche de l'écran. Faites-le défiler au besoin.

Pour en apprendre plus sur un lieu, touchez son épingle ou son nom dans la liste de gauche. Vous pourrez alors consulter les informations disponibles, lire les avis d'autres utilisateurs, ou encore lancer un calcul d'itinéraire. La Figure 6.3 fournit des informations sur une borne de rechargement : horaires, adresse et types de prises acceptées.

Nous allons revenir un peu plus loin sur les itinéraires.

❻ Touchez le bouton affichant trois points à droite du temps que vous mettrez pour atteindre le lieu puis, dans le menu local qui s'affiche, touchez Partager.

❼ Choisissez la méthode de partage, comme Mail.

Vous pouvez également enregistrer le lieu dans vos favoris afin d'y accéder rapidement depuis le champ Rechercher dans Plans. Touchez pour cela Ajouter aux favoris dans les options de partage.

C'est aussi simple que cela !

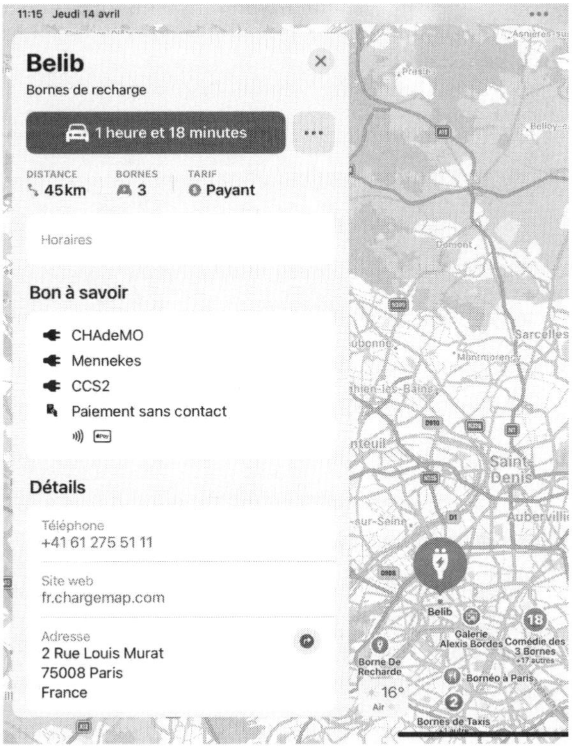

Figure 6.3 Informez-vous sur la borne qui vous intéresse.

Affichage, zoom, panoramique

Nous avons vu comment découvrir des lieux et des services avec Plans. Examinons maintenant les différentes manières d'afficher une carte. Elles sont au nombre de quatre : Explorer, En voiture, Transports et Satellite. Sélectionnez l'un de ces affichages en touchant l'icône de la carte dépliée en haut à droite de l'écran. Une boîte de dialogue apparaît, révélant les options d'affichage que montre la Figure 6.4.

Le mode Explorer de l'application affiche une carte conventionnelle. Le mode En voiture ajoute des routes surlignées au mode Explorer. Le mode Satellite affiche une photographie à vol d'oiseau de la zone. Le mode Transports affiche les transports publics disponibles sur la zone. Cette option n'est cependant pas disponible pour toutes les villes.

Figure 6.4 Une boîte de dialogue permet de configurer Plans.

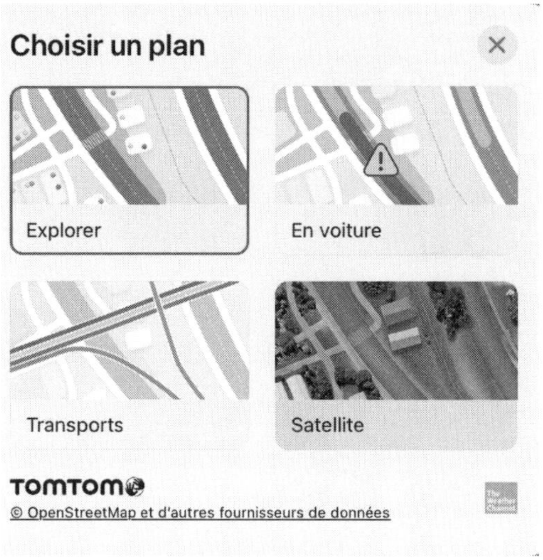

Utilisez les gestes habituels pour zoomer dans la carte ou pour la parcourir :

» **Zoom en arrière :** pincez ou double-touchez avec *deux* doigts à la fois. Répétez l'opération pour zoomer plus large.

» **Zoom en avant :** délimitez la zone à zoomer en plaçant deux doigts de part et d'autre, puis écartez-les. Ou alors, double-touchez – avec un seul doigt, cette fois – l'emplacement à agrandir. Répétez l'opération pour zoomer encore plus.

» **Défilement :** tirez la carte du bout des doigts, dans la direction désirée.

» **Pivotement :** placez deux doigts sur la carte et faites-les pivoter sur la carte dans la direction de votre choix pour changer l'orientation.

Lorsque le mode Transports est actif, zoomez dans la carte de manière à bien agrandir l'icône d'une gare ou d'une station. Touchez cette icône. Vous obtiendrez les horaires des prochains départs (et éventuellement des retards et annulations), ainsi que la fréquence des rames pour le métro et le RER parisien.

Lorsque vous choisissez un mode autre qu'Explorer, son icône remplace celle de la carte dépliée.

Plans et contacts

Plans et contacts font très bon ménage, comme le prouvent les deux tâches qui suivent. Par exemple, vous procéderez ainsi pour afficher un plan montrant où habite un contact :

❶ Commencez à saisir le nom de votre contact dans le champ Rechercher dans Plans.

Immédiatement, Plans établit une liste de suggestions : des services, des activités, mais aussi vos contacts (Figure 6.5).

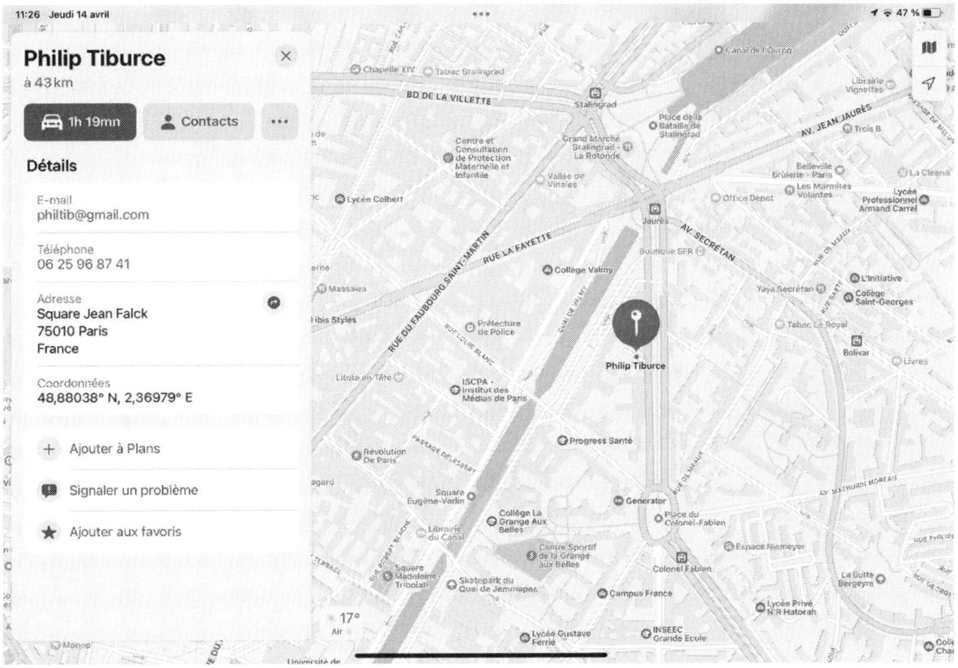

Figure 6.5
Un contact saisi dans Plans.

❷ Touchez le nom du contact dont l'adresse doit être montrée sur le plan.

❸ Dans la vignette qui apparaît sur la carte, touchez le bouton Contacts pour obtenir plus d'informations. Vous n'avez plus qu'à toucher l'option voulue pour envoyer un message au contact ou encore demander à calculer un itinéraire.

Inversement, si vous avez trouvé un lieu intéressant en saisissant une adresse dans le champ Rechercher dans Plans, vous pourrez ajouter ce lieu à un contact, ou créer un nouveau contact associé au lieu en question. Voici comment :

❶ Reprenez les Étapes 1 et 2 ci-dessus.

❷ Si le lieu trouvé n'est pas encore mémorisé dans vos contacts, faites si nécessaire défiler le panneau d'informations vers le bas, puis touchez l'une des options Créer un nouveau contact, ou Ajouter à un contact existant, selon ce que vous voulez faire.

❸ Remplissez les champs du formulaire du nouveau contact puis touchez OK.

Pour les lieux déjà connus, certains champs sont déjà renseignés, comme l'illustre la Figure 6.6.

Figure 6.6

Créer un nouveau contact à partir d'une localisation dans Plans.

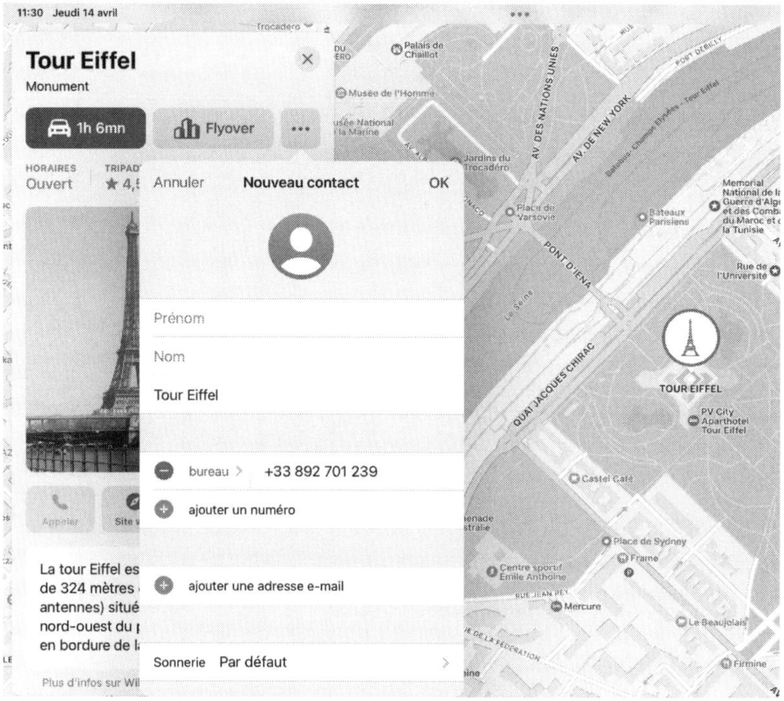

Vous accédez à vos contacts en touchant l'icône Contacts, sur l'écran d'accueil. Notez que dans l'application Contacts, une vignette à droite de l'adresse postale du contact permet, en la touchant, d'ouvrir directement l'application Plans et d'obtenir un itinéraire.

Vous pouvez aussi obtenir des instructions pour rejoindre la plupart des lieux, y compris l'adresse d'un contact, à pied, en voiture ou par les transports publics. Nous verrons cela dans la section « Les fonctions cartographiques », plus loin dans ce chapitre.

Gagner du temps avec les favoris, l'historique et les filtres

Non seulement la recherche dans Plans est extrêmement performante et intelligente, mais en plus elle vous offre des outils supplémentaires pour rendre votre existence encore plus facile. Voyons donc cela de plus près.

Favoris

Les favoris de l'application Plans fonctionnent sur le même principe que ceux de Safari. Ils permettent de retrouver un lieu ou un contact dans une zone donnée, sans saisir un seul caractère. Pour créer un nouveau favori :

❶ Procédez normalement à votre recherche, comme nous l'avons vu plus haut.

❷ Touchez les trois petits points à droite du temps affiché puis, dans le menu local qui s'affiche, touchez Ajouter aux favoris.

❸ Si le lieu n'est pas déjà nommé dans Plans, une fenêtre vous invite à le faire. Renseignez la zone de texte puis touchez Enregistrer.

C'est tout !

Pour accéder aux favoris, touchez l'icône de votre compte Apple affichée à droite du champ Rechercher dans Plans. Dans le menu local qui s'affiche, touchez Favoris, action qui ouvre le volet éponyme illustré sur la Figure 6.7.

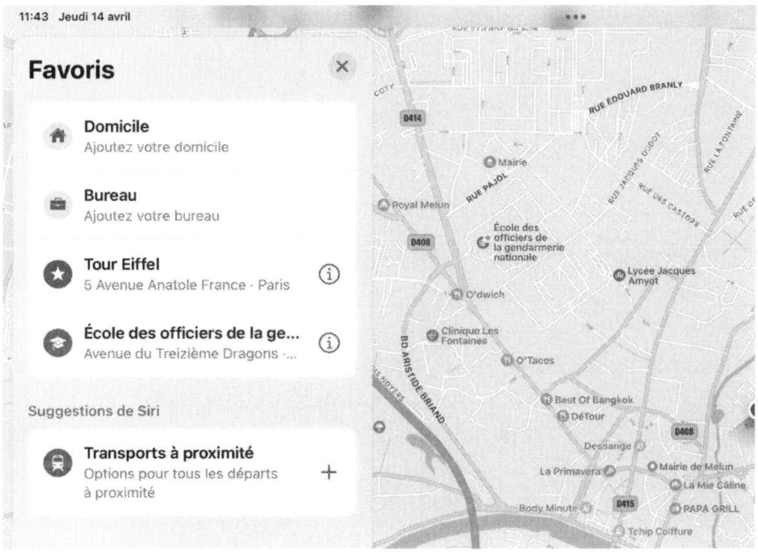

Figure 6.7 L'accès aux favoris est direct.

Les premiers lieux que vous devriez mémoriser dans vos favoris sont votre adresse privée et votre lieu de travail, de même que le code postal de l'endroit où vous habitez.

Utilisez le code postal pour trouver les services de proximité. Saisissez-le, suivi de ce que vous recherchez : *75001 Hôtel* ou *78120 Station-service*...

Vous pouvez aussi placer une épingle où vous voulez sur une carte. Une épingle est comme un favori, et souvent plus commode, car vous pouvez la positionner à vue, en la faisant glisser. Si vous ne connaissez pas l'adresse exacte d'un lieu, vous pouvez toujours placer une épingle pour indiquer approximativement où il se trouve (ce qui serait impossible avec un favori).

Pour cela, touchez continûment le plan. Le repère apparaît aussitôt, ainsi qu'un panneau d'informations à gauche. Il vous reste à toucher le bouton Ajouter aux favoris dans ce dernier pour ajouter le repère à vos favoris.

Pour supprimer une adresse de vos favoris, affichez le volet Favoris puis touchez l'icône *i* du favori concerné. Faites défiler verticalement le contenu de la fiche du favori qui apparaît, puis le bouton Supprimer des favoris. Soyez sûr de vous, car aucun message de confirmation n'apparaîtra.

Historique

L'application Plans se souvient des lieux que vous avez recherchés et des itinéraires, et les stocke dans une sorte d'historique. Pour l'afficher, touchez tout simplement le champ Rechercher dans Plans. Pour voir un élément récent sur la carte, touchez son nom.

Pour réduire ou agrandir la liste historique, faites glisser vers le haut ou le bas le bord inférieur de cette dernière.

Pour retirer un lieu de l'historique, faites-le défiler vers la gauche, puis touchez le bouton rouge Supprimer.

Filtrer la recherche

Pour voir uniquement la liste d'un certain type de lieu, comme des restaurants ou des boutiques, touchez le champ Rechercher dans Plans, puis l'un des boutons circulaires en haut du panneau, par exemple Stations-service. Dans la liste qui apparaît alors, vous pouvez de nouveau filtrer les résultats en touchant l'un des boutons proposés, comme Distance. Touchez le bouton de fermeture (X) et/ou Annuler autant de fois que nécessaire pour revenir à l'affichage de départ.

Les fonctions cartographiques

L'application Plans a plus d'un tour dans son sac. Voici quelques fonctionnalités que vous devriez apprécier.

Obtenir un itinéraire et des instructions de route

Vous pouvez définir un itinéraire et obtenir des instructions pour le suivre en procédant comme suit :

❶ Touchez le repère d'un lieu sur la carte (au besoin, ajoutez le repère, comme décrit un peu plus haut), puis touchez le bouton Itinéraire en haut du panneau qui apparaît (il devrait déjà indiquer un temps de trajet depuis votre position actuelle).

❷ Touchez Ma position dans la section Depuis située en haut du panneau.

❸ Vérifiez les lieux de départ et d'arrivée.

Par défaut, Plans propose Ma position comme point de départ. Vous pouvez bien sûr remplacer cette information par celle que vous désirez. Pour cela, touchez Ma position, puis saisissez le lieu de départ dans le champ De puis le lieu d'arrivée dans le champ À. Au cours de la saisie, Plans propose des suggestions, comme le montre la Figure 6.8.

❹ Une fois votre point de départ et votre destination définis, touchez le bouton Itinéraire en haut à droite du panneau. Plans affiche aussitôt les itinéraires qu'il propose sur la carte, avec le temps de trajet.

❺ Sous la section Depuis, précisez votre moyen de transport :

- **En voiture :** calcule l'itinéraire en tenant compte de la signalisation routière. Emprunte les autoroutes.
- **À** : l'itinéraire est calculé au plus direct, sans tenir compte de la signalisation.
- **Transports :** devrait indiquer les métros, autobus, trains, tramways et même ferries. Mais cette fonction n'est pas vraiment opérationnelle.
- **Vélo :** permet d'obtenir le trajet à vélo quand il est disponible.

❻ Choisissez votre route.

Plans propose souvent deux ou trois variantes, comme le montre la Figure 6.9. Touchez le segment que vous désirez emprunter ; Plans recalcule la durée estimée du trajet ainsi que le kilométrage, visibles dans la barre de titre.

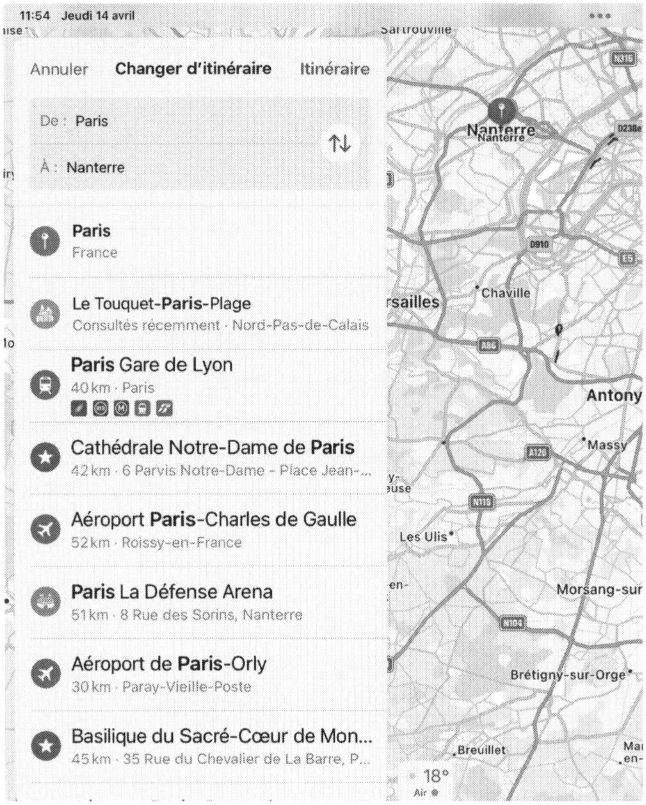

Figure 6.8 Au cours de la saisie, l'application Plans suggère non seulement des noms de lieux, mais aussi des adresses de contacts.

Si votre iPad est équipé pour la 5G/4G/3G (connexion Internet par le réseau de téléphonie mobile), vous pourrez utiliser l'application Plans comme un GPS automobile. Avec un iPad simplement Wi-Fi, vous pourrez étudier l'itinéraire seulement pendant que vous êtes connecté à Internet.

❼ Touchez le bouton OK, à droite de l'itinéraire choisi.

La première étape de l'itinéraire est affichée.

❽ Pour voir les autres étapes, touchez Aperçu de l'itinéraire, et faites défiler les instructions qui apparaissent en haut de l'écran (voir la Figure 6.10).

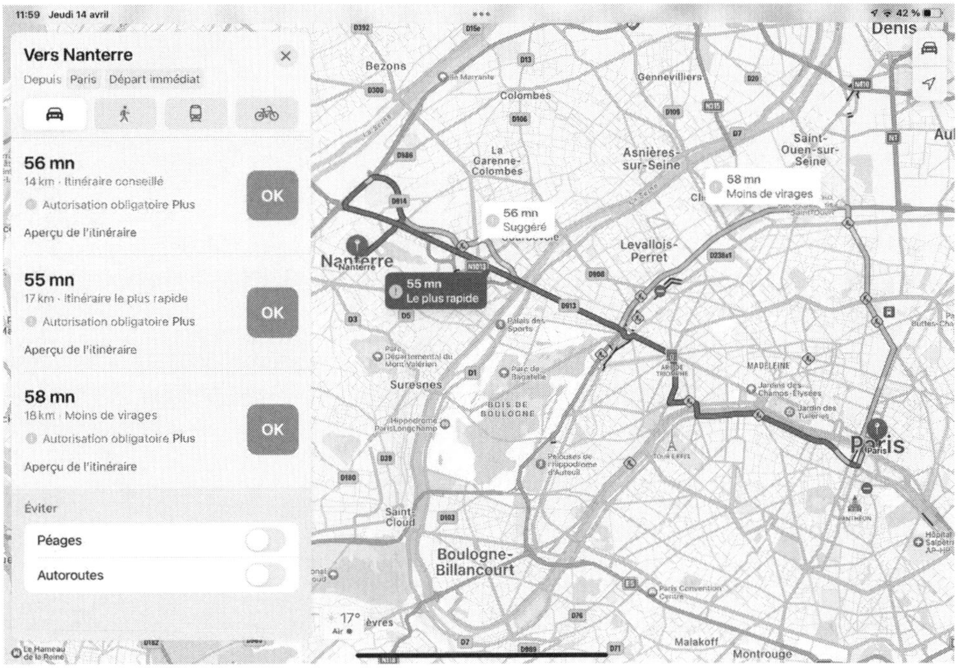

Figure 6.9 L'application Plans vient de calculer un itinéraire avec une variante (en traits plus clairs).

Vous pouvez aussi faire glisser la carte dans la direction que vous voulez suivre.

Pour voir l'ensemble du trajet, faites défiler vers le haut le panneau affiché en bas à gauche de l'écran, puis touchez le bouton Aperçu. Pour revenir aux étapes, touchez le bouton Agrandir (il se trouve au même endroit).

Faites défiler la liste pour étudier l'ensemble de l'itinéraire. Il n'est malheureusement pas possible d'imprimer ces informations.

❾ Touchez OK pour refermer les détails de l'itinéraire.

❿ Pour lancer la navigation, touchez OK.

⓫ Pour terminer la navigation, touchez la petite flèche en bas à gauche, puis touchez le bouton Fin.

Figure 6.10 L'application Plans détaille le trajet.

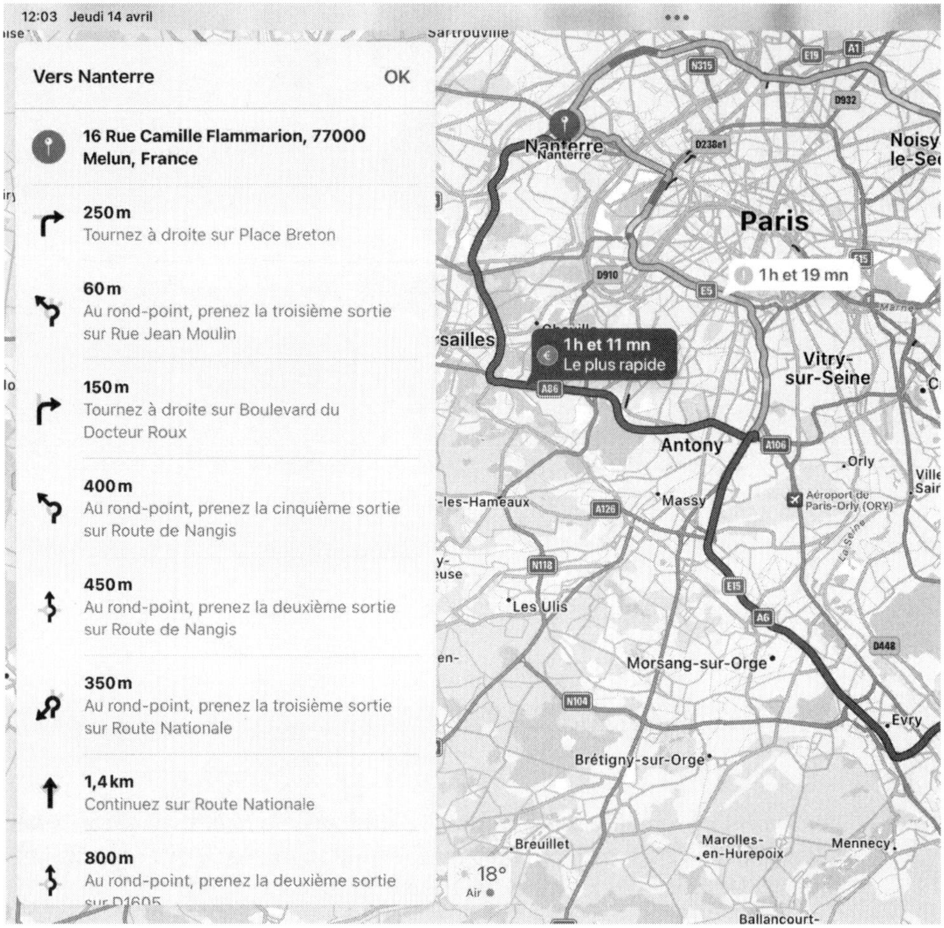

Lorsque vous êtes en mode navigation, touchez la petite flèche en bas à gauche, puis Détails.

Lorsque Plans détecte des encombrements sur l'itinéraire, il peut proposer un itinéraire bis.

Les conditions de circulation sont signalées par des couleurs sur l'itinéraire. Le trafic fluide est affiché en bleu, les zones de ralentissement en jaune, et les bouchons en rouge. Vous observerez aussi la présence de petites bulles affichant une durée avec une mention comme « le plus rapide ». Lorsque vous touchez une de ces bulles, vous activez l'itinéraire. Cela permet donc de changer d'itinéraire en temps réel.

Plans 3D et mode Flyover

Comme nous l'avons mentionné au début de ce chapitre, la spectaculaire et très pratique fonction Street View, qui permettait de parcourir les rues des villes, a disparu de l'application Plans. Elle était pourtant appréciable pour vérifier l'environnement d'un hôtel, par exemple, et éviter d'être hébergé entre une gare de triage et un échangeur d'autoroute.

Si la fonction Street View vous manque, vous la retrouverez dans l'application de cartographie Google Maps gratuite sur l'App Store.

À la place, Plans nous offre les modes Plans 3D et Flyover, un survol de certaines villes en hélicoptère.

Pour vérifier si le mode Flyover est disponible, saisissez le nom d'une ville ou d'un lieu célèbre dans la barre de recherche, puis touchez le nom de ce lieu. Dans le volet qui apparaît sur la gauche, si vous avez de la chance, un bouton Flyover vous est proposé, comme sur la Figure 6.11. Touchez-le pour lancer la fonction, puis touchez le bouton Commencer le tour pour effectuer un survol héliporté de ce lieu en trois dimensions (voir Figure 6.12). Vous pouvez suspendre le vol en touchant alors le bouton Mettre le tour en pause. Touchez l'écran puis le bouton orné d'une croix en bas pour mettre un terme au tour Flyover.

Figure 6.11 Certains lieux disposent de la fonction Flyover.

Figure 6.12
Une vue en Flyover.

Figure 6.13
Une vue en 3D.

Le nombre de villes ayant bénéficié d'une modélisation Flyover est encore limité, mais en nombre régulièrement croissant. Le mode Plans en 3D, présent partout, est beaucoup moins intéressant puisqu'il se contente de montrer une vue oblique de l'imagerie satellitaire, en ajoutant des textures photographiques aux éléments du paysage, comme les bâtiments et les arbres. Voici comment en profiter : affichez le plan en mode Satellite, puis touchez le bouton 3D dans la partie supérieure droite de l'écran. Voilà, le mode 3D est activé (voir la Figure 6.13) !

Voici comment orienter la vue :

» **Écartez deux doigts sur la carte pour vous rapprocher du lieu, ou tapotez deux fois la surface de l'écran.**

» **Pincez deux doigts pour prendre de l'altitude.**

» **Survolez le paysage en effleurant l'écran.**

» **Réglez l'inclinaison en effleurant verticalement avec deux doigts.**

» **Changez de direction en faisant pivoter la carte avec deux doigts.**

Pour désactiver le mode Plans 3D, touchez le bouton 2D en haut à droite de l'écran.

DANS CE CHAPITRE

Parcourir les apps.

Rechercher des apps spécifiques.

Installer les apps dans l'iPad.

Gérer les apps.

Mettre les apps à jour afin de les améliorer.

Donner votre opinion sur les apps.

Signaler une app récalcitrante.

Utiliser des widgets.

Chapitre 7
Trouver des applications pour l'iPad

Ce qui est intéressant, avec l'iPad, c'est la possibilité de télécharger et d'installer des applications – des *apps*, en jargon Apple – certaines créées par Apple, mais la grande majorité, pour ne pas dire la quasi-totalité, par d'autres éditeurs, d'où leur nom d'applications « tierces ». Des centaines de milliers d'applications sont disponibles dans l'App Store. Certaines perdurent, d'autres disparaissent du catalogue. Les possesseurs d'iPhone, d'iPod touch et d'iPad en ont téléchargé des dizaines de milliards, excusez du peu. Beaucoup sont gratuites, d'autres payantes. D'autres encore sont gratuites lorsque vous les installez, mais vous contraignent à réaliser des achats lorsque vous souhaitez bénéficier de toutes les fonctionnalités. Certaines sont utiles, d'autres futiles, et d'autres encore nulles. Certaines se comportent à merveille, d'autres moins, bien que toutes les applications disponibles sur l'App Store soient contrôlées et validées par Apple.

Les différentes apps

Avec les apps, l'iPad se transforme selon les cas en console de jeu, en lecteur de vidéo à la demande, en livre de recettes, en carnet de croquis, et en bien d'autres choses encore.

Deux catégories d'apps sont utilisables sur un iPad : celles conçues pour iPad, et celles conçues pour iPhone. La plupart des apps existantes sont prévues pour fonctionner sur chacun de ces deux appareils, et vous n'aurez donc même pas à vous poser la question de la compatibilité avec votre équipement.

Des apps ne sont conçues que pour un type d'appareil, et ce qui vous embêtera dans votre situation, ce seront donc les apps uniquement conçues pour iPhone. Cependant le seul inconvénient concernera l'affichage, car les apps destinées à l'iPhone (et à l'iPod touch) fonctionnent sur iPad, mais avec une définition moindre. Elles n'occupent donc qu'une partie de l'écran.

Les apps pour iPad peuvent être obtenues et installées de deux manières :

» à partir d'un ordinateur ;

» à partir de votre iPad.

Pour accéder à l'App Store avec votre iPad, ce dernier doit être connecté à Internet, et pour pouvoir faire votre petit marché, vous devez disposer d'un compte Apple. Si vous ne l'avez pas encore fait, cela vous sera proposé lors de l'achat. Suivez les instructions qui vous sont données.

Trouver des apps à partir de l'iPad

Seule l'application App Store de l'iPad permet de rechercher et d'installer des applications.

Rien n'est plus facile que de trouver des apps avec votre iPad, pour peu que vous disposiez d'une connexion Internet. Elle est indispensable pour accéder à l'App Store.

Parcourir l'App Store

Pour commencer, touchez l'icône App Store, sur l'écran d'accueil de l'iPad. Arrivé dans l'App Store, cinq icônes apparaissent en bas de l'écran (voir la Figure 7.1). Elles représentent les différents moyens d'interagir avec la boutique virtuelle : Aujourd'hui, Jeux, Apps et Arcade servent à parcourir les rayons de l'App Store. Arcade donne accès au service de jeux en ligne d'Apple. Contre un abonnement de 4,99 euros par mois, vous accédez à des centaines de jeux vidéo. La cinquième icône, Rechercher, permet de saisir le terme de recherche de votre choix.

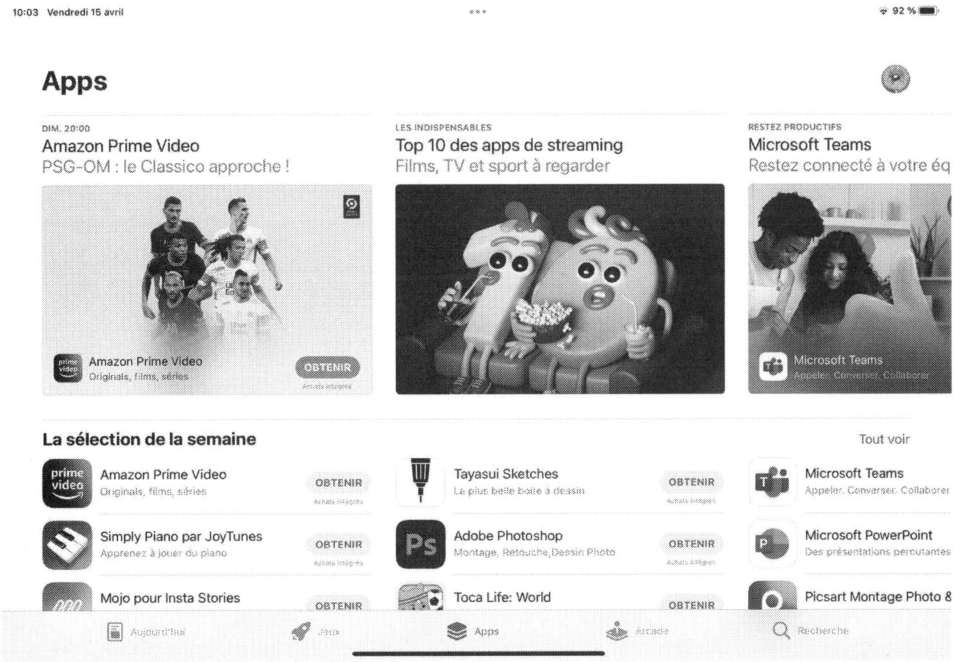

Figure 7.1 La boutique virtuelle App Store ouverte à la page Aujourd'hui.

Voici à quoi servent ces icônes :

» **Aujourd'hui :** cette page propose chaque jour des articles rédigés par l'équipe d'Apple sur une app, un développeur ou un thème en vogue. Les rubriques Le jeu du jour et L'app du jour mettent ainsi quotidiennement en lumière une application et un jeu spécifiques. Faites défiler la rubrique vers le bas pour voir d'autres articles.

Tout en bas de la page, vous trouverez trois options permettant d'entrer un code de réduction, d'offrir une application payante à un proche, et d'ajouter de l'argent au compte.

» **Jeux** : affiche la liste des jeux proposés sur l'App Store, avec différents classements et mises en avant (voir Figure 7.2) : payants, gratuits, les plus populaires, etc. Touchez une de ces rubriques pour accéder à une page pleine de jeux de ce type.

Il est possible de trouver les applications populaires en fonction de l'endroit où vous vous trouvez. Bien entendu, il faut que vous ayez accepté d'être géolocalisé(e).

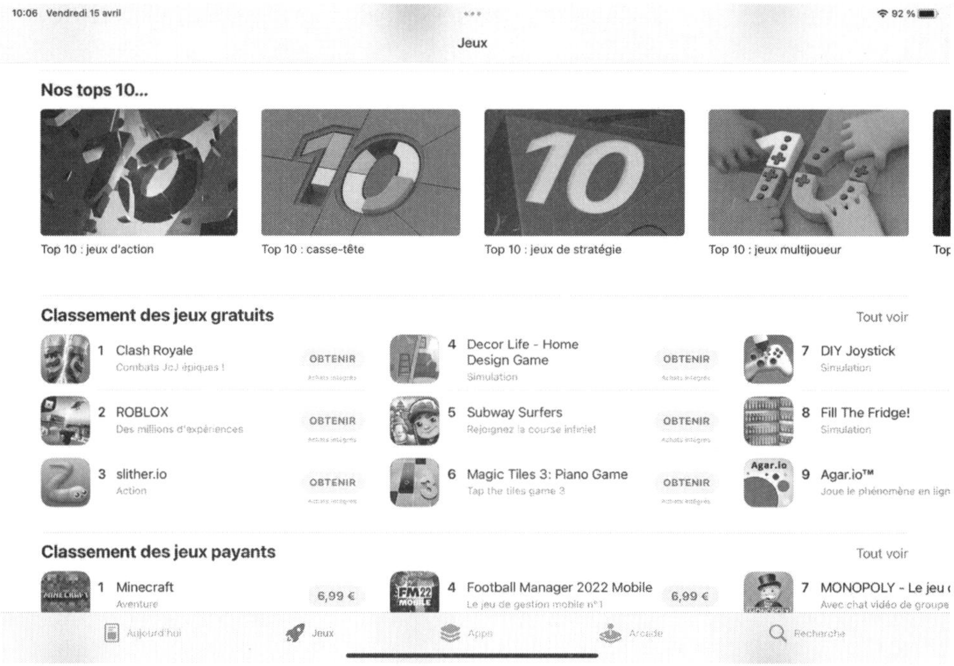

Figure 7.2
La page des jeux.

» **Apps :** sur le même principe que la page Jeux, celle-ci répertorie les applications selon divers classements comme la sélection de la semaine, les indispensables sur iPad, les plus efficaces, etc. Faites défiler le contenu de la page et touchez une des applications qu'elle contient, ou bien touchez une rubrique dans le bandeau du haut de l'App Store pour accéder à une page pleine d'applications de ce type. La Figure 7.3 montre le contenu de la rubrique Les indispensables.

N'oubliez pas qu'une application présentée comme gratuite peut en réalité proposer des achats intégrés qui finissent par la rendre payante, et même parfois onéreuse. C'est notamment le cas des applications dites les plus « rentables ».

» **Arcade :** accédez à des jeux contre un abonnement mensuel. Si vous êtes amateur de jeux vidéo, suivez les instructions pour profiter d'un mois gratuit.

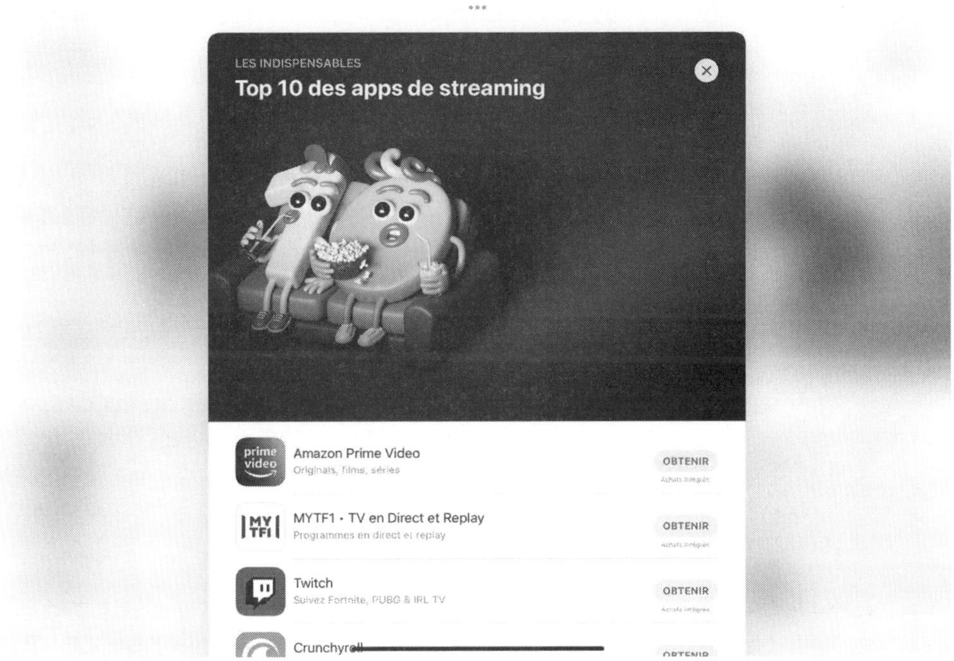

Figure 7.3
Les apps jugées indispensables pour l'iPad.

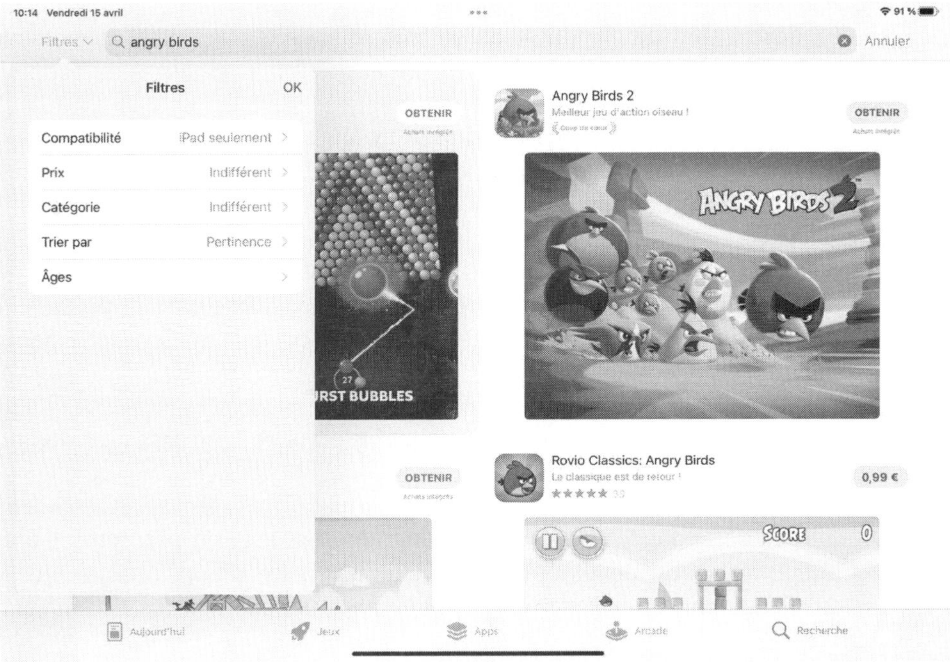

Figure 7.4
La recherche d'une app.

» **Recherche** : si vous savez exactement ce que vous recherchez, saisissez un ou plusieurs mots dans le champ de recherche App Store, en haut de l'écran. Touchez ensuite une des lignes de suggestions, ou la touche Recherche sur le clavier virtuel, pour obtenir une liste d'applications.

Vous pouvez affiner votre recherche en définissant des critères comme le prix, la catégorie ou l'âge de destination. Touchez pour cela le mot Filtres à gauche du champ de recherche, puis faites votre choix parmi les options proposées (voir Figure 7.4).

Se renseigner sur une application

Maintenant que vous savez comment trouver des applications dans l'App Store, voyons comment en savoir plus sur l'une d'elles. Après avoir touché l'icône d'une application dans la boutique virtuelle ou dans les résultats, vous accédez à un écran comme celui de la Figure 7.5. Faites défiler le contenu verticalement pour prendre connaissance de toutes les informations sur l'app.

Rappelez-vous que la description d'une application est écrite par son concepteur, et qu'elle ne mettra donc en avant que les avantages. Pour afficher toute sa description, touchez le lien Plus.

La description de l'application se trouve sous les captures d'écran qui servent à vous donner une idée de l'apparence et des fonctionnalités de l'application.

La rubrique Notes et avis indique la note globale attribuée par les utilisateurs. Une note moyenne d'au moins quatre étoiles est un bon score, surtout si beaucoup d'avis ont été émis.

Lisez si possible l'ensemble des avis, en touchant Tout voir à droite de Notes et avis. Ils sont souvent controversés : certains utilisateurs apprécient l'application et d'autres non. Touchez le bouton retour en haut à gauche pour revenir à l'écran précédent.

Sous Notes et classement, vous pourrez prendre connaissance des nouveautés d'une nouvelle version de l'app.

En bas de la page, vous trouvez généralement un lien permettant d'accéder au site Internet du développeur, ainsi qu'une liste d'applications plus ou moins similaires par lesquelles vous pourriez éventuellement vous laisser tenter.

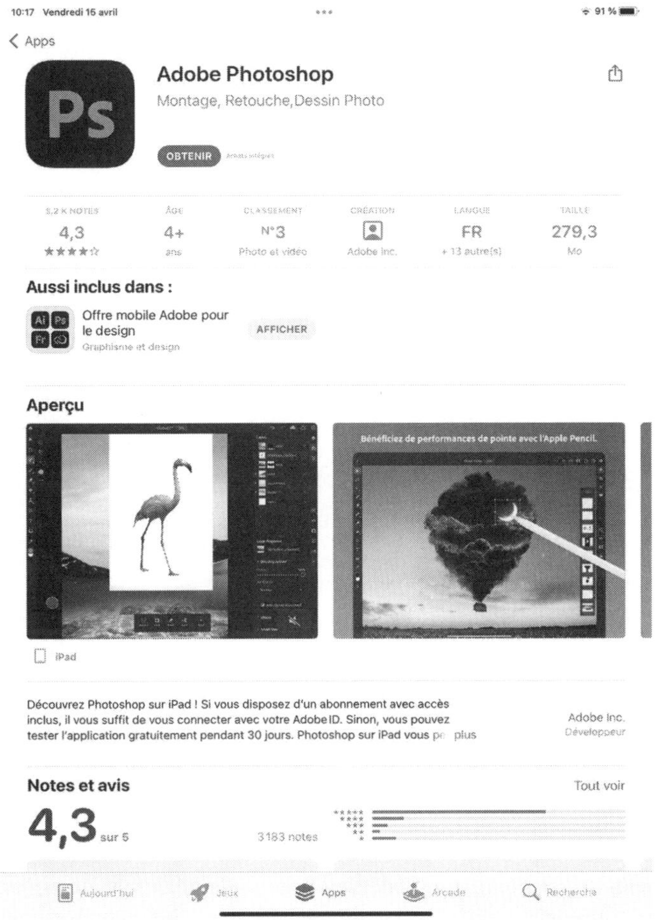

Figure 7.5 Renseignez-vous toujours sur une application, même si elle est gratuite comme celle-ci, et surtout lorsqu'elle est payante.

Le classement des apps

L'app illustrée sur la Figure 7.5 est classée 4+. Vous trouvez cette mention en haut de la fenêtre, juste à la suite du nom de la note globale donnée à l'app.

Voici à quoi correspondent les différents classements :

- **4+ :** application ne comportant aucun contenu inconvenant (dans la fenêtre principale de l'App Store, la colonne de droite propose un raccourci Enfants qui contient des applications réputées être spécialement conçues pour les utilisateurs de cette classe d'âge.)
- **9+ :** peut représenter, de manière modérée et peu fréquente, des représentations de violences fictives ou réalistes, ou des thèmes adultes, d'horreur ou suggestifs, pouvant ne pas être adaptés à des enfants de moins de 9 ans.

» **12+** : peut contenir un langage parfois grossier, des représentations fréquentes de violences fictives ou réalistes, des thèmes adultes ou suggestifs modérés ou peu fréquents, ou des simulations de jeux de hasard ne convenant pas aux enfants de moins de 12 ans.

» **17+** : peut contenir un langage souvent très ordurier, de nombreuses représentations graphiques de violences fictives ou réalistes, des références à des thèmes suggestifs ou d'horreur, du contenu à caractère sexuel et des scènes de nudité, des représentations d'alcoolisme, de tabagisme et de toxicomanie inadaptées aux moins de 17 ans. Il faut être âgé d'au moins 17 ans pour acheter des applications classées dans cette catégorie.

Télécharger une application

Procédez comme suit pour télécharger une application dans votre iPad :

❶ Touchez le bouton mentionnant le prix ou la mention Obtenir, en haut de l'écran.

❷ Dans la petite boîte de dialogue qui s'ouvre, touchez le bouton Installer.

❸ Si le mot de passe de votre compte Apple vous est demandé, saisissez-le, puis touchez Se connecter.

Le téléchargement commence et un message vous demande d'autoriser ou non l'enregistrement du mot de passe.

Un cercle se remplit peu à peu pour indiquer l'avancement du téléchargement (voir la Figure 7.6). Elle est ensuite automatiquement installée puis prête à l'emploi.

Figure 7.6 Une application en cours de chargement et d'installation.

❹ (Facultatif) Si l'application est classée 17+, cliquez sur OK sur l'écran d'alerte qui apparaît après la saisie du mot de passe, afin de confirmer que vous avez au moins 17 ans.

❺ Une fois le téléchargement terminé, touchez le bouton Ouvrir.

La bonne nouvelle, c'est qu'après avoir acheté une application, vous pourrez l'installer autant de fois que vous le voudrez sur votre iPad, sans devoir la payer de nouveau. Nous y reviendrons plus tard.

La mise à jour des apps

La plupart des applications sont assez régulièrement mises à jour. Dans la configuration de base, les mises à jour se font automatiquement. Si vous souhaitez vérifier l'état des mises à jour ou les installer (au cas où elles ne seraient pas automatiques), cliquez sur le cercle en haut à droite contenant votre photo de profil. Parcourez la fenêtre qui apparaît pour voir votre compte et l'état des mises à jour (voir Figure 7.7).

Figure 7.7 La liste des apps récemment mises à jour.

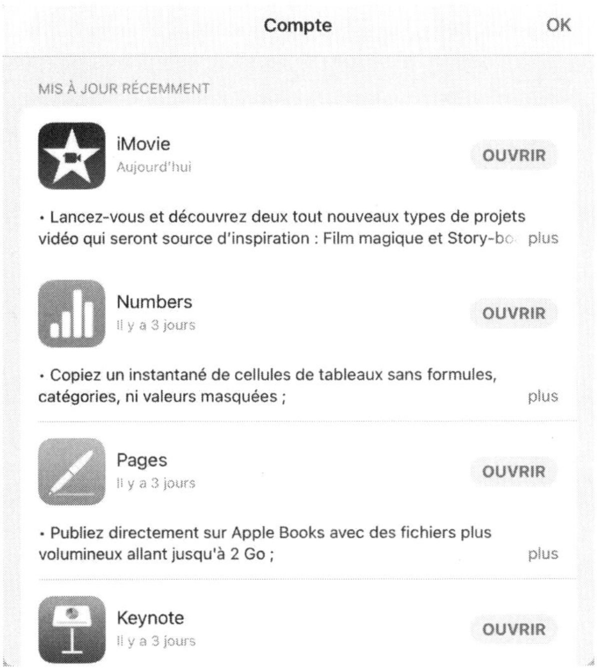

Consulter vos achats

Pour consulter la liste de toutes les applications que vous avez achetées sur l'App Store pour votre iPad et pour tous les autres appareils Apple (iPhone, iPod...), touchez l'icône de profil en haut à droite des pages de l'App Store.

Vous obtenez la page Compte, qui reprend les informations liées à votre compte Apple. Si ce dernier n'est pas renseigné, il faudra indiquer votre identifiant et votre mot de passe.

Touchez la ligne libellée Achats puis Mes achats afin d'afficher la liste de toutes les applications téléchargées avec votre compte, qu'elles soient actuellement présentes sur votre iPad ou non (voir Figure 7.8). Si vous avez un compte Famille, vous devez toucher le compte de la personne pour laquelle vous souhaitez afficher les achats.

Un bouton Ouvrir permet d'accéder à une application présente dans votre iPad. Un bouton en forme de nuage – le logo iCloud – permet d'installer dans votre iPad une application présente dans un autre de vos appareils Apple enregistrés sous le même compte.

Figure 7.8
Gérer ses achats dans App Store.

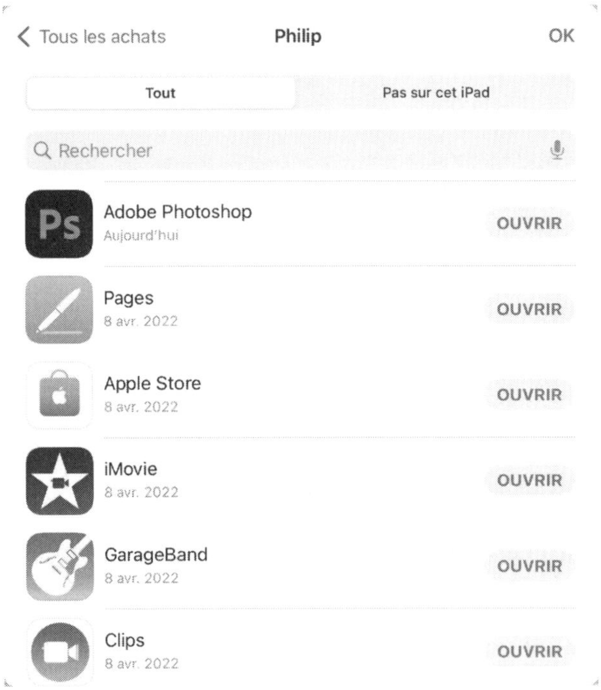

Vous pouvez rechercher une application en commençant à saisir son nom dans le champ Rechercher. Pour n'afficher que les applications mémorisées avec votre identifiant Apple, mais qui ne sont pas encore installées, touchez le bouton Absents de cet iPad.

Pour ne pas vous encombrer avec une vieille référence dont vous ne savez même plus pourquoi elle se trouve encore là, faites glisser son bandeau vers la gauche et touchez le bouton Masquer.

Pour quitter la page des achats, touchez OK en haut à droite.

Utiliser des applications

Vous devez surtout savoir comment télécharger une application. Mais il peut aussi être utile de savoir comment donner un avis, signaler un problème ou la supprimer.

Supprimer une application

Voici comment supprimer une application de l'iPad :

❶ Touchez continûment une icône jusqu'à l'apparition d'un menu contextuel illustré sur la Figure 7.9.

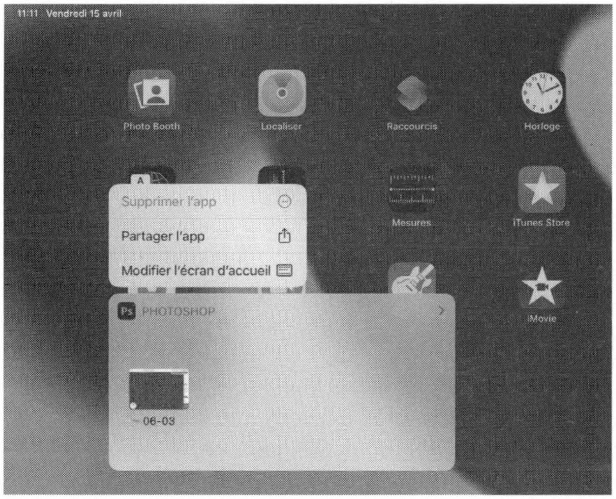

Figure 7.9 Le menu local permet de supprimer l'application.

❷ Touchez le bouton Supprimer l'app.

❸ **Dans le message de confirmation qui apparaît, touchez Supprimer l'app, puis confirmez de nouveau en touchant Supprimer.**

Supprimer une application de l'iPad comme nous venons de l'expliquer ne l'élimine pas définitivement. Elle reste dans votre espace de stockage en nuage iCloud. Pour la réinstaller ultérieurement (et sans avoir à la payer de nouveau si elle était payante), touchez le bouton de profil dans une page de l'App Store > Achats > Mes achats puis le bouton arborant un nuage en regard de l'application supprimée (voir l'icône cerclée sur la Figure 7.10).

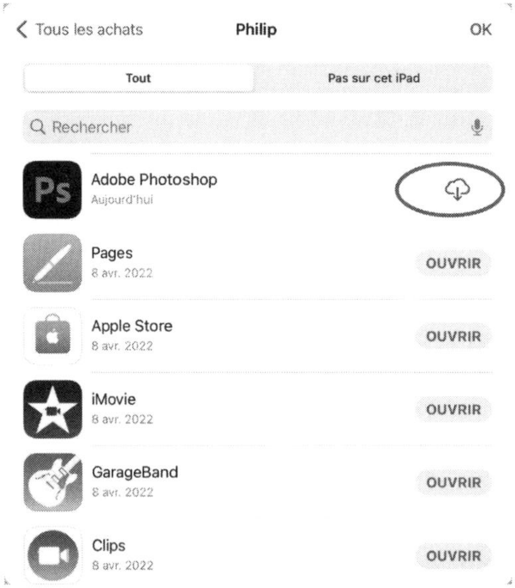

Figure 7.10 Réinstaller une app supprimée.

Donner son avis sur une application

Procédez comme suit pour dire ce que vous pensez d'une application.

Vous ne pouvez donner un avis qu'à propos d'une application que vous possédez.

❶ **Touchez l'icône App Store pour accéder à la boutique en ligne, puis recherchez-la à l'aide de l'icône Recherche en bas à droite.**

❷ **Touchez l'application voulue pour afficher ses détails.**

❸ **Faites défiler verticalement le contenu de la page pour afficher la section Notes et avis.**

❹ **Là, touchez le lien Rédiger un avis.**

Vous devrez peut-être fournir le mot de passe de votre identifiant Apple.

❺ La fenêtre Rédiger un avis apparaît, comme à la Figure 7.11. Touchez l'une des cinq étoiles en haut de la fenêtre afin de noter l'application.

❻ Dans le champ Titre, saisissez le titre de votre critique.

❼ Dans le champ principal, saisissez votre critique sur l'application.

❽ Touchez le bouton Envoyer, en haut et à droite du panneau.

Figure 7.11 Donnez votre avis sur une application en votre possession.

Quelle que soit la manière choisie, Apple lit votre critique et la publie si elle ne contrevient pas à ses règles (non écrites). Un jour ou deux plus tard, elle apparaît dans la rubrique Classements et avis.

Signaler un problème

De temps en temps, vous téléchargez une application qui ne fonctionne pas correctement, bloque l'iPad ou y sème la pagaille. Il est alors vivement recommandé de signaler le problème afin qu'Apple et le programmeur en prennent connaissance et le résolvent.

Quand vous tentez de signaler un problème à partir de l'App Store, vous cliquez un certain nombre de fois pour finir sur une page Internet vous informant que si vous rencontrez un problème avec une application, vous devez le signaler au développeur de l'application en allant sur son site Internet. Pas la peine d'insister…

Utiliser des widgets

Les widgets sont d'autres types d'applications que vous affichez sur l'écran d'accueil sous forme de vignettes (ou miniatures si vous préférez) dont le contenu s'actualise périodiquement.

Ainsi, par défaut, vous trouverez les widgets suivants sur l'écran d'accueil, et qui sont visibles sur la Figure 7.12 :

Figure 7.12 Les widgets par défaut de l'écran d'accueil.

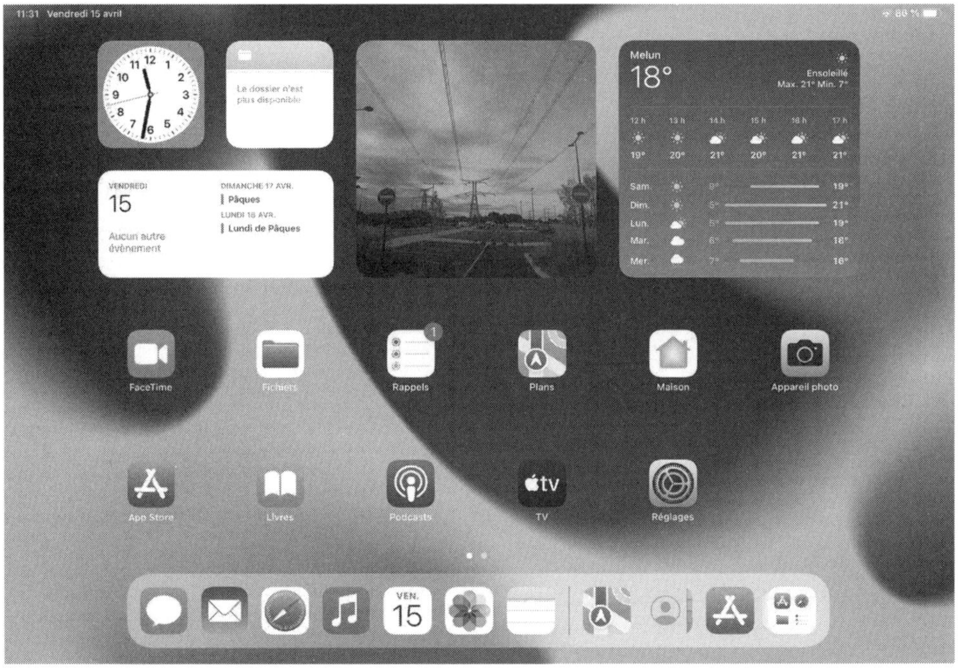

» **Calendrier** affiche vos rendez-vous du jour et les rendez-vous des deux prochains jours.

» **Météo** indique les conditions météorologiques du lieu où vous résidez ou d'un lieu de votre choix.

» **Photos** affiche aléatoirement les images répertoriées dans l'app Photos de votre iPad.

» **Notes** affiche vos notes et donne accès à l'app pour en prendre et les gérer.

» **Horloge** indique l'heure en cours.

Vous pouvez afficher et interagir avec vos widgets de deux manières :

» Accéder à l'écran d'accueil où des widgets sont affichés dans sa partie supérieure.

» Depuis l'écran d'accueil ou l'écran de verrouillage, faites glisser le bord gauche de l'écran vers la droite pour afficher une liste des widgets, comme sur la Figure 7.13. Faites défiler ce contenu verticalement.

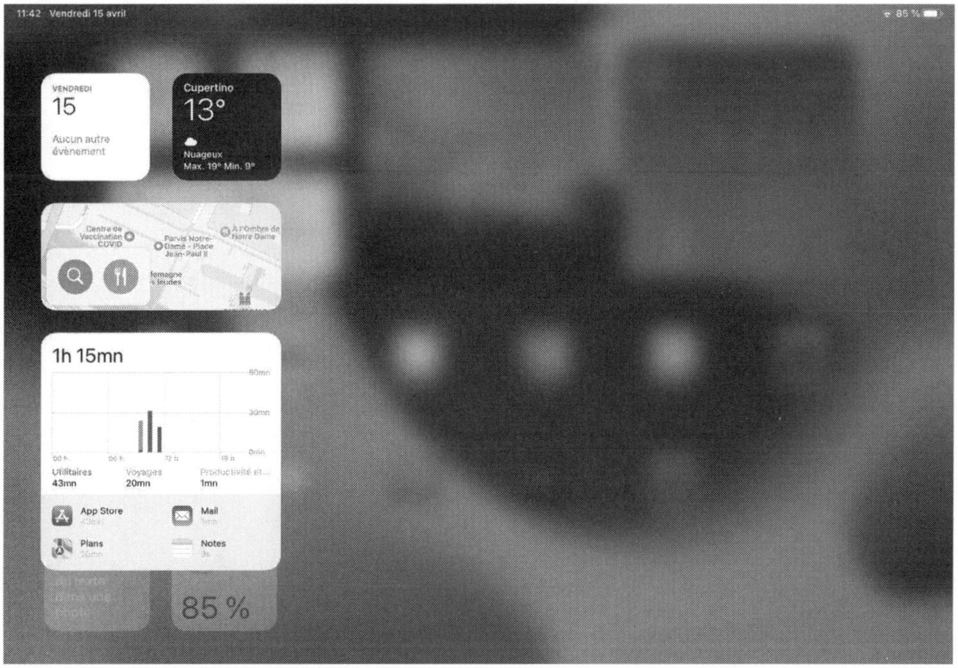

Figure 7.13 Accéder aux widgets.

Ajouter des widgets

Vous pouvez ajouter un très grand nombre de widgets à votre iPad en procédant de la manière suivante :

❶ Affichez les widgets comme expliqué ci-dessus.

❷ Faites défiler verticalement le contenu de cette liste jusqu'à l'apparition d'un bouton Modifier.

❸ Touchez le bouton Modifier.

Les widgets se mettent à vibrer arborant un signe moins dans l'angle supérieur gauche de chacune des vignettes.

❹ Touchez le bouton + en haut à gauche.

Une page de widgets apparaît comme sur la Figure 7.14.

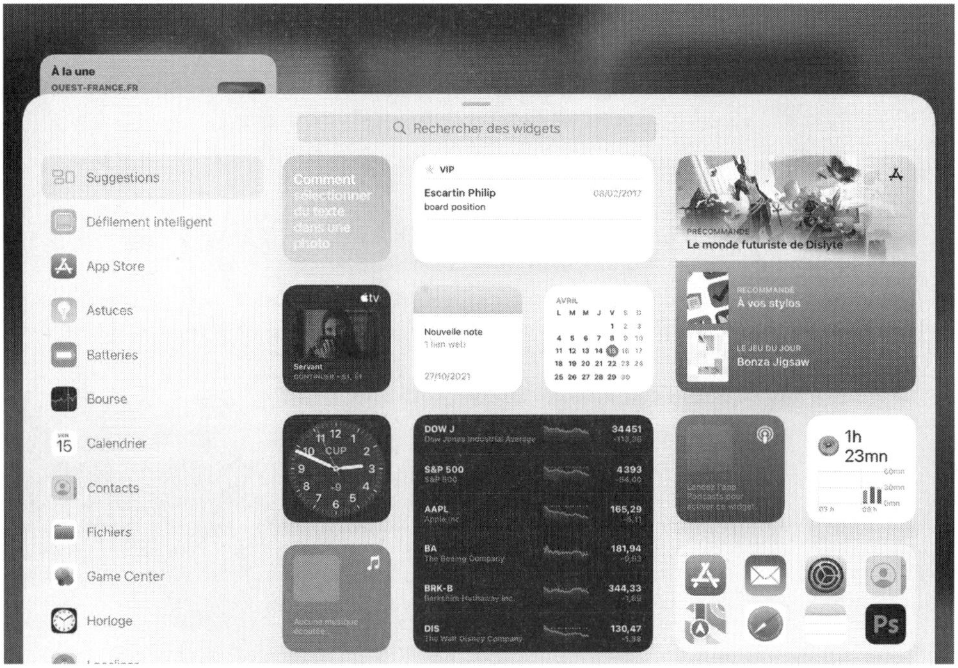

Figure 7.14 La page des widgets.

❺ Touchez la vignette du widget à ajouter, puis le bouton Ajouter le widget.

Supprimer un widgetRépétez la précédente procédure pour toucher le bouton Modifier. Ensuite, touchez le signe moins de la vignette du widget à retirer. Dans le message de confirmation, choisissez Supprimer.

Personnaliser un widget

Accédez aux widget et appuyez sur celui à personnaliser jusqu'à l'apparition d'un menu contextuel dans lequel vous choisirez Modifier le widget, comme sur la Figure 7.15. La vignette tourne et propose un certain nombre de paramètres.

Figure 7.15 Personnaliser un widget.

DANS CE CHAPITRE

Votre vie sur Facebook

•

Gazouiller avec Twitter

•

Échanger via Messages

•

Converser en visiophonie avec FaceTime

•

Recevoir un appel téléphonique

Chapitre 8

Communiquer grâce à l'iPad

L'iPad une fois connecté à Internet permet de garder le contact avec le reste du monde, que ce soit de façon instantanée avec des applications de conversation en ligne comme FaceTime et Messages, ou par le biais des réseaux sociaux, dont les plus connus sont Facebook et Twitter.

Pour utiliser ces applications, il vous faudra les télécharger et les installer. Il reste néanmoins possible de bénéficier de ces services à travers leurs sites Internet, comme sur un ordinateur, donc en vous passant des applications dédiées, mais ce serait dommage...

Les applications FaceTime et Messages sont quant à elles installées par défaut sur l'iPad.

Votre vie sur Facebook

Facebook est le roi de tous les réseaux sociaux. C'est l'endroit en ligne où il *faut* être pour avoir des tas d'amis (ou supposé tels), envoyer des messages, jouer, et gaspiller bien plus de temps que vous ne pensiez en disposer.

» Bien que vous puissiez accéder à Facebook depuis votre navigateur Safari, il est vivement recommandé de vous servir de l'application dédiée présentée ici.

» Facebook n'est pas préinstallé sur votre iPad. Mais il est facile de l'obtenir, comme expliqué un peu plus loin.

» Facebook, comme le reste du monde, évolue. Il est tout à fait possible que l'interface ait été modifiée au moment où vous lirez ce livre. Mais cela ne devrait pas en changer fondamentalement les principes généraux.

Configurer votre compte Facebook

Pour utiliser Facebook, il vous faut un compte Facebook. Et pour avoir un compte Facebook, le mieux est d'ouvrir la page `www.facebook.com` sur votre ordinateur. Créez votre compte en définissant un nom d'utilisateur et un mot de passe.

N'oubliez pas votre nom d'utilisateur et votre mot de passe !

Les robots de Facebook vont certainement envoyer un message de confirmation à l'adresse e-mail que vous avez indiquée. Cliquez sur le lien pour répondre au message. Facebook peut vous poser encore quelques questions pour bien vous identifier et une fois terminé, voici que vous rejoignez les rangs serrés de cette immense communauté qui attendait depuis si longtemps votre arrivée...

Une fois votre compte opérationnel, et vos options configurées à votre convenance, vous êtes paré pour accéder à Facebook sur votre iPad. Vous pourriez le faire directement dans Safari. Mais, pour obtenir le meilleur de Facebook, vous avez besoin de son application officielle.

Il est très important de définir correctement ses paramètres Facebook, et en particulier les réglages de confidentialité. Sur Facebook, tout ce qui n'est pas explicitement privé ou en accès restreint est considéré comme public. Ne l'oubliez jamais, sous peine d'avoir de mauvaises surprises...

Installer l'application Facebook

L'application Facebook n'est pas installée par défaut sur votre iPad. Il vous faudra donc la télécharger et l'installer, en suivant les instructions données au Chapitre 7. Pour trouver l'application, recherchez le mot Facebook dans l'App Store.

Accéder à Facebook

La première fois que vous lancez l'application Facebook en touchant son icône, vous allez normalement devoir vous connecter. Pour cela, saisissez l'adresse de messagerie que vous avez spécifiée lors de la création du compte, ainsi que votre mot de passe Facebook. Confirmez, et c'est lancé.

Lors de votre première utilisation de l'app Facebook, iPadOS 15.4 (ou ultérieure) demande l'autorisation de suivre l'activité d'applications et des sites Web que vous visitez afin de personnaliser les publicités. Touchez le bouton Continuer. Ensuite, dans le message qui apparaît, choisissez en votre âme est conscience entre Demander à l'app de ne pas me suivre et Autoriser. Une fois le choix opéré, vous voici dans Facebook.

Dans la nouvelle version de Facebook pour iPad, vous devrez toucher le bouton Examiner les modifications pour prendre connaissance de cette évolution. Vous serez alors guidé avec des info-bulles qui attirent votre attention sur les nouveautés de cette version, comme le montre la Figure 8.1.

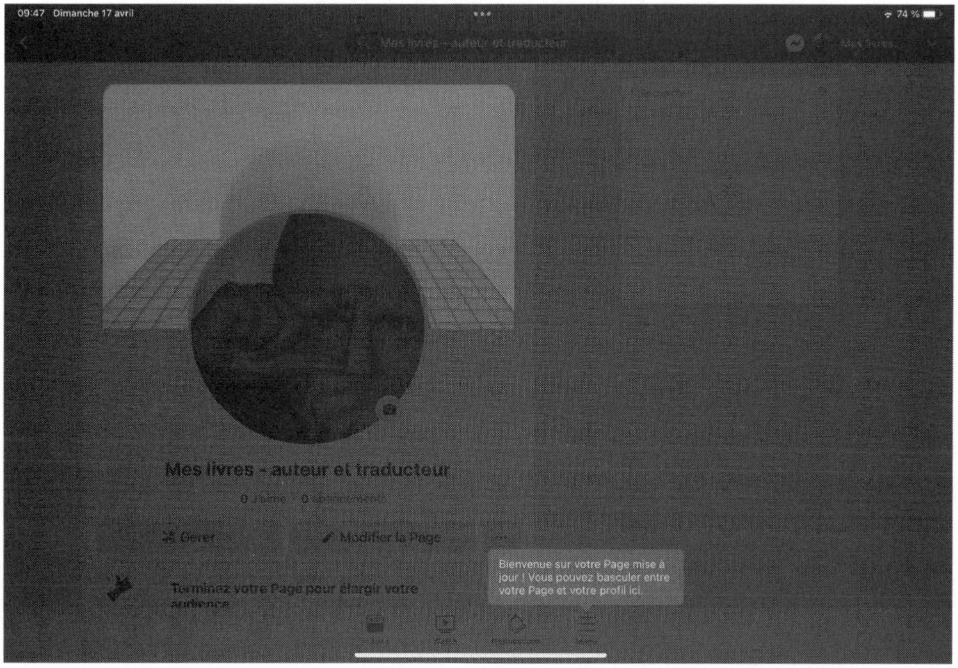

Figure 8.1 Visite guidée de la nouvelle app Facebook pour iPad.

Une fois cette petite visite guidée terminée, vous voici sur votre compte Facebook.

Attention ! Si votre compte est lié à une page Facebook, il y a de fortes probabilités pour que votre iPad affiche la page en question et non pas votre compte principal. Cela risque de vous perturber car la communication avec une page est très différente de celle réalisée avec un compte. Si cela se produit, touchez l'icône Menu en bas à droite. Ensuite, touchez les trois points localisés à droite du nom de votre page. Dans la boîte de dialogue Vos profils et Pages qui s'affiche en bas de l'écran, activez votre compte, comme sur la Figure 8.2.

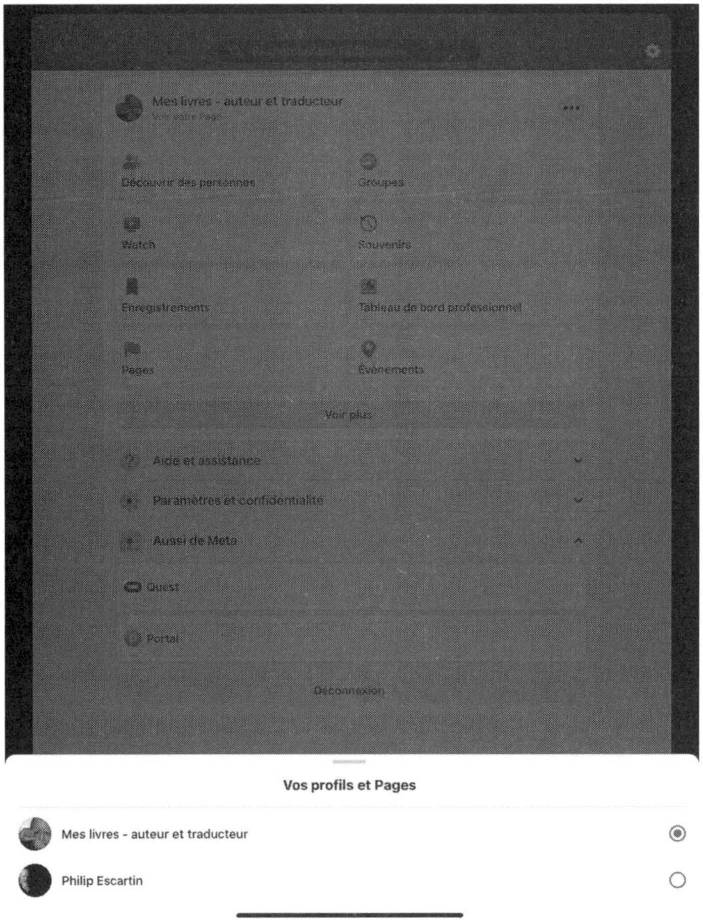

Figure 8.2 Pour choisir entre vos profils et vos pages Facebook.

Lorsque vous avez fini vos pérégrinations sur Facebook, touchez le bouton principal (iPad standard ou iPad mini) ou tirez vers le haut la barre tout en bas de l'application (iPad Air ou iPad Pro) pour revenir à l'écran principal.

En fait, l'application continue son travail en arrière-plan jusqu'à ce que vous vous déconnectiez, que vous l'arrêtiez explicitement ou que vous éteigniez votre iPad.

Publier sur Facebook

Facebook permet de communiquer de diverses manières avec vos amis :

» **Le fil d'actualité :** c'est une interminable page déroulante sur laquelle apparaissent vos publications – des *posts,* en jargon facebouquien – et celles de vos amis. Elles peuvent être du texte, des photos ou des vidéos. Elles sont publiques, donc visibles par tout le monde. Mais vous pouvez choisir de limiter leur parution à vos seuls amis.

» **La story :** ce ruban tout en haut de la page contient des photos qui ne sont visibles que pendant quelques heures. Elles disparaissent ensuite.

» **Messenger :** cette fonctionnalité permet d'échanger des messages en privé, avec tel ou tel ami. Vous y accédez en touchant un bouton en forme de tilde, en haut à droite de Facebook. Messenger est aussi une application indépendante. Téléchargez-la pour plus de confort.

Facebook permet aussi à ses membres de créer des pages personnelles. Cette fonctionnalité gratuite vise les commerçants, qui peuvent faire de la publicité (payante) pour leurs produits. Mais les artistes et les associations les apprécient grandement pour leur communication.

Procédez comme suit pour publier sur votre fil d'actualité :

❶ Touchez le champ Quoi de neuf? tout en haut du fil d'actualité.

L'interface que montre la Figure 8.3 apparaît. Une info-bulle peut préciser les nouveautés de publication de cette nouvelle version de l'app Facebook pour iPad. Pour fermer l'information, touchez de nouveau le champ Quoi de neuf?.

❷ Rédigez le texte de votre publication.

Par défaut, il est public. Quiconque accède à votre fil d'actualité peut le lire.

❸ Si vous désirez limiter l'accès à votre publication aux seuls amis, touchez le bouton Public, en haut à gauche.

Des options apparaissent.

❹ Touchez le bouton d'option Amis.

Figure 8.3 Saisissez le texte de votre publication.

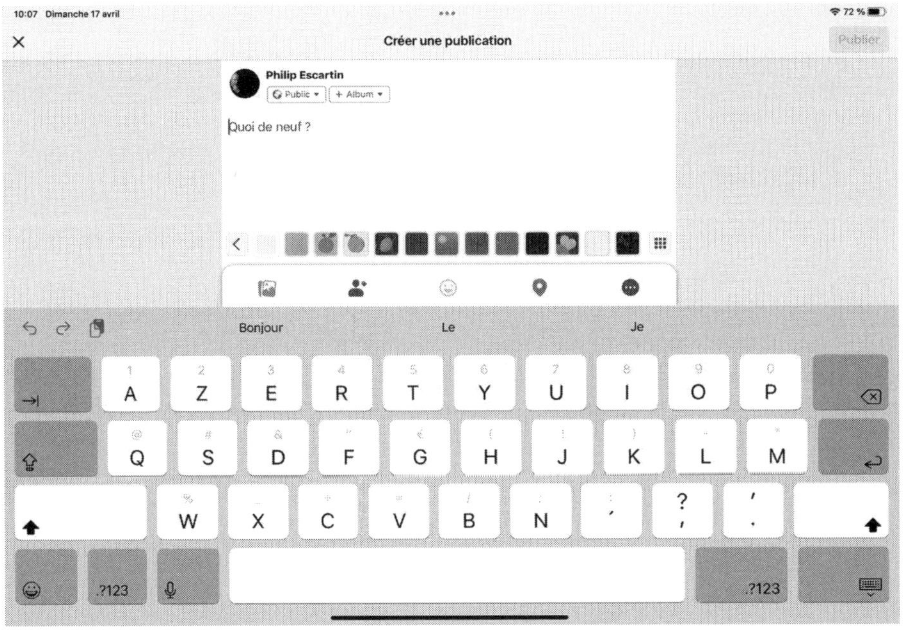

Vous préservez ainsi la confidentialité de cette seule publication.

❺ Touchez Terminé, en haut à droite.

❻ Si vous le désirez, vous pouvez agrémenter votre publication avec des icônes choisies en bas de la zone de texte.

❼ Touchez Publier, en haut à droite.

C'est parti ! Votre publication apparaît aussitôt dans votre fil d'actualité.

Il n'est pas rare de déceler des fautes d'orthographe après la publication, ou de regretter un mot ou des propos mal formulés. Pas de panique si cela vous arrive, car il est facile de corriger, voire de supprimer une publication. Voici comment procéder :

❶ Touchez les trois petits points visibles en haut à droite de la publication incriminée.

Vous ne pouvez intervenir que sur vos propres publications, pas sur celles d'autrui. En revanche, vous pouvez masquer ces dernières si elles vous dérangent.

❷ Dans le menu qui vient d'apparaître, touchez l'option Modifier la publication (Figure 8.4).

Figure 8.4 Modifiez le contenu et/ou le statut d'une publication.

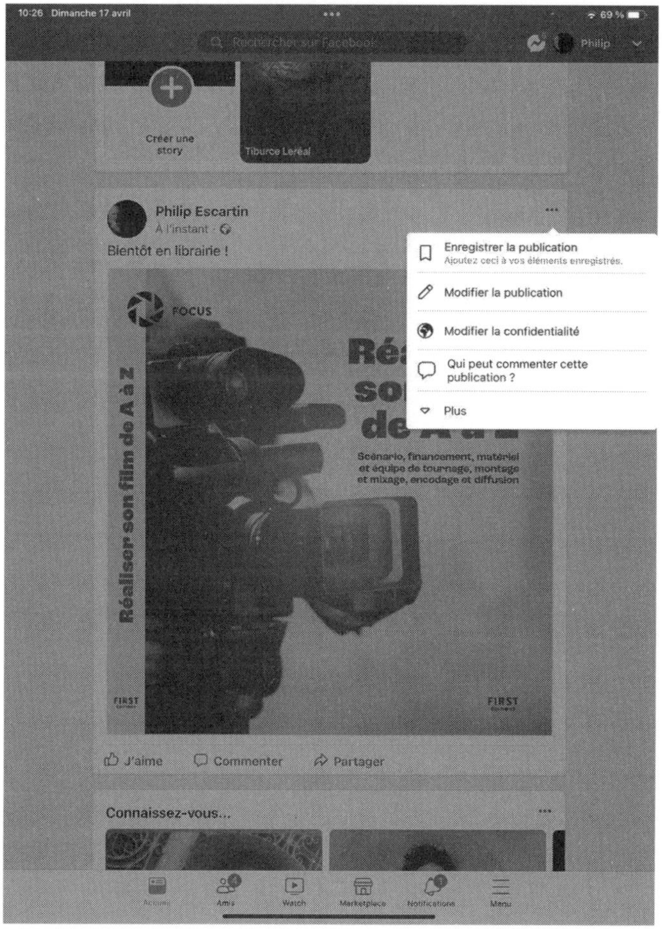

La publication apparaît.

❸ Procédez aux modifications.

Corrigez le texte et/ou modifiez le statut Public/Amis.

❹ Touchez Enregistrer, en haut à droite.

Pour effacer une publication, touchez l'option Supprimer, à l'Étape 3.

Vous verrez à l'usage que Facebook est facile à utiliser. En cas de problème, des amis se feront un plaisir de vous expliquer comment le résoudre.

Gazouiller avec Twitter

Twitter est un site de réseau social, comparable à Facebook si ce n'est que les messages, les *tweets*, y sont bien plus courts. Sur Twitter, vous rédigez essentiellement de courts jets de texte qui expriment une pensée, une observation, un commentaire ou qui servent à partager un lien. Vous pouvez aussi utiliser Twitter en tant que *follower*, pour suivre les tweets d'autres personnes.

» **Soyez branché : un message posté sur Twitter est un *tweet*, autrement dit un gazouillis, et celui qui suit les tweets de quelqu'un d'autre est un suiveur ou abonné, bref un *follower*. Renvoyer un tweet vers d'autres personnes est dit *retweeter*.**

» **Un tweet ne peut pas comprendre plus de 280 caractères, y compris les espaces et la ponctuation, plus vingt caractères servant à vous identifier. Le principe de base, c'est celui du SMS.**

» **Vous pouvez poster des messages sur Twitter et suivre d'autres abonnés.**

» **Comme sur Facebook, il est possible de joindre des images et des vidéos aux tweets.**

» **Il se dit que, sur l'ensemble des quelques centaines de millions de personnes qui ont un compte sur Twitter, seule une petite proportion utilise le service de manière active…**

Configurer Twitter

La meilleure manière d'utiliser Twitter sur votre iPad, c'est de posséder déjà un compte auprès de ce service. Voyez pour cela la page Internet `twitter.com` et suivez les instructions qui vous sont données.

Une fois votre compte Twitter créé et confirmé, il vous reste encore à installer l'application correspondante. Comme pour Facebook, elle n'est pas préinstallée sur votre iPad. Il faudra donc également l'installer. Pour cela, recherchez « Twitter » dans l'App Store, puis suivez les instructions données au Chapitre 7 pour télécharger et installer des applications. Dès que l'icône de Twitter apparaît sur l'écran d'accueil, touchez-la pour lancer l'application.

Lorsque vous lancez l'application Twitter pour la première fois, touchez le bouton Connectez-vous. Saisissez alors votre nom d'utilisateur Twitter, ou l'adresse de messagerie avec laquelle vous avez créé le compte, ainsi que votre mot de passe. Touchez ensuite le bouton Connexion, et acceptez ou non les propositions qui vous sont faites.

La connexion reste active jusqu'à ce que vous vous déconnectiez explicitement ou que l'iPad soit éteint.

La Figure 8.5 montre l'écran principal de l'application Twitter, avec un flux de tweets en cours.

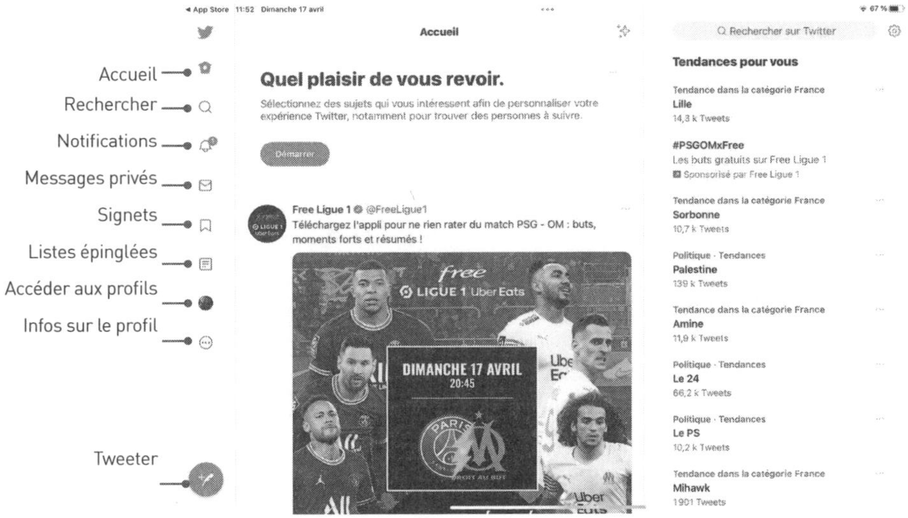

Figure 8.5 L'application Twitter.

Voyons maintenant comment *tweeter* ou mettre à jour votre profil depuis l'application Twitter.

Tweeter avec l'iPad

L'application Twitter propose une interface simple et efficace pour accéder à toutes ces excellentes choses que propose ce service. Bien entendu, les deux tâches de base sont la lecture et l'écriture des tweets.

Pour lire les tweets, touchez le bouton Accueil afin de voir le fil des messages envoyés selon vos abonnements. La liste se présente dans l'ordre chronologique, les plus récents étant affichés en premier. Faites défiler la liste vers le haut pour voir les autres messages. Pour lire un tweet particulier, touchez la ligne correspondante.

Utilisez le bouton illustré d'une plume pour composer votre propre tweet (voir la Figure 8.5). Vous obtenez la fenêtre de la Figure 8.6. Complétez le message à votre guise, dans la limite des 280 caractères imposée.

Figure 8.6 Créer un tweet.

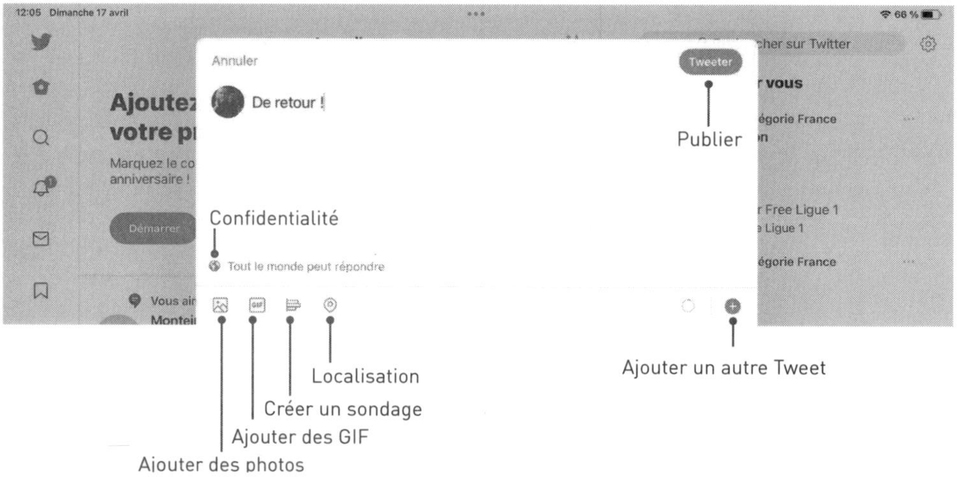

Touchez ensuite le bouton Tweeter pour envoyer votre profonde pensée dans la « twittosphère ».

- Votre tweet ne peut pas dépasser 280 caractères, espaces et ponctuation inclus.
- Twitter est en soi une machine à produire du texte. Mais il est possible de joindre des images ou des vidéos qui vont alors se présenter sous la forme de liens. Les images et vidéos seront hébergées par les bons soins de Twitter.
- L'application Twitter est parfaitement capable de se servir des capacités photographiques de votre iPad pour joindre une image ou une vidéo à votre tweet.
- La fenêtre d'un tweet comporte quatre boutons servant respectivement à répondre au message, le retweeter, le marquer comme favori et le partager avec d'autres (voir Figure 8.4).
- De nombreuses applications disposent d'un bouton Partager. Twitter devrait donc être proposé dans la liste des partages possibles. Touchez son bouton pour envoyer ce que vous êtes en train de voir ou de faire (généralement sous la forme d'un lien). Il ne vous reste plus qu'à compléter votre tweet et à toucher le bouton Publier.
- Les adresses Twitter sont précédées du caractère @. Une autre notation, appelée *hashtag*, sert à regrouper des fils de messages se rapportant à un certain point d'intérêt. Un hashtag se signale par la présence du préfixe #.
- De plus en plus, les responsables de Twitter essaient de se débarrasser de ces préfixes un peu ésotériques qui limitent l'expansion de cette société aux dents longues. La concurrence est très rude dans le milieu des réseaux sociaux, et amis ne veut pas dire pour la vie…

Échanger *via* Messages

L'application Messages permet de communiquer avec des correspondants utilisant différents appareils Apple (s'ils sont équipés de la bonne version d'iOS/iPadOS ou OS X/macOS) tels qu'un iPhone, un iPad, un iPod touch et un Mac, et un identifiant Apple.

À la première utilisation de Messages, Apple peut vous envoyer un message de vérification de votre compte. Acceptez la procédure et entrez vos identifiants pour terminer la configuration. Si l'adresse est déjà enregistrée dans Mail sur l'iPad, vous n'avez rien à faire.

L'application Messages ressemble à l'application du même nom sur un iPhone, mais contrairement à cette dernière, elle ne peut ni envoyer ni recevoir de SMS ou de MMS avec la configuration de base. Si vous activez le transfert de SMS sur votre iPhone (dans les réglages de Messages), vous pourrez recevoir et envoyer des SMS sur votre iPad lorsqu'il peut se connecter à votre iPhone.

Le fonctionnement de Messages est assez simple : après avoir saisi l'adresse de messagerie Internet du correspondant, ou son nom s'il figure dans l'application Contacts, et s'il est en ligne, la communication est établie. Vous tapez vos messages dans le champ de saisie situé en bas du volet de droite, puis vous touchez le bouton avec une flèche orientée vers le haut qui se trouve juste à droite. La conversation apparaît peu à peu dans des bulles, ainsi que le montre la Figure 8.7.

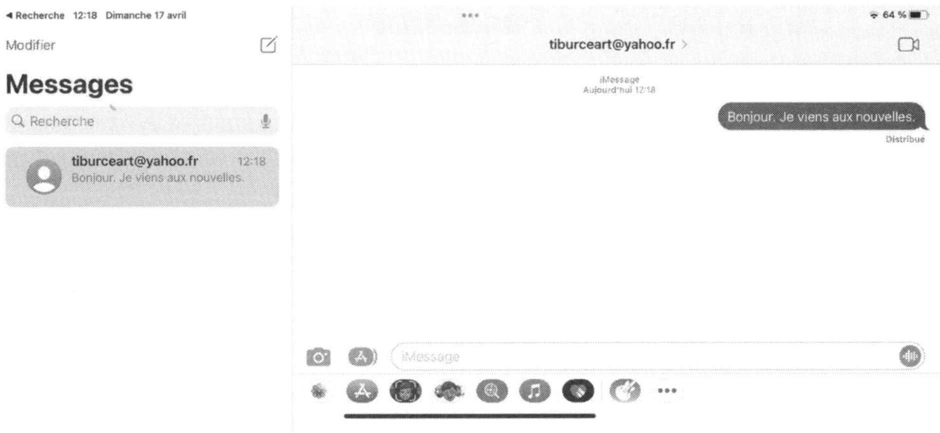

Figure 8.7 Une conversation démarre dans Messages.

Pour placer des émoticônes dans vos iMessages, utilisez le clavier international Icônes Emoji, comme expliqué au Chapitre 2.

Remarquez les deux boutons qui se trouvent à gauche de la zone de saisie : ils permettent d'égayer un peu vos messages au moyen de photos, de musique ou de petites animations que vous pouvez créer vous-même. Amusez-vous à toucher ces boutons et à explorer leurs possibilités assez… magiques !

Converser en visiophonie avec FaceTime

Rien n'est plus simple que de converser en visiophonie avec l'iPad, à condition que votre correspondant soit équipé d'un matériel Apple (Mac, iPhone, iPod touch ou iPad pas trop vétuste). La connexion peut être établie, soit par le Wi-Fi – c'est la solution la plus simple et la moins onéreuse –, soit en utilisant le réseau de téléphonie mobile 3G/4G/5G, si votre iPad est équipé de ce module ou si vous partagez la connexion avec un iPhone.

FaceTime permet de réunir jusqu'à 32 participants à la fois. La qualité de l'image dépend du débit de la connexion Internet, mais aussi de l'iPad que vous utilisez. La plus grande définition de la caméra FaceTime des derniers modèles d'iPad fournit une image beaucoup plus flatteuse que celle produite par la caméra FaceTime des premiers modèles.

Démarrer avec FaceTime

À la première utilisation de FaceTime, Apple peut vous envoyer un message de vérification de votre compte. Acceptez la procédure et entrez vos identifiants pour terminer la configuration. Si l'adresse est déjà enregistrée dans Mail sur l'iPad, vous n'avez rien à faire.

La fonctionnalité FaceTime peut être désactivée ou réactivée dans Réglages > FaceTime. Touchez simplement le commutateur FaceTime. Dans cette même rubrique de réglages, vous pouvez activer Appels depuis l'iPhone. Cela permet de passer ou de recevoir des appels lorsque l'iPad est connecté à votre iPhone. Si vous recevez un appel sur votre iPhone, un message apparaît, accompagné d'une sonnerie, et vous pouvez répondre de la même manière que lorsque vous recevez un appel Facetime.

Effectuer un appel FaceTime

Procédez comme suit pour appeler un correspondant en visiophonie :

❶ Touchez l'application FaceTime, sur l'écran d'accueil.

Vous vous voyez aussitôt à l'écran. Profitez-en pour vérifier que votre look n'est pas trop craignos.

❷ Indiquez avec qui vous souhaitez communiquer (nom, adresse de messagerie, numéro de téléphone) puis, en bas du volet de gauche, choisissez le mode d'appel (vidéo ou audio).

Au fur et à mesure de votre saisie, une liste de contacts apparaît. Ceux que vous pouvez appeler avec FaceTime sont signalés par une petite icône de caméra (appel vidéo possible) et/ou de téléphone (appel audio possible).

Vous pouvez également choisir votre correspondant dans la liste des appels récents.

❸ Touchez le nom de la personne que vous voulez joindre.

La fiche du contact apparaît.

Si aucune information FaceTime n'est associée à un contact, vous pourrez toujours lui envoyer un iMessage ou un e-mail, mais évidemment pas le joindre en vidéo ou en audio.

❹ Sur la ligne FaceTime du contact, touchez l'icône de caméra pour lancer un appel vidéo, ou de téléphone pour démarrer un appel audio.

Les appels audio provoquent l'affichage d'un clavier de téléphone classique, comme sur votre iPhone... Voyons plutôt ce que donne la vidéo.

❺ Au cours de l'appel, surveillez le petit écran de contrôle qui permet de savoir comment votre correspondant vous voit.

Cet écran de contrôle peut être tiré vers n'importe quel coin de l'écran.

❻ (Facultatif) Changez de caméra en touchant le sélecteur dans la zone inférieure de votre image.

Cela permet par exemple de montrer quelqu'un d'autre à votre correspondant.

❼ Touchez le bouton rouge du téléphone pour raccrocher.

Pendant une conversation, vous pouvez :

» Orienter l'iPad en hauteur ou en largeur.

» Couper le micro de l’iPad en touchant le bouton de gauche, dans la barre de commandes (mais vous continuez d’être vu par votre correspondant).

» Prendre une photo de votre correspondant. Cette fonctionnalité appelée Live Photos doit être activée à la fois sur votre iPad et sur l’appareil de votre interlocuteur, qui sera informé à chaque prise de vue. Pour activer la fonctionnalité, touchez Réglages > FaceTime, puis mettez en position verte le commutateur Live Photos sur FaceTime. Attention : tous les modèles d’iPad n’offrent pas cette fonctionnalité.

» Accéder à une autre application de l’iPad en enfonçant le bouton principal et en touchant l’application voulue. Vous pouvez continuer à converser, tout en continuant à voir votre interlocuteur grâce à la fonction Image dans l’image sous forme de vignette (voir le Chapitre 2), avec les boutons de commandes de l’appel. Pour réafficher FaceTime en plein écran, touchez le bouton le plus à gauche.

Recevoir un appel FaceTime

Il n’est pas nécessaire que FaceTime soit en service sur votre iPad pour recevoir un appel en visiophonie. Voici comment cela se passe :

» **L’iPad sonne :** la fenêtre de FaceTime apparaît aussitôt sur l’écran de l’iPad, en activant la caméra FaceTime (voir Figure 8.8).

Figure 8.8 La notification d’un appel FaceTime.

» **Accepter ou refuser l’appel :** touchez l’icône de la caméra pour accepter l’appel, ou l’icône de la croix dans un cercle rouge pour le refuser. Si l’iPad est verrouillé, tirez le bouton à flèche verte vers la droite pour répondre, et attendez que l’appel cesse pour le décliner ou appuyez sur le bouton Marche/Arrêt/Veille.

» **Laisser un message :** si l’appel n’aboutit pas, vous pouvez laisser un message ; touchez Laisser un message (voir Figure 8.9), que le destinataire recevra dans l’app Message.

» **Annuler :** touchez Annuler pour interrompre la procédure d’appel.

Figure 8.9
Laisser un message en cas d'indisponibilité de votre correspondant.

La caméra de l'iPad sert aussi à d'autres choses, notamment à prendre des photos, comme nous le verrons au Chapitre 11.

Recevoir un appel téléphonique

Eh oui, il est possible de recevoir un appel téléphonique sur un iPad s'il transite par un iPhone connecté au même réseau Wi-Fi.

Lorsqu'un correspondant vous appelle, la sonnerie retentit à la fois sur l'iPhone – rien de plus normal – mais aussi sur l'iPad. Vous n'avez ainsi pas besoin de traverser la chambre ou l'appartement pour trouver le smartphone à temps pour répondre. L'appel est reçu même si l'iPhone et l'iPad sont tous les deux en veille.

Lorsque l'iPad est en veille, la notification de l'appel apparaît sur l'écran de verrouillage. Si la personne qui vous appelle figure parmi vos contacts, son nom est affiché. Appuyez sur l'icône verte pour prendre l'appel. Si l'iPad est en marche, la même notification apparaît par-dessus l'écran d'accueil ou l'application ouverte.

Partie 3

Travailler et se divertir avec l'iPad

DANS CETTE PARTIE...

Et si vous utilisiez votre iPad comme un lecteur multimédia pour écouter vos musiques préférées, regarder des films et des séries (mais aussi ceux que vous tournerez avec cette tablette ou que vous importerez depuis votre iPhone ou Android), prendre et visionner des photos, et pourquoi pas lire des livres. Jamais une tablette n'a été aussi plaisante à utiliser.

Nous commencerons par le plaisir d'écouter de la musique, des podcasts et des livres audio. Puis au Chapitre 10, nous visionnerons quelques vidéos. Nous verrons comment trouver des vidéos sympas pour l'iPad, et comment les regarder.

Au Chapitre 11, vous apprendrez tout ce qu'il faut savoir pour gérer et afficher des photos : où les trouver, comment utiliser les fonctions de retouche et d'amélioration des images, comment créer et afficher des diaporamas, et beaucoup d'autres choses.

Au Chapitre 12, vous visiterez la librairie virtuelle d'Apple : Apple Books. Vous serez heureux d'apprendre combien de livres vous pouvez transporter dans un iPad sans avoir à traîner « un cartable lourd comme un cheval mort », ainsi que le chantait Renaud dans *C'est quand qu'on va où ?* Vous verrez aussi qu'il est possible d'y acheter des livres audio.

Le Chapitre 13 se veut productif. Vous apprécierez l'application Notes pour coucher sur papier (virtuel) les idées qui vous viennent à l'esprit. Vous apprendrez aussi à gérer votre planning avec Calendrier, Contacts et Rappels. Vous découvrirez les applications de bureautique que sont Pages, Numbers et KeyNotes, fournies gratuitement par Apple. Et enfin, vous apprendrez à placer vos données sur un serveur d'Apple afin d'en disposer où que vous soyez dans le monde, avec n'importe quel ordinateur, grâce à iCloud.

DANS CE CHAPITRE

Écouter avec l'iPad.

Parcourir la bibliothèque.

Les fonctions audio.

Personnaliser les fonctions audio.

Les applications audio.

Chapitre 9

Le son sur l'iPad

Ce chapitre est consacré aux fonctionnalités liées au son ; celles de la vidéo sont décrites au prochain chapitre.

Nous commencerons par un bref tour d'horizon de l'application Musique pour l'iPad. Nous verrons ensuite comment utiliser l'iPad en tant que lecteur audio, puis comment personnaliser l'écoute selon vos préférences. Vous découvrirez quelques conseils pour exploiter au mieux les fonctions audio. Enfin, vous verrez comment acheter de la musique, des livres audio, des vidéos et comment télécharger du contenu gratuit, comme des podcasts.

Nous présumons que vous avez déjà procédé à la synchronisation avec l'ordinateur et que du contenu audio a été téléchargé dans l'iPad (morceaux de musique, podcasts ou livres audio). Si ce n'est pas le cas, nous vous suggérons de le faire, comme expliqué au Chapitre 3, avant de lire ce chapitre et le suivant.

Écouter avec l'iPad

Pour écouter du son avec l'iPad, touchez l'icône Musique, dans le Dock, tout en bas de l'écran.

S'il s'agit du premier lancement de l'app Musique, une page vous propose de découvrir Apple Music, le service (payant) de musique en *streaming* d'Apple... Si vous voulez le tester gratuitement, touchez le bouton pour un essai gratuit de deux mois. Sinon, touchez la croix en haut à droite pour quitter cette proposition sans y souscrire. Ensuite, si vous êtes face à l'écran Écouter, touchez la petite flèche en haut à gauche. Un volet apparaît avec des rubriques qui donnent accès à différents contenus comme votre Bibliothèque, vos playlists, et autre radio.

Lors d'une première utilisation, l'app Musique est vide de tout contenu si vous n'avez pas synchronisé votre iPad avec votre Mac sur lequel vous pouvez importer des musiques stockées sur divers supports.

Cette synchro est très importante si vous ne souhaitez pas vous abonner à Apple Music car, depuis votre iPad, vous ne pourrez pas importer de la musique stockée sur l'iPad ou iCloud. Seul votre Mac le permet. Donc, pour écouter sur l'iPad des musiques de la bibliothèque de l'app Musique de votre Mac, commencez par activer la synchronisation.

Synchroniser Musique entre votre Mac et votre iPad

Bien que la synchronisation entre ces deux appareils ait été expliquée au Chapitre 3, voici un petit rappel de la procédure à suivre :

❶ Connectez votre iPad à votre Mac via un câble USB-C.

❷ Sur votre Mac, ouvrez le Finder puis, dans la barre latérale, cliquez sur le nom de votre iPad affiché dans la section Emplacements.

❸ Dans la partie droite de la fenêtre du Finder, cliquez sur l'onglet Musique, puis activez l'option Synchroniser la musique sur l'iPad de <nom d'utilisateur>.

❹ Validez par un clic sur le bouton Appliquer en bas à droite, comme sur la Figure 9.1.

Comme le montre la Figure 9.2, les titres et albums sont alors accessibles sur l'iPad.

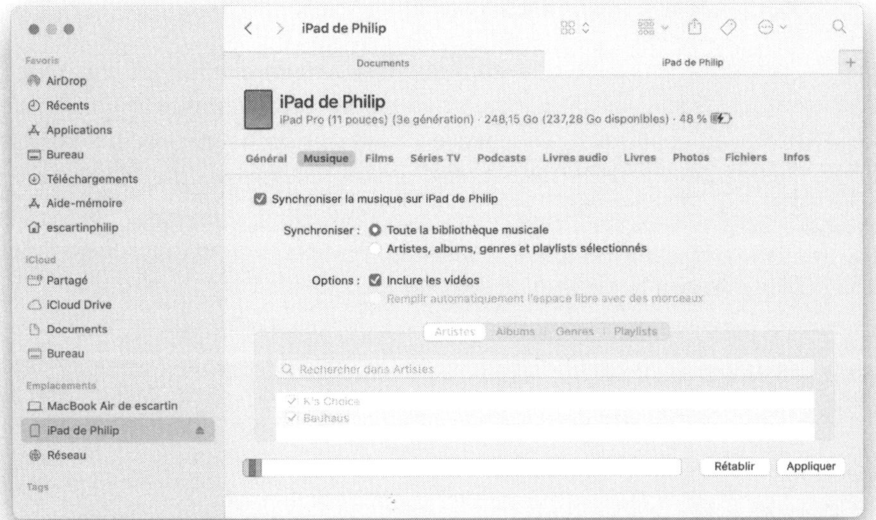

Figure 9.1 Synchroniser Musique avec l'iPad pour y récupérer les musiques de votre Mac.

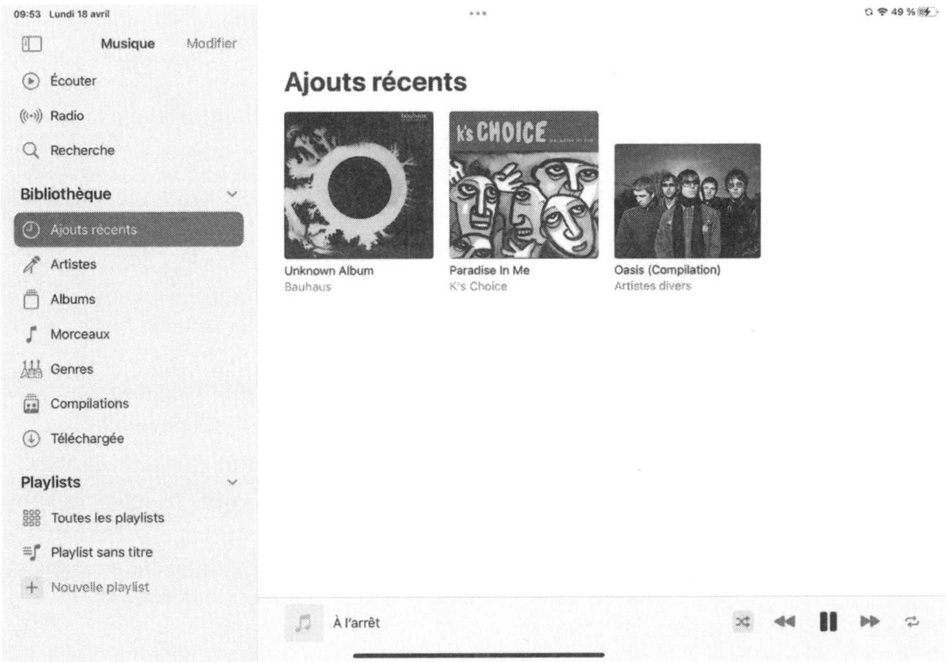

Figure 9.2 De la musique sur l'iPad sans s'abonner à Apple Music.

La bibliothèque

La section Bibliothèque contient tous les morceaux de musique synchronisés entre l'iPad et un Mac, ou achetés avec votre compte Apple Music, classés par ordre alphabétique. Touchez en haut à gauche de l'écran la mention Bibliothèque pour afficher le contenu de la bibliothèque par ajouts récents, playlists, artistes, albums, morceaux ou téléchargements.

Rechercher un morceau

Un titre, artiste, album, genre ou compositeur peut être trouvé de différentes manières. L'application Musique ouverte, le meilleur moyen consiste à toucher l'icône de loupe du volet gauche, puis à saisir un nom dans le champ Votre bibliothèque dans la partie droite de Musique.

Vous pouvez aussi trouver des morceaux de musique sans ouvrir l'application Musique, en tapant le titre ou le nom de l'artiste dans le champ Spotlight, comme expliqué au Chapitre 2.

Parcourir la bibliothèque

Si vous préférez parcourir votre bibliothèque, touchez Bibliothèque du volet gauche, puis les options Ajouts récents, Artistes, Albums, Morceaux, Genres, Compilations et Téléchargée. Vous pouvez aussi localiser de la musique en effleurant la liste vers le haut ou vers le bas afin de la faire défiler.

Après avoir trouvé ce que vous cherchez, voici ce qui se passe en fonction de l'option sélectionnée :

» **Ajouts récents :** ce mode d'affichage permet de classer les morceaux de musique par date d'ajout, les plus récents apparaissant en haut de la liste.

» **Artistes :** une liste de noms d'artistes est affichée. Touchez l'un d'eux et la liste de ses albums apparaît dans un panneau à droite. Touchez un album pour afficher son contenu dans le panneau de droite, puis un morceau pour l'écouter. Pour écouter la totalité d'un album, touchez continûment sa pochette dans le panneau de gauche, puis l'icône triangulaire qui orne la miniature de pochette dans le menu qui apparaît.

Si vous n'arrivez pas à vous décider pour un titre, touchez le bouton Tout en lecture aléatoire, en haut de la liste du panneau de droite. Le morceau sera ainsi choisi au hasard.

Pour revenir à la liste des artistes, touchez Artistes, en haut à gauche.

La Figure 9.3 montre l'écran après avoir touché le nom d'un artiste.

Figure 9.3 La liste des albums disponibles après avoir touché le nom d'un artiste.

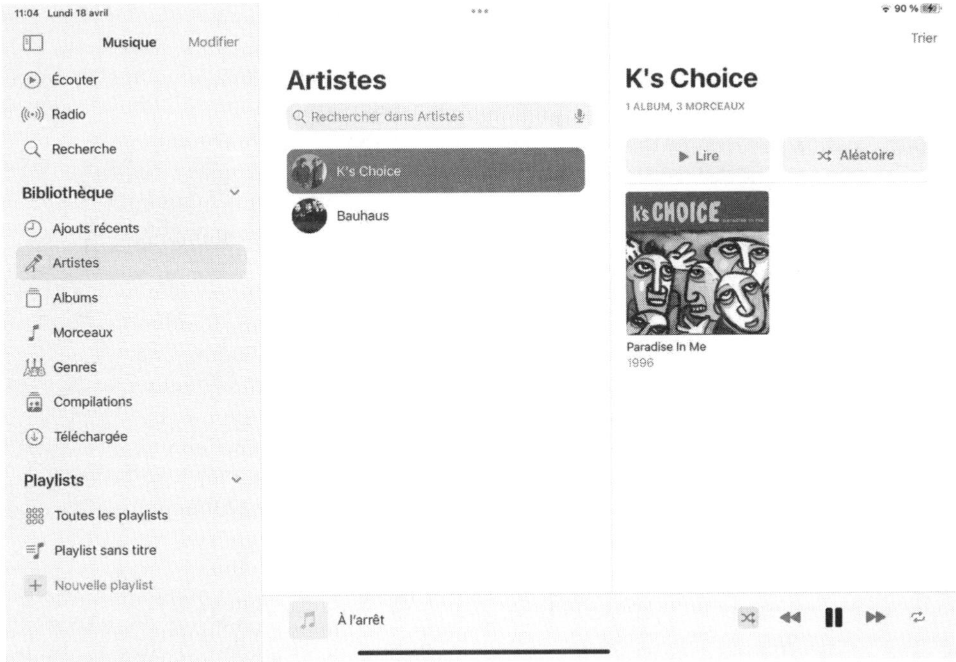

» **Albums :** le choix d'un album s'effectue à peu près de la même manière que celui d'un artiste, sauf que des pochettes d'albums sont affichées plutôt qu'une liste d'artistes. Touchez un album, et son contenu apparaît dans un nouvel écran, comme l'illustre la Figure 9.4.

Touchez un morceau de musique de l'album pour l'écouter. Pour revenir aux couvertures, touchez Albums, en haut à gauche. Pour lire la totalité d'un album, touchez continûment sa pochette dans le panneau de gauche, puis l'icône triangulaire qui orne la miniature de pochette dans le menu qui apparaît.

» **Morceaux :** touchez un morceau dans la liste pour le lire.

» **Genres :** permet de trouver des titres par genre musical. Les genres proposés dépendent des métadonnées des morceaux et albums disponibles sur l'iPad. Touchez un genre ou saisissez-en un dans le champ Rechercher dans Genres.

» **Compilations :** pour retrouver des compilations musicales groupant plusieurs artistes ou vos titres préférés d'un artiste ou d'un genre musical.

» **Téléchargée** : pour afficher les morceaux de musique que vous avez achetés sur iTunes Store. Vous pouvez les classer par ajouts récents, playlists, artistes, albums et morceaux comme les morceaux synchronisés depuis votre ordinateur.

Figure 9.4 Afficher le contenu d'un album.

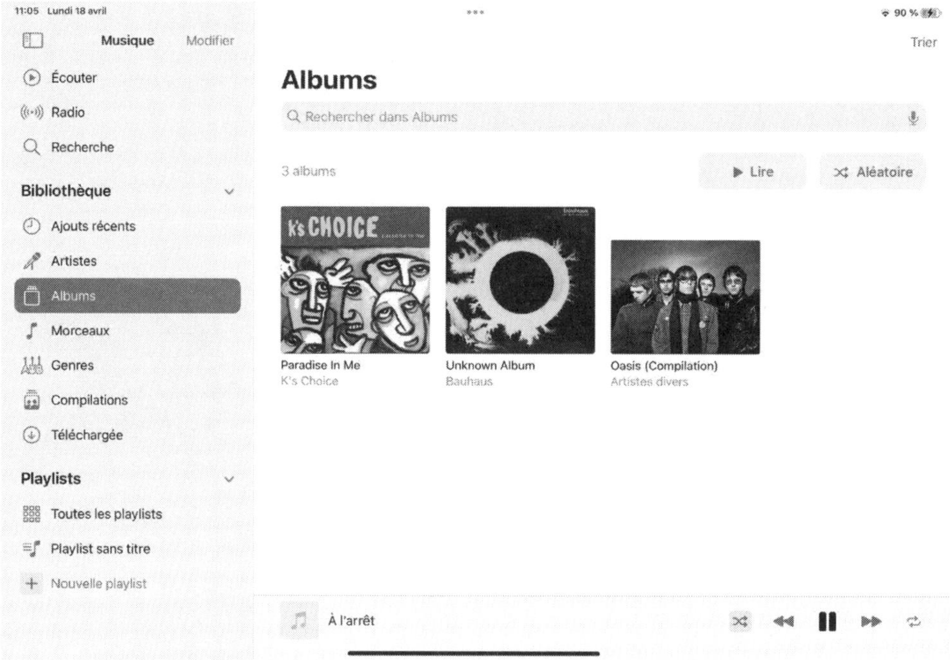

Vous pouvez ajouter des critères de classement dans la liste Bibliothèque, comme les genres ou les compositeurs : touchez Bibliothèque en haut à gauche, puis Modifier. Dans la liste qui apparaît, touchez une case circulaire pour activer (cocher) ou désactiver (décocher) un critère. Parmi les critères qui ne sont pas activés par défaut, mais que vous pouvez choisir d'afficher dans la liste, en voici deux que vous pourriez choisir :

Vous avez également la possibilité de changer l'ordre des éléments dans la liste. Pour cela, touchez les trois traits horizontaux à la droite d'une ligne puis faites glisser cette dernière à l'emplacement de votre choix. Une fois vos modifications de la liste Bibliothèque effectuées, touchez OK.

La section Playlists permet de créer des listes de lecture qui seront accessibles dans cette section du volet gauche de Musique. Lisez la section « Créer des listes de lecture » pour en savoir plus.

Les commandes de lecture

Vous savez maintenant comment choisir un morceau de musique. Voyons à présent comment régler l'écoute.

Les commandes audio

Commençons par le commencement : nous étudierons ici les commandes que vous utiliserez après avoir touché le nom d'un morceau de musique.

Reportez-vous à la Figure 9.2 pour voir où se trouvent les différentes commandes du minilecteur qui apparaît au bas de la fenêtre :

» **Lecture/Pause :** touchez pour lire. Touchez pour suspendre la lecture.

» **Morceau suivant/Avance rapide :** touchez ce bouton pour passer au morceau suivant. Touchez continûment pour avancer deux fois plus vite.

Pour afficher davantage de commandes de lecture, touchez à présent le titre ou la vignette de pochette à droite du minilecteur au bas de l'écran. Un écran affiche la pochette de l'album en cours de lecture et des contrôles supplémentaires (voir Figure 9.5), que voici :

Figure 9.5 Plus de commandes de lecture.

» **Défileur et tête de lecture :** tirez le petit trait vertical – la tête de lecture – le long de la barre du défileur sous l'image de pochette afin de positionner l'écoute du morceau à l'instant désiré.

La vitesse du défileur est réglable en tirant le doigt vers le bas, lorsque vous déplacez la tête de lecture sur le défileur. Plus vous tirez vers le bas, plus il est lent.

- **Redémarrer/Morceau précédent/Retour rapide :** pendant qu'un morceau est joué, touchez ce bouton une fois pour aller au début de la piste et deux fois aller au début du morceau précédent. Touchez continûment pour rembobiner la piste deux fois plus vite.
- **AirPlay :** touchez ce bouton pour diffuser la musique avec la technologie AirPlay depuis votre iPad vers un autre dispositif de la galaxie Apple, comme un boîtier Apple TV, une borne AirPort Express ou des enceintes audio compatibles (voir l'encadré plus bas).
- **Autres options :** touchez les trois points roses pour afficher des options supplémentaires (notamment, ajouter le morceau à une playlist, le supprimer de votre bibliothèque ou lui attribuer/retirer un coup de cœur).
- **Volume :** tirez le point vers la droite ou vers la gauche pour augmenter ou réduire le volume sonore.
- **Lecture aléatoire :** touchez ce bouton pour que les morceaux de la playlist ou de l'album se succèdent au hasard. Touchez-le de nouveau pour qu'ils soient lus dans l'ordre où ils apparaissent à l'écran.
- **Lecture en boucle :** touchez ce bouton pour répéter la lecture de l'album ou de la playlist en cours. Touchez le bouton une deuxième fois pour répéter uniquement la lecture du morceau en cours. Touchez le bouton une troisième fois pour désactiver la répétition.

Les commandes du panneau de contrôle sont détaillées dans le Chapitre 18.

- **File d'attente :** cette liste affiche les titres suivants de la playlist ou de l'album en cours de lecture. Pour modifier l'ordre de lecture de la file, touchez les trois traits horizontaux à la droite d'une ligne puis faites glisser cette dernière à un autre emplacement.

Pour revenir à l'affichage précédent avec le minilecteur, faites glisser rapidement l'écran actuel vers la gauche ou la droite.

Lorsque l'iPad est en veille et que vous écoutez un morceau, les commandes de lecture s'affichent sur l'écran de verrouillage (voir la Figure 9.6 à droite).

Figure 9.6
Les commandes de lecture dans le centre de contrôle et sur l'écran de verrouillage.

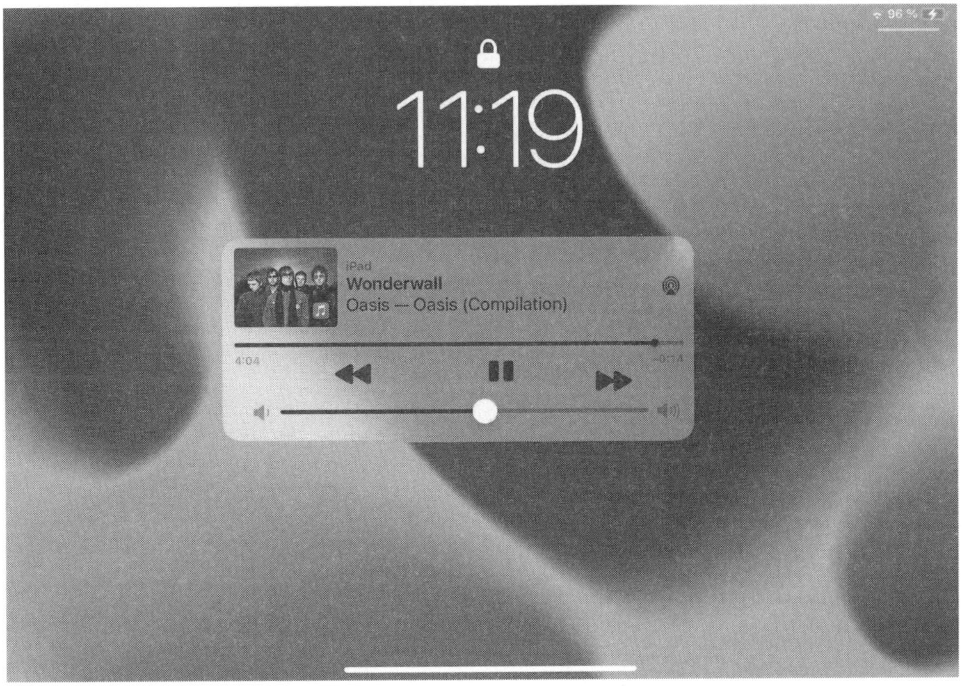

Un bref interlude avec AirPlay

Avant d'entrer dans les détails, signalons qu'AirPlay est une fonctionnalité intégrée à tous les systèmes d'exploitation Apple. Elle permet de transmettre sans fil de la musique, des photos et de la vidéo par le truchement d'équipements compatibles AirPlay comme un HomePod, un boîtier Apple TV, et aussi des périphériques comme des enceintes d'autres marques.

Apple a mis au point AirPlay 2, qui permet le mode multiroom, c'est-à-dire qu'il est possible de choisir les enceintes, dispersées dans la maison, sur lesquelles vous jouez la musique. De plus en plus de fabricants d'enceintes audio adoptent la norme AirPlay 2.

Créer des listes de lecture

Les listes de lecture permettent de programmer des morceaux selon un thème ou une ambiance : airs d'opéra, ballades romantiques, déferlement de hordes sauvages, etc. Ces listes sont aussi appelées mix ou playlists (c'est même leur nom dans Musique).

Bien qu'il soit plus facile de les créer directement dans votre ordinateur, ce n'est guère compliqué avec l'iPad. Voici quelques recommandations :

» **Pour créer une liste de lecture sur l'iPad,** touchez Playlists dans le volet gauche de Musique. Ensuite, touchez Nouvelle playlist. Remplacez le champ Nom de la playlist par l'intitulé de votre choix, comme Best of, Tubes de l'été, Soirée disco ou Ambiance travail (voir Figure 9.7). Écrivez si besoin une description de la nature de la liste de lecture. Cela fait, touchez Ajouter de la musique puis choisissez si vous voulez afficher votre bibliothèque par artistes, albums, morceaux, genres ou compositeurs. Dans la liste qui s'affiche, touchez les différents critères de classement jusqu'à afficher les morceaux de votre choix. Touchez le bouton + à droite de chaque morceau à ajouter à la liste de lecture. Il s'orne alors d'une coche, comme le montre la Figure 9.8. Après avoir sélectionné tous les morceaux à placer dans la liste, touchez le bouton OK, en haut à droite, dans les fenêtres successives, jusqu'à réafficher la page de la liste de lecture. Valider cette liste en touchant de nouveau OK.

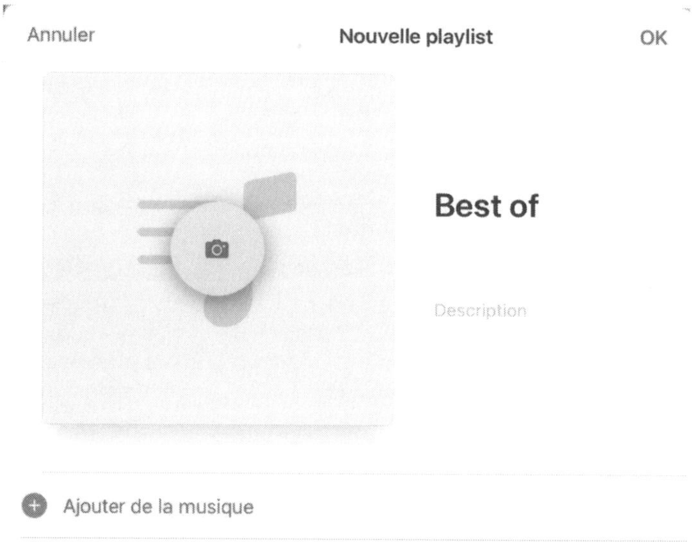

Figure 9.7 Nommer une liste de lecture.

» **Pour écouter une liste de lecture,** touchez Playlists dans le volet gauche, puis touchez son illustration ou son nom. La liste des morceaux est aussitôt affichée dans la partie droite de la fenêtre. Si elle ne tient pas dans l'écran, effleurez vers le haut afin de la faire défiler. Touchez un morceau pour l'écouter, lui et ceux qui suivent.

Figure 9.8 Création d'une liste de lecture dans l'iPad.

Personnaliser le volume et l'égaliseur

Si le niveau sonore varie d'un morceau à un autre, et que cela vous gêne, vous pourrez y remédier dans Musique, en limitant notamment le volume maximal. L'égaliseur permettra de régler les fréquences.

Régler l'égaliseur

Un *égaliseur* augmente ou réduit le volume dans des fréquences ou des plages de fréquences bien définies afin d'améliorer la restitution sonore. Certains réglages favorisent les basses fréquences, d'autres mettent les aigus en valeur. L'égaliseur de l'iPad est doté de plus d'une douzaine d'égalisations prédéfinies, dont les noms sont, entre autres, Acoustique, Amplificateur de basses, Réducteur de basses, Dance (avec un « c », et non un « s », car c'est du genre musical qu'il s'agit, pas des trémoussements), Électronique, Pop, Rock, etc. Chacun est taillé sur mesure pour le genre de musique auquel il se rapporte.

Le meilleur moyen de trouver l'égalisation la plus appropriée est d'écouter un morceau de musique en les essayant. Pour cela, commencez par démarrer le morceau puis, tout en l'écoutant, procédez comme suit :

1. **Sur l'écran d'accueil, touchez le bouton Réglages.**

2. **Dans la liste des réglages, touchez Musique.**

3. **Dans la rubrique Lecture, touchez Égaliseur.**

4. **Touchez les différentes égalisations (Pop, Rock, R&B, Dance...) en écoutant attentivement leur effet sur le rendu sonore.**

5. **Si une égalisation vous convient, touchez le bouton principal pour la valider, ou bien la flèche en haut à gauche de l'écran Égaliseur.**

Si aucune égalisation ne vous plaît, touchez Désactivé, en haut de la liste, pour annuler l'effet de l'égaliseur.

Pour disposer d'un égaliseur de volume qui permet d'ajuster le volume de tous les titres dont la lecture va s'enchaîner, accédez aux paramètres de Musique dans les Réglages de l'iPad, puis basculez le commutateur Égaliseur de volume sur la position activée (couleur verte).

Le shopping avec l'application iTunes

L'application iTunes Store (Figure 9.9) de l'iPad permet de télécharger, d'acheter ou de louer de la musique, des livres audio, des films, des séries télé, ou encore des cours de l'iTunes University ou des podcasts de la même manière qu'avec le logiciel iTunes installé dans votre ordinateur. Et si vous avez la chance d'avoir reçu des cartes-cadeaux, vous pourrez les utiliser directement depuis l'iPad.

Mais il faut auparavant ouvrir un compte sur iTunes Store :

1. **Touchez iTunes Store, ou App Store, ou tout autre point d'entrée vers l'une des boutiques d'Apple.**

2. **Saisissez votre identifiant Apple ainsi que le mot de passe.**

En fait, vous risquez d'avoir à saisir votre identifiant Apple plus souvent que vous n'en auriez envie...

Figure 9.9

Le rayon Musique d'iTunes Store.

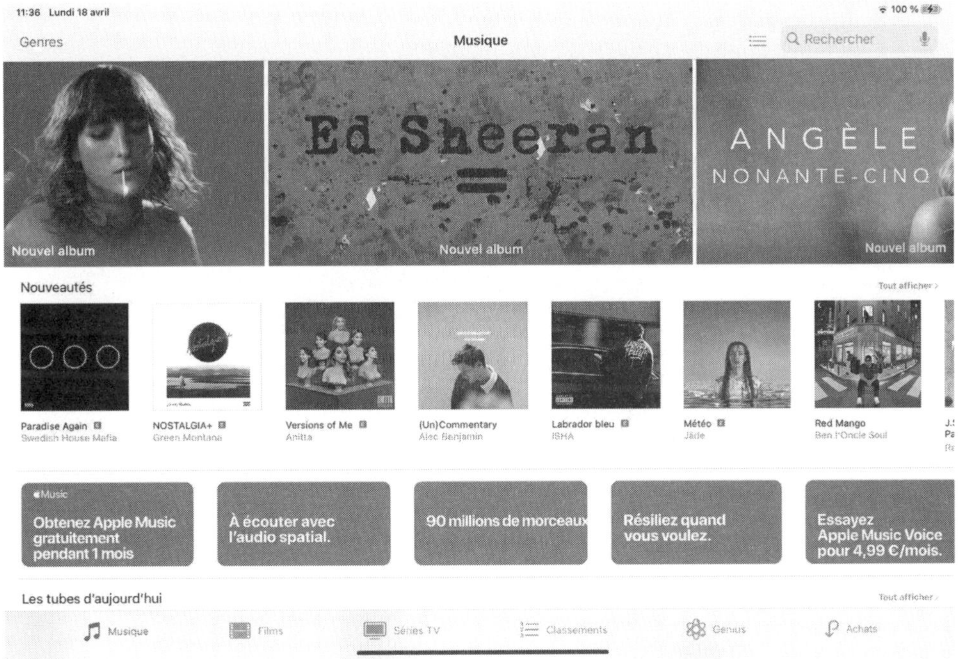

Dans le cas plus que peu probable où vous n'auriez pas encore d'identifiant Apple (et appelez-le comme vous voudrez), vous devriez le créer depuis votre ordinateur (c'est le plus simple). Sinon, vous aurez très vite l'occasion de le faire sur votre iPad... Pour cela, voyez la commande Se connecter dans le menu Compte d'iTunes, puis cliquez sur le bouton Créer un identifiant Apple.

Une fois que l'iTunes Store a fait connaissance avec vous – et surtout avec votre carte bancaire, qu'Apple ne manque jamais de demander avant toute transaction, même pour une période d'évaluation d'un logiciel ou d'un service –, touchez l'icône iTunes Store sur l'écran d'accueil, et vous voilà dans la boutique virtuelle iTunes Store ! Son principe est exactement le même que celui de l'App Store décrit au chapitre 7.

DANS CE CHAPITRE

Trouver des vidéos.

•

Limiter l'accès aux vidéos.

•

Capturer et monter vos vidéos.

Chapitre 10

La vidéo sur iPad : il faut le voir pour le croire

Depuis l'avènement du numérique, nous entendons beaucoup parler de la notion d'écran. Autrefois, à une époque que les moins de 30 ans ne peuvent pas connaître, les foyers ne disposaient que d'un seul poste de télévision. Pourquoi ? Tout simplement parce que cet appareil coûtait très cher, et qu'il n'y avait qu'une seule chaîne de télévision. Personne ne se battait pour choisir le programme à regarder. Il n'y avait donc qu'un seul écran, souvent de taille modeste. Aujourd'hui, la notion d'écran supplémentaire est apparue avec le développement de la vidéo et de la TV sur smartphone et sur tablette. Ainsi, l'iPad et le téléphone mobile sont considérés comme un troisième écran après la TV et le moniteur informatique.

L'iPad est équipé d'une caméra arrière que vous utiliserez pour tourner vos films que vous monterez sans quitter la tablette, et que vous pourrez partager avec vos amis et les membres de votre famille.

Et si vous souhaitez simplement l'utiliser pour regarder des films et des séries, vous serez étonné par la qualité de l'image et du son, notamment de l'iPad Pro.

Trouver des vidéos

Vous avez le choix entre plusieurs possibilités pour regarder de la vidéo. Les deux principales consistent à les télécharger depuis l'iTunes Store, dont vous pouvez pousser les portes virtuelles directement depuis l'iPad, ou transférer des vidéos déjà présentes dans votre ordinateur, comme expliqué au Chapitre 3, en activant la synchro vidéo entre l'iPad et un Mac portable ou de bureau.

Voici les différents types de vidéos que vous pouvez regarder avec votre iPad :

» **Les films, séries télévisées et autres achetés, loués ou téléchargés gratuitement depuis les sections Films et Séries TV de l'iTunes Store.** Vous les visionnez en touchant l'icône Vidéos, sur l'écran d'accueil.

Vous pouvez acheter de nombreux films afin de les regarder à volonté quand bon vous semble, ou les louer pour une durée déterminée (voir la Figure 10.1). En touchant la vignette d'un film, vous disposez de multiples informations, dont une bande-annonce, un synopsis présentant le thème du film de manière détaillée, et ainsi de suite (voir la Figure 10.2). La ou les langues sont indiquées, de même que la durée du film ou la taille de son fichier.

Figure 10.1 La rubrique Films de l'iTunes Store est un véritable vidéoclub virtuel.

Figure 10.2

Tout savoir sur un film.

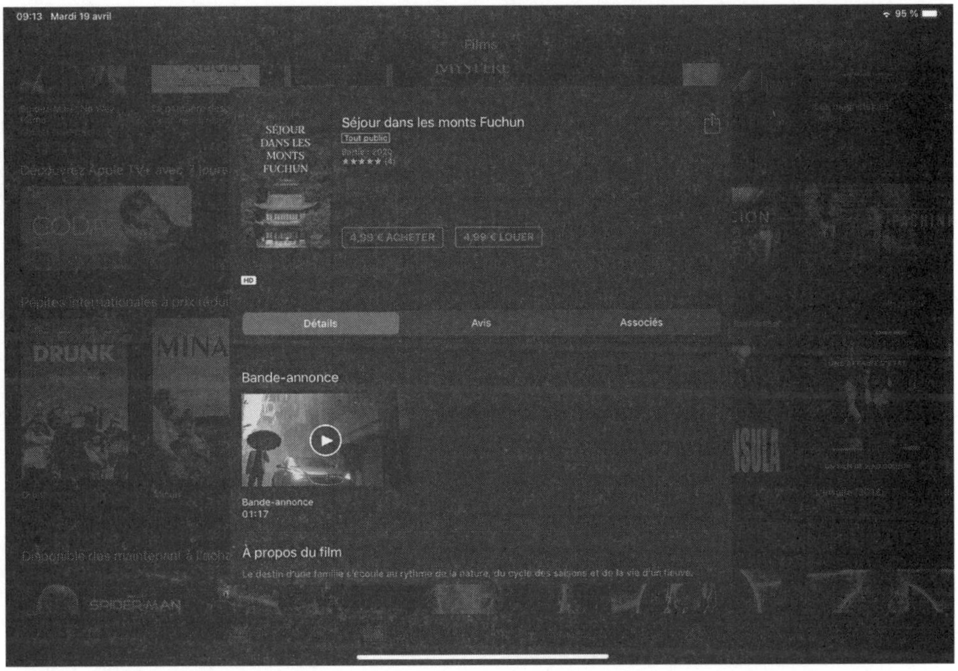

Bien entendu, vous voyez le prix de l'achat ou de la location. En particulier, les deux boutons qui indiquent respectivement HD et SD correspondent respectivement au choix de la meilleure qualité vidéo (format Blu-ray ou DVD) ou d'une qualité standard. Le prix n'est pas le même dans les deux cas, et vous constaterez que de nombreux films ne sont disponibles qu'en HD.

Dans les sections Films et Séries TV de l'iTunes Store, vous pouvez restreindre votre recherche à telle ou telle catégorie de film en touchant le bouton Genres, en haut de l'écran.

Un film loué doit être regardé dans les 30 jours suivant l'achat. Et quand vous l'avez vu une première fois, vous pouvez le revoir autant de fois que vous le souhaitez, mais attention : seulement pendant une période de 24 heures. Autrement dit, vous louez le film pour une journée de votre choix dans les 30 jours qui suivent.

Un film acheté est plus cher, mais vous en disposez librement.

Avant de louer ou d'acheter, vous pouvez regarder la bande-annonce ou un extrait (voir la Figure 10.3) et lire les avis des utilisateurs, ou plutôt, des spectateurs. Dans certains cas, la page indique aussi les films disponibles dans la boutique, réalisés par le même metteur en scène ou avec les mêmes acteurs.

Figure 10.3
Une bande-annonce de film.

» **Les vidéos didactiques de l'iTunes University :** allez dans l'App Store et installez l'application iTunes U à partir de laquelle vous pouvez accéder aux cours. Ce sont des livres lisibles avec Livres ou encore des pages Internet accessibles avec Safari. Les cours sont presque tous en anglais, hormis quelques rares pépites.

» **Des vidéos provenant de YouTube :** l'application YouTube est téléchargeable gratuitement depuis l'App Store.

» **Des vidéos créées par vous-même avec l'application iMovie ou avec tout autre logiciel de montage vidéo installé sur votre ordinateur :** elles s'ajoutent à celles téléchargées depuis Internet.

Vous devrez préparer les vidéos afin qu'elles puissent être lues par un iPad. Pour cela, sélectionnez une vidéo dans la bibliothèque Musique puis, dans le menu Fichier, choisissez l'option Convertir, suivi de Créer une version iPad ou Apple TV. Cette commande ne fonctionne hélas pas avec tous les types de vidéos, notamment les formats AVI, DivX, MKV et Xvid. Il faut des logiciels spécifiques pour préparer les films, les transférer dans iTunes, puis les convertir dans un format utilisable par l'iPad.

Sur un PC, par exemple, vous pouvez faire appel au logiciel gratuit Freemake pour convertir vos vidéos dans un format reconnu par votre iPad. Choisissez comme format de sortie MP4, ou même votre modèle d'iPad (ou d'iPhone).

C'est rapide et efficace. Il ne vous restera plus qu'à ajouter la ou les vidéos ainsi converties à votre bibliothèque iTunes, puis à effectuer la synchronisation.

HEVC

Il s'agit du sigle d'un codec vidéo qui signifie High-Efficiency Video Codec, et que l'on connaît aussi sous le nom de H.265. La puissance de ses algorithmes permet d'obtenir des fichiers vidéo moins volumineux mais avec une qualité supérieure aux autres codecs, notamment le H.264.

Ce codec est exclusivement utilisé par l'app Photos de votre ordinateur Mac, et par la caméra et l'app Photos des iPhone ou d'un iPad fonctionnant avec iPadOS. Mais, vous ne pouvez pas exporter des fichiers vidéo encodés en HEVC car l'iPad l'encode dans des formats plus usuels afin d'assurer leur compatibilité de lecture avec tous les périphériques existants.

Regarder de la vidéo

Maintenant que vous savez ce que vous pouvez voir (ou ne pas voir), voici comment regarder vos vidéos :

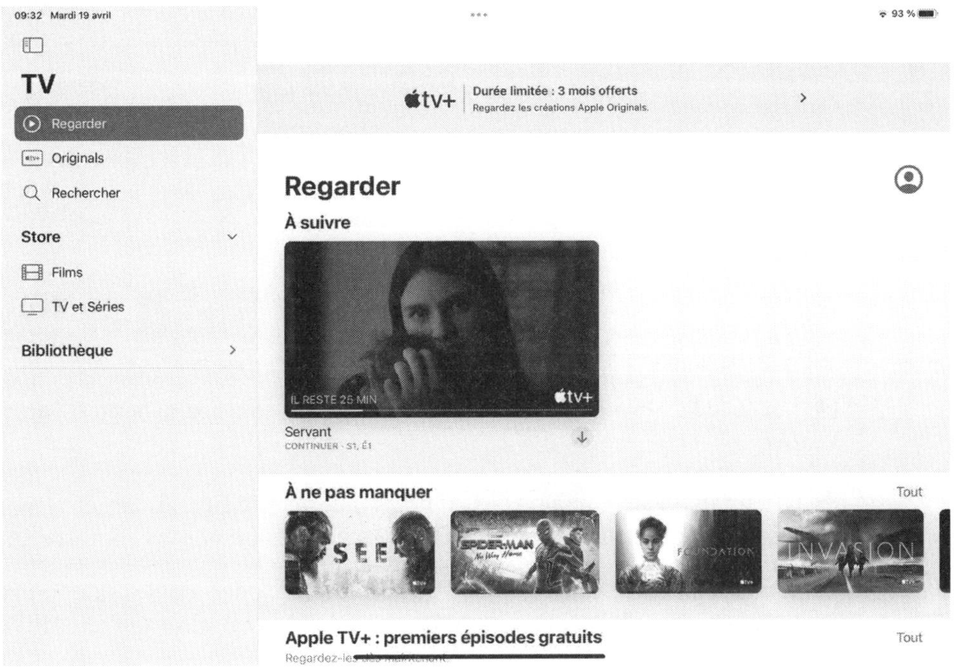

Figure 10.4 L'app TV de votre iPad.

❶ Sur l'écran d'accueil, touchez l'icône TV.

Vous accédez à l'app illustrée sur la Figure 10.4

Différentes catégories s'affichent au bas de l'écran. La catégorie Regarder propose différentes vidéos que vous pouvez consulter, quelquefois gratuitement. L'onglet Bibliothèque permet d'accéder aux films que vous avez achetés ou à vos vidéos personnelles que vous avez synchronisées. Le dernier onglet permet de rechercher une vidéo précise.

❷ Utilisez les boutons et les différentes pages pour trouver la vidéo qui vous intéresse.

Touchez la vignette d'une vidéo pour obtenir une présentation, comme l'illustre la Figure 10.5.

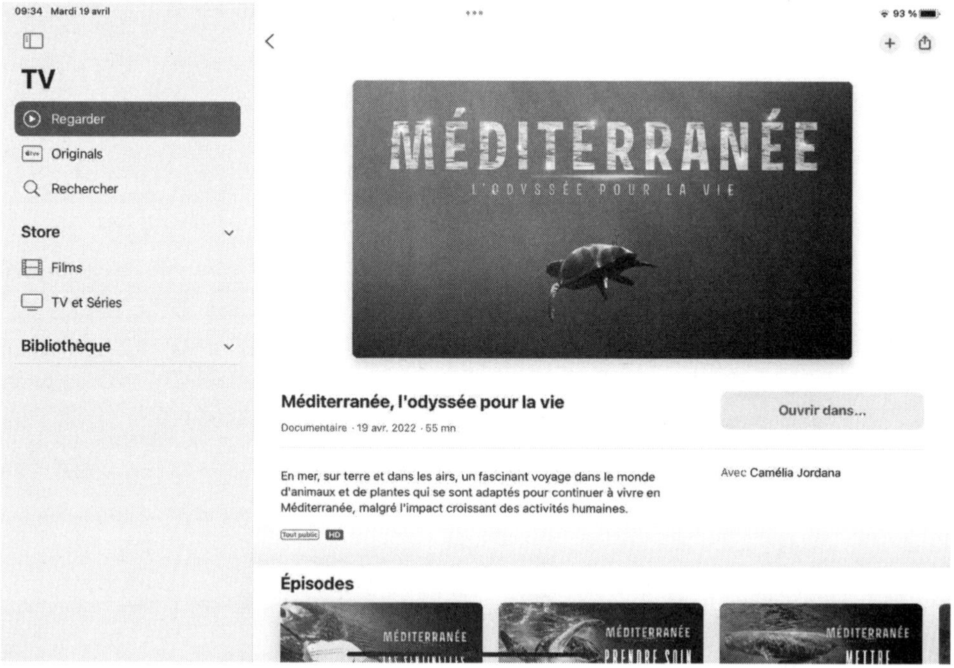

Figure 10.5 Les informations d'une vidéo.

❸ Touchez la vidéo que vous souhaitez voir puis touchez le bouton permettant la lecture.

❹ (Facultatif) Faites pivoter l'iPad pour visionner le film en largeur (mode Paysage) et bénéficier ainsi d'un affichage plus grand et plus confortable.

Lorsque l'iPad est tenu en hauteur (mode Portrait), des bandeaux noirs se trouvent en haut et en bas de l'image. Ils sont aussi visibles en faisant pivoter l'iPad, mais ils sont plus fins et l'image est plus large. C'est un avantage pour les films au format panoramique.

Les commandes de la vidéo

Touchez l'écran pendant qu'une vidéo est jouée pour afficher les commandes que montre la Figure 10.6. Touchez ensuite l'une d'elles pour l'activer. Voici à quoi servent ces commandes :

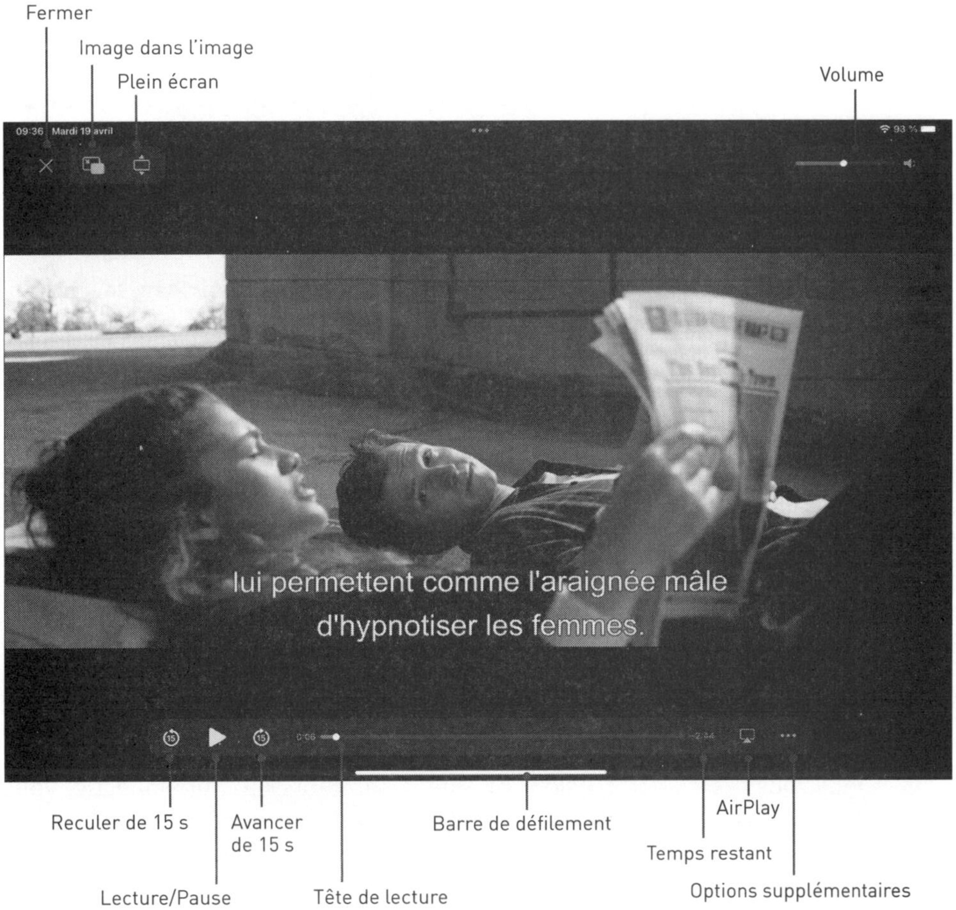

Figure 10.6 Les commandes du lecteur vidéo.

» **Pour lire la vidéo ou la suspendre,** touchez le bouton Lecture/Pause.

» **Pour régler le volume,** tirez la glissière du volume vers la droite pour augmenter le son, à gauche pour le réduire. Ou alors, appuyez sur le bouton de réglage du volume, sur le côté de l'iPad.

» **Pour reprendre la vidéo au début ou reculer,** touchez le bouton Début/Rembobinage pour repositionner la tête de lecture au début du film, ou maintenez le doigt pour reculer dans le film.

» **Pour aller plus loin dans la vidéo,** touchez continûment le bouton Avance rapide. Ou déplacez la tête de lecture sur le défileur.

» **Pour conformer l'image à la taille de l'écran,** touchez une ou deux fois le bouton Plein écran. Il s'agit en effet d'une bascule qui permet d'afficher une vidéo en plein écran (au risque d'être coupée sur les côtés), ou de montrer l'image dans sa totalité, quitte à voir des bandes noires en haut et en bas. Ce bouton n'est affiché que si l'iPad est tenu en largeur.

» **Pour sélectionner la langue et/ou les sous-titres,** touchez les boutons Audios et Sous-titres. Des options apparaissent, permettant de sélectionner une autre langue, d'afficher ou non les sous-titres, ou d'afficher ou non les sous-titres codés, si le film en comporte.

» **Pour diffuser la vidéo en image dans l'image,** touchez la deuxième icône en haut à gauche. Vous pouvez alors travailler ou vous cultiver sans perdre une seconde de votre série préférée.

» **Pour partager la vidéo avec un appareil compatible AirPlay,** touchez l'icône affichée en bas et à droite (cette icône n'apparaît pas si aucun dispositif AirPlay n'est détecté).

» **Pour faire disparaître les commandes,** touchez l'écran ou attendez qu'elles disparaissent d'elles-mêmes.

» **Pour indiquer à l'iPad que vous avez fini de regarder la vidéo,** touchez le bouton OK (vous devrez faire réapparaître les commandes si elles ne sont plus visibles). Vous retournez ainsi au dernier écran affiché avant de regarder le film.

Restreindre (ou autoriser) l'accès aux vidéos (et à plein d'autres choses)

Si vous prêtez votre iPad à l'un de vos enfants ou à un collègue, vous ne tenez peut-être pas à ce qu'ils passent leur temps à regarder des vidéos ou des films. Vous préférez qu'ils fassent leurs devoirs ou leur travail.

C'est là que les restrictions parentales – ou patronales – entrent en jeu. Notez bien que votre popularité risque d'en prendre un coup et que la révolte grondera.

Touchez Réglages > Temps d'écran, puis Toujours autorisées. Ensuite, touchez Contacts puis Contacts spécifiques pour indiquer qui pourra utiliser vos apps.

Des interdictions ou des restrictions peuvent notamment être appliquées à l'iTunes Store, à Safari, à l'App Store, à l'appareil photo, aux films et à bien d'autres choses encore.

Utilisez les différentes rubriques pour limiter le temps passé sur l'iPad ou pour bloquer certaines applications.

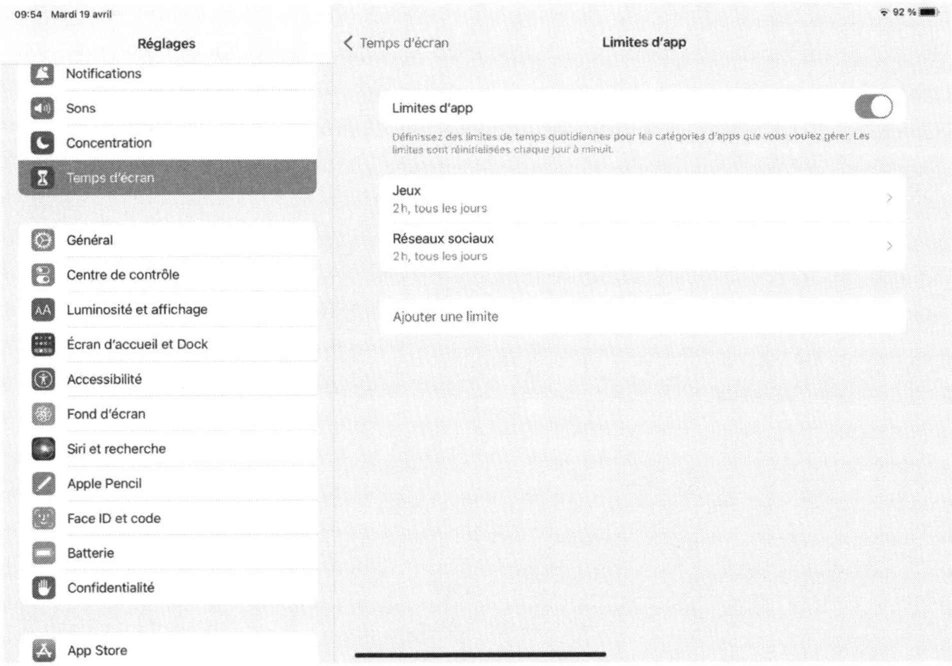

Figure 10.7 Régler la durée d'utilisation de l'écran.

Pour limiter, entre autres, les vidéos en fonction de leur contenu, touchez Restrictions relatives au contenu et à la confidentialité.

Supprimer des vidéos de l'iPad

Les vidéos occupent de la place, beaucoup de place. Voici ce qu'il faut savoir pour supprimer des vidéos :

» **Pour supprimer une vidéo manuellement et récupérer ainsi un peu de place dans la mémoire de stockage, touchez l'icône Fichiers sur l'écran d'accueil, puis Sur mon iPad dans la section Emplacements ou Téléchargements dans la section Favoris. Ensuite, maintenez le doigt enfoncé sur la vignette de la vidéo et, dans le menu contextuel qui s'affiche, touchez Supprimer, comme sur la Figure 10.8.**

» La suppression d'une vidéo dans l'iPad n'est effective que dans cet appareil. La vidéo est toujours présente dans la bibliothèque stockée dans votre ordinateur. De ce fait, si vous voulez la regarder de nouveau sur votre iPad, il suffira de synchroniser.

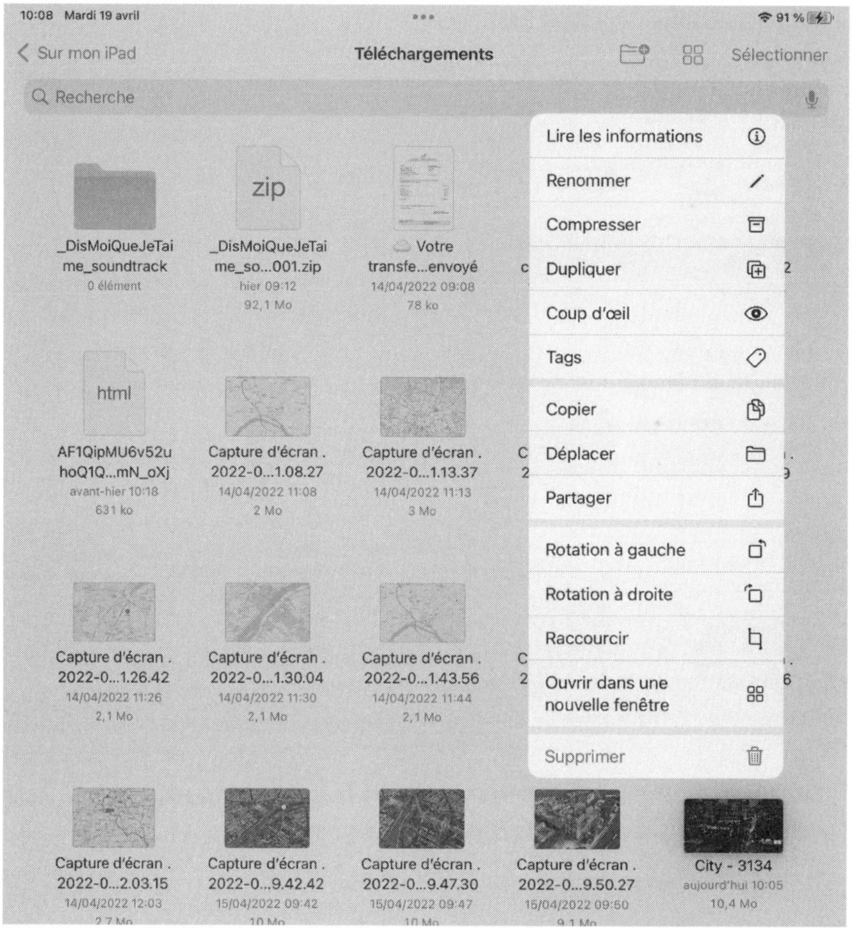

Figure 10.8 Supprimer une vidéo de l'iPad.

Filmer et monter avec l'iPad

La caméra arrière de l'iPad est d'une grande qualité. Elle permet de filmer dans les résolutions suivantes en fonction de votre modèle d'iPad :

» **Jusqu'à 1 080p :** tout iPad tournant sous iPadOS peut filmer en 1 080p, c'est-à-dire en HD avec une fonction de stabilisation de l'image.

» **En 4K à la cadence de 24 ips (images par seconde), 25 ips, 30 ips, ou 60 ips :** pour l'iPad Pro 10,5 pouces, l'iPad Pro 12,9 pouces, et l'iPad mini 6e génération, ainsi que l'iPad Air 4e génération.

Si la qualité d'image 4K est époustouflante, ne perdez pas de vue qu'elle nécessite 350 Mo d'espace de stockage par minute filmée.

Il est tout à fait possible de filmer avec la caméra frontale généralement réservée à vos conversations FaceTime.

Filmer

Voyons rapidement comment filmer avec l'iPad :

❶ Sur l'écran d'accueil, touchez l'icône Appareil photo.

❷ Une fois l'appareil photo actif, touchez la mention Vidéo sur la droite.

❸ Orientez l'iPad horizontalement ou verticalement, puis touchez le gros bouton rouge pour lancer l'enregistrement, comme sur la Figure 10.9.

Figure 10.9 Filmer avec l'iPad.

❹ Touchez de nouveau ce bouton rouge pour interrompre l'enregistrement.

Monter

Il est rare qu'une vidéo soit parfaite. Elle contient souvent des images inutiles au début et/ou à la fin du film. Heureusement, votre iPad dispose de quelques fonctions de montage élémentaires qui suffiront à la majorité d'entre vous. Voici comment procéder :

1. Touchez l'icône Appareil photo de l'écran d'accueil.

2. Dans l'app Appareil photo, touchez la vignette d'un média affichée sur le côté droit de l'iPad.

   Vous accédez à vos photos et vidéos.

3. Dans le film fixe en bas de l'écran, touchez la vignette de votre vidéo.

   Cette action est inutile si la vignette touchée à l'Étape 2 est celle de votre dernière vidéo. En effet, la vidéo s'affiche immédiatement.

4. Dans la fenêtre de diffusion de la vidéo, touchez Modifier en haut à droite.

Figure 10.10 Éliminer des images au début et à la fin du film.

5. Pour éliminer des images au début du film, touchez le petit chevron blanc situé à gauche du petit film en bas de l'écran, et faites-le glisser vers la droite, comme sur la Figure 10.10.

❻ Répétez cette opération pour éliminer des images à la fin du film, mais en faisant glisser l'autre chevron vers la droite (Figure 10.10).

❼ Validez vos modifications en touchant OK en haut à droite.

Sur le côté gauche, vous pouvez appliquer des filtres, recadrer l'image, et ajuster la couleur et la tonalité, comme sur la Figure 10.11.

Figure 10.11 Réglez l'image de la vidéo filmée avec l'iPad.

DANS CE CHAPITRE

Prendre des photos.

Importer des photos.

Regarder et admirer des photos.

Créer un diaporama.

Encore plus avec vos photos.

Supprimer des photos.

S'amuser avec Photo Booth.

Chapitre 11

Les photos dans l'iPad

Aujourd'hui, tout le monde photographie avec un smartphone, soit en utilisant la caméra frontale pour faire des selfies, soit avec la caméra arrière pour photographier de manière plus traditionnelle. Bien que moins discret d'un téléphone mobile, il est tout à fait possible de photographier avec un iPad. En effet, les iPad Pro 11 et 12,9 pouces sont équipés d'un appareil photo arrière de 12 mégapixels avec une ouverture impressionnante de *f*/1.8. De leur côté, les iPad mini 4, mini 5, iPad 9,7 pouces et 10,2 pouces sont équipés d'un appareil photo de 8 mégapixels ouvrant à *f*/2.4. Enfin l'iPad mini et l'iPad Air de sixième génération ont un appareil photo de 12 mégapixels.

Dans ce chapitre, vous allez découvrir comment photographier avec un iPad, comment visionner vos photos, les partager, et les modifier.

Prendre des photos

Pour prendre des photos, touchez l'icône Appareil photo, sur l'écran d'accueil. Votre plantureux écran se transforme alors en un viseur de grande taille. Voici ensuite comment procéder :

❶ Pour cet essai de prise de vue, assurez-vous que l'option Photo, à droite (voir la Figure 11.1), est sélectionnée. Si ce n'est pas le cas, actionnez les modes de prise de vue afin de mettre le libellé Photo en jaune.

❷ Cadrez l'image.

❸ Touchez la partie de l'image sur laquelle l'exposition et la mise au point doivent être faites.

Un petit carré jaune avec l'icône d'une ampoule apparaît là où vous avez touché.

❹ Maintenez le doigt appuyé sur l'ampoule et faites-le glisser vers le bas pour assombrir la prise de vue ou vers le haut pour l'éclaircir.

En fait, vous modifiez la valeur d'exposition de la photo.

❺ (Facultatif) Actionnez le zoom, sur le bord gauche de l'écran, là où est écrit 1x.

Vous pouvez également pincer ou écarter les doigts sur l'écran.

L'iPad est doté d'un zoom numérique d'une amplitude de cinq fois. Sa qualité est loin d'un zoom optique car il s'agit d'un simple recadrage de l'image qui est ensuite « étirée » à la définition native. Il ne fonctionne qu'avec l'appareil photo situé au dos de l'iPad, et non avec la caméra FaceTime située du côté de l'écran qui sert de webcam.

❻ Pour passer de l'appareil photo situé à l'arrière de l'iPad à celui situé en façade, touchez l'icône de permutation, au-dessus du déclencheur dans la colonne de droite.

❼ Pour déclencher, touchez le bouton rond situé au centre de la colonne de droite, ou appuyez sur le bouton qui augmente le volume (il se trouve sur la tranche droite de l'iPad).

Le bruit d'un déclencheur retentit (sauf si l'iPad est en mode Silencieux, comme expliqué au Chapitre 1).

Lorsque vous vous trouvez dans un lieu avec un fort contraste entre les zones éclairées et les zones sombres, vous pouvez activer l'option HDR (touchez la mention HDR barrée). L'appareil photo prend automatiquement une série de photos avec plusieurs expositions et les combine pour produire une prise de vue correctement éclairée.

Vous ne voyez pas l'icône d'activation du mode HDR alors que le vendeur de votre iPad vous a affirmé que votre tablette en disposait ? Cela tient sans doute au fait que la fonction Smart HDR est active. De ce fait, en fonction des circonstances de prise de vue, l'iPad prendra l'initiative de photographier en mode HDR ou pas. Pour activer manuellement ce mode et afficher son icône dans l'écran de l'appareil photo, touchez l'icône Réglages de l'écran d'accueil. Dans l'écran Réglages, touchez Appareil photo puis, dans le volet de droite, basculez le commutateur Smart HDR en position « désactivé » (gris).

Activez la fonction Live Photo (disponible sur les modèles d'iPad les plus récents) afin d'enregistrer une prise de vue animée. L'appareil enregistre en effet le son et les images juste avant et juste après le déclenchement de l'obturateur. Vous pouvez également enregistrer des Live Photos durant une conversation vidéo avec FaceTime (voir Chapitre 8).

Les photos que vous prenez sont stockées dans l'album Pellicule de l'application Photos. Nous y reviendrons d'ici peu.

Figure 11.1 L'écran de l'appareil photo de l'iPad.

Varier les prises de vue

Le bloc des modes de prise de vue, dans la colonne de droite, vous propose plusieurs choix. Passons-les rapidement en revue :

» **Accéléré :** c'est un des modes vidéo à la... mode. Quand vous déclenchez, l'appareil photo prend un cliché à intervalles réguliers. Et quand vous touchez à nouveau le déclencheur pour arrêter les prises de vue, l'iPad mouline tout cela pour produire un petit film. Évidemment, une fois visualisée à vitesse normale, la vidéo donne une impression de mouvement accéléré. De quoi produire un effet impressionnant pour un coucher de soleil, une animation de rue, ou tout autre sujet en mouvement.

À intervalles réguliers, cela veut dire quoi ? Comme vous n'avez aucune possibilité de régler manuellement ces intervalles, c'est l'iPad qui décide en fonction de la durée de prise de vue. Vous pouvez vous en faire une idée en consultant le Tableau 11.1.

Tableau 11.1 Le mode Accéléré.

Durée d'enregistrement	Nombre d'images par seconde	Accélération à la lecture
Moins de 10 minutes	2 images/seconde	15 fois
De 10 à 20 minutes	1 image/seconde	30 fois
De 20 à 40 minutes	1 image toutes les 2 secondes	60 fois
De 40 minutes à 1 h 20	1 image toutes les 4 secondes	120 fois
Plus de 1 h 20	1 image toutes les 8 secondes	240 fois

» **Ralenti :** augmente la cadence de prise de vues de la vidéo afin qu'au visionnage, une action paraisse ralentie.

» **Rafale :** multipliez les clichés en maintenant le déclencheur enfoncé.

» **Vidéo :** vous déclenchez une fois pour commencer à filmer, et une seconde fois pour arrêter. En cours de prise de vues, il est possible de toucher l'écran pour changer la mise au point et faire recalculer l'éclairage. Les vidéos sont enregistrées au format MOV, cher à Apple.

Le micro est tellement sensible qu'un petit tapotement sur l'écran en cours de prise de vues risque d'être perceptible dans le résultat final !

» **Photo :** c'est pour photographier, comme l'explique la section précédente.

» **Portrait :** ouvre le diaph au maximum afin de créer un arrière-plan flou mettant en valeur les visages. Ce mode donne accès à des réglages qui apparaissent sur la droite et qui modifient le type de flou. Il est même possible d'obtenir un arrière-plan très sombre avec un visage en couleurs ou en noir et blanc très spectaculaire.

» **Carré :** les photos sont prises au format carré, comme avec un Rolleiflex ou un Hasselblad argentique ou un Polaroid. Mais pour ce dernier, le rendu de l'image n'est pas conforme à celui de cet ancien procédé de développement instantané (une application gratuite comme Polaroid Originals simule cet aspect si particulier).

» **Pano :** capturez de superbes panoramiques en déplaçant l'iPad horizontalement et de manière continue. Une flèche suit votre mouvement et vous montre en permanence ce que donnera le résultat.

Tenez l'appareil verticalement pour un panoramique allant de gauche à droite (ou l'inverse), et horizontalement pour un panoramique allant de bas en haut (ou l'inverse).

Évitez tant que faire se peut tout mouvement intempestif dans une direction autre que celle que vous devez suivre. Sinon, les raccords entre les images risquent d'être très mauvais…

Importer des photos

Le Chapitre 3 tout entier étant consacré à la synchronisation des données, nous ne reviendrons pas sur cette technique d'importation. Mais comme la synchronisation des photos est actuellement le moyen le plus courant d'importer des photos dans l'iPad, nous nous en voudrions de ne pas la mentionner ici. Elle peut être effectuée en choisissant l'onglet Photos, dans le Finder lorsque l'iPad est connecté à un ordinateur par câble USB-C.

Un rapide rappel : avec un Mac, la synchronisation des photos peut être effectuée avec Photos. Sur un PC, elle est possible avec Adobe Photoshop Elements. Vous pouvez également choisir un dossier spécifique de votre disque dur, ou de tout autre type de mémoire reliée à votre ordinateur.

Avec un PC, vous utilisez iTunes pour synchroniser les photos.

Avec un Mac, l'iPad étant connecté à l'ordinateur, l'application Photos s'ouvre. Si ce n'est pas le cas, démarrez l'application en cliquant sur son icône dans le Dock. Dans la section Appareils de la barre latérale de Photos, cliquez sur iPad. Sélectionnez alors, dans la partie droite, les photos à importer ou importer une sélection de photos. Notez que l'application Photos reconnaît les photos déjà importées et vous propose d'importer uniquement les nouvelles photos.

Connecter un appareil photo numérique ou un lecteur de cartes mémoire

Les appareils photo numériques sont livrés avec un câble USB destiné à transférer les photos vers un ordinateur. L'iPad Air et l'iPad Pro sont équipés d'un port USB-C, les autres modèles n'en possèdent pas.

Apple vend un adaptateur pour appareil photo (`https://www.apple.com/fr/shop/accessories`). Il fonctionne avec tous les modèles d'iPad. Voici comment utiliser l'un ou l'autre :

1. **Insérez le connecteur Lightning en bas de l'iPad puis insérez la carte SD dans l'adaptateur.**

   L'application Photos s'ouvre et affiche les images à transférer.

2. **Touchez le bouton Tout importer afin de transférer tous les fichiers, ou touchez chacune des photos pour les sélectionner et n'importer que celles-ci.**

   Une coche signale chaque photo sélectionnée. L'iPad les répartira dans des albums, comme décrit plus loin.

Vous pouvez à présent effacer les photos de votre appareil photo ou de la carte SD, si vous le désirez.

Ces adaptateurs acceptent les photos aux formats JPEG et RAW. Ce dernier étant un format spécial apprécié des photographes exigeants, mais qui est décliné en de nombreuses versions dont il faudra vérifier la compatibilité.

Enregistrer des images depuis les courriers électroniques et l'Internet

Il est très facile d'enregistrer les images qui se trouvent dans des courriers électroniques ou sur des pages Internet : maintenez le doigt 1 seconde dessus environ, puis touchez le bouton Enregistrer l'image.

Et c'est tout. Les images sont stockées dans l'application Photos.

Où sont passées toutes mes photos ?

Où donc sont stockées les photos dans l'iPad ? Comme nous venons de le mentionner à la section précédente, elles résident dans l'application Photos. Pour l'afficher, ouvrez l'application Photos depuis l'écran d'accueil, puis touchez le bouton Albums au bas de l'écran.

Organiser les photos en albums

D'autres images se retrouvent dans les mêmes albums que sur l'ordinateur, ou réunies dans des albums de type Personnes ou encore Selfies. L'application Photos sur le Mac est similaire à celle de l'iPad.

Pour voir ce qu'il en est, touchez le bouton Albums, en bas de l'écran. La liste des albums prédéfinis ou créés lors d'une synchronisation peut considérablement varier d'un iPad à un autre, mais vous devriez trouver les albums Pellicule, Personnes, Lieux, Vidéos, Selfies, Accélérés, Captures d'écran et Supprimés récemment.

Pour ajouter un album personnel, touchez le signe « + », en haut et à gauche de l'écran. Choisissez Nouvel album (sur votre iPad) ou Nouvel album partagé (si vous utilisez iCloud et souhaitez partager vos photos). Entrez un nom à votre convenance et confirmez.

Vous pouvez alors compléter votre nouvel album en sélectionnant les photos voulues. Pour cela, touchez celles que vous voulez ajouter pour qu'une marque bleue y apparaisse (voir la Figure 11.2).

Touchez le bouton OK pour terminer (ou la flèche Précédent, en haut à gauche).

Les albums ne sont qu'un outil de classement et d'aide à la consultation. Vos photos ne sont donc pas dupliquées.

Pour supprimer un album, touchez Modifier en haut du volet gauche. Affichez ensuite la section Mes albums, et touchez l'icône du sens interdit à gauche de l'album à supprimer. Touchez ensuite Supprimer, comme sur la Figure 11.3.

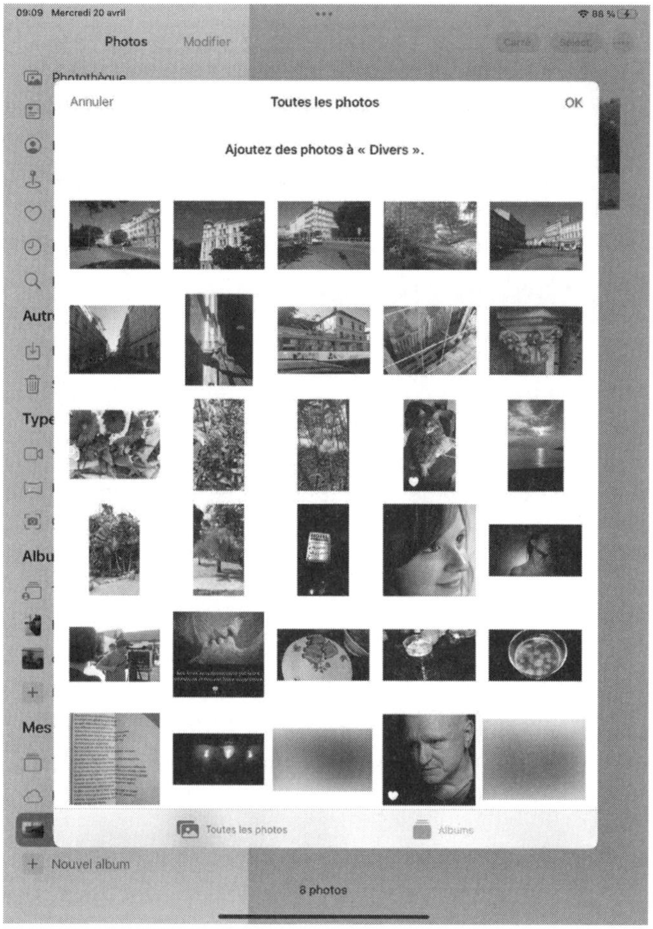

Figure 11.2 Remplir un nouvel album.

Figure 11.3 Supprimer un album.

Rassurez-vous : vos photos sont toujours bien là !

Maintenant que vous savez où vos photos sont stockées, voyons comment les afficher et les partager, et comment vous débarrasser de celles qui ne correspondent pas à vos exigences.

Visionner les photos

Les photos peuvent vraiment être manipulées du bout des doigts, et en plus, sans que vous les tachiez. Voici comment naviguer parmi vos images grâce à l'application Photos :

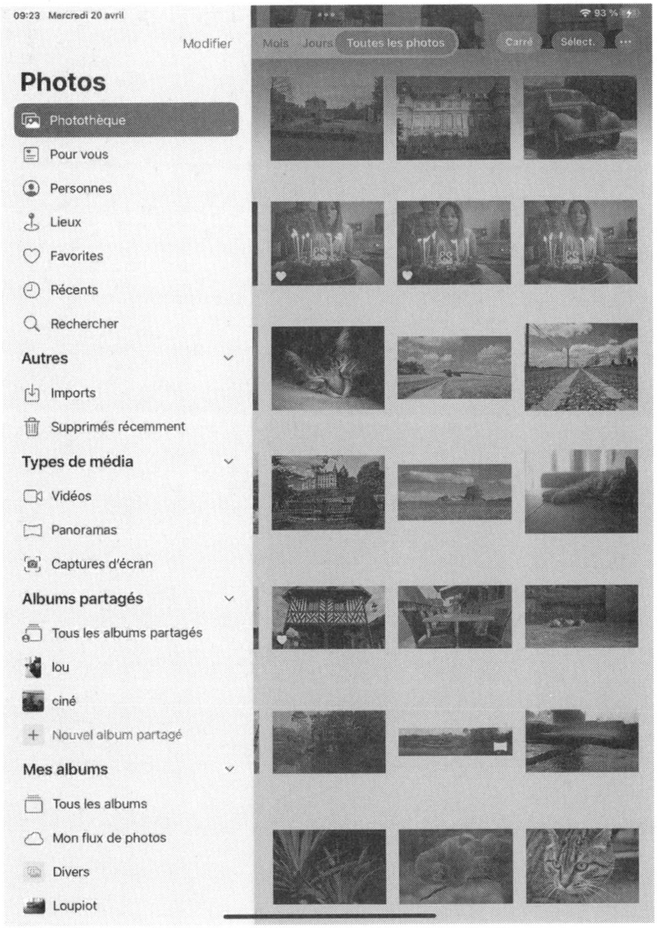

Figure 11.4 Toutes vos photos de la photothèque.

❶ Touchez l'application Photos, sur l'écran d'accueil, puis le bouton Photos en bas de l'écran.

Les vignettes, minuscules, des photos sont affichées classées par dates comme le montre la Figure 11.4. La section Photothèque à gauche est sélectionnée, et toutes les photos sont affichées par défaut. Pour afficher par année, touchez Années en haut de l'écran (Figure 11.5), puis faites défiler le contenu de l'écran pour accéder à l'année souhaitée. Touchez alors sa vignette pour visualiser ses photos.

Figure 11.5
Les photos par année de prise de vue.

❷ Touchez la photo à afficher.

Votre photo s'affiche en grand sur l'écran.

❸ Pour revenir en arrière, touchez la flèche en haut à gauche.

❹ Touchez de nouveau la photo pour la visionner sur un fond noir.

❺ Touchez-la de nouveau pour faire réapparaître les outils en haut à gauche et le film fixe en bas de l'écran.

Nous étudierons ces commandes plus loin, mais il est intéressant de savoir dès maintenant comment les afficher, car à un moment ou à un autre, vous en aurez besoin.

❻ Touchez le bouton principal pour quitter l'application Photos, ou bien faites glisser vers le haut la barre horizontale située en bas de l'écran.

Quand vous affichez une Live Photo – une image animée –, il faut maintenir le doigt dessus pour voir la très brève animation.

Revoir les photos

Les photographies sont prises pour être vues, et non pour être oubliées au fond d'une boîte à chaussures électronique. L'iPad permet de modifier, d'afficher et de partager vos meilleures photos.

Vous avez appris dans les sections précédentes comment accéder aux photos et comment les visionner en grand. Mais vous pouvez les manipuler de diverses manières sans faire appel à ces commandes. Voici quelques actions pratiques :

» **Passer à la photo suivante ou revenir à la précédente :** effleurez l'écran vers la droite ou vers la gauche.

» **Afficher en hauteur (Portrait) ou en largeur (Paysage) :** quand vous faites pivoter l'iPad pour le mettre en largeur ou en hauteur, un accéléromètre détecte ce mouvement et réoriente l'affichage, comme le révèle la Figure 11.6. Les photos cadrées en largeur emplissent l'écran. Faites pivoter de nouveau l'iPad pour regarder une photo cadrée en hauteur, et elle s'adapte au mieux à l'écran.

N'oubliez pas que le verrouillage de la rotation de l'écran, décrit au Chapitre 1, doit être désactivé.

Faites pivoter l'iPad comme bon vous semble, car il sait toujours dans quel sens une photo doit être affichée (pour connaître ce sens, l'iPad se fie à une métadonnée inscrite dans la photo au moment de la prise de vue).

Figure 11.6

Une même photo affichée en mode portrait à gauche et paysage à droite.

- » **Zoomer :** double-touchez pour zoomer en avant dans une partie de l'image. Double-touchez de nouveau pour zoomer en arrière. Vous pouvez aussi pincer les doigts ou les écarter pour zoomer en avant ou en arrière.
- » **Déplacer l'image :** après avoir zoomé dans une photo, déplacez-la du bout du doigt. Vous pourrez ainsi examiner différentes parties, comme la truffe du chien, bien plus adorable que le personnage qui le tient en laisse.
- » **Parcourir les photos :** faites défiler le film fixe en bas de l'écran pour parcourir rapidement les images de la photothèque.
- » **Situer la photo sur une carte :** cette fonctionnalité n'est présente que pour des photos géolocalisées. C'est le cas de celles prises avec un iPad Wi-Fi + Cellular, car il est équipé d'un GPS, et des photos importées qui ont été prises avec un smartphone ou un appareil photo équipé d'un GPS. Dans ce cas, le nom du lieu s'affiche en plus de la date. Dans le menu de l'application Photos, touchez la section Lieux du volet gauche. Affichez une photo géolocalisée puis faites-la glisser vers le haut de l'écran afin d'afficher une carte semblable à celle de la Figure 11.7. Touchez la carte pour l'afficher en plein écran.

Figure 11.7

Une photo sur une carte.

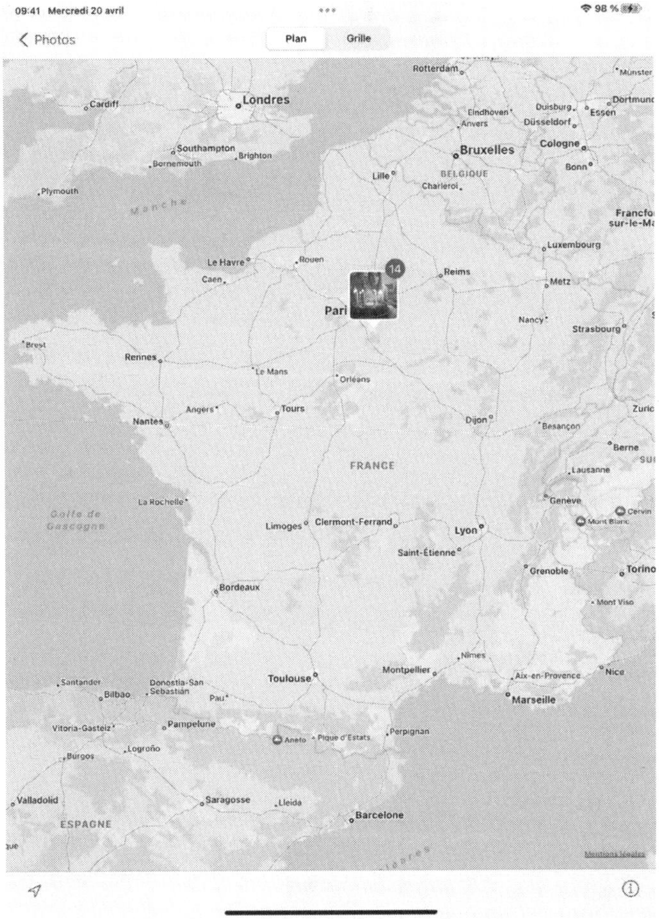

Pincer les doigts sur la carte, ou les écarter, modifie l'échelle, permettant de réduire l'affichage à un pâté de maisons, ou au contraire de l'étendre à l'échelle d'un continent. Touchez Afficher les photos à proximité afin d'afficher sur la carte les autres photos prises dans les mêmes environs.

Touchez la flèche en haut à gauche deux fois de suite pour revenir à l'affichage d'origine.

Les photos prises avec l'iPad sont automatiquement géolocalisées. Il faut toutefois que dans l'application Réglages > Confidentialité > Service de localisation, le service de localisation Appareil photo soit activé.

Créer un diaporama

Un diaporama est une succession de photos qui apparaissent pendant une durée déterminée. Il est très facile d'en créer un sur l'iPad :

❶ Affichez une image en plein écran à partir d'un album.

❷ Touchez le bouton Partager (le carré marqué d'une flèche), en haut et à droite de l'écran.

La fenêtre des options de partage apparaît.

❸ Touchez l'option Diaporama, comme sur la Figure 11.8.

Le spectacle commence.

❹ Pour interrompre le diaporama, touchez l'écran, puis le bouton pause en bas au milieu. Touchez OK pour arrêter le diaporama (voir Figure 11.9).

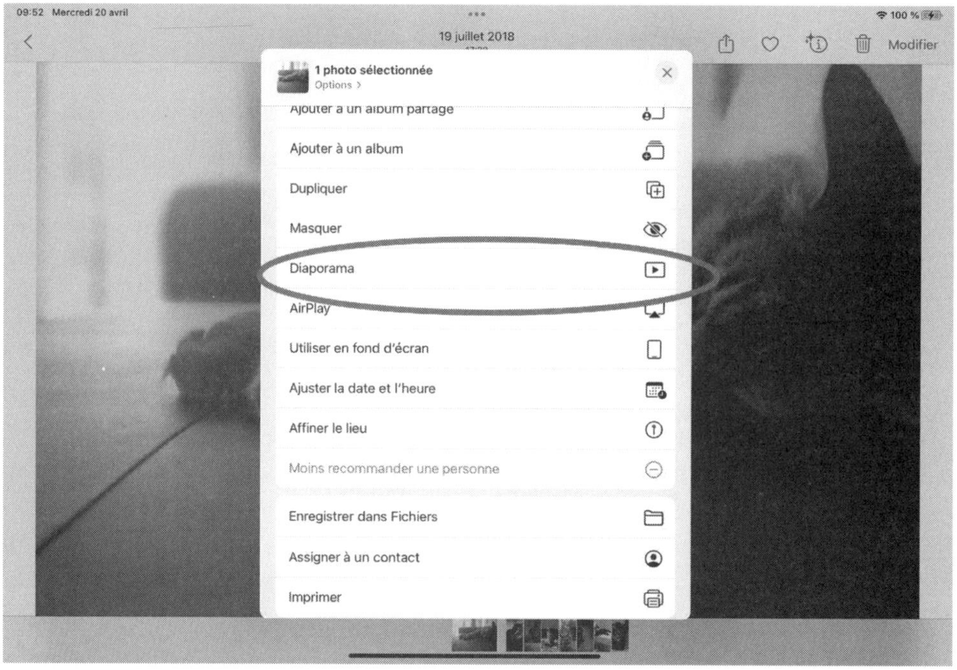

Figure 11.8 Pour lancer un diaporama à partir d'une photo d'un album.

Figure 11.9 Diaporama en cours de lecture.

Le spectacle s'arrête.

Les effets spéciaux de diaporama

Pour accéder aux options de réglage de diaporama, touchez l'écran pendant la diffusion de ce dernier puis Options en bas à droite. La Figure 11.10 montre les paramètres suivants mis à votre disposition :

» **Thème :** cinq présentations vous sont proposées (Origami, Fondu, Magazine, Défilement et Ken Burns). Testez-les pour trouver celle qui vous agrée.

» **Musique :** ajouter un accompagnement musical n'est pas compliqué. Choisissez, *via* l'option Musique > iTunes Music, un morceau parmi ceux stockés dans l'iPad.

» **Répéter :** lorsque cette option est active, le diaporama se lit en boucle.

» **Vitesse :** actionnez la glissière du bas pour régler la vitesse de lecture, ou plutôt la durée d'affichage de chaque photo. Si vous poussez vers la gauche et vous rapprochez de l'icône de tortue, vous réduisez la vitesse. Et dans l'autre, vous l'augmentez (en vous rapprochant de l'icône de lièvre).

Figure 11.10 Les options d'un diaporama.

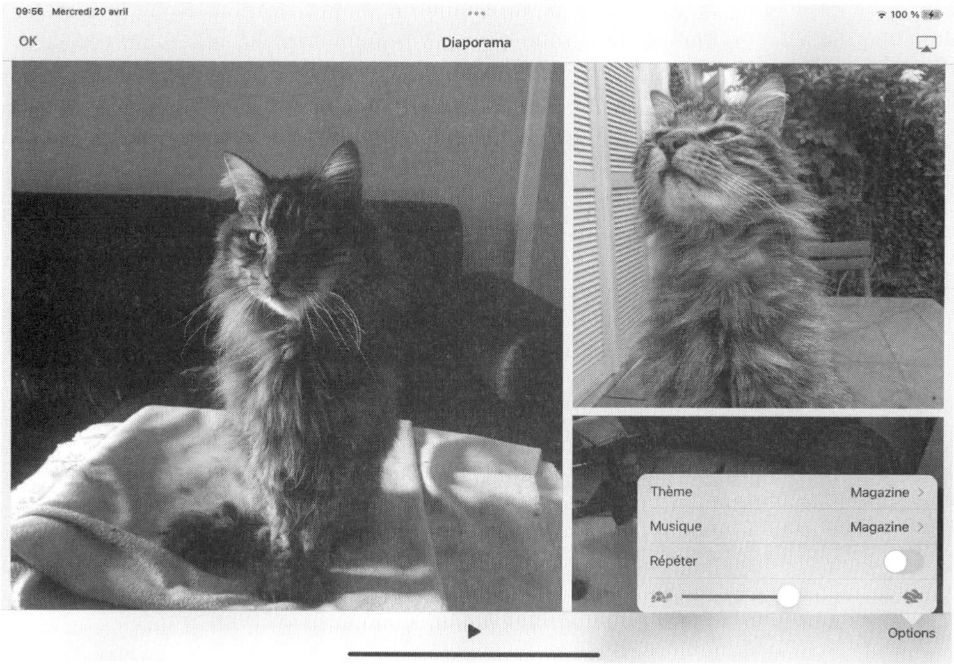

Regarder les photos sur un téléviseur

Si elle est disponible, la fonction AirPlay permet d'acheminer de la musique et de la vidéo de l'iPad jusque vers une Apple TV. Elle n'est affichée que si une borne AirPlay se trouve dans le voisinage.

Quelques conseils pas (si) bêtes

Il existe encore d'autres façons de profiter de vos photos stockées dans l'iPad. Affichez une photo, puis touchez si nécessaire l'écran pour afficher les commandes. Touchez ensuite l'icône, en haut et à droite, reconnaissable à la flèche jaillissant hors d'un carré. Vous accédez ainsi aux choix de la Figure 11.11, détaillés ci-après :

Vous pouvez sélectionner ou désélectionner plusieurs photos en touchant le petit cercle affiché en bas et à droite de chaque image.

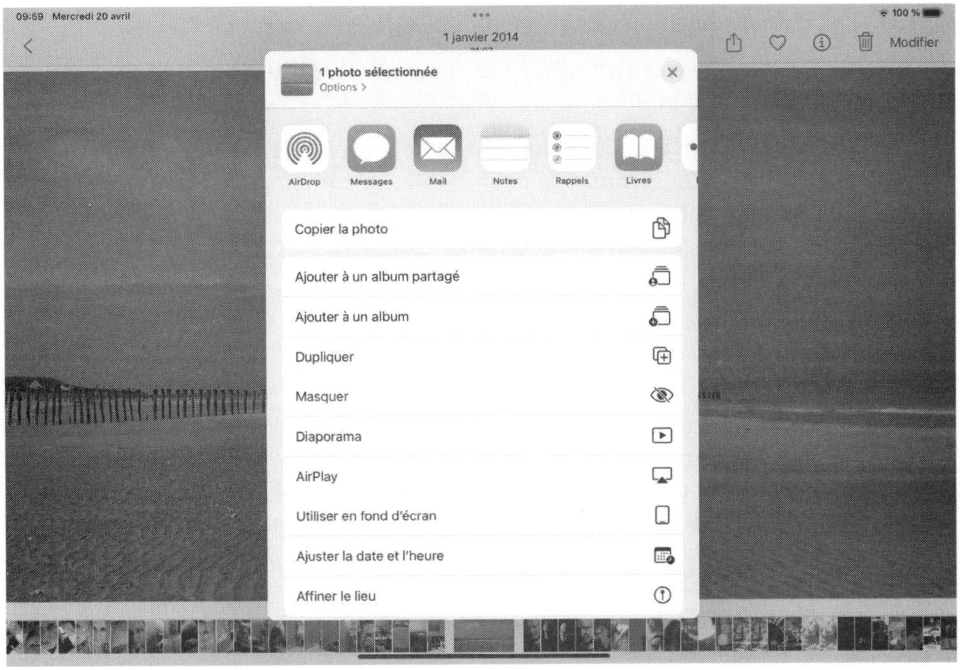

Figure 11.11 Voici d'autres actions possibles pour vos photos.

» **AirDrop :** envoyez directement la photo sur un autre iPad ou un autre appareil Apple compatible.

» **Message :** la photo est jointe à un iMessage qui sera envoyé avec l'application Messages de l'iPad, décrite au Chapitre 8.

» **Mail :** certaines photos sont à ce point réussies que vous tenez absolument à les envoyer à tout le monde. Quand vous touchez l'option Mail, la photo est aussitôt incorporée dans un nouveau message. Saisissez l'adresse du ou des destinataires à l'aide du clavier virtuel, tapez l'objet du message, et ajoutez un petit mot sympa commentant la photo. Il ne vous reste plus qu'à toucher Envoyer, et c'est parti.

» **Notes :** insère la photo dans une note à compléter d'un texte éventuel et à enregistrer.

» **Rappels :** insère la photo dans un rappel à compléter d'un texte éventuel et à enregistrer.

» **Messenger :** joint la photo à un message de Messenger si l'application est installée.

» **Copier :** copie la photo que vous pourrez ensuite coller là où bon vous semble, par exemple dans une note.

» **Imprimer :** permet d'imprimer la photo en un ou plusieurs exemplaires sur une imprimante compatible AirPrint, comme expliqué au Chapitre 2.

» **Diaporama :** nous avons vu un peu plus haut ce qu'il en était.

» **AirPlay :** permet d'utiliser l'écran d'un téléviseur connecté à un appareil AirPlay, comme l'Apple TV.

» **Ajouter à un album :** vous avez vu précédemment comment créer un album. Utilisez cette commande pour ajouter une photo à un album existant. Un bouton permet également de créer un nouvel album.

» **Utiliser en fond d'écran :** le fond d'écran par défaut de l'iPad est un ciel étoilé. Peut-être préférerez-vous utiliser une photo de votre conjoint, de vos enfants ou de votre animal de compagnie comme arrière-plan, ou encore une photo plus graphique.

Dès que vous touchez cette commande, vous voyez aussitôt comment la photo occupe l'arrière-plan. Vous pouvez la repositionner et la redimensionner à votre gré grâce aux actions qui vous sont à présent familières, comme la faire glisser ou la pincer. Dès que le résultat vous convient, touchez le bouton Écran d'accueil pour utiliser la photo comme fond pour l'écran d'accueil, ou Écran verrouillé pour qu'elle n'apparaisse que si l'iPad est verrouillé, ou encore Les deux pour que la photo soit utilisée pour chacun de ces écrans. Notez aussi l'effet Perspective, assez bluffant si le premier plan et l'arrière-plan sont suffisamment distinguables.

Vous ne pouvez pas choisir un fond d'écran si plusieurs photos sont sélectionnées !

» **Masquer :** touchez cette commande, puis confirmez votre souhait de masquer la photo sélectionnée. Cette dernière n'apparaîtra plus dans les vues Moments, Années et Collections de Photos. Pour la réafficher, ouvrez l'album Masqué, sélectionnez la photo, puis touchez le bouton Partager > Afficher.

» **Enregistrer dans Fichiers :** la photo est enregistrée soit sur iCloud, soit dans l'arborescence des dossiers de l'iPad. Ces dossiers sont généralement liés à des applications bureautiques qui ont été installées sur l'iPad (comme Keynote, Pages ou Numbers, présentées au Chapitre 13). La photo pourra ensuite être visionnée ou téléchargée par d'autres appareils et ordinateurs Apple ou par un PC tournant sous Windows.

» **Dupliquer :** pour créer un double de la photo. Il y aura donc deux fichiers physiques dans l'iPad (ce qui occupe de l'espace mémoire).

» **Assigner à un contact :** touchez cette commande pour assigner une photo à une personne figurant dans votre liste de contacts. Celle-ci apparaît aussitôt. Vous pouvez repositionner la photo et la redimensionner. Touchez ensuite le bouton Choisir.

Une photo peut aussi être assignée à un contact à partir de l'application Contacts, comme expliqué au Chapitre 13 : vous sélectionnez la personne, vous touchez le bouton Modifier, puis vous touchez Ajouter une photo. Sélectionnez ensuite un portrait dans votre photothèque, ou à défaut, la tête d'un hamster, d'un goret rose, de Dark Vador ou de toute autre créature, selon la morphologie du contact.

Pour changer la photo d'un contact, touchez son nom dans la liste, touchez Modifier, puis sous la photo, la mention Modifier. Dans la liste qui s'affiche, optez pour Modifier la photo. Sélectionnez ensuite une autre photo puis repositionnez-la et redimensionnez-la éventuellement. Ou alors, supprimez tout bonnement la photo que vous ne désirez plus utiliser en sélectionnant Supprimer la photo. Pour en réaliser une nouvelle, choisissez Prendre une photo

En plus de ces conseils sympas, immédiatement utilisables, nous vous invitons à visiter l'App Store. La rubrique Photo et vidéo contient des dizaines d'applications, dont certaines sont excellentes, d'autres gratuites, et même parfois les deux...

Améliorer des photos

Quand une photo est affichée, touchez le bouton Modifier, en haut et à droite, pour afficher, sur la gauche, une barre d'outils contenant plusieurs commandes :

Toutes les photos de vos albums ne sont pas modifiables. Dans ce cas, l'iPad vous propose d'en créer une copie.

Vous pouvez à tout moment valider vos modifications en touchant OK, en haut à droite, ou les abandonner en touchant Annuler. Dans le premier cas, l'image retouchée est placée dans l'album Ajouts récents. Vous pouvez bien entendu l'ouvrir, puis modifier à nouveau, jusqu'à obtenir le résultat idéal.

Trois boutons se trouvent à gauche, comme sur la Figure 11.12 :

» **Ajuster :** il affiche à droite 16 boutons permettant de corriger la gamme tonale des photos :

  - Automatique : pour des photos ne nécessitant que des ajustements mineurs. Ce réglage est déconseillé pour les photos nécessitant d'importantes corrections, car le résultat risque d'être surprenant.
  - Exposition : rend la photo plus claire ou plus foncée, au risque toutefois de griller les hautes lumières ou de bloquer les ombres.
  - Brillance : réduit ou augmente le microcontraste local afin d'améliorer le rendu de la photo. Le résultat est meilleur qu'avec Exposition.
  - Tons clairs : pour n'assombrir que les tons clairs.

- Ombres : pour n'éclaircir que les tons foncés.
- Contraste : pour donner plus de vigueur à une photo.
- Luminosité : rend la photo plus claire ou plus foncée.
- Point noir : rend parfaitement noires les parties d'une photo qui apparaissent en gris.
- Saturation : avive les couleurs ou au contraire, les éteint. Lorsque la saturation est minimale, la photo ne contient plus que des niveaux de gris.
- Vibrance : sature les couleurs trop ternes, mais sans modifier les couleurs déjà bien saturées ni la couleur de la peau. Les couleurs sont mieux préservées qu'avec Saturation.
- Température : corrige une dominante de couleur trop orangée ou trop bleutée. C'est l'équivalent de la balance des blancs sur un appareil photo.
- Teinte : ajoute une coloration verte (pour améliorer le rendu d'un feuillage, par exemple) ou magenta à la photo. Toutes les autres couleurs sont décalées.
- Netteté : renforce la netteté de la photo en accentuant le contraste entre les zones de différentes luminosité et couleur.
- Définition : renforce sur le microcontraste pour donner plus de « croustillant » à la photo.
- Réduction du bruit : corrige le bruit par lissage.
- Vignettage : assombrit ou éclaircit l'image dans les coins afin que l'attention se porte sur la partie centrale.

Touchez le bouton d'un ajustement puis réglez-le en actionnant le chenillard, à droite.

» **Filtres :** neuf filtres permettent de modifier le rendu des couleurs, ou de convertir la photo en noir et blanc.

» **Redresser :** cette commande permet de redresser un cadrage incliné et rendre parallèles des lignes verticales ou horizontales qui convergent. En haut de l'application, des commandes permettent de faire pivoter l'image de 90 degrés, ou de la basculer en miroir, ou de changer ses proportions. Le changement de proportions est utile, notamment pour adapter le format de l'image à celui du papier.

Figure 11.12

Modifier les réglages d'une photo.

Corriger des Live Photos

Photos propose également des outils de retouche spécifiques pour les Live Photos, ces images animées que vous ne pouvez réaliser qu'avec les modèles d'iPad les plus récents.

Touchez l'icône Live en haut à gauche d'une Live Photo pour afficher un menu local proposant les options suivantes :

» **Boucle** permet de lire l'animation en boucle continue.

» **Rebond** lit l'animation à l'endroit puis à l'envers.

» **Pose longue** ajoute un flou de mouvement à l'ensemble.

Touchez le bouton Modifier pour corriger globalement la Live photo ou chacune des images qui la compose.

Supprimer des photos

Nous nous sommes peut-être avancés en affirmant que les photos sont là pour être vues. Nous aurions dû préciser que *la plupart* des photos sont là pour être vues. En ce qui concerne les autres, celles dont vous n'êtes pas très fier, peut-être vaudrait-il mieux vous en débarrasser une fois pour toutes. Fort heureusement, c'est facile avec l'iPad :

- **Supprimer une photo dans l'album Toutes les photos :** pour supprimer une photo, touchez-la jusqu'à l'apparition d'un menu contextuel. Ensuite, touchez la commande Supprimer de la photothèque. Confirmez en touchant Supprimer la photo.
- **Supprimer plusieurs photos à la fois dans l'album Toutes les photos :** l'album étant ouvert, touchez le bouton Sélect. En haut et à droite. Touchez maintenant chacune des photos à supprimer ; elles sont signalées par une coche. Cela fait, touchez l'icône en forme de poubelle, puis confirmez en touchant la poubelle en bas à droite. Confirmer en touchant la commande Supprimer *x* photos.
- **Supprimer des photos synchronisées :** l'icône en forme de poubelle n'apparaît que pour les photos enregistrées. Pour les autres, celles qui sont synchronisées avec un Mac ou un PC, vous devez passer par la case Albums suivie du bouton Sélectionner. Quand vous touchez l'icône de poubelle, le message indique maintenant Supprimer de l'album et Supprimer. Si vous touchez Supprimer de l'album, les photos restent disponibles dans la photothèque. Si vous touchez Supprimer, les photos sont supprimées de l'iPad mais aussi des périphériques avec lesquels la tablette est synchronisée. Enfin, certaines photos ne peuvent être supprimées que dans l'album (ou dossier) à partir duquel vous avez effectué la synchronisation. Leur suppression de l'iPad ne sera donc effective que lors de la prochaine synchronisation.

Le Photomaton de l'iPad

L'application Photo Booth – un Photomaton – est une lointaine cousine d'une application du même nom qui existe sur les Mac. Voici comment elle fonctionne :

1. Sur l'écran d'accueil de l'iPad, touchez l'icône Photo Booth.

Vous voyez apparaître un ensemble de neuf effets spéciaux, comme sur la Figure 11.13.

2. Pointez l'objectif de l'appareil photo situé en façade vers votre visage ou tout autre sujet à votre convenance.

Photo Booth contient huit effets spéciaux : Rayon X, Tunnel lumineux, Étirement, Miroir, Tournoiement, Caméra thermique, Kaléidoscope et Compression.

3. Touchez l'un des effets spéciaux, à moins que vous ne préfériez prudemment vous en tenir à la vue Normal.

Figure 11.13

Des effets très spéciaux pour des images particulières.

Faites glisser le doigt pour décentrer l'origine de l'effet, ou pincez et écartez les doigts afin de varier le rendu.

❹ Si l'effet ne vous convient pas, touchez l'icône en bas à gauche pour revenir aux différents choix.

❺ Touchez le bouton en bas au milieu pour prendre la photo.

Vos chefs-d'œuvre sont enregistrés dans le dossier Toutes les photos de l'application Photos. Une vignette de chacun d'eux apparaît en bas de l'écran.

❻ Touchez une des vignettes d'aperçu pour supprimer l'image, ou bien la partager avec vos amis aussi farceurs que vous.

Bon, ce n'est pas tout, ça… Redevenons sérieux, car Photo Booth, c'est amusant un moment, mais on s'en lasse assez vite…

DANS CE CHAPITRE

Ouvrir un livre électronique.

Lire un livre.

Chercher des livres.

Lire des périodiques électroniques.

Chapitre 12

Lire avant tout !

Ne vous étonnez pas si, un jour, un gamin haut comme trois pommes vous pose cette question avec insistance : « C'est vrai qu'à une époque les gens lisaient des livres en papier ? ». Et pourquoi pas sur du parchemin ou des rouleaux de papyrus, pendant qu'on y est ?

Blague à part, nous adorons tous les livres qui fleurent bon le papier vélin et l'encre d'imprimerie. Mais il faut aussi reconnaître que les efforts consentis depuis quelques années pour proposer des livres électroniques sont méritoires. Une société comme Amazon a réussi à introduire sa liseuse Kindle sur le marché. Comme vous le découvrirez dans ce chapitre, le Kindle joue un rôle dans l'iPad.

L'iPad est un fabuleux lecteur de livres électroniques, tout en couleurs avec des effets séduisants. Les pages semblent y tourner comme celles d'un livre en papier…

Pourquoi des livres électroniques ?

De nombreux sceptiques posent sans cesse ce genre de question : « Qu'est-ce que vous avez contre le papier que les gens lisent depuis des siècles pour lui préférer le numérique ? ». Rien ! Hormis qu'à long terme il se fragilise, et que son poids est gênant pour le voyageur, sans compter les arbres coupés pour fabriquer la pâte à papier.

Par ailleurs, quand on lui demande pourquoi il préfère les livres en papier, Bob – le coauteur de ce livre – se contente d'en soulever un à hauteur de ses épaules et de le laisser lourdement tomber par terre en demandant : « Et ça, on peut le faire avec votre iPad (ou votre Kindle) ? ». Bob est un grand délicat.

Cela dit, voici quelques avantages du livre électronique :

» **Plus de contrainte de poids :** vous pouvez emporter une bibliothèque entière de gros livres sans vous charger d'un gramme de plus. L'avide dévoreur de livres appréciera. Il pourra se plonger avec délectation dans les 37 énormes volumes de l'Encyclopédie de D'Alembert et Diderot (heureusement disponibles en téléchargement et en trois parties).

» **Il favorise l'éclectisme :** vous hésitez entre de la littérature classique, un livre de recettes de cuisine, les aventures du Marsupilami ou une biographie ? Emportez-les tous. Et lisez-les tous au gré de vos envies.

» **La typographie est réglable :** dans un livre électronique, vous pouvez changer la taille des caractères à la volée, ce qui fera le bonheur des lecteurs dont l'acuité visuelle n'est plus celle de leur prime jeunesse.

» **Le sens d'un mot est vérifiable immédiatement :** vous avez des velléités de lecture ? « Ah que c'est quoi ce mot que je ne sais pas ce que ça veut dire ? ». Pas besoin d'un dictionnaire, vous pouvez obtenir une définition instantanément.

» **La fonction de recherche :** vous recherchez un terme ? Saisissez-le et vous accéderez à chacune de ses occurrences dans le livre que vous lisez.

» **La lecture dans l'obscurité :** l'écran à haute résolution rétroéclairé permet de lire sans allumer la chandelle, ce qui est fort commode lorsque votre partenaire, au lit, essaye de s'endormir tandis que vous lisez les pages les plus sensuelles des *Mille et une nuits.*

À propos de rétroéclairage, sachez que l'encre électronique en noir et blanc de la liseuse Kindle d'Amazon et d'autres lecteurs de livres est beaucoup plus confortable et moins agressive pour les yeux, notamment quand vous lisez pendant des heures. Ces écrans monochromes exigent un éclairage d'appoint pour pouvoir lire en lumière faible, mais sont plus lisibles que l'iPad lorsque vous vous installez dehors, au soleil. Cela étant précisé, la lecture sur l'iPad est très confortable, surtout avec un écran Retina.

Accéder aux livres électroniques

Pour lire un livre électronique, il vous suffit d'ouvrir l'application Livres présente sur votre écran d'accueil. Elle donne accès à une librairie virtuelle ouverte 24 heures sur 24 et 7 jours sur 7, et que nous visiterons d'ici peu.

À la première ouverture de Livres, un message vous proposera sans doute d'utiliser iCloud, qui permet de retrouver tous vos livres électroniques dans le nuage Internet.

Touchez l'onglet En cours en bas à gauche de l'écran pour afficher les livres en cours de lecture ou Bibliothèque pour afficher tous les livres. Voici les commandes de base pour feuilleter et lire des livres électroniques :

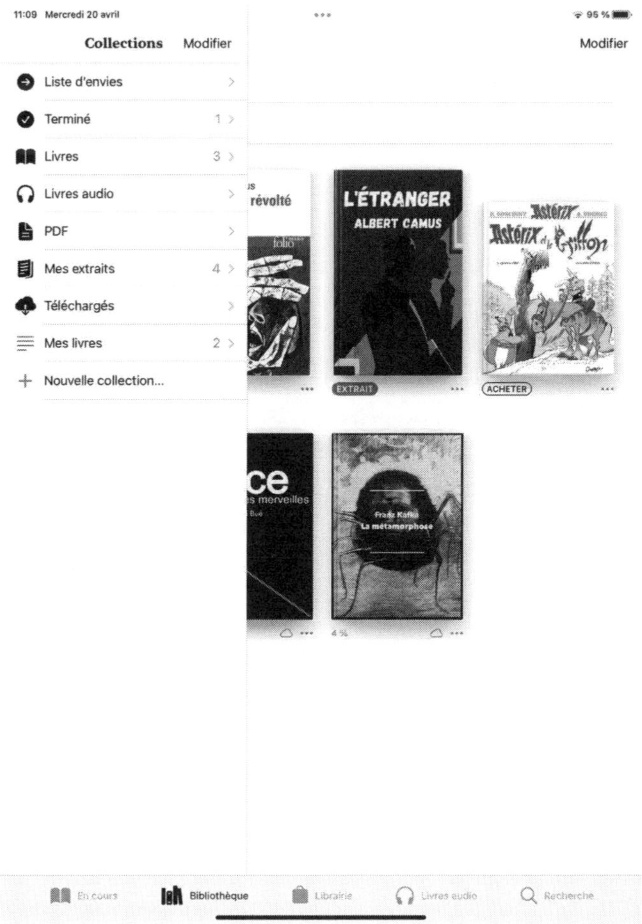

Figure 12.1 Les options d'affichage des livres.

» **Modifier l’affichage :** si vous préférez consulter une liste de vos livres plutôt que de les voir sur des étagères virtuelles (et réciproquement), touchez le bouton en haut à gauche de l’écran. Vous pouvez alors consulter par listes d’envies, par livres lus, par livres et livres audio, par ouvrages au format PDF, par extraits, par livres téléchargés, et par collections, comme le montre la Figure 12.1.

» **Supprimer un livre :** dans la bibliothèque, touchez l’icône des trois points en bas à droite du livre concerné. Dans le menu local qui s’affiche, touchez Supprimer, comme sur la Figure 12.2. Dans le menu local qui apparaît, vous avez le choix entre supprimer de En cours, de Mes extraits, des téléchargements, ou bien encore de supprimer partout.

Figure 12.2 Supprimer un livre.

Les livres qui n’ont pas encore été téléchargés sur votre iPad ne peuvent pas être supprimés. Logique, non ?

» **Organiser la bibliothèque en collections :** si votre bibliothèque est très fournie, vous voudrez sans doute la ranger par thèmes, par genres, etc. Par exemple, vous voudrez créer des collections Littérature, Sciences et techniques, Pour les Nuls, etc. Pour cela, touchez le bouton qui indique par défaut Collection, en haut à gauche, puis procédez comme suit :

- Touchez le nom d'une collection pour accéder à son contenu.
- Touchez le bouton Nouvelle collection afin d'ajouter une collection à la liste. Nommez-la aussitôt.
- Pour supprimer, touchez Collections puis Modifier. Touchez ensuite l'icône d'un sens interdit située à gauche du nom de la collection à supprimer. Enfin, touchez Supprimer qui apparaît sur la droite de la collection.

Vous pouvez n'afficher que les livres enregistrés sur l'iPad en sélectionnant la collection Téléchargés.

Pour compléter une collection, touchez le bouton Modifier, en haut et à droite de l'écran. Cochez le ou les titres à classer, puis le bouton Ajouter à en bas et au centre. Il ne vous reste plus qu'à choisir une collection existante, ou à en créer une nouvelle.

Un livre ne peut se trouver que dans une seule collection à la fois.

Nous venons de vous expliquer comment supprimer un livre avant même de l'avoir lu. Comme c'est bête ! Vous apprendrez à la prochaine section comment le lire d'abord.

Lire un livre électronique

Pour lire un livre électronique, touchez-le. Il quitte son étagère et s'ouvre à la première page (ou à la page où vous aviez cessé la lecture). Dès la page de couverture, vous pouvez apprécier le soin apporté par Apple aux outils de navigation, comme le révèle la Figure 12.3.

Quand vous vous allongez pour lire, il est préférable de verrouiller la rotation de l'écran, comme expliqué au Chapitre 1, afin que l'affichage de l'iPad ne pivote pas intempestivement.

La fonction VoiceOver permet d'écouter le texte au lieu de le lire. La diction n'est pas celle d'un sociétaire de la Comédie-Française, mais elle peut rendre service à un malvoyant. Nous reviendrons sur cette fonction au Chapitre 14.

Figure 12.3 Les livres de l'iPad sont dotés d'outils de lecture (en haut à droite) et de navigation (en bas).

Tourner les pages

Tourner les pages d'un livre est un geste si naturel depuis des siècles qu'il n'est pas question d'en faire un geste compliqué. Il est heureusement resté simple dans la version électronique, bien qu'il se soit modernisé. Voici les différentes manières de tourner la page :

» **Touchez près de la marge droite (ou gauche) ou effleurez-la :** la page est tournée en un clin d'œil.

» **Faites glisser le doigt à proximité de la marge droite (ou gauche) :** la page donne l'impression de se tourner comme dans la réalité.

» **Tirez vers le bas à partir du coin supérieur droit (ou gauche) du livre :** la page se plie vers le bas à partir de ce coin, comme sur la Figure 12.4.

» **Tirez vers le haut à partir du coin inférieur droit (ou gauche) du livre :** la page se plie à partir de ce coin.

» **Tirez vers le bas à partir du milieu de la marge droite (ou gauche) :** la page tout entière se plie.

Figure 12.4

Tourner la page !

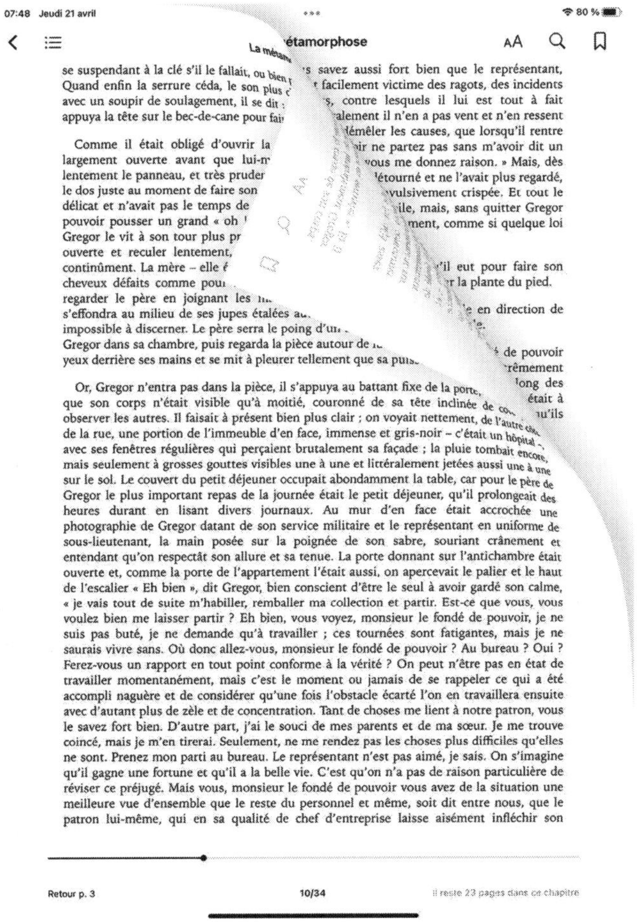

Vous l'aurez compris : du côté droit, c'est pour passer à la page suivante, du côté gauche, pour revenir à la page précédente.

Ces actions sont celles qui se produisent par défaut. En touchant l'icône Réglages > Livres > Marges tournent la page, il est possible de choisir l'affichage de la page suivante en effleurant le côté gauche de l'écran.

L'iPad mémorise la page à laquelle vous avez cessé la lecture d'un livre. Quand vous le fermez en touchant le bouton Retour en haut à gauche, ou en revenant à l'écran d'accueil, le livre sera automatiquement rouvert à cette page quand vous reprendrez sa lecture. Il n'est pas nécessaire de placer un signet, bien que ce soit possible, comme nous le verrons d'ici peu.

Aller à une page

Lorsque vous lisez un livre, il peut arriver que vous vouliez atteindre une certaine page. Voici comment y parvenir :

❶ Touchez le milieu de la page que vous lisez pour faire apparaître mais aussi disparaître les commandes, si elles ne sont pas visibles actuellement.

Ces commandes sont affichées sur la Figure 12.3.

❷ Tirez la glissière du bas vers la droite de l'écran jusqu'à ce qu'apparaissent le numéro du chapitre et celui de la page à atteindre.

❸ Soulevez le doigt, et vous voilà à la page choisie.

Aller à la table des matières

À l'instar de la plupart des véritables livres, ceux que vous lisez sur votre iPad ont une table des matières. Voici comment l'utiliser :

❶ Le livre ouvert dans l'iPad, touchez le bouton Table des matières, en haut et vers la gauche de l'écran (juste après le bouton Retour).

La table des matières est affichée (voir la Figure 12.5).

❷ Touchez un chapitre, un titre ou toute autre entrée pour aller directement à sa page.

Toucher le bouton Retour, en haut à gauche de la page, vous ramène à la page où vous étiez auparavant.

Placer un signet

Aller à telle ou telle page, avec l'iPad, est aussi facile que de feuilleter un livre, comme nous venons de le voir. De plus, l'iPad rouvre le livre à la page où vous l'aviez fermé.

Figure 12.5 Une table des matières.

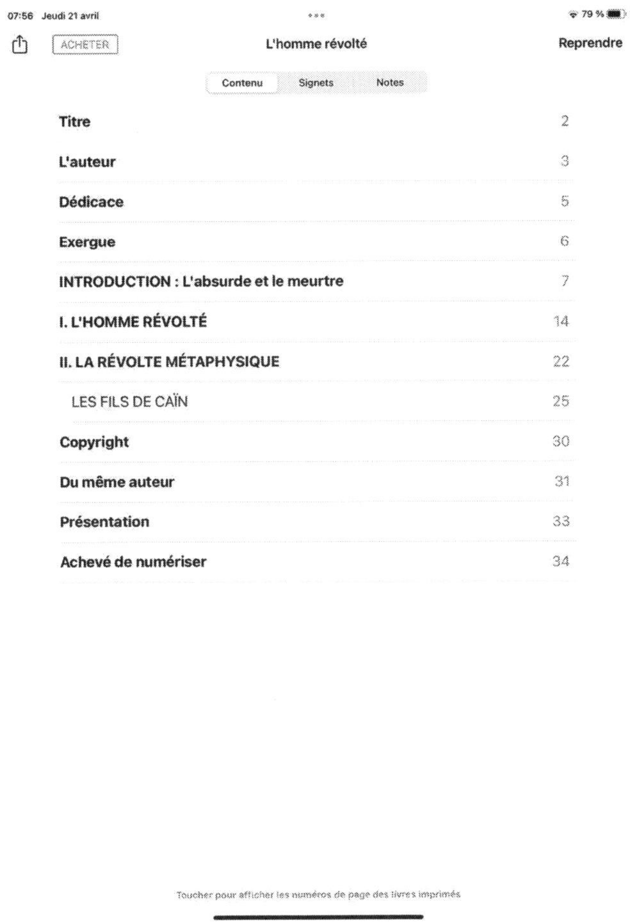

Vous pouvez aussi placer un signet afin de marquer une page à laquelle vous désirez retourner rapidement. Pour cela, vous affichez la page à marquer puis vous touchez le bouton Signet, en haut à droite. Il représente un marque-page.

Lorsqu'un signet a été placé, différentes actions sont possibles :

- **Revenir ultérieurement au signet :** touchez le bouton Table des matières puis Signets (si cette option n'est pas déjà sélectionnée). Le signet mentionne le chapitre et le numéro de la page, la date de création du signet ainsi qu'une phrase ou deux, comme le montre la Figure 12.6. Touchez un signet pour accéder à la page où il se trouve.
- **Supprimer un signet :** affichez la page contenant le signet puis touchez le bouton Signet pour le désactiver. Ou alors, dans la liste des signets, effleurez-en un en allant de la droite vers la gauche, puis touchez le bouton Supprimer.

Figure 12.6 La liste des signets placés dans un livre.

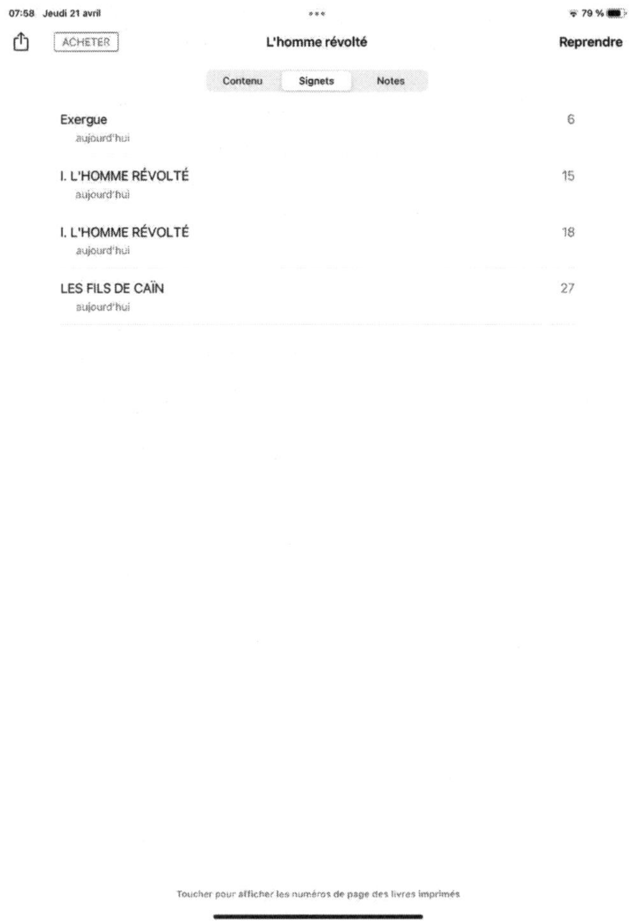

Surligner le texte et ajouter des notes

Les signets sont parfaits pour revenir à une page précise, mais parfois, vous voudrez surligner un passage ou griffonner une note ou un commentaire. Voici comment :

❶ Laissez le doigt un instant en contact avec du texte jusqu'à ce qu'une loupe apparaisse, puis relevez-le.

Une barre de menus apparaît. Elle contient par défaut les commandes Copier, Surligner, Note, Rechercher. Des repères de sélection se trouvent de part et d'autre du mot sélectionné.

❷ (Facultatif) Précisez la sélection en tirant les repères au début et à la fin de la zone.

Si vous étendez assez fortement la sélection, l’option Définition disparaît.

❸ Touchez le bouton Surligner ou Note.

Lorsque vous touchez le bouton Surligner, le texte sélectionné est surligné par défaut en jaune.

Un extrait figure dans la page Table des matières, à la rubrique Notes. Touchez cet extrait pour revenir au texte.

Voici quelques informations utiles après avoir surligné du texte ou créé une note :

» **Pour afficher une note :** touchez le petit carré coloré placé dans la marge.

» **Pour supprimer un surlignage ou une note :** touchez brièvement le texte puis, dans la barre d’outils qui s’affiche, touchez la poubelle. Dans la page Note de la table des matières, effleurer vers la gauche un surlignage ou une note affiche un bouton rouge Supprimer. Touchez-le pour faire disparaître l’élément en question.

» **Pour changer la couleur d’un surlignage ou d’une note :** touchez brièvement le texte puis, dans la barre d’outils, choisissez une couleur : marron, vert, bleu, rose ou violet. Vous pouvez également remplacer la couleur par un soulignement (voir la Figure 12.7).

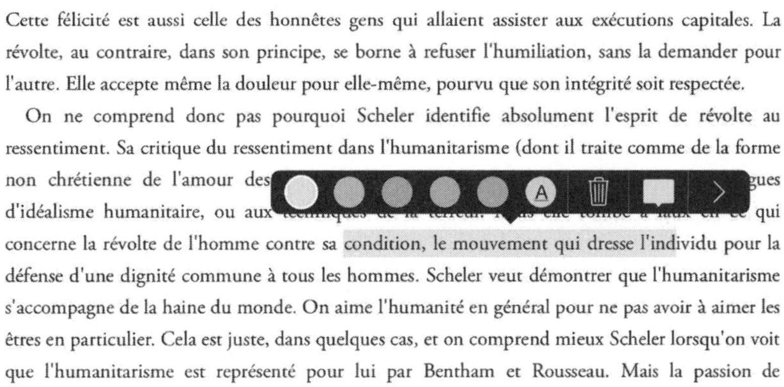
Cette félicité est aussi celle des honnêtes gens qui allaient assister aux exécutions capitales. La révolte, au contraire, dans son principe, se borne à refuser l'humiliation, sans la demander pour l'autre. Elle accepte même la douleur pour elle-même, pourvu que son intégrité soit respectée.

On ne comprend donc pas pourquoi Scheler identifie absolument l'esprit de révolte au ressentiment. Sa critique du ressentiment dans l'humanitarisme (dont il traite comme de la forme non chrétienne de l'amour des … gues d'idéalisme humanitaire, ou aux … qui concerne la révolte de l'homme contre sa condition, le mouvement qui dresse l'individu pour la défense d'une dignité commune à tous les hommes. Scheler veut démontrer que l'humanitarisme s'accompagne de la haine du monde. On aime l'humanité en général pour ne pas avoir à aimer les êtres en particulier. Cela est juste, dans quelques cas, et on comprend mieux Scheler lorsqu'on voit que l'humanitarisme est représenté pour lui par Bentham et Rousseau. Mais la passion de

Figure 12.7 Modifier un surlignage ou une note.

Modifier la police et sa taille

Voici comment augmenter ou réduire la taille – le corps, en jargon typographique – d’une police :

❶ Touchez le bouton Police, en haut à droite de l'écran.

Il est formé d'un petit *A* et d'un grand *A* (reportez-vous à la Figure 12.3). Une palette d'outils apparaît.

❷ Touchez le A de grande taille.

Le texte grossit. Répétez au besoin cette opération. Pour réduire le corps, touchez le A de petite taille.

❸ Pour changer la police de caractères, touchez le bouton Polices, puis choisissez celle que vous désirez utiliser. Vous disposez de neuf choix. Le changement est immédiatement appliqué.

Les autres options concernent la luminosité de l'écran, la couleur des fonds de pages, le mode Nuit (qui assombrit les couleurs lorsque les conditions d'éclairage baissent afin de ne pas être ébloui), et enfin le défilement vertical des pages (parfois pratique, mais beaucoup moins esthétique).

Rechercher dans et hors d'un livre

Pour trouver un passage dans un livre ou une page spécifique, effectuez une recherche en procédant ainsi :

❶ Touchez la loupe puis saisissez le mot ou la phrase à l'aide du clavier virtuel qui remonte du bas de l'écran.

Toutes les occurrences présentes dans le livre apparaissent dans une fenêtre sous l'icône Recherche.

❷ Touchez l'un des résultats de la recherche pour accéder à son emplacement dans le livre.

Vous pouvez aussi effectuer une recherche sur Internet ou dans l'encyclopédie en ligne Wikipédia à l'aide des boutons affichés en bas des résultats. Cette action ferme l'application Livres et démarre Safari, qui charge la page Google ou Wikipédia, selon la recherche demandée.

Quand vous recherchez sur Google ou sur Wikipédia de cette manière, l'application Livres se ferme tandis que Safari est démarré. Pour retourner dans le livre électronique, vous devez de nouveau toucher l'icône Livres afin de rouvrir l'application. Fort heureusement, le livre s'ouvre à la page que vous aviez quittée.

Acheter des livres électroniques

Fouiner dans les librairies (les vraies) est un vrai plaisir pour les amateurs. Mais, bien que différente, la visite dans la boutique en ligne d'Apple est tout aussi agréable. Trouver un livre est extrêmement facile, et vous pouvez même le feuilleter avant de vous décider à l'acheter. Pour entrer dans la boutique virtuelle, touchez Librairie, en bas de l'écran. Puis, si nécessaire, touchez Parcourir les sections pour ouvrir un volet proposant différentes sections pour trouver rapidement le livre qui vous intéresse.

Parcourir les rayons de livres électroniques

La boutique en ligne peut être parcourue de différentes manières. En mode Sélection, le haut de l'écran contient les publicités pour les ouvrages de la catégorie choisie (voir la Figure 12.8). Vous pouvez aussi parcourir les catégories proposées en faisant défiler l'écran vers le bas ou vers le haut, ou une catégorie en particulier en faisant défiler les titres horizontalement. Dans une catégorie, touchez Tout afficher pour accéder à d'autres sélections. Si vous préférez rechercher par « rayons », comme dans une vraie bibliothèque, touchez Parcourir les sections, en haut à gauche de l'écran. Les livres sont classés par genres comme Romans et littérature, Éducation, Biographies et mémoire, Cuisine et vin, Informatique et Internet, etc.

Examinons maintenant quelques options du menu Parcourir les sections :

» **Nouveautés et tendances :** c'est là que nous sommes à ce point de la visite. À peine arrivé dans la boutique, vous avez droit à de la publicité pour faire la promotion des titres du jour.

» **Classements :** vous trouvez à cette rubrique les livres qui rencontrent le plus de succès, répartis dans deux catégories : les meilleurs livres gratuits, les meilleurs livres vendus. Touchez le lien Tout afficher, en bas de chaque liste, pour voir davantage de titres dans chaque catégorie.

» **Le coin des auteurs :** la sélection s'effectue par auteur (voir la Figure 12.9).

Figure 12.8 La boutique en ligne et ses rayonnages.

Rechercher dans le Store

Un bouton Rechercher se trouve en bas à droite de la boutique. Saisissez le nom d'un auteur ou d'un titre pour trouver le livre que vous recherchez. Par exemple, en saisissant « pour les nuls », vous obtiendrez une série de propositions d'ouvrages issus de cette remarquable collection...

Évaluer un livre électronique

Pour en savoir plus sur un livre du store, consultez sa description, l'avis des lecteurs ou lisez quelques pages. Voici comment obtenir des informations :

Figure 12.9 Choisissez un livre en sélectionnant un auteur.

❶ Touchez la couverture du livre.

Un descriptif semblable à celui de la Figure 12.10 apparaît.

❷ Touchez le nom de l'auteur pour connaître les autres livres du même écrivain disponibles dans le Store.

❸ Si vous touchez les trois points en haut à droite, l'iPad affiche une série d'icônes dont une permettant de partager le lien vers le livre, par exemple en créant un courriel, ou encore de l'offrir en cadeau.

Vous pouvez voir également une photo de la couverture, la date de publication et le nombre de pages de l'ouvrage.

❹ Lisez les commentaires des lecteurs en faisant défiler la page pour afficher le texte placé en bas. Voyez aussi les notes attribuées (s'il y en a, bien sûr).

Figure 12.10 Informez-vous sur le livre que vous comptez lire.

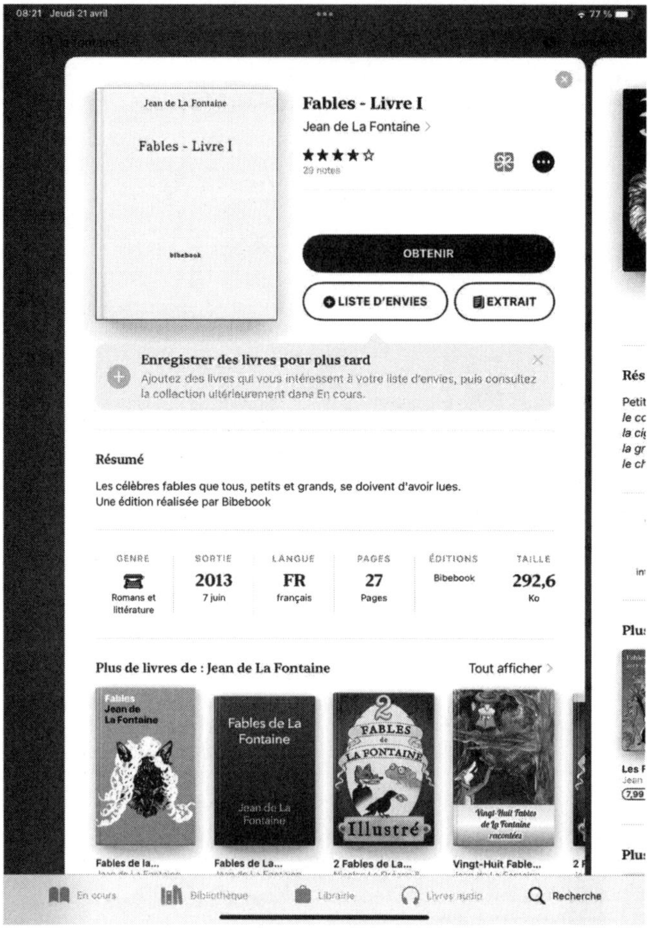

Vous pouvez aussi donner votre propre avis en touchant Donner une note et un avis, à condition d'avoir acheté le livre, ou si le livre est tombé dans le domaine public.

Le meilleur moyen de se forger sa propre opinion sur un livre est d'en lire quelques pages. Touchez le bouton Extrait, et le livre s'envole vers votre étagère virtuelle. Un bandeau Extrait est affiché sur la couverture afin de vous rappeler que ce livre ne vous appartient pas encore. Vous pouvez le lire comme n'importe quel autre livre électronique, mais seulement jusqu'à la page où l'extrait prend fin. Un bouton Acheter, en haut de l'écran, permet de vous l'offrir aussitôt si vous êtes séduit.

Lorsque le bouton Acheter est remplacé par le bouton Obtenir cela signifie que le livre est gratuit.

Acheter un livre électronique dans le Store

Voici comment acheter le livre qui vous plaît à tel point que vous ne sauriez pas vous en passer :

❶ Touchez le bouton mentionnant le prix du livre.

La valeur en euros disparaît. Le bouton devient vert et porte la mention Acheter le livre. Si le livre est gratuit, la mention Obtenir le livre est affichée.

❷ Touchez le bouton Acheter dans la fenêtre qui s'affiche.

❸ Saisissez le mot de passe de votre identifiant Apple ou iCloud afin de finaliser la transaction.

Le livre apparaît instantanément sur l'étagère, prêt à être lu.

Si vous achetez un autre livre dans le quart d'heure, iTunes ne vous redemande pas le mot de passe.

Acheter des livres ailleurs que chez Apple

Quand l'iPad fut dévoilé, en avril 2010, il fut aussitôt comparé à la liseuse Kindle d'Amazon, qui était le *leader* sur le marché des lecteurs de livres électroniques. L'écran de l'iPad est certes plus grand et en couleurs, mais la liseuse Kindle a elle aussi des atouts, notamment une autonomie plus importante, d'environ deux semaines au lieu de seulement dix heures pour l'iPad, une plus grande légèreté et un plus grand nombre de titres. Entre-temps, Amazon a aussi commercialisé sa propre tablette, le Kindle Fire, dont l'écran n'est plus à encre électronique, mais en couleurs, et avec des fonctionnalités similaires à celles des autres tablettes (courrier électronique, Internet, etc.).

Mais Amazon avait affirmé de longue date que les livres électroniques pour le Kindle seraient déclinés pour plusieurs sortes de lecteurs, dont l'iPad, et bien avant, pour l'iPhone et l'iPod touch. C'est pourquoi nous recommandons de télécharger l'application Kindle pour iPad, notamment si vous avez déjà acheté un certain nombre de livres sur le site d'Amazon et que vous désirez accéder à un choix d'ouvrages plus vaste.

Vous trouverez dans la rubrique Livres de l'App Store quantité d'applications téléchargeables permettant de lire des livres électroniques dans d'autres formats que ceux des Livres. Citons par exemple :

- Kindle, d'Amazon, déjà mentionnée précédemment.
- CloudReaders, de Satoshi Nakajima, une application gratuite permettant de lire des livres électroniques aux formats PDF, CBZ et CBR.
- Wattpad, de WP Technology, une autre application gratuite permettant d'accéder à de nombreux livres, essentiellement en anglais (mais vous pouvez choisir votre langue préférée dans les paramètres).

Des bibliothèques publiques, comme celle de la ville de Paris, possèdent leur propre liseuse. Renseignez-vous auprès de l'une d'elles pour savoir comment l'installer puis l'utiliser.

Trouver des livres électroniques gratuits hors du Store

L'iPad reconnaît le format ePub (*electronic Publication*), un standard ouvert pour la publication de livres électroniques, utilisé par des milliers de livres appartenant au domaine public, et donc gratuits. Vous pouvez les importer dans l'iPad sans passer par le Store.

Pour importer des titres ePub, vous devez d'abord les transférer dans le Mac ou dans le PC, puis les synchroniser avec l'iPad grâce à iTunes. Vous trouverez des livres électroniques en français dans bon nombre de sites dont :

- eBooks libres et gratuits (`www.ebooksgratuits.com`).
- Feedbooks (`fr.feedbooks.com`).
- Google Play Livres (`https://play.google.com/store/books`).

Cette liste est bien sûr loin d'être exhaustive, et le nombre d'ouvrages en français devrait s'accroître rapidement.

DANS CE CHAPITRE

Prendre des notes.

Le calendrier de l'iPad.

L'horloge.

Lire les notifications du jour.

Présenter avec Keynote.

Traiter du texte avec Pages.

Jongler avec les chiffres avec Numbers.

Chapitre 13

Le travail, c'est la santé

L'iPad ne sert pas qu'à s'amuser. Il a aussi des aspects plus sérieux. Il peut vous rappeler un rendez-vous ou des tâches à effectuer, garder le contact avec vos collègues – et dans certains cas, les voir – et, si vous installez les applications Keynote, Pages et Numbers, vous pourrez créer des présentations, faire du traitement de texte ou utiliser un tableur.

Prendre des notes

Notes est une application de création de notes que vous pouvez enregistrer ou envoyer par courrier électronique. Voici comment créer une note :

1. Touchez l'application Notes, sur l'écran d'accueil.

Si cette icône est absente de l'écran d'accueil, touchez la dernière icône du Dock puis ouvrez le dossier Suggestions, et enfin touchez l'icône Notes. Vous pouvez aussi faire glisser le centre de l'écran vers le bas puis taper Notes dans le champ Recherche qui s'affiche.

2. Touchez le bouton Nouvelle note, en haut à droite.

❸ Par la suite, cette icône ne sera active qu'après avoir ouvert une note existante. Elle n'est pas opérationnelle depuis la liste des notes.

Le clavier virtuel apparaît.

❹ Saisissez du texte.

Si l'iPad est tenu en hauteur, seule la fenêtre de la note apparaît. Touchez Notes, en haut à gauche, pour accéder à la liste des notes déjà rédigées. Lorsque l'iPad est tenu à l'horizontale, comme sur la Figure 13.1, la liste des notes est visible dans le volet de gauche.

Figure 13.1 La première ligne d'une note est toujours affichée sous la forme d'un titre.

Vous pouvez aussi choisir de dicter une note en tapant la touche avec un micro à gauche de la barre Espace. Dictez, touchez OK, et l'iPad retranscrit vos propos par écrit.

L'application Notes contient diverses commandes fort utiles :

- Touchez le bouton Aa, en haut à droite du clavier, pour accéder à des enrichissements du texte : gras, italique, souligné et barré, liste à puces ou numérotée, retrait de paragraphe.
- Touchez le bouton quadrillé, à côté du précédent, pour insérer un tableau dans la note.

La barre en haut à droite d'une note contient cinq boutons.

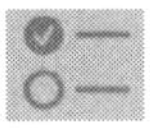

- Créer une liste de ronds à cocher. Ce genre de liste est utile pour les courses, les pense-bêtes, etc. Il est possible de faire en sorte que les ronds non cochés soient toujours en tête de liste et les ronds cochés (tâche terminée) en bas. Pour cela, touchez Réglages > Notes > Trier les éléments cochés > Automatiquement. Pour mettre fin à une liste, allez deux fois à la ligne.

- Toucher ce bouton permet de scanner un document, de prendre une photo ou une vidéo qui sera insérée dans la note, ou de choisir une photo ou une vidéo dans l'application Photos.

- Permet de dessiner (et d'écrire) du bout du doigt sur une note. Différentes pointes sont disponibles (crayon, feutre...) en diverses couleurs. Une règle transparente permet de tracer des lignes bien droites sous n'importe quel angle.

- Contient diverses commandes dont le partage de la note, sa suppression, son verrouillage (afin de ne plus pouvoir la modifier), etc.

❺ La note rédigée, quittez l'application en touchant le bouton principal (iPad standard et mini) ou en la tirant la barre en bas de l'écran vers le haut (iPad Air et iPad Pro).

Ou masquez le clavier virtuel en tapant sur la touche en bas à droite.

Les boutons de navigation d'une note à l'autre, ainsi que les icônes de suppression de la note, de partage ou d'impression, ainsi que de la création d'une nouvelle note sont visibles en haut de l'écran.

Il est possible de mettre tout ou partie du texte en caractères gras, italiques ou soulignés une fois que vous l'avez sélectionné.

Pour plus de détails sur l'utilisation du clavier ainsi que sur la sélection de mots ou de blocs de texte, reportez-vous au Chapitre 2.

Après avoir enregistré une note, vous pouvez :

» Toucher le bouton Notes, en haut à gauche, ou faire pivoter l'iPad en largeur, pour afficher la liste de toutes les notes. Touchez ensuite l'une d'elles pour la lire ou la modifier.

» Maintenez le doigt appuyé sur la note puis, dans le menu contextuel qui apparaît, touchez Partager la note. Choisissez la méthode de partage.

» Pour supprimer une note, maintenez le doigt appuyé sur une note puis, dans le menu contextuel qui apparaît, touchez Supprimer. La note supprimée est stockée dans le dossier Suppressions récentes à partir duquel vous pourrez la récupérer *via* la commande Déplacer.

Nous nous en voudrions de ne pas vous signaler que les notes peuvent être synchronisées avec votre ordinateur.

Et voilà, vous savez l'essentiel ce qu'il faut savoir sur l'application Notes.

Le calendrier de l'iPad

L'application Calendrier (voir la Figure 13.2) permet de gérer vos rendez-vous et de ne pas oublier les dates et événements importants, comme les anniversaires. Vous y accédez bien entendu en touchant le bouton Calendrier, sur l'écran d'accueil. Remarquez combien cette application est astucieuse et pratique : elle affiche en permanence le jour de la semaine et la date.

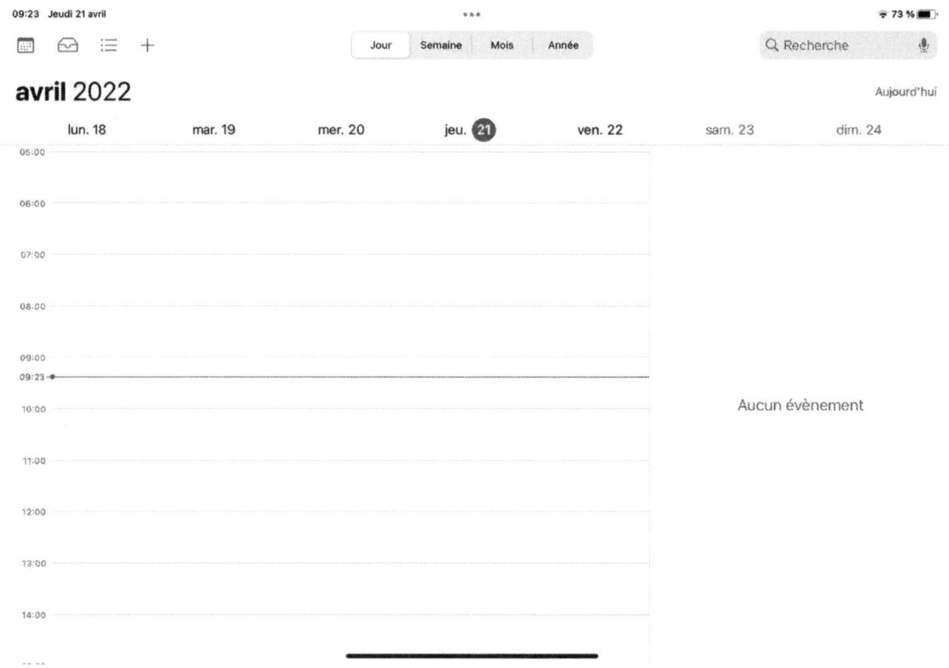

Figure 13.2 Le calendrier est un véritable agenda permettant de gérer votre emploi du temps.

Les utilisateurs de Mac peuvent synchroniser leurs calendriers avec Calendrier. Les utilisateurs de PC peuvent le faire avec Microsoft Outlook.

Le calendrier peut être présenté de quatre manières : par jour, par semaine, par mois ou par année entière. Il suffit de toucher le bouton correspondant, en haut de l'écran. Quel que soit l'affichage, il est possible de revenir à tout moment à la date du jour en touchant le bouton Aujourd'hui, en bas à gauche.

Choisir l'affichage du calendrier

À partir d'un seul affichage du calendrier, vous pouvez consulter les rendez-vous d'un seul calendrier, consolider plusieurs calendriers (privé, professionnel, activités des enfants…) en procédant comme suit :

❶ Touchez l'icône Calendriers, en haut à gauche de l'écran.

Cette action affiche le volet des calendriers.

❷ Touchez le nom d'un calendrier.

Une liste de calendriers thématiques et indépendants apparaît. Tous ceux qui sont cochés apparaissent ensemble. Il est possible de les masquer. Par exemple, si l'affichage des anniversaires ne vous intéresse pas – ces derniers figurent dans la fiche de vos contacts, si vous avez indiqué les dates –, décochez cette option.

Les tâches à effectuer, créées dans les calendriers d'un Mac ou d'un PC, ne sont pas affichées dans l'iPad.

Vous pouvez aussi choisir de présenter un ou plusieurs calendriers de différentes manières :

Afficher les événements par liste : touchez l'icône Liste, en haut à gauche de l'écran (voir la Figure 13.3) pour voir la liste des événements échus (ils apparaissent en gris) et à venir.

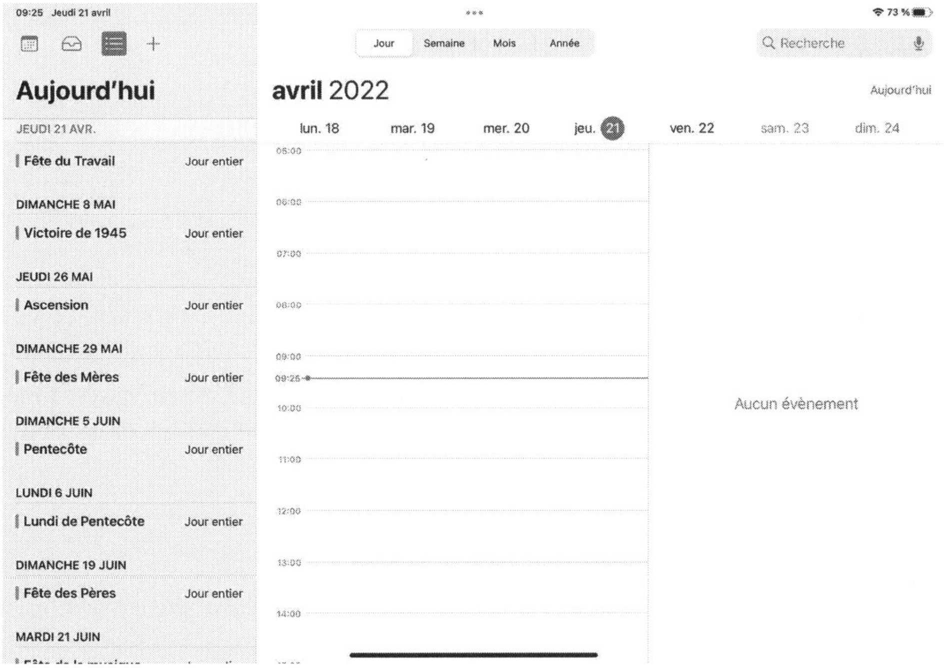

Figure 13.3 La liste permet de parcourir rapidement les événements.

» **Affichage par jour :** cette présentation (Figure 13.2) montre tous les rendez-vous sur les vingt-quatre heures de la journée (vous devrez faire défiler la page vers le haut et vers le bas pour voir toutes les heures). Effleurez la partie gauche de l'écran vers la gauche ou vers la droite pour changer de jour. Vous pouvez également toucher un nom de jour, vers le haut de l'écran, pour y accéder directement.

» **Affichage par semaine :** il montre les jours de la semaine (voir la Figure 13.4). Effleurez l'écran vers la gauche ou vers la droite pour faire défiler les jours et les semaines.

Figure 13.4 L'affichage par semaine.

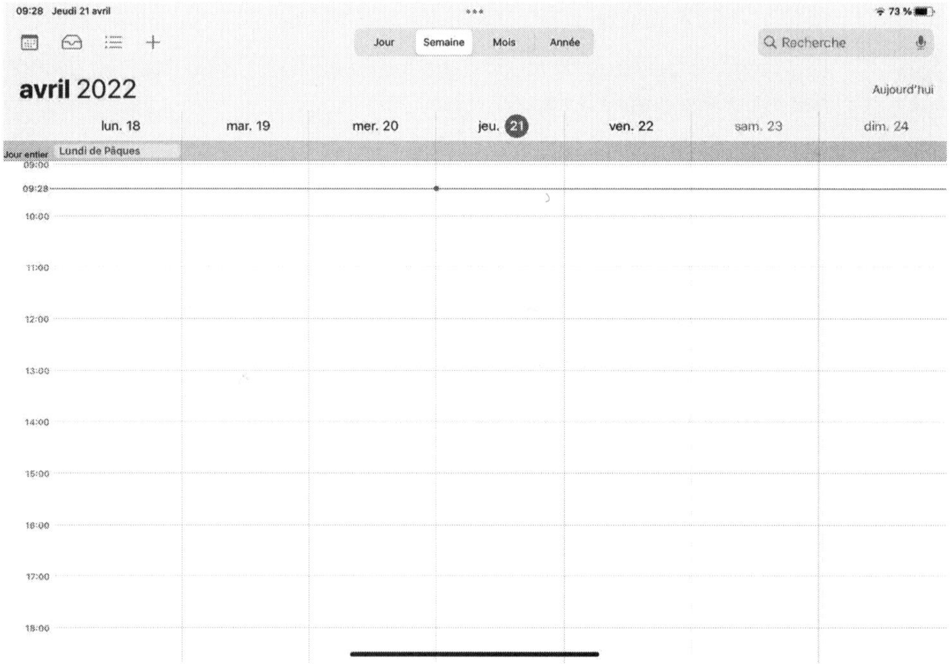

» **Affichage par mois :** un point signale les jours auxquels un événement est prévu.

» **Affichage par année :** tous les jours de l'année sont affichés, avec l'indication du jour de la semaine. Aujourd'hui est affiché sur une pastille rouge (Figure 13.5). Faites défiler verticalement pour voir d'autres années.

Retrouver un événement

Supposons que vous ayez fixé un rendez-vous il y a plusieurs mois, mais vous ne vous souvenez plus du tout du jour et de l'heure. Vous le retrouverez rapidement en saisissant le nom de la personne dans le champ Recherche, en haut à droite. Vous parvenez ainsi directement au rendez-vous, dans le mode d'affichage en cours.

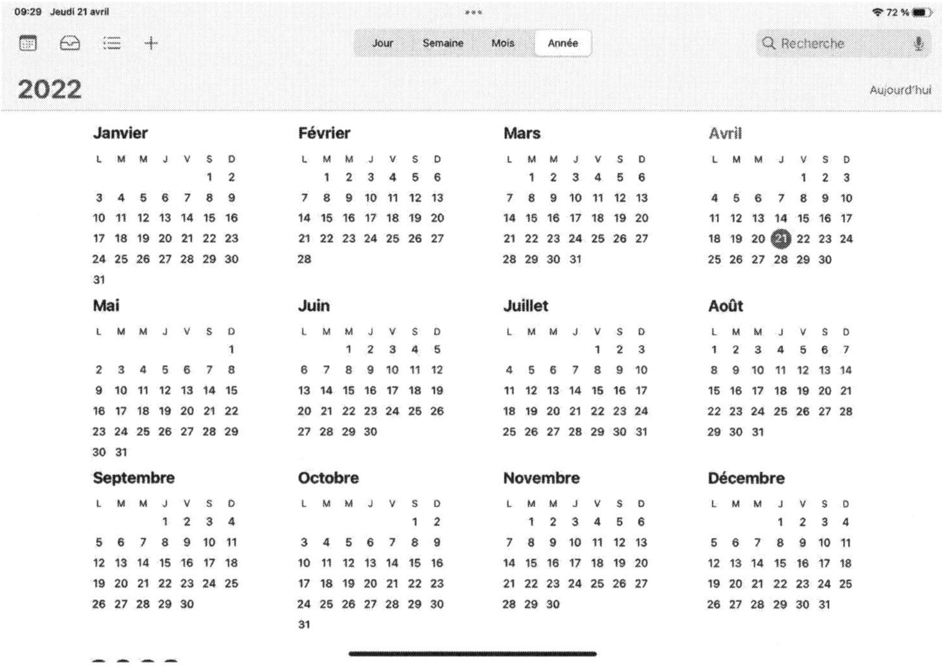

Figure 13.5 L'affichage par année.

Prendre un rendez-vous ou noter un événement

Vous avez appris au Chapitre 3 l'essentiel de ce qu'il faut savoir pour synchroniser votre iPad, y compris les calendriers provenant de Calendrier (Mac) ou d'Outlook (Windows).

En général, vous noterez les rendez-vous à la volée, de même que les événements comme un anniversaire, de la manière suivante :

❶ Touchez le bouton Calendrier, sur l'écran d'accueil, puis touchez le bouton Jour, Semaine, Mois ou Année.

❷ Touchez le signe + en haut à gauche de l'écran.

Le panneau Nouvel événement apparaît, ainsi que le clavier virtuel (voir la Figure 13.6).

Vous gagnerez du temps en touchant continûment le calendrier à l'emplacement où l'événement doit apparaître.

❸ Saisissez les informations dans les champs Titre et Lieu.

Figure 13.6
Prêt à noter un événement ou un rendez-vous dans l'iPad.

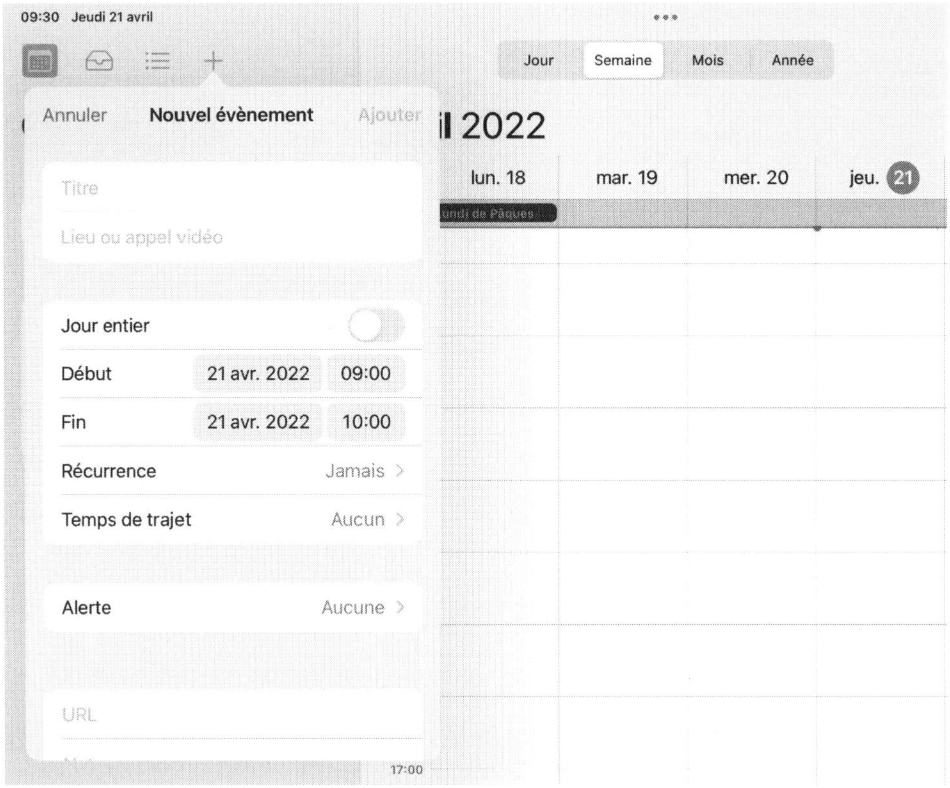

L'application propose des suggestions pour un lieu lorsque celui-ci correspond à une adresse de contact ou un lieu géographique (nom de rue, d'avenue...).

❹ Indiquez l'heure de début et de fin en touchant les champs Commence et Se termine, et en procédant ainsi :

S'il s'agit d'un événement qui commence et/ou se termine à un moment précis :

- Touchez le champ indiquant la date du Début puis choisissez une date dans le calendrier qui apparaît. (Figure 13.7). Ensuite, indiquez l'heure du début de l'événement.
- Touchez ensuite la date de Fin, choisissez la date dans le calendrier puis définissez l'heure de fin.

Si l'événement est une date de naissance, un anniversaire ou toute autre date ne correspondant pas à une heure précise :

- Basculez le commutateur Jour entier en position active (vert). Les heures et les minutes ne sont plus indiquées.

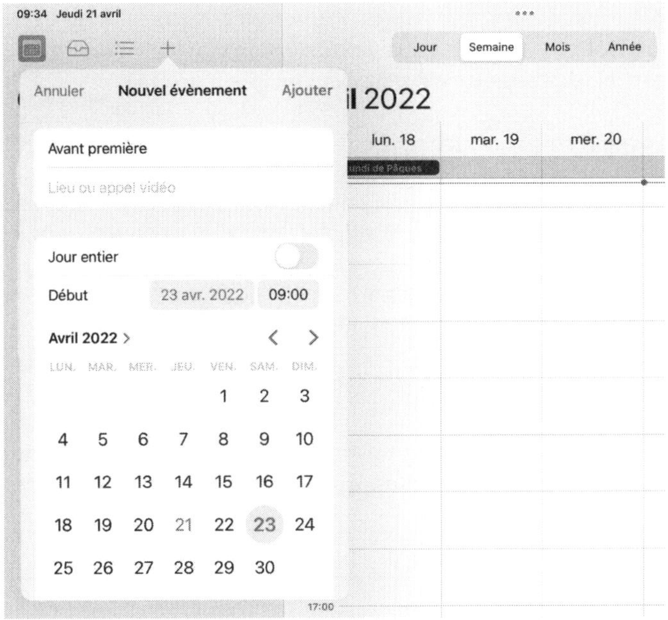

Figure 13.7 Choisir la date du début.

❺ Si l'événement est répétitif, touchez l'option Récurrence, puis choisissez l'intervalle de temps.

Vous avez le choix entre Tous les jours, Toutes les semaines, Toutes les deux semaines, Tous les mois ou Tous les ans. Il est également possible de personnaliser la fréquence de l'événement, par exemple pour enregistrer une date de réunion se produisant le troisième mardi de chaque trimestre.

❻ Si vous utilisez plusieurs calendriers, touchez le bouton Calendrier pour affecter cet événement à un calendrier en particulier, puis touchez celui que vous estimez approprié (privé, professionnel…).

❼ Pour définir une alerte ou un rappel, touchez le bouton Alerte puis choisissez le moment où celle-ci doit se produire.

Une alerte peut être configurée pour se déclencher au moment de l'événement, deux jours avant, la veille, deux heures avant, une heure avant, ou bien 30, 15 ou 5 minutes avant. Lorsque l'alarme se déclenche, un petit panneau apparaît au sommet de l'écran tandis qu'une alarme retentit. Touchez le rappel afin d'afficher l'événement dans Calendrier.

Définissez éventuellement un second rappel en touchant le champ Deuxième alerte.

❽ Pour ajouter un lien ou des remarques à un rendez-vous ou à un événement, touchez le champ Notes. Saisissez votre texte avec le clavier virtuel puis touchez Terminé ou la touche de fermeture du clavier (en bas à droite).

❾ Quand vous avez terminé, touchez Ajouter pour valider vos saisies et les faire apparaître dans le calendrier.

Voici quelques informations supplémentaires à propos des calendriers :

» Désactivez le son d'une alerte de calendrier en touchant Réglages > Sons > Alertes de calendrier > Aucun (ou changez simplement de son).

» Pour modifier un rendez-vous ou un événement, touchez-le, touchez Modifier, comme sur la Figure 13.8, puis effectuez les changements.

» Pour supprimer un rendez-vous ou un événement, touchez-le, touchez Modifier puis, en bas des réglages, touchez Supprimer l'événement. Confirmez ensuite la suppression.

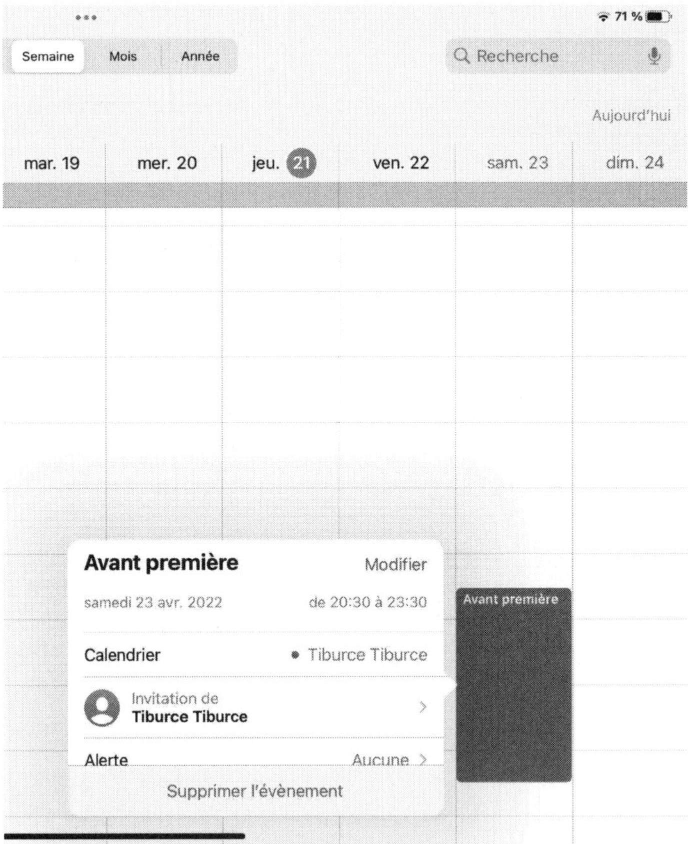

Figure 13.8 Modifier un rendez-vous.

» Les rendez-vous et événements créés dans l'iPad sont synchronisés avec ceux des autres appareils Apple (Mac, iPhone...) connectés au même réseau Wi-Fi avec les mêmes identifiants. Ils peuvent aussi être synchronisés avec le Finder d'un Mac ou iTunes (sur PC) comme expliqué au Chapitre 3.

» Si un événement est associé à un lieu repérable par votre iPad, une carte s'affichera en même que les autres informations lorsque vous le touchez (voir la Figure 13.9). Touchez-la pour lancer l'application Plans, ce qui permettra par exemple de demander à voir l'itinéraire pour vous rendre au rendez-vous.

L'application Plans est étudiée au Chapitre 6.

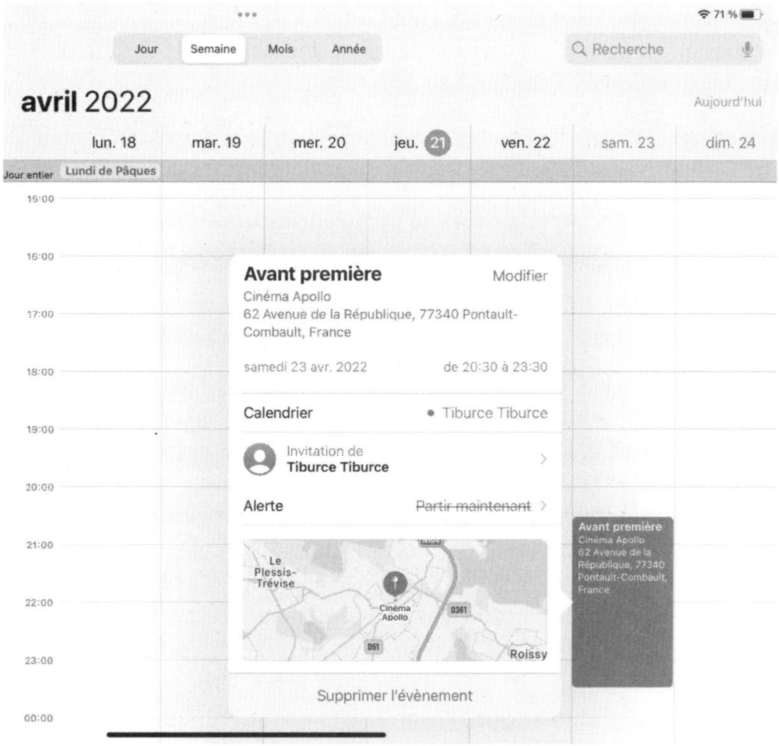

Figure 13.9 Afficher les détails d'un événement.

La fonction Push du calendrier

Si votre entreprise utilise Microsoft Exchange ActiveSync, les rendez-vous, événements et invitations à des réunions provenant de vos collègues peuvent être acheminés dans votre iPad grâce la fonction Push afin qu'ils y apparaissent quelques instants seulement après avoir été créés. Configurer un compte facilitant le « poussage », dans l'iPad, des informations issues d'un calendrier est facile, mais vous devez néanmoins obtenir l'autorisation du service informatique de l'entreprise. Suivez ensuite ces étapes, qui ressemblent beaucoup à celles de la configuration d'un compte de messagerie :

❶ Touchez Réglages > Mail > Compte > Ajouter un compte.

❷ Touchez Microsoft Exchange.

Un seul compte Exchange ActiveSync peut être configuré sur un iPad.

❸ Saisissez l'adresse de messagerie et la description, puis touchez Suivant.

❹ Dans l'écran qui apparaît, saisissez l'adresse du serveur et le mot de passe. Les autres champs contiennent déjà l'adresse de messagerie et le nom d'utilisateur que vous venez d'indiquer. Touchez Suivant.

Si votre entreprise utilise Microsoft Exchange, vous n'avez pas à saisir l'adresse du serveur Exchange car l'iPad est capable de la déterminer automatiquement.

❺ Activez le commutateur de tous les types d'informations – Mail, Contact et/ou Calendrier – que vous désirez synchroniser avec Microsoft Exchange.

L'iPad devrait maintenant être configuré, bien que certaines sociétés puissent exiger un mot de passe supplémentaire afin de mieux protéger les données sensibles de l'entreprise.

Si votre iPad professionnel est perdu ou volé, le responsable du service informatique peut l'effacer à distance.

Si vous avez l'habitude d'utiliser un agenda Google, vous pouvez facilement le synchroniser avec l'iPad en le définissant dans Réglages > Calendrier.

Vous pouvez également gérer votre agenda sur votre ordinateur. Dans votre navigateur Internet habituel, connectez-vous à votre compte Apple sur `www.icloud.com`, puis cliquez sur le bouton Calendrier. Vous constaterez de grandes similitudes avec l'application Calendrier, ce qui devrait vous épargner tout dépaysement. Comme il se doit, la synchronisation *via* iCloud est automatique et immédiate, ce qui est extrêmement pratique.

Calendrier détecte les confirmations de vols ou de réservations d'hôtel dans votre messagerie Mail. Il les inscrit automatiquement dans l'application Calendrier.

Répondre à une invitation

Un bouton Notifications, en haut à gauche de l'écran, est intéressant lorsque vous avez reçu une invitation à participer à une réunion organisée par quelqu'un.

❶ Touchez le bouton Notifications pour accéder aux invitations.

❷ Touchez un élément de la liste pour en apprendre davantage.

Supposons que l'invitation émane de votre chef. Vous pouvez savoir qu'elle est la liste des invités. Envoyez-leur un courrier électronique, si nécessaire. Vérifiez d'éventuels conflits de planning, entre autres options.

❸ Touchez Accepter pour indiquer à l'organisateur de la réunion que vous serez présent. Si vous avez mieux à faire que de céder à la réunionite ambiante (encore une réunion préliminaire à la conférence de préparation du préprojet de communication), touchez le bouton Refuser. Ou alors, si vous ne savez pas encore (il y a un pot ou un buffet ou non ?) touchez Peut-être.

S'abonner à des calendriers

Vous pouvez vous abonner à des calendriers conformes aux standards *CalDAV* et Calendrier (.ics) utilisés par les calendriers de Google et Yahoo! ainsi que par celui du Mac. Il est possible de lire les rendez-vous et événements avec l'iPad (ou les supprimer), mais pas de les modifier ni d'en créer de nouveaux.

Voici comment s'abonner à l'un de ces calendriers extérieurs :

❶ Touchez Réglages > Mail > Comptes > Ajouter un compte > Autre.

❷ Choisissez Ajouter un compte CalDAV, ou Ajouter un cal. Avec abonnement.

❸ Saisissez l'adresse Internet du serveur, ainsi que, si nécessaire, votre nom d'utilisateur, votre mot de passe et facultativement une description.

Les calendriers auxquels vous êtes abonné apparaissent dans l'iPad comme n'importe quel autre calendrier.

Les calendriers auxquels vous êtes abonné sont en lecture seule. Vous pouvez consulter, mais pas modifier, les rendez-vous et les événements, ni en ajouter d'autres.

Vérifier les rendez-vous d'un coup d'œil

Dès que l'iPad est allumé, vous pouvez vérifier instantanément ce qui est prévu pour la journée en effleurant l'écran du bord gauche vers la droite. Un panneau apparaît avec les notifications du jour. D'autres notifications parviennent en permanence et sont affichées dans un bandeau en haut de l'écran semblable à celui signalant l'heure d'un événement, comme précédemment (Figure 13.10).

Figure 13.10

L'iPad vous rappelle ce qui est prévu aujourd'hui. L'alerte d'un prochain rendez-vous vient d'apparaître.

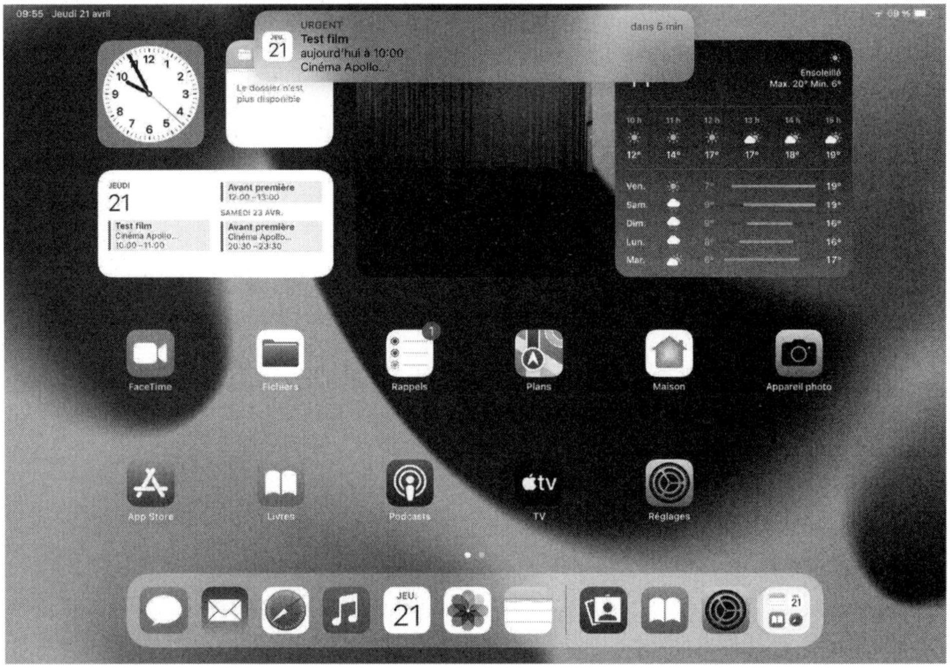

Par défaut, le panneau de notification indique les communications FaceTime et Messages en attente, les informations contenues dans Rappels (étudié plus loin), des astuces, les événements notés dans vos calendriers et des dépêches d'actualité.

D'autres notifications peuvent être ajoutées *via* Réglages > Notifications. Touchez chaque application de la liste pour indiquer si vous aimeriez également en obtenir des notifications, et pour paramétrer leur affichage.

Pour chaque application concernée, vous pouvez choisir si une alerte sera affichée sous la forme d'une bannière apparaissant brièvement en haut de l'écran, une petite fenêtre surgissant au milieu de celui-ci, ou si rien de particulier ne sera affiché. D'autres options permettent notamment de décider si les alertes doivent apparaître dans le Centre de notifications, sur l'écran verrouillé, si le nombre d'alertes doit être indiqué sur l'icône de l'application, ou encore quel son est associé aux alertes (voir la Figure 13.11).

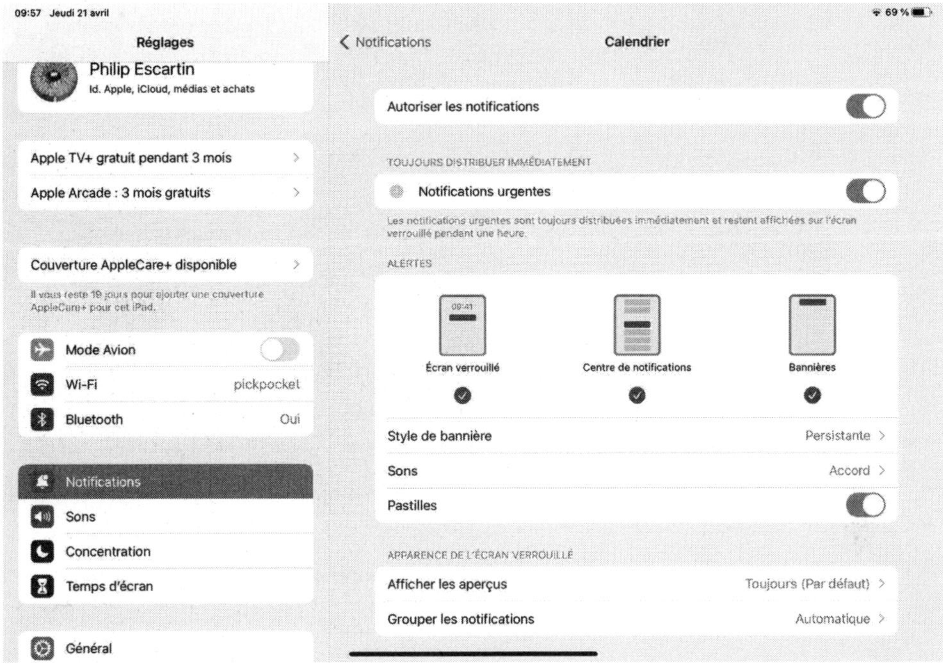

Figure 13.11 Chaque application (ou service) peut être configurée pour recevoir ou non des notifications, et sous quelle forme : sur l'écran d'accueil, dans le Centre de notification et/ou dans une bannière.

L'horloge

L'horloge de l'iPad sert à donner l'heure. La belle affaire, direz-vous, puisque de toute façon, elle est affichée en permanence sur la barre d'état de l'iPad et aussi directement sur l'icône.

L'iPad peut afficher l'heure locale dans de nombreuses villes du monde (voir la Figure 13.12) .

La carte indique les zones diurnes et nocturnes. C'est bien commode pour ne pas réveiller quelqu'un au milieu de la nuit par inadvertance.

Voici comment afficher une horloge montrant l'heure dans une ville de votre choix :

Figure 13.12 L'iPad vous donne l'heure (presque) partout dans le monde.

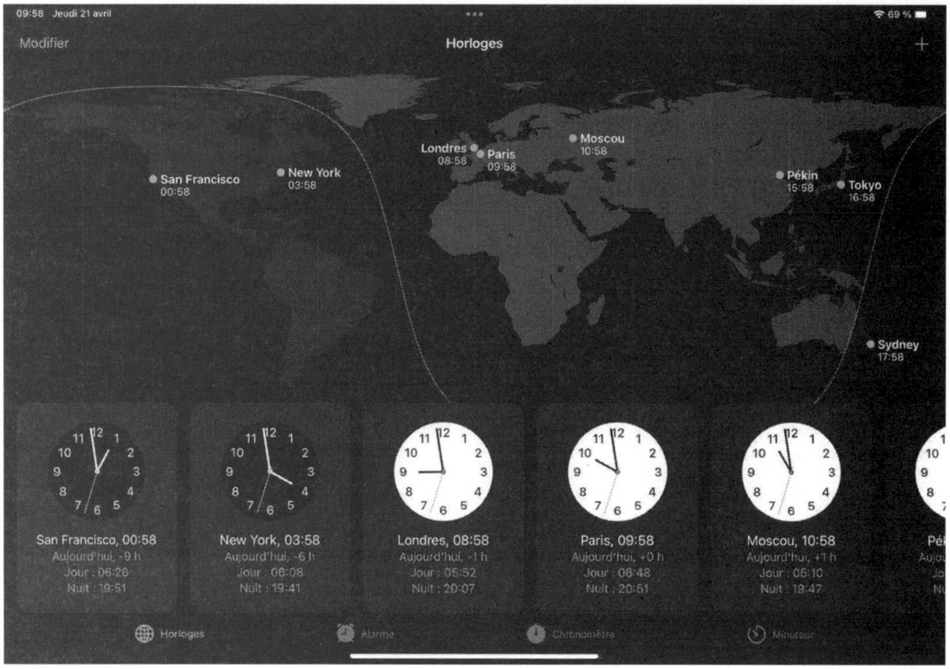

❶ Touchez le bouton +, en haut à droite de la fenêtre Horloges.

Une longue liste de villes apparaît.

❷ Indiquez le nom d'une ville de l'une de ces manières :

- En touchant le champ de saisie au-dessus de la liste et en tapant ensuite le nom de la ville.
- En faisant défiler la liste, soit avec le doigt, soit en touchant une des lettres de l'alphabet, à droite, pour accéder plus vite à la partie de la liste qui vous intéresse. Touchez ensuite le nom de la ville.

L'horloge est aussitôt ajoutée. Si le fond du cadran est blanc, cela signifie que l'heure locale est celle du jour; si le fond du cadran est noir, il fait nuit. La mention Aujourd'hui, Jour ou Nuit, sous chaque horloge, vous aide à situer ces lieux dans les fuseaux horaires en fonction de la ligne de changement de date.

❸ Pour modifier la disposition des horloges, touchez le bouton Modifier, en haut à gauche.

La liste des horloges apparaît.

❹ Touchez le signe moins - devant le nom d'une ville pour l'ôter.

❺ **Touchez le bouton OK en haut à gauche pour valider vos modifications.**

Remarquez les quatre boutons au pied de l'écran. Hormis Horloges que nous venons de voir, vous découvrez les boutons Alarme, Chronomètre et Minuteur. Examinons-les brièvement.

Alarme

Cette fonction sert à rappeler l'heure d'un rendez-vous dans la journée, par exemple. Voici comment régler une alarme :

❶ **Sur l'écran d'accueil, touchez l'icône Horloge. Touchez ensuite le bouton Alarme, en bas de l'écran.**

❷ **Touchez le bouton +, en haut à droite, puis réglez l'heure dans le champ Heure, comme sur la Figure 13.13.**

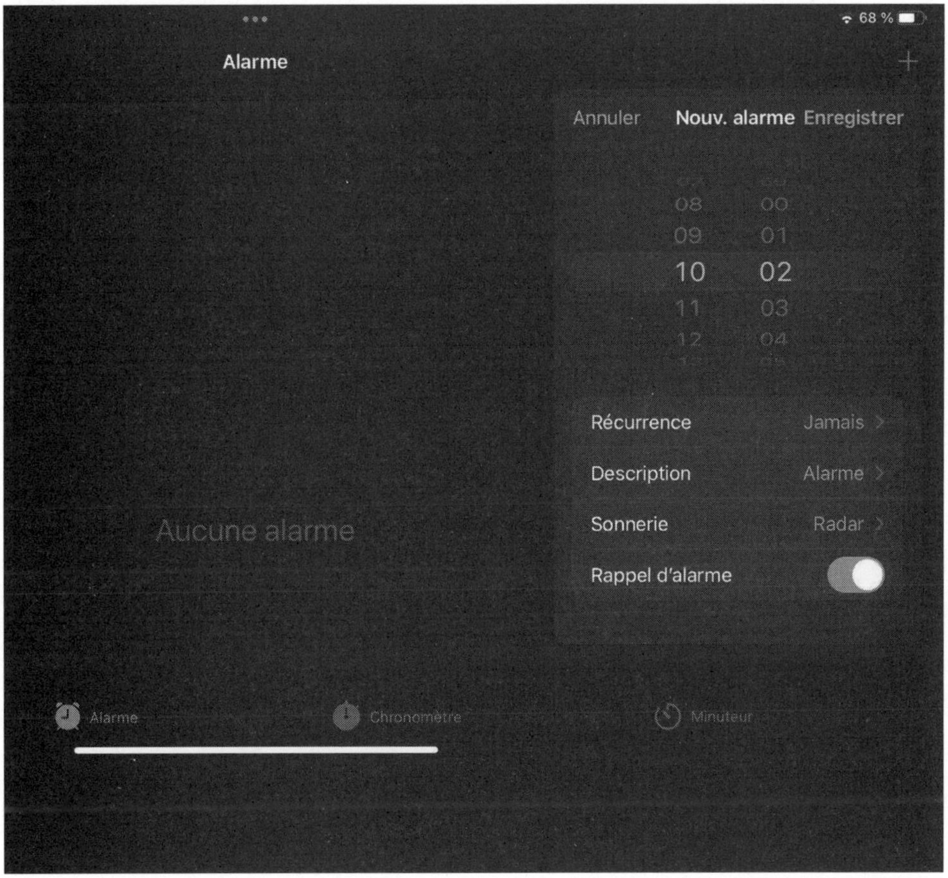

Figure 13.13 Une alarme est en train d'être définie.

❸ (Facultatif) Si l'alarme doit se produire chacun des jours de la semaine, touchez l'option Récurrence puis choisissez le jour.

❹ Dans Description, indiquez succinctement à quoi se rapporte l'alarme (rendez-vous, train à prendre, coup de fil...).

❺ Choisissez éventuellement une sonnerie après avoir touché l'option Sonnerie.

❻ Touchez le bouton Enregistrer, en haut à droite du panneau.

L'alarme apparaît avec ses détails.

Vous pouvez désactiver une alarme afin de l'empêcher de sonner intempestivement en pleine réunion ou en plein concert en désactivant son commutateur. Vous pouvez ainsi vérifier visuellement vos alarmes – il est possible d'en créer autant que l'on veut – sans déranger personne.

Quand une alarme a été réglée, une petite icône en forme de réveil est visible près de l'icône de la batterie, dans la barre d'état en haut à droite de l'iPad.

Chronomètre

Toucher le bouton Chronomètre, en bas de l'application Horloge, affiche un compteur permettant de chronométrer une durée jusqu'à 99 minutes, 99 secondes et 99 centièmes.

Le bouton Démarrer est accompagné par un bouton Temps au tour permettant de relever le temps à chaque tour. Ces temps apparaissent dans une liste (voir la Figure 13.14). Les temps de chaque tour sont listés dans la colonne centrale, les durées totales de chaque tour se trouvent à droite. Pour relancer le chronomètre, touchez le bouton Effacer.

Minuteur

Touchez le bouton Minuteur, en bas de l'application Horloge, pour afficher un compte à rebours fort utile pour cuire des œufs ou vous rappeler d'alimenter le parcmètre.

La durée maximale est de 23 heures et 59 minutes. Réglez le temps à décompter, puis touchez le bouton Démarrer.

Le bouton orné d'une note de musique (sous le cadran principal) permet de choisir la sonnerie qui vous annoncera la fin du décompte.

Figure 13.14
La durée totale est indiquée en gros chiffres, et le temps du tour en cours est indiqué juste dessous.

Les rappels

L'application Rappels est une version plus sophistiquée des événements du calendrier. Elle est en effet capable de savoir où vous êtes en ce bas monde et elle collabore activement avec les applications Calendrier, Outlook et iCloud. Rappelons que ce dernier est capable de synchroniser vos rappels entre tous les ordinateurs et appareils mobiles fonctionnant sous iOS/iPadOS.

Les rappels sont classés par listes. Apple en propose une par défaut, mais vous pouvez créer les vôtres : une pour les courses, une pour les tâches professionnelles... Les rappels peuvent être affichés dans une liste ou par dates.

Pour ajouter un élément dans un affichage en liste, touchez une ligne puis saisissez l'élément à ne pas oublier.

Pour créer une liste de rappels, touchez Ajouter une liste (Figure 13.15), en bas à gauche. Pour modifier la liste des rappels, touchez Modifier.

Figure 13.15 L'app Rappels.

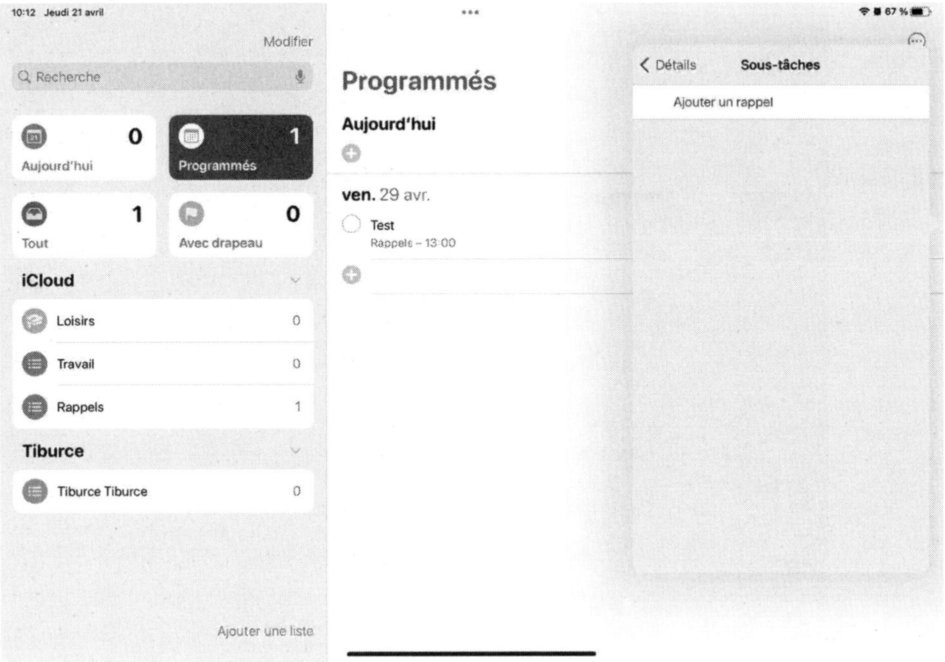

Les contacts

Vous avez appris au Chapitre 3 consacré à la synchronisation, comment transférer dans l'iPad les adresses électroniques, les adresses postales et les numéros de téléphone qui se trouvent dans votre Mac ou dans votre PC. Si vous avez déjà synchronisé vos données, toutes ces informations sont réunies en un seul endroit et sont accessibles en touchant l'icône Contacts sur l'écran d'accueil.

Ajouter et voir des contacts

Pour ajouter des contacts à partir de l'application Contacts, touchez le bouton « + » en haut de l'écran, puis saisissez les informations concernant la personne. Touchez Ajouter une photo, puis sélectionnez une image parmi vos albums. Les informations peuvent être modifiées par la suite avec le bouton Modifier lorsque le nom d'un contact est sélectionné.

La liste des contacts apparaît dans la colonne de gauche (voir la Figure 13.16). La colonne de droite contient les détails à propos de la personne sélectionnée (adresses électronique et postale, numéro de téléphone, date de naissance...). Des notes peuvent être ajoutées.

Figure 13.16 Les contacts se trouvent dans un carnet d'adresses virtuel.

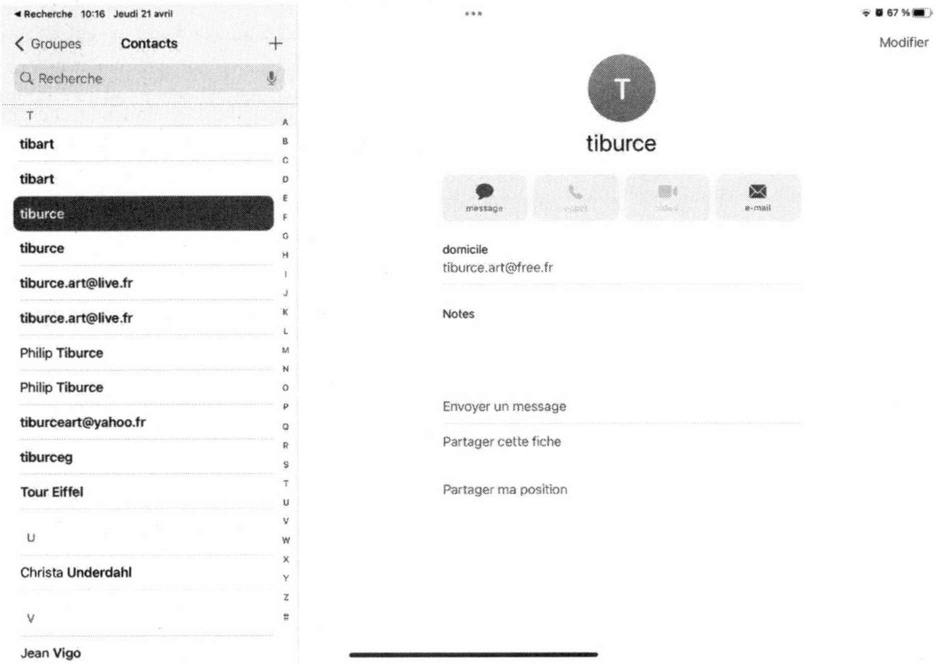

Trois actions permettent de localiser un contact :

» **Effleurer la liste pour la faire défiler vers le haut ou vers le bas.** Ce n'est pas forcément le moyen le plus rapide, mais il est efficace lorsque la liste n'est pas trop longue.

» **Toucher une lettre sur le bord droit du carnet.** Une série de lettres apparaît sur le côté droit de la colonne de gauche s'il y a suffisamment de contacts dans votre carnet d'adresses. Faites glisser votre doigt sur les lettres.

» **Saisir le nom du contact dans le champ Rechercher, en haut de la liste, ou le nom de l'entreprise où il travaille.** Dès que le contact recherché apparaît, mettez fin au défilement en touchant l'écran.

Quand vous touchez l'écran pour arrêter le défilement, le toucher en question ne sélectionne rien. Cela peut sembler gênant de prime abord, mais vous verrez à l'usage que c'est finalement une bonne solution.

La manière d'afficher les contacts est modifiable. Touchez Réglages > Contacts > Ordre d'affichage et choisissez l'une des options : Prénom Nom ou Nom Prénom.

Rechercher un contact

Vous pouvez rechercher un contact en saisissant son nom ou son prénom dans le champ Recherche, ou en saisissant le nom de l'entreprise.

Vous pouvez retrouver un nom, dans votre iPad, sans recourir à l'application Contacts. Commencez à le saisir dans le champ de recherche Spotlight (décrit au Chapitre 2) puis touchez le nom dans la liste des résultats. Si la recherche est effectuée à partir d'un compte Microsoft Exchange, vous devriez pouvoir rechercher dans la liste d'adresses Globale, de l'une des deux façons suivantes :

» **Touchez le bouton Groupes, puis touchez le nom du serveur Exchange pour voir la liste des contacts. Les groupes peuvent contenir les différents services de l'entreprise, ou des noms regroupés par affinités, etc.**

» **Ou alors, recherchez un serveur LDAP (*Lightweight Directory Access Protocol,* protocole léger d'accès aux annuaires).**

Écrire à vos contacts et les partager

Un courrier électronique peut être initié depuis la fiche d'un contact en touchant son adresse électronique. Cette action démarre l'application Mail et place spontanément le nom du contact dans le champ À. Reportez-vous au Chapitre 5 pour en savoir plus sur le courrier électronique.

Les informations à propos d'un contact – son profil, si vous préférez – peuvent être diffusées. Touchez Partager cette fiche, puis choisissez d'envoyer la fiche à l'aide des applications Message ou Mail. Cette fois, c'est la carte de visite virtuelle du contact, c'est-à-dire un fichier au format vCard, dont l'extension est .vcf, qui est placée dans le corps du message. Envoyez ce dernier normalement.

Enfin, toucher l'adresse postale d'un contact démarre l'application Plans qui localise cet endroit.

Supprimer un contact

Vous avez cessé de collaborer avec un contact professionnel. Ou alors, si c'est un contact personnel, voire plus si affinités, c'est le désamour. Vous voulez rayer cette personne, non seulement de votre mémoire, mais aussi de celle de l'iPad.

Quoi qu'il en soit, rien n'est plus simple que d'éliminer cette personne (de l'iPad bien sûr, pas physiquement...). Touchez le contact puis le bouton Modifier. Touchez Supprimer le contact (tout en bas de la fiche du contact, voir Figure 13.17). L'iPad vous laisse alors une dernière chance de renoncer à cette funeste action.

Figure 13.17 Supprimer un contact.

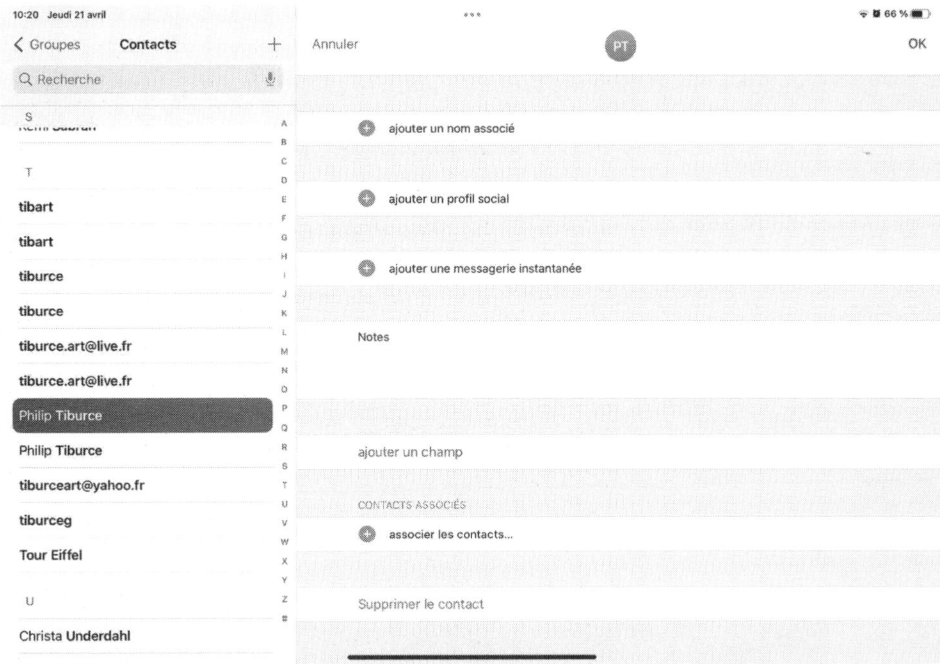

Travailler avec l'iPad

Apple a toujours eu le souci de créer des produits très *design* et de soigner le *look* de ses logiciels, surtout les applications audiovisuelles. À tel point que l'on oublierait presque que bon nombre de logiciels servent d'abord à travailler.

L'Apple Store contient trois applications de bureautique concoctées par Apple. Il s'agit de Keynote (réalisation de présentation), de Pages (traitement de texte) et de Numbers (tableur). Elles sont téléchargeables gratuitement depuis l'Apple Store.

Keynote, Pages et Numbers sont respectivement compatibles avec les applications Microsoft PowerPoint, Word et Excel.

Présentation de Keynote

Keynote sert à créer de belles présentations que vous montrerez à vos collègues, clients ou à vos proches.

Lorsque vous démarrez Keynote pour la première fois, un didacticiel vous propose aussitôt de vous montrer son fonctionnement. Il en va de même pour les deux autres applications bureautiques que sont Pages et Numbers.

Voici le principe : à gauche de l'application se trouve le navigateur, une colonne contenant une miniature de chacune des diapositives de la présentation. Pour les voir toutes, faites défiler la colonne, le cas échéant.

Les diapositives peuvent être repositionnées les unes par rapport aux autres en les faisant glisser. Touchez-en une pour la couper, la copier, la coller, la supprimer ou la masquer. En bas du navigateur, le bouton « + » sert, comme vous l'avez sans doute deviné, à ajouter une nouvelle diapositive.

Vous trouverez les commandes suivantes (voir Figure 13.18) sur la barre d'outils de Keynote :

Figure 13.18 Les commandes de Keynote.

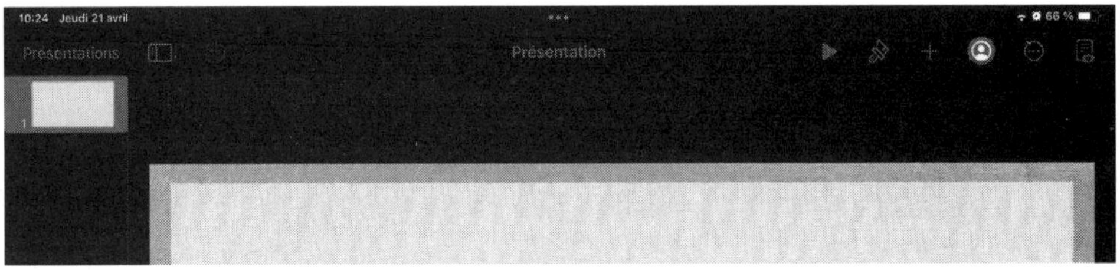

» **Présentations :** touchez ce bouton, en haut à gauche de l'écran, pour accéder à toutes les présentations que vous avez créées ou qui sont en cours de réalisation.

» **Mode d'affichage :** touchez ce bouton afin de choisir un mode d'affichage : soit avec le navigateur de diapositives à gauche et la diapositive en cours à droite, soit un panorama des diapositives sous forme de miniatures.

» **Annuler l'action :** en cas d'erreur, touchez ce bouton pour annuler la commande que vous venez d'effectuer.

» **Lecture :** touchez ce bouton pour visionner votre présentation.

» **Pinceau :** touchez ce bouton pour modifier les propriétés d'un objet ou d'un texte (par exemple, pour ajouter une ombre ou un reflet à un objet).

» **+ :** cette commande sert à placer une photo, un tableau, un graphique ou une forme dans la diapositive.

» **Collaboration** : utilisez cette icône pour configurer la collaboration. Cela permet de travailler à plusieurs sur le même projet.

» ... : cette commande ouvre un menu offrant la possibilité de partager la présentation, de modifier les transitions, d'effectuer une recherche dans le diaporama, d'afficher les notes de l'intervenant, d'afficher les outils de présentation, d'accéder aux réglages, de définir un mot de passe, d'imprimer le diaporama (à condition de posséder une imprimante compatible) et d'obtenir de l'aide, entre autres options.

» Mode lecture : affiche des outils de lecture de la présentation.

Voici à présent comment mettre toutes ces notions en pratique :

1. Touchez le bouton Créer une présentation (+).

2. Cliquez sur Choisir un thème.

La Figure 13.19 en montre une partie, les thèmes sont un excellent point de départ pour une création. Ils contiennent du texte et des illustrations de substitution que l'on peut remplacer par les siens.

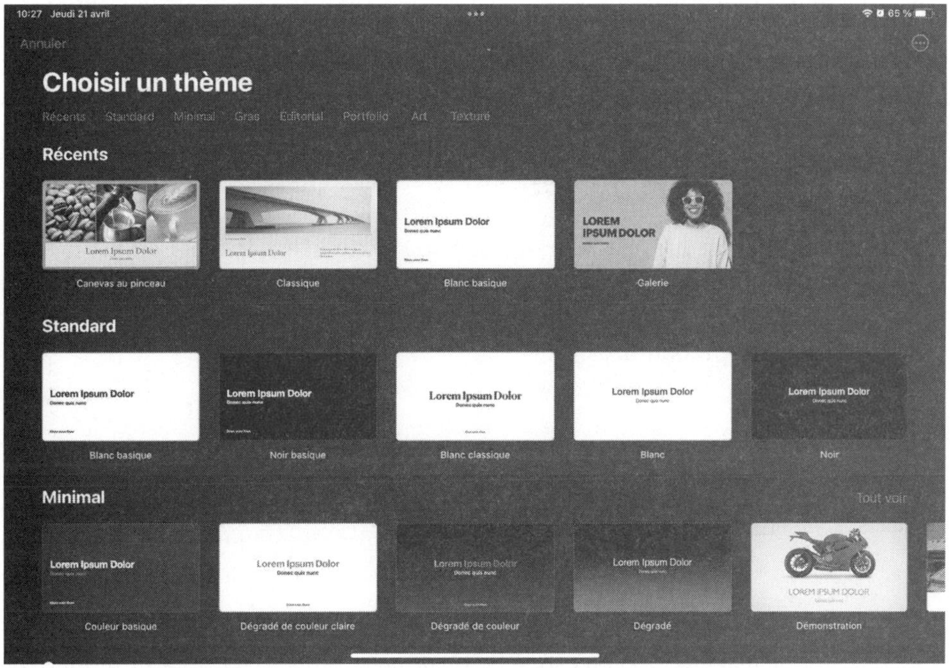

Figure 13.19
Choisissez un thème.

❸ Si vous le désirez, importez une présentation Keynote ou PowerPoint depuis votre ordinateur.

Connectez l'iPad à l'ordinateur, démarrez iTunes puis choisissez Partage de fichiers. Dans la page Partage de fichiers, cliquez sur l'icône de Keynote. Cliquez sur Ajouter un fichier puis, dans le sélecteur, choisissez le fichier de la présentation à transférer dans l'iPad, sélectionnez-le puis cliquez sur le bouton Ouvrir.

Une présentation Keynote peut être exportée au format .key, .pdf et .ppt. Ce dernier est celui de Microsoft PowerPoint.

Voici à présent comment exporter une présentation :

❶ **Touchez les trois points en haut à droite de l'écran.**

❷ **Dans le menu local qui s'affiche, touchez Exporter.**

❸ **Choisissez le format d'exportation dans le sous-menu qui s'ouvre.**

Pour partager une présentation, choisissez Partager en lieu et place d'Exporter dans ce même menu local. Ensuite, choisissez le mode de partage.

Un fichier Keynote étant généralement volumineux, vous ne pourrez probablement pas l'envoyer par Mail. Une solution consiste à le faire transiter par iCloud.

Document Pages

Pages est à la fois un traitement de texte et un logiciel de mise en page. Touchez le bouton +, en haut à droite, pour accéder à la création d'un document. Pages propose d'ouvrir un document vierge (Figure 13.20) ou l'un des nombreux modèles prédéfinis.

Figure 13.20 Les commandes de Pages.

Comme son alter ego du Mac, Pages permet de créer un document à partir d'un modèle prédéfini, bien que la page blanche convienne à la plupart des utilisateurs. Il existe des modèles pour le courrier, des CV, des rapports, des invitations, *etc.*

Voici quelques recommandations pour travailler avec Pages :

- **Double-toucher un mot affiche une règle en haut du document. Utilisez-la pour modifier le style des caractères (gras, italique, soulignement), l'alignement du texte et les sauts de page.**
- **Comme dans Keynote, des objets peuvent être déplacés, redimensionnés et pivotés, et vous pouvez en ajouter d'autres.**
- **Faites glisser le bord gauche vers la droite pour afficher le Navigateur de pages.**
- **Si vous pensez écrire beaucoup, envisagez l'acquisition d'un clavier sans fil Bluetooth.**
- **Touchez... > Partager pour envoyer un document Pages par courrier électronique ou par Message. Touchez... > Exporter pour l'exporter au format de fichier RTF, PDF, Word ou ePub (livre numérique).**

La mise en page des documents importés dans Pages – mais aussi dans les autres applications iWork – n'est pas toujours fidèle à l'original. Des polices peuvent être manquantes et de ce fait remplacées par d'autres, les en-têtes et pieds de page peuvent avoir disparu ou être faussés, *etc.*

Les chiffres avec Numbers

De toutes les applications, le tableur Numbers est sans doute celle qui exploite le mieux la fonction Multi-Touch et permet de devenir en un rien de temps un as de la moulinette à chiffres. Sa barre d'outils supérieure est similaire à celle de Keynote et Pages ; le bouton à gauche est nommé Feuilles de calcul.

Numbers contient plusieurs dizaines de modèles qui apparaissent après avoir touché le bouton Créer un document. Vous avez le choix entre divers modèles, comme Calculateur de l'emprunt, Épargne personnelle, Liste de pointage, Budget, etc.

Voici quelques recommandations pour travailler avec Numbers :

- **Vous pouvez importer des feuilles de calcul créées avec la version pour Mac de Numbers, de même que des dossiers Excel créés sur un PC ou sur un Mac. Et bien sûr, vous pouvez démarrer sur une feuille de calcul vierge.**
- **Pour saisir des données dans une cellule, double-touchez-la pour afficher le clavier virtuel approprié au format de cellule (nombres, texte, date et heure, durée).**

- De nombreuses fonctions et formules (arithmétique, statistiques, finance, ingénierie…) sont intégrées dans l'application.
- Tableaux et graphiques sont tout aussi attrayants que dans les versions pour Mac.
- Une feuille de calcul peut être partagée *via* iCloud, vous pouvez aussi envoyer une copie sur iTunes ou par message (iMessage ou Mail).

Touchez l'icône en haut à droite arborant trois points de suspension, visible à la Figure 13.21, puis Partager ou Exporter.

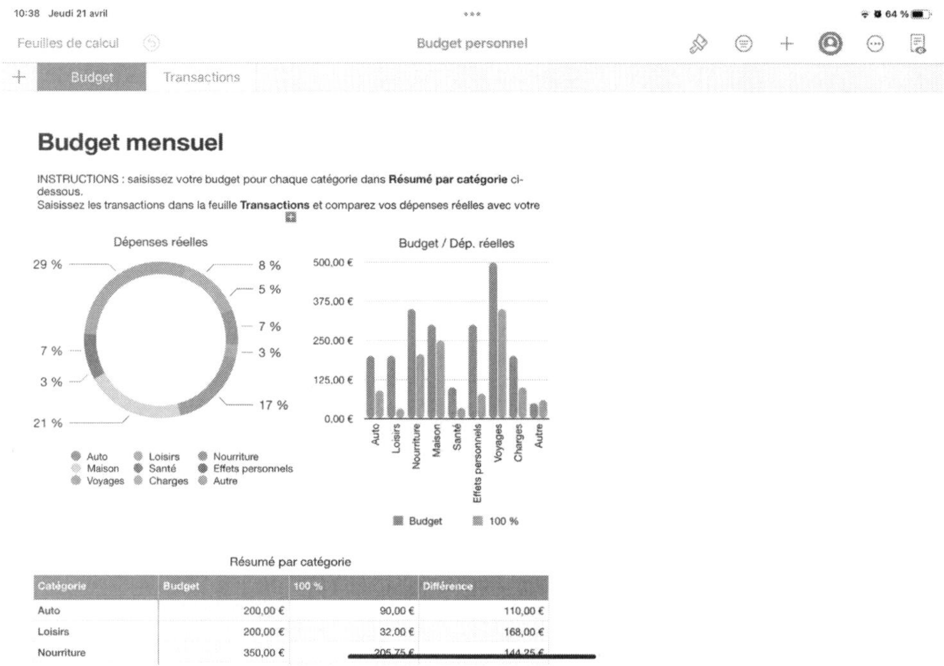

Figure 13.21 Une feuille de calcul de Numbers.

Voilà donc pour le travail avec l'iPad. Ce n'est pas si mal, et c'est même presque amusant.

Quatrième partie

L'iPad personnalisé

DANS CETTE PARTIE...

Vous découvrirez ici ce qui se cache dans votre iPad et comment le configurer selon vos préférences. Puis nous verrons comment ramener un iPad récalcitrant à de meilleurs sentiments.

Le Chapitre 14 fait le tour de tous les réglages qui n'ont pas été étudiés en profondeur auparavant dans ce livre. L'iPad est truffé de dizaines de réglages et de préférences qui le personnalisent. À la fin de ce chapitre, ils n'auront plus de secrets pour vous.

L'iPad est une brave bête, sauf lorsqu'il fait des siennes. Comme une jolie petite fille aux boucles blondes, elle peut être adorable et se transformer soudainement en horrible petite chose pleine de caprices qui dit non à tout. Le Chapitre 15 est une sorte de guide de dépannage de l'iPad. Vous apprendrez ce qu'il faut faire quand (presque) rien ne va plus. Vous n'aurez peut-être jamais besoin de le lire – nous l'espérons du moins –, mais il est bon de savoir qu'il existe.

Étui de transport, clavier réel, etc., le Chapitre 16 présente quelques accessoires intéressants. Bien qu'ils ne soient pas livrés avec l'iPad, ils nous paraissent cependant fort utiles.

DANS CE CHAPITRE

Quelques généralités.

Activer le mode Avion.

Préparer les réseaux.

La connexion Bluetooth.

Les statistiques d'utilisation.

Configurer les notifications.

La localisation.

Son et luminosité.

Retrouver un iPad perdu.

Chapitre 14

Réglages et préférences

Vous adorez personnaliser tous vos appareils? Les configurer à votre manière? Vous êtes à la bonne adresse, ou plutôt, au bon chapitre.

Les réglages de l'iPad servent à le personnaliser. Pour y accéder, touchez le bouton Réglages, sur l'écran d'accueil et, à partir de là, vous pourrez modifier divers éléments comme le fond d'écran, ou choisir Google ou Yahoo! comme moteurs de recherche de prédilection. Vous pourrez aussi modifier les paramètres de sécurité de Safari et configurer Mail, notamment ses fonctions Push et de récupération.

Les réglages de l'iPad ressemblent un peu aux préférences du Mac et au Panneau de configuration de Windows.

Nous ne reviendrons pas sur les réglages abordés par ailleurs dans ce livre. Il en reste bien suffisamment à découvrir pour justifier le présent chapitre.

Le panneau Réglages

Toucher Réglages > Général le panneau que montre la Figure 14.1. Les réglages apparaissent dans le volet de gauche, les paramètres de l'option sélectionnée à droite.

Un chevron (>) à droite d'un paramètre signale qu'il comprend un certain nombre d'options. Vous y aurez souvent recours.

Figure 14.1 Une partie des nombreux réglages de l'iPad.

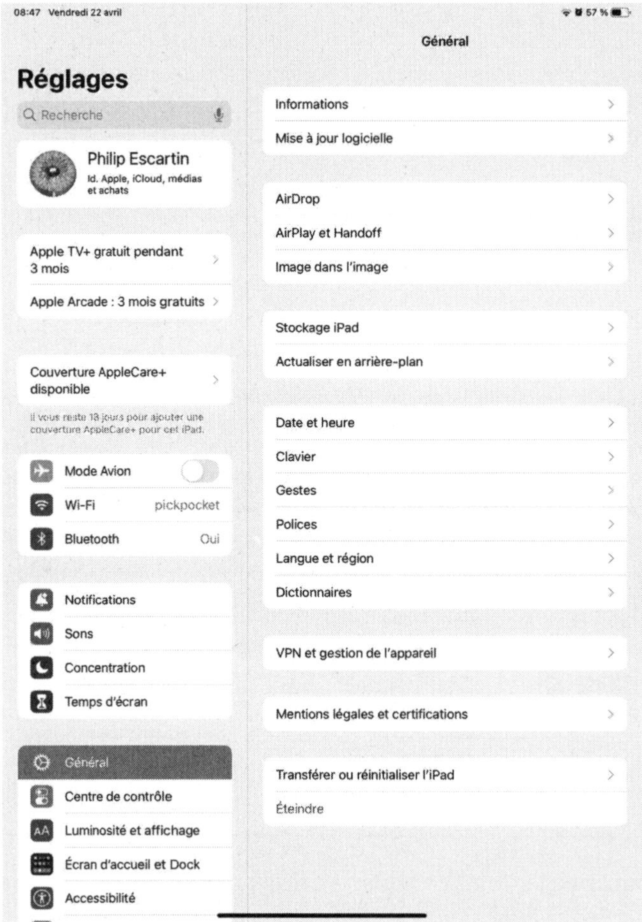

Faites défiler le volet de gauche pour voir, tout en bas, les réglages des applications tierces que vous avez éventuellement téléchargées dans l'iPad.

Les réglages de haut vol

Il est interdit d'utiliser un téléphone mobile dans un avion, mais pas d'écouter de la musique, de regarder des vidéos ou des photos, du moins une fois que l'avion a atteint son altitude de croisière et que l'équipage a autorisé l'utilisation des appareils électroniques.

Comment désactiver les fonctions de télécommunication non autorisées? En activant tout simplement la fonction Avion. Il suffit pour cela de toucher Réglages > Mode Avion afin que le bouton soit vert (et non blanc).

Toutes les communications radio de l'iPad – Wi-Fi, Bluetooth, mais aussi EDGE/3G/4G/5G sur les iPad Wi-Fi + Cellular – sont coupées. La navigation sur Internet est bien sûr impossible, de même que l'envoi ou la réception du courrier électronique, l'accès aux réseaux sociaux, aux boutiques iTunes Store et App Store, la synchronisation des contacts, en bref tout ce qui passe par une connexion Internet. L'avantage est l'amélioration de l'autonomie de la batterie, ce qui est appréciable lors d'un vol intercontinental.

L'icône en forme d'avion, à droite dans la barre d'état en haut de l'écran, indique que le mode Avion est actif. Pensez à le désactiver après l'atterrissage.

Contrôler la connexion Wi-Fi

Comme mentionné au Chapitre 4, le réseau Wi-Fi est le plus rapide sur l'iPad. Vous l'utilisez pour visiter des pages Internet, échanger du courrier ou exécuter d'autres tâches liées à l'Internet. Les réglages Wi-Fi permettent de connaître les réseaux disponibles, la force de leur signal, et choisir celui auquel vous désirez vous connecter.

Touchez Réglages > Wi-Fi puis le commutateur Wi-Fi afin d'activer cette fonctionnalité. Tous les réseaux à portée sont affichés, ainsi que l'illustre la Figure 14.2.

Touchez le commutateur Wi-Fi pour le désactiver si aucun réseau Wi-Fi ne se trouve dans les parages. Vous économiserez ainsi la batterie.

Un indicateur de force du signal, à droite de chaque réseau détecté, permet de choisir le réseau le plus performant, si plusieurs sont disponibles.

Figure 14.2 Les options du Wi-Fi. Remarquez la présence de Roudoudou, l'iPhone qui partage sa communication.

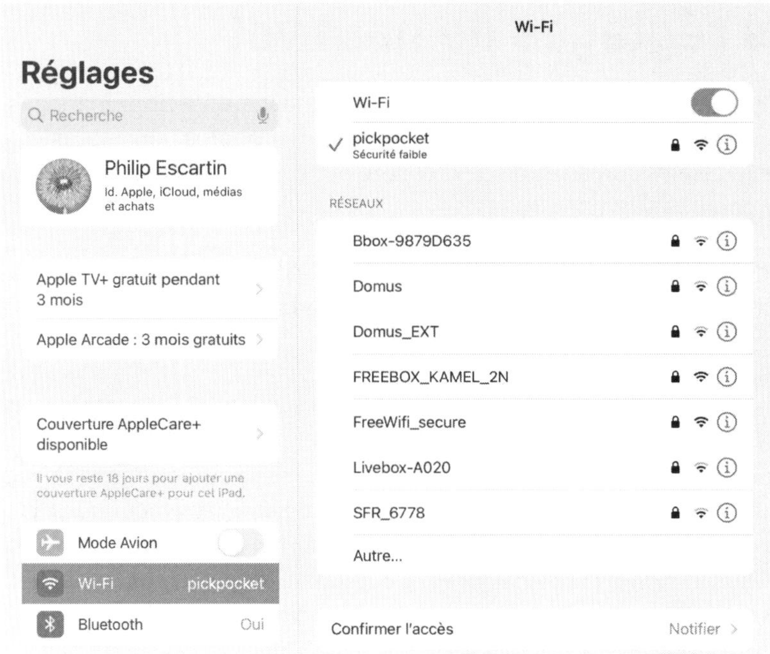

Un cadenas signale les réseaux protégés par un mot de passe.

Vous pouvez aussi activer ou désactiver l'option Confirmer l'accès. L'iPad se connecte automatiquement aux réseaux qui lui sont familiers, quel que soit celui que vous avez choisi. Si la fonction Confirmer l'accès est désactivée et qu'aucun réseau reconnu ne soit à portée, vous devrez sélectionner un réseau manuellement. Si elle est active, l'iPad vous demandera votre accord pour établir la connexion avec un nouveau réseau. Dans les deux cas, la liste des réseaux Wi-Fi à portée est affichée.

Si vous ne voulez plus que l'iPad se connecte à un réseau que vous utilisiez précédemment, touchez le bouton *i*, à côté du réseau en question, dans le réglage Wi-Fi, puis touchez l'option Oublier ce réseau. L'iPad est très doué pour l'amnésie sélective !

Il peut arriver que vous deviez fournir des informations techniques à propos du réseau auquel vous désirez vous connecter. Vous serez alors confronté à des termes aussi sibyllins que DHCP, BootP, adresse IP statique, masque de sous-réseau, routeur, DNS, domaine de recherche, identifiant client, Proxy HTTP, bail de renouvellement (rien à voir avec l'immobilier ou l'automobile), etc. Il se peut que ces termes ne vous disent absolument rien. Ce n'est pas grave. Finalement, c'est peut-être une bonne chose de ne pas être obligé de connaître tout cela. Et si vous devez configurer l'un de ces paramètres, l'administrateur de réseau du service informatique ou quelqu'un qui s'y connaît en informatique vous aidera sans aucun doute.

Parfois, vous voudrez vous connecter à un réseau qui est fermé et n'apparaît pas dans la liste Wi-Fi. Dans ce cas, touchez Autre puis saisissez le nom du réseau avec le clavier virtuel. Sélectionnez ensuite le type de clé de sécurité utilisé par ce réseau, si cela vous est demandé. Les choix sont WEP, WPA, WPA2, WPA Entreprise et WPA2 Entreprise. Là encore, cette terminologie n'est pas des plus claires, mais il y aura sûrement quelqu'un pour vous aider.

Si aucun réseau Wi-Fi n'est à portée ou accessible, vous devrez vous connecter au réseau 3G/4G/5G ou EDGE, si votre iPad est un modèle Wi-Fi + Cellular. Si le lieu où vous vous trouvez n'est couvert par aucun de ces réseaux, l'accès au cyberespace vous sera fermé.

Bluetooth

De tous les termes techniques qui pullulent dans le monde informatique, *Bluetooth* est l'un de mes préférés. Ce nom (« dent bleue » en bon français) provient d'un monarque danois du xe siècle, Harald Blåtand, qui unifia la Scandinavie. Son surnom, Blåtand, « dent bleue », provient de la couleur que donnaient à ses dents les myrtilles dont il raffolait. Comme la technologie en question a été initialement développée par la société suédoise Ericsson, et qu'elle est censée unifier les échanges avec toutes sortes d'appareils, il était normal de la baptiser du nom de l'illustre unificateur *myrtillophage*.

Harald Blåtand était assurément en avance sur son époque. Il n'a certes jamais pianoté sur le clavier d'un ordinateur ni effleuré l'écran d'un iPad, mais quantité d'appareils et de périphériques portent son surnom. Sur l'iPad, Bluetooth permet de communiquer sans fil avec un casque-microphone compatible ou avec un clavier. Ces accessoires peuvent être fabriqués par Apple, mais aussi être d'une autre marque. Pour que la communication puisse être établie, il faut coupler, ou plus exactement jumeler, l'iPad et le périphérique. Si vous utilisez un appareil d'une autre marque qu'Apple, consultez son manuel pour savoir comment le rendre détectable. Ensuite, activez la fonction Bluetooth, sous Réglages > Bluetooth, afin que l'iPad recherche le matériel Bluetooth présent dans les environs. Sur la Figure 14.3, un autre appareil vient d'être découvert et demande à être jumelé à l'iPad. La portée de Bluetooth est d'environ 10 mètres.

Figure 14.3 Jumelage de l'iPad et d'un autre appareil.

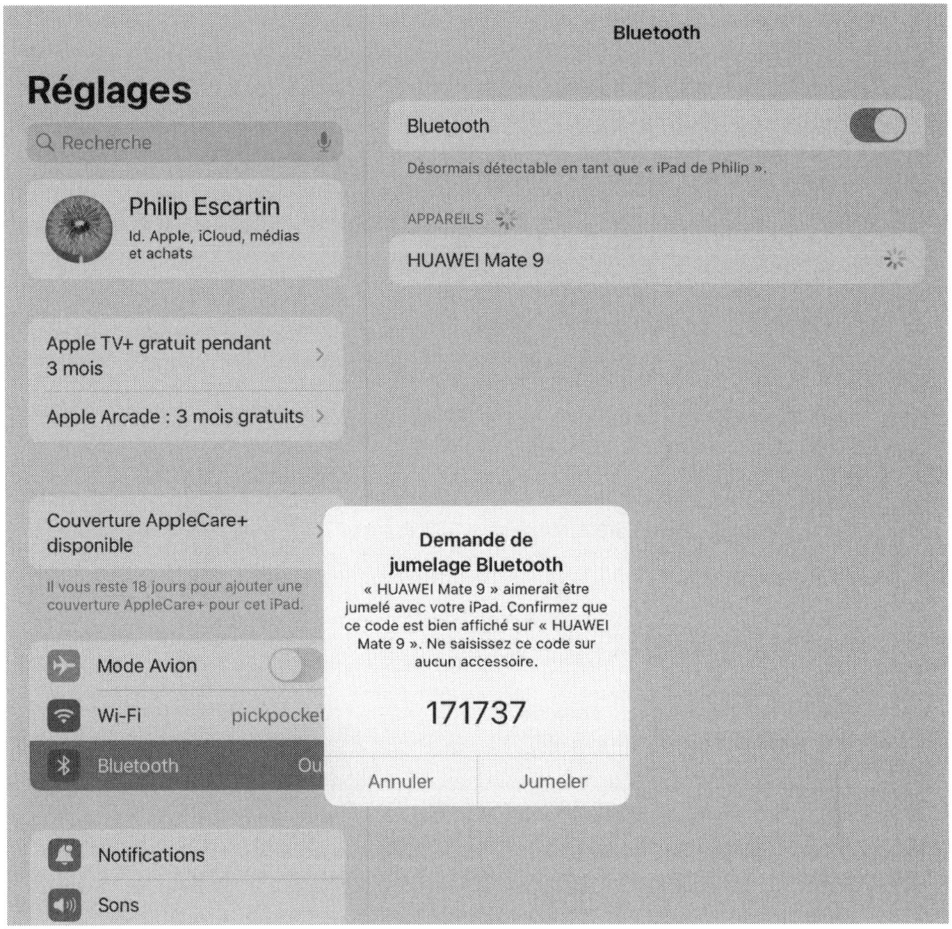

La petite icône Bluetooth, dans la barre d'état, indique que la fonction Bluetooth est active. Si elle est noire, cela signifie que la connexion avec un appareil sans fil est établie. Si elle est grise, Bluetooth est activé sur l'iPad, mais aucun appareil jumelé n'est à portée. Si l'icône Bluetooth n'est pas affichée, cela signifie que la fonction n'est pas active.

Pour supprimer le jumelage avec un appareil, touchez le *i* en regard de l'appareil en question, puis touchez Oublier cet appareil.

L'iPad gère la stéréophonie, lorsqu'un casque Bluetooth est jumelé. Vous bénéficiez ainsi d'un son de qualité pour écouter de la musique.

Il existe d'autres moyens pour l'iPad d'utiliser Bluetooth. Il peut, par exemple, exploiter la connectivité pair-à-pair, autorisant ainsi le jeu en réseau avec tous les autres iPad, iPhone et iPod touch situés à portée. Bluetooth permet aussi d'échanger des cartes de visite, des photos et de brèves notes. Il n'est même pas nécessaire de jumeler ces équipements, contrairement aux casques et claviers.

Vous ne pouvez pas utiliser Bluetooth pour échanger des fichiers ou effectuer une synchronisation entre l'iPad et l'ordinateur. Vous ne pouvez pas non plus utiliser une imprimante Bluetooth. Pourquoi? Parce que l'iPad ne reconnaît aucun des profils – ou spécifications – exigés par ces équipements pour gérer les fichiers, du moins pas au moment où ces lignes sont rédigées. Cela peut également s'appliquer à des smartphones ou tablettes d'autres constructeurs... ce qui est carrément une honte!

Les options de données cellulaires

Les options de données cellulaires n'ont rien à voir avec les prisons, maisons d'arrêt et autres bagnes. Ce sont des options de connexion au réseau d'un opérateur de télécommunication qui n'existent que dans les iPad Wi-Fi + Cellular. Ils sont équipés d'une carte SIM permettant d'échanger des données – mais pas des conversations – en utilisant un réseau de téléphonie mobile :

» **Données à l'étranger :** les échanges de courrier, le surf sur Internet avec Safari ou autres activités de réseau risquent d'être taxés au prix fort, voire très fort, lorsque vous utilisez la fonction d'itinérance. Désactivez cette option pour éviter ces surcoûts, notamment lorsque vous vous trouvez dans une région frontalière.

» **Données cellulaires :** désactivez cette option si vous savez que vous n'utiliserez pas le réseau 4G/3D ou EDGE. L'autonomie de la batterie de l'iPad n'en sera que meilleure.

» **Données du compte :** touchez cette option pour connaître les informations de compte (ou plus exactement, où vous en êtes de vos dépenses de connexion).

» **Activer le code PIN :** la minuscule carte SIM (*Subscriber Identity Module,* module d'identité de l'abonné) insérée dans l'iPad contient des données importantes à propos de votre compte. Pour ajouter un mot de passe afin de verrouiller votre carte SIM, touchez Activer le code PIN. Si quelqu'un vous vole votre carte SIM, il ne pourra pas l'utiliser dans un autre iPad sans le mot de passe.

Quand vous attribuez un code PIN à la carte SIM afin de la protéger, vous devez le saisir pour allumer et éteindre l'iPad, ce qui n'est pas très gênant.

Les services de localisation

Vous accédez aux réglages des services de localisation en touchant Réglages > Confidentialité > Service de localisation. L'application Plans, mais aussi bon nombre d'autres applications, préfère savoir où vous êtes. L'iPad équipé d'un GPS exploite cette fonctionnalité pour vous localiser. Un iPad équipé uniquement du Wi-Fi se fonde sur les réseaux Wi-Fi environnants pour déterminer votre position.

Figure 14.4 Contrôlez les applications qui peuvent accéder au service de localisation.

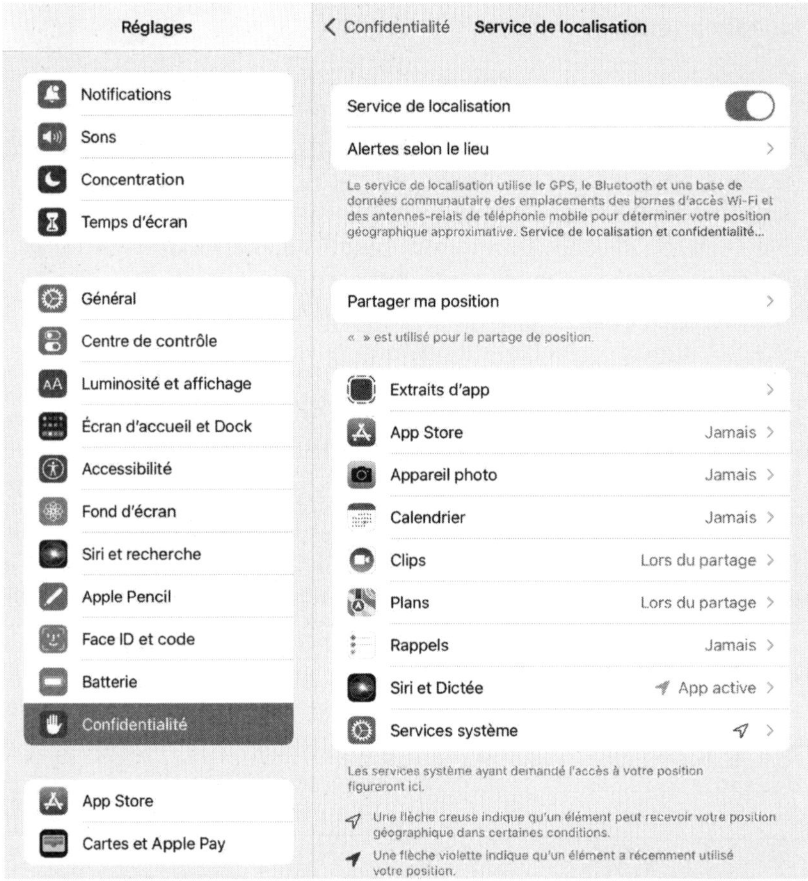

Ne vous inquiétez pas pour votre vie privée. Afin de la protéger, l'iPad affiche un message qui vous demande si vous acceptez que l'application en cours utilise votre localisation actuelle. Vous pouvez par la suite activer ou désactiver le service de localisation, ou interdire l'accès au service pour une application, dans le panneau Réglages, ainsi que l'illustre la Figure 14.4. En procédant ainsi, vous préservez non seulement votre vie privée, mais aussi la durée de la batterie, d'où une meilleure autonomie.

L'option Services système propose de nombreuses options, dont certaines peuvent procurer un léger frisson (voir la Figure 14.5). D'accord, conserver la configuration par défaut n'a probablement jamais causé de tort irréparable à personne, mais c'est à vous de juger de ce que vous acceptez ou non de partager comme informations de localisation.

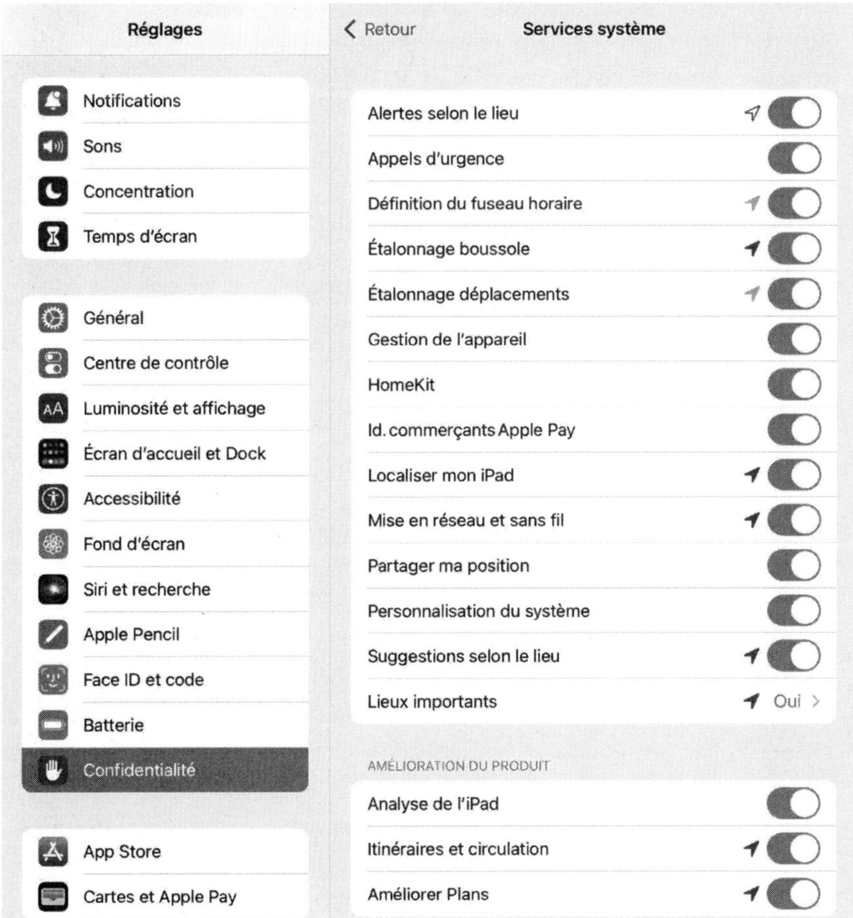

Figure 14.5 Un choix avisé : n'autoriser la localisation, non pas toujours, mais seulement quand l'application est active.

Les réglages audiovisuels

Nous verrons dans cette section comment régler l'affichage et le son de l'iPad.

Mode sombre

Vous avez le choix entre deux apparences sur l'écran de votre iPad : le mode clair et le mode sombre (Figure 14.6). Le mode sombre repose vos yeux en utilisant des couleurs très foncées, du moins pour les applications qui savent l'exploiter. Si vous optez pour Réglage automatique, vous aurez le mode clair la journée et le mode sombre la nuit.

Figure 14.6

Le mode clair et le mode sombre.

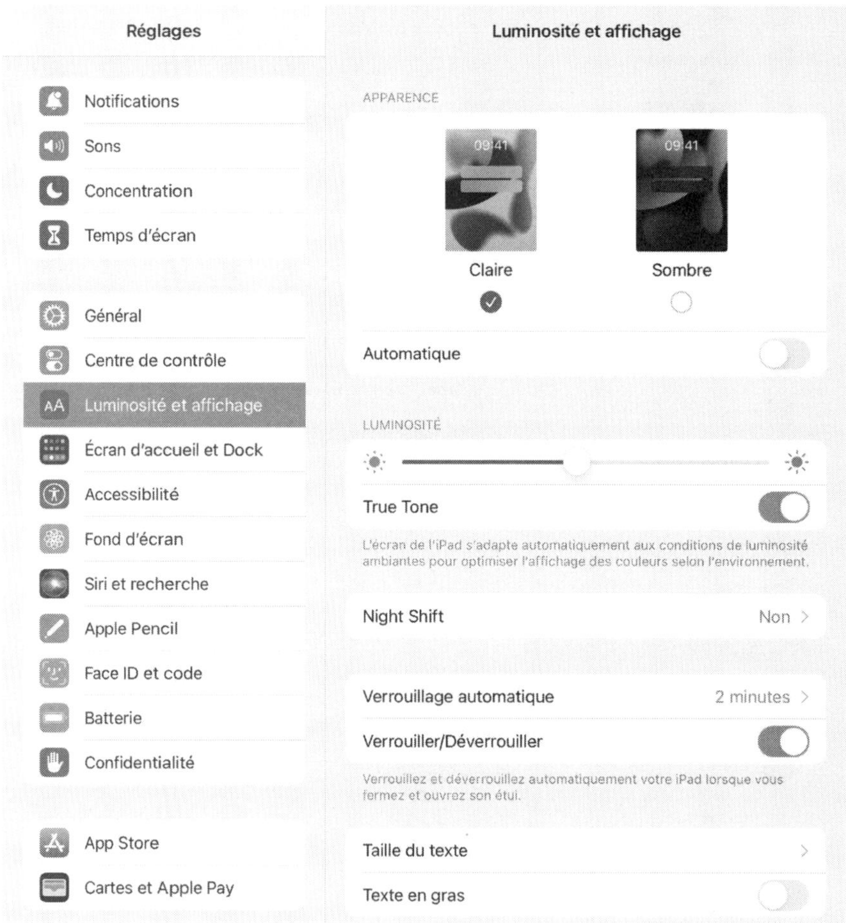

La luminosité de l'écran

Qu'y a-t-il de plus séduisant qu'un écran lumineux, bien contrasté et resplendissant de couleurs vives ? Augmenter la luminosité de l'écran a hélas une dure contrepartie : une consommation électrique qui draine plus rapidement la batterie. Pensez-y avant d'actionner la glissière visible dans la Figure 14.6. Cette commande se trouve dans Réglages > Luminosité.

Nous recommandons l'option Luminosité automatique. Elle ne se trouve pas dans Luminosité et affichage, mais dans Accessibilité > Affichage et taille du texte. La luminosité est ainsi automatiquement réglée en fonction de l'éclairage ambiant, ce qui optimise en plus la consommation électrique de l'iPad.

L'option Night Shift permet de diminuer la luminosité à une heure programmée. Cette option diminue également l'excès de rayonnement bleu de l'affichage normal qui, paraît-il, aurait des effets nocifs, notamment sur l'endormissement.

Figure 14.7 Technique plus rapide pour contrôler la luminosité de l'écran de votre iPad.

Mais n'oubliez surtout pas qu'il existe une technique plus rapide pour régler la luminosité de votre écran. Depuis l'écran d'accueil, faites glisser vers le bas l'angle supérieur droit de l'écran. Dans l'ensemble des fonctionnalités qui apparaissent, faites glisser vers le haut ou le bas le curseur de l'icône représentant un soleil, que nous avons cerclé en rouge sur la Figure 14.7.

Changer le fond d'écran

Changer le fond d'écran est un excellent moyen d'habiller l'iPad à votre manière, selon vos préférences. Vous pouvez choisir une image parmi celles que l'iPad vous propose, ou une photo que vous avez prise, en procédant de cette manière :

❶ **Touchez l'option Réglage > Fond d'écran.**

❷ **Touchez l'option Choisir un nouveau fond d'écran.**

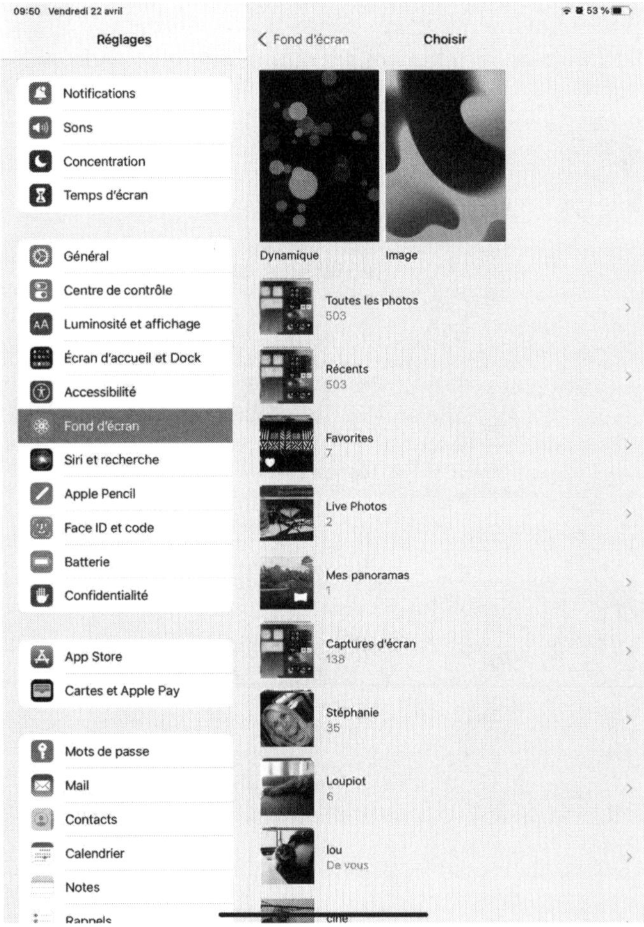

Figure 14.8 Les fonds d'écran Image fournis avec l'iPad. Chacun est montré en mode clair et en mode foncé.

❸ Choisissez Dynamique ou Image ou touchez un des éléments de votre photothèque.

Les fonds d'écran dynamiques sont légèrement animés.

❹ Choisissez une image en la touchant (voir la Figure 14.8).

Le mode sombre du seul fond d'écran peut être désactivé dans le panneau précédent, Fond d'écran (celui de l'Étape 1).

❺ Dans l'aperçu qui apparaît, touchez Définir en bas à droite puis l'une des options suivantes pour choisir l'écran sur lequel l'image sera affichée :

- **Écran verrouillé :** l'image sélectionnée est affichée seulement quand l'iPad est verrouillé.
- **Écran d'accueil :** l'image sélectionnée se trouve à l'arrière-plan dans l'écran d'accueil.
- **Les deux :** l'image sélectionnée est affichée dans l'écran d'accueil, y compris quand l'iPad est verrouillé.

❻ Les deux autres boutons permettent d'annuler le changement d'image et de recadrer et déplacer l'image choisie.

Les sons

Les paramètres Sons, auxquels vous accédez après avoir touché l'icône Réglages, permettent d'activer ou de désactiver les alertes audio de quantité de fonctions, comme l'arrivée d'un courrier électronique, l'envoi d'un courrier et les alertes et rappels du calendrier, ainsi que le son lors du verrouillage et les clics des touches du clavier virtuel.

Tirez la glissière vers la droite pour augmenter le son, vers la gauche pour le réduire.

Deux autres techniques permettent de régler le volume sonore. Le premier consiste à appuyer sur les boutons de volume, sur le côté droit de l'iPad, le second à faire glisser vers le bas l'angle supérieur droit de l'écran, puis à faire glisser vers le haut ou le bas le curseur de l'icône du haut-parleur.

Mots de passe

Cette option accessible en touchant Réglages > Mots de passe, puis en vous identifiant (code chiffré, empreinte digitale ou reconnaissance faciale) donne accès à tous les mots de passe que vous avez saisis pour des sites Internet.

Vous pouvez modifier un mot de passe ou le supprimer.

Du Général au particulier

Certains paramètres d'ordre général sont difficiles à placer à bon escient. C'est pourquoi Apple les a fort judicieusement réunis dans une catégorie opportunément nommée Général. Examinons-la de près.

Informations

La rubrique Informations (Figure 14.9), accessible par la rubrique Général, contient quantité d'informations à propos de votre iPad, notamment :

» **Le nom de votre iPad** tel qu'il apparaît, notamment dans la version d'iTunes installée sur votre ordinateur. Si vous voulez changer ce nom, c'est ici que cela se passe. Vous trouverez aussi des informations sur le modèle d'iPad et sur le numéro de version d'iPadOS (15.4.1 lors de la rédaction de ce livre), qui évolue au gré des mises à jour. Un changement du premier nombre indique une évolution majeure du système d'exploitation, le second chiffre des perfectionnements mineurs. Parfois, un chiffre entre parenthèses, en notation hexadécimale, indique encore plus précisément la version installée.

» **Le nombre de morceaux de musique, de vidéos et de photos.**

» **Le nombre d'applications installées.**

» **La capacité de stockage utilisée et la capacité disponible.** En raison du formatage de la mémoire, la capacité de stockage réelle est inévitablement inférieure à celle annoncée par le fabricant, Apple en l'occurrence.

» **Les adresses de données cellulaires.** Elles ne sont fournies que pour l'iPad Wi-Fi + Cellular.

» **Le modèle et le numéro de série de l'iPad.**

» **L'adresse Wi-Fi** (en notation hexadécimale).

» **L'adresse Bluetooth** (en notation hexadécimale).

» **Les mentions légales et les informations réglementaires.** La lecture d'un jargon procédurier et technique aussi insipide est méritoire.

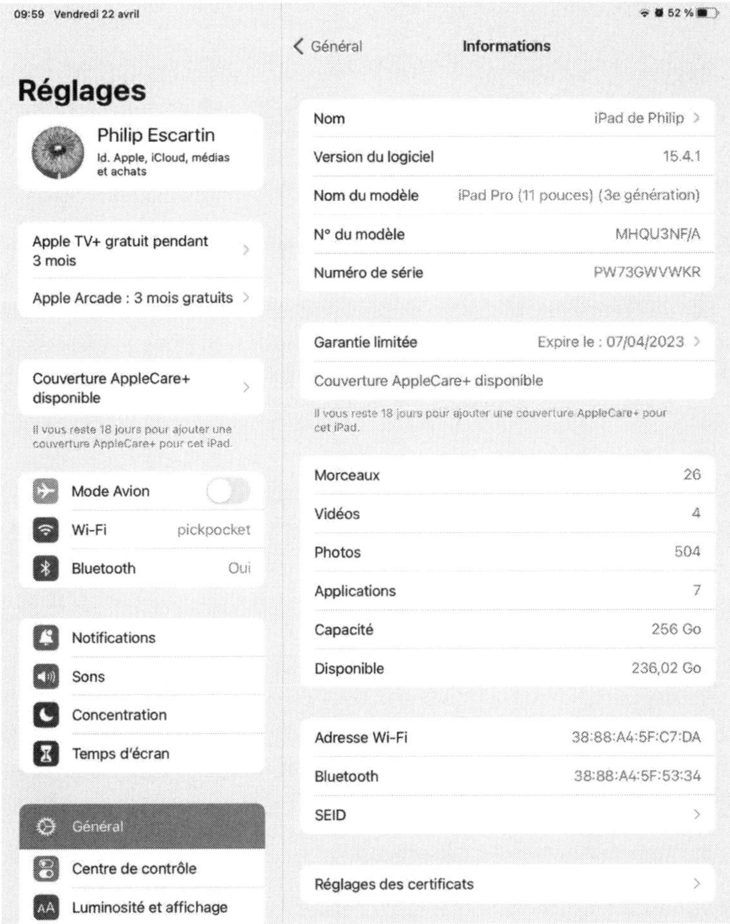

Figure 14.9 Tout ce que vous voulez savoir sur votre iPad se trouve là. Ce modèle est un iPad Air Wi-Fi + Cellular.

Les paramètres d'utilisation

Le panneau Informations en dit long sur l'iPad. Mais d'autres réglages et statistiques vous attendent si vous touchez Réglages > Batterie :

» **Pourcentage de la batterie :** affiche le pourcentage de charge de la batterie dans la barre d'état de l'iPad, en haut à droite de l'écran.

» **Utilisation de la batterie :** Vous pouvez connaître le dernier niveau de charge de la batterie, ainsi que l'activité de l'iPad au fil du temps, et identifier ainsi les périodes de forte consommation.

» **Utilisation de la batterie par App :** cette liste répertorie les applications de la plus à la moins énergivore, en pourcentage d'utilisation de la batterie. L'option Afficher l'activité indique la durée d'utilisation de chaque application pendant la session en cours.

Touchez Réglages > Général > Stockage iPad pour connaître votre taux de consommation de votre espace disque sur l'iPad, et en gérer le stockage, par exemple pour choisir ce que vous voulez sauvegarder, ou pour effacer certains éléments.

» **Données du réseau cellulaire :** ces statistiques, disponibles uniquement pour les modèles d'iPad Wi-Fi + Cellular, indiquent la quantité de données envoyées et reçues au travers des réseaux téléphoniques. Vous pouvez les remettre à zéro en touchant le bouton Réinitialiser les statistiques. Si vous avez souscrit un abonnement indexé sur la quantité de données téléchargées, vous saurez ici si vous avez crevé ou non le plafond de votre forfait.

Les paramètres VPN

Un réseau virtuel privé (VPN sont les initiales de *Virtual Private Network*) est un moyen pour vous d'accéder en toute sécurité au réseau de votre entreprise situé derrière un pare-feu grâce à une connexion Internet chiffrée qui achemine les données au travers d'un « tunnel ».

La configuration d'un réseau privé virtuel s'effectue comme suit sur l'iPad :

1. Touchez Réglages > Général > VPN et gestion de l'appareil > VPN > Ajouter une configuration VPN.

2. Touchez l'une des options de protocole.

L'iPad reconnaît les protocoles IKEv2 (*Internet Key Exchange version 2*, protocole Internet d'échange de clés en version 2), L2TP (*Layer 2 Tunneling Protocol,* protocole de tunnellisation de niveau 2) ainsi que IPSec, de la société Cisco, qui fournit apparemment le genre de sécurité qui satisfait les administrateurs de réseau.

3. Entrez les réglages préconisés par votre entreprise, saisissez les informations de serveur requises, comptes, mot de passe, etc.

4. Choisissez les paramètres d'authentification.

Mieux encore : confiez votre iPad à un technicien pour lequel tout ce jargon n'a aucun secret.

Après avoir configuré l'iPad pour vous connecter à un réseau VPN, vous pourrez désactiver et réactiver cette fonctionnalité en touchant le commutateur VPN dans le panneau Réglages.

Verrouillage automatique

Touchez Réglages > Luminosité et affichage > Verrouillage automatique, puis choisissez la durée d'inactivité après laquelle l'iPad se verrouille ou éteint l'écran : 15, 10, 5 ou 2 minutes. Vous pouvez aussi faire en sorte que l'iPad ne se verrouille jamais automatiquement.

Si vous travaillez pour une entreprise qui vous oblige à protéger l'iPad par un mot de passe, l'option Jamais ne figure pas dans les options de verrouillage automatique.

Un iPad verrouillé peut néanmoins recevoir les alertes de notifications et le volume reste réglable.

La mise en veille avec Smart Cover

Lorsque l'iPad est protégé par une protection d'écran Smart Cover – il en existe pour tous les modèles d'iPad –, vous pouvez choisir de le mettre en veille automatiquement quand vous fermez cette protection, puis de le faire sortir de la veille quand vous la relevez. Un mot de passe peut être requis.

Restrictions

Les parents et les chefs d'entreprise adorent l'outil Restrictions, mais pas les enfants ni les employés. L'usage du navigateur Safari, l'accès à iTunes ou au service de localisation peuvent, entre autres, être empêchés par des restrictions. Vous pouvez aussi empêcher l'installation d'applications, ou les achats à partir d'une application.

Lorsque des restrictions ont été établies, les icônes des applications ou fonctions interdites ne sont plus visibles. Touchez, dans le panneau Général, Temps d'écran > Contenu et confidentialité, puis activez les restrictions. Définissez ou entrez un mot de passe – vous devrez le ressaisir afin de le confirmer – puis touchez chacun des éléments à interdire ou à configurer dans les différentes rubriques. Le commutateur indique clairement l'état de chacun d'eux.

D'accord, entre vos enfants et vous, c'est une vraie relation de confiance. Mais la confiance s'organise, et que savez-vous des *autres* enfants, ou encore de ceux qui font croire qu'ils sont des enfants… Pour définir certaines restrictions, choisissez Restrictions de contenu puis discutez avec votre progéniture des options Jeux multijoueurs et Ajout d'amis est certainement une bonne idée. Notez en passant qu'aux États-Unis, les parents bénéficient de possibilités d'interdictions supplémentaires. Ils peuvent autoriser leurs enfants à regarder des films sur l'iPad, mais pas ceux qui sont classés R ou interdits aux moins de 17 ans. Ils peuvent aussi restreindre l'accès à certaines émissions de télévision ainsi qu'aux chansons et podcasts signalés par l'étiquette rouge « explicit » dans iTunes.

Date et heure

Vous pouvez choisir l'affichage sur 12 heures au lieu de 24 en choisissant Réglages > Général > Date et heure. En règle générale, l'affichage sur 24 heures, usuellement utilisé en France, est le plus commode.

Le réglage de la date et de l'heure permet aussi de changer manuellement de fuseau horaire, en désactivant le commutateur Réglage automatique. Mais à vrai dire, je ne vois vraiment pas de raison de se passer de cette fonctionnalité. Elle active en effet automatiquement le fuseau horaire des endroits où vous voyagez, en récupérant les données géographiques depuis le Wi-Fi ou un réseau cellulaire.

Clavier

Le réglage Clavier du panneau Général contient notamment les options suivantes :

- **Majuscules automatiques :** vous pouvez désactiver ici la mise en majuscule du premier caractère d'une phrase.
- **Correction automatique :** lorsque cette fonction est active, l'iPad analyse les mots que vous saisissez et corrige automatiquement vos saisies. Désactivez-la si vous l'estimez trop intrusive. L'iPad suggérera toujours des mots, mais sans remplacer ce que vous écrivez.
- **Vérifier l'orthographe :** les fautes d'orthographe – mais pas de syntaxe – sont signalées par un soulignement en pointillés rouges.
- **Majuscules verrouillées :** double-touchez la touche Majuscule et tout ce que vous saisissez apparaîtra en majuscules, COMME CECI.

» **Raccourcis** : cette option est intéressante. Si vous tapez sans cesse des formules récurrentes, comme « Veuillez agréer très cher et très honorable confrère ! », saisissez ces mots dans le champ Expression, puis saisissez un raccourci (par exemple « chrc ») et touchez le bouton Enregistrer. Lors de vos saisies dans Messages, Mail, Notes ou n'importe quelle autre application utilisant du texte, il suffira de taper le raccourci en question et l'iPad le développera aussitôt sous la forme de l'expression complète.

» **Prédiction :** active ou désactive la prédiction des mots que vous tapez ou allez taper.

» **Ponctuation intelligente.** En activant cette option, vous permettez à l'iPad de corriger la ponctuation, par exemple, changer « en «.

» **Activer l'effleurement des touches.** Permet d'utiliser le glissement vers le bas pour obtenir les caractères indiqués sur la partie supérieure des touches.

» **Saisie gestuelle sur le clavier flottant :** permet de saisir chaque lettre l'une après l'autre en glissant le doigt au lieu de l'ôter.

» **Effacer la saisie gestuelle mot par mot :** si ce commutateur est désactivé, l'effacement s'effectue caractère par caractère.

» **Raccourci « . » :** double-toucher la barre Espace insère un point suivi d'une espace (eh oui, en typographie, l'espace est féminin).

Vous pouvez aussi choisir d'utiliser un clavier international, comme expliqué au Chapitre 2. Il se trouve dans le réglage Claviers étudié ci-après.

Claviers internationaux

L'iPad étant destiné à un marché international, il aurait pu être décliné en plusieurs langues. Apple a trouvé plus astucieux de le rendre polyglotte en incluant toutes les versions linguistiques dans la même machine.

Vous trouverez donc sous Général > Clavier > Claviers > Ajouter un clavier, des claviers en de nombreuses langues et alphabets. Voyez également l'option Général > Langue et région pour plus d'options sur le choix de votre localisation.

Activer la dictée

C'est également sous la rubrique Clavier que se cache le commutateur Activer Dictée pour la fonction permettant de dicter des commandes ou du texte à l'iPad, notamment par le biais de la touche ornée d'un micro à gauche de la barre Espace du clavier virtuel.

Accessibilité

Les fonctions d'accessibilité qui suivent sont destinées à faciliter l'usage de l'iPad par les personnes handicapées.

VoiceOver

VoiceOver, littéralement « la voix par-dessus », est un lecteur qui dit à voix haute ce qui est affiché à l'écran. Il lit les courriers électroniques, les pages Internet, et bien d'autres éléments. Lorsque VoiceOver est actif, il suffit de toucher un élément à l'écran pour le sélectionner. VoiceOver l'entoure d'un rectangle blanc ou noir, puis il énonce le nom de l'élément ou le décrit. Par exemple, si vous touchez le bouton Date et heure, VoiceOver dit « Date et heure ». Il indique même si l'écran est orienté en mode Portrait ou Paysage, ou si l'écran est verrouillé ou déverrouillé.

Le réglage VoiceOver est doté de plusieurs options. Par exemple, si vous avez activé Verbosité > Énoncer les conseils pratiques, VoiceOver vous dira ce qu'il faut faire, comme « Touchez deux fois pour ouvrir ». Une glissière permet de régler le débit de la voix. Vous pouvez aussi demander à VoiceOver d'épeler les mots, de les prononcer, de faire les deux à la fois ou rien du tout (*via* le réglage Énoncer la saisie). D'autres commandes changent le ton de la voix ou utilisent les touches phonétiquement (« a » comme Anatole, « b » comme Berthe...).

La langue utilisée par VoiceOver est celle définie dans le réglage Général > Langue et région.

Vous devrez apprendre quantité de gestes, avec VoiceOver, ce qui n'est pas évident, surtout lorsque vous débutez. Ils permettent notamment d'obtenir une description vocale de ce qui est affiché avant de toucher tel ou tel bouton. Les gestes en question sont effectués avec différents doigts. Voici les principaux :

- **Toucher :** dit l'élément à haute voix.
- **Effleurer vers la droite ou vers la gauche :** sélectionne l'élément suivant ou précédent.
- **Effleurer vers le haut ou vers le bas :** l'effet varie selon le rotor de contrôle. Ce dernier est une sorte de molette : vous faites pivoter deux doigts sur l'écran. Elle sert à passer d'un ensemble de commandes ou de fonctionnalités à un autre. Cela nous amène à l'effleurement vers le haut ou vers le bas. Supposons que vous désiriez lire un courrier électronique. En actionnant le rotor, vous pourrez passer de la lecture mot par mot à l'épellation caractère par caractère. Après avoir défini

ce paramètre, effleurez vers le haut ou vers le bas pour réentendre ce qui a été dit. L'effet de ce geste est différent quand vous rédigez un courrier électronique : il déplace le curseur vers la gauche ou vers la droite, dans le texte.

- **Toucher avec deux doigts :** met fin à la lecture vocale.
- **Effleurer vers le haut avec deux doigts :** lit tout depuis le haut de l'écran.
- **Effleurer vers le bas avec deux doigts :** lit tout de la position courante jusqu'en bas de l'écran.
- **Effleurer vers le haut ou vers le bas avec trois doigts :** fait défiler la page.
- **Effleurer vers la droite ou vers la gauche avec trois doigts :** passe à la page suivante ou précédente.
- **Toucher avec trois doigts :** indique le statut du défilement (page ou lignes visibles).
- **Effleurer vers le haut ou vers le bas avec quatre doigts :** va au premier ou au dernier élément de la page.
- **Effleurer vers la droite ou vers la gauche avec quatre doigts :** affiche la section suivante ou précédente (d'une page Internet, par exemple).
- **Double-toucher :** active une icône ou un bouton sélectionné afin de démarrer l'application, basculer l'état d'un commutateur, etc.
- **Toucher un élément avec un seul doigt tout en touchant brièvement l'écran avec un autre :** appelée aussi « geste en deux temps », cette action identifie ce que vous avez touché (« bouton Safari » ou « Bouton Notifications actif »). Un toucher avec le deuxième doigt sélectionne ce qui a été identifié par le premier. Double-touchez ensuite pour démarrer ce qui a été sélectionné.
- **Double-toucher maintenu pendant une seconde, suivi d'un geste standard :** indique à l'iPad qu'il doit utiliser la gestuelle standard pour la prochaine action. Vous pouvez aussi utiliser un geste standard avec VoiceOver en double-touchant et en maintenant le doigt sur l'écran. Un indicatif sonore vous informe que la gestuelle standard est de nouveau en vigueur. Elle l'est jusqu'à ce que vous releviez le doigt.
- **Double-toucher à deux doigts :** lecture ou pause. Vous utiliserez ce geste dans les applications Musique, Photos ou encore YouTube.
- **Double-toucher à trois doigts :** réduit la voix au silence ou la fait réentendre.
- **Triple-toucher à trois doigts :** éteint l'écran.

Après ça, vous pourrez vous exclamer : « Pour être digital, on peut dire que l'iPad est digital ! Et numérique en plus ! ». Plus sérieusement, mémoriser toute cette gestuelle risque de paraître d'autant plus long et compliqué qu'il en existe beaucoup d'autres, décrites dans le *Guide de l'utilisateur de l'iPad* accessible en ligne à l'adresse `https://support.apple.com/fr-fr/guide/ipad/welcome/ipados`.

Plus bas dans le panneau, l'option Contenu énoncé possède elle aussi quelques commandes qui gèrent les fonctions vocales de l'iPad. La sous-option Voix permet de choisir la langue de l'énonciation afin de ne pas subir d'affreux accents lorsqu'un texte dans une langue est prononcé dans une autre langue.

Le zoom

La fonction Zoom est une loupe qui facilite la lecture. Pour zoomer à 200 %, double-touchez l'écran avec *trois* doigts. Naviguez dans l'écran en le tirant avec trois doigts. Pour augmenter le rapport d'agrandissement, touchez et tirez vers le haut avec vos trois doigts. Faites de même, mais en tirant vers le bas, pour le réduire.

Quand l'écran est agrandi, les caractères deviennent légèrement flous et seule une partie de la page est affichée.

Adapter l'affichage

Vous disposez de deux options qui permettent d'inverser les couleurs de l'écran :

» **Inversion intelligente :** activez cette option pour que les couleurs s'inversent sauf pour les images, le contenu vidéo, et certaines apps dont les styles de couleurs sont déjà sombres.

» **Inversion classique :** inverse toutes les couleurs de l'écran sans distinction.

Activez Augmenter le contraste pour que le contraste soit ainsi plus marqué, facilitant la lecture pour les malvoyants. Ce réglage se trouve dans Affichage et taille du texte. Il existe aussi une commande Filtres de couleurs, qui permet d'adapter l'écran aux daltoniens, par exemple. La luminosité automatique permet de régler l'éclairage de l'écran en fonction de la luminosité ambiante. L'option Réduire le point blanc permet de réduire l'intensité des couleurs.

Audio mono

À l'intention des personnes malentendantes d'une seule oreille, l'iPad permet de combiner le son des deux canaux stéréophoniques en un seul afin d'être écouté dans une seule des deux oreillettes ou dans un seul des deux écouteurs d'un casque.

L'iPad n'est pas livré avec des oreillettes ni un casque. Vous devrez les acheter à part.

L'iPad est capable de se jumeler avec des appareils auditifs possédant une connexion Bluetooth. Cela s'effectue dans Réglages > Accessibilité > Appareils auditifs.

Sous-titres codés et SM

Pour afficher ou non les sous-titres d'un film ou d'une vidéo qui en possède, touchez Sous-titres codés et SM (pour « sourds et malentendants »), puis activez le commutateur.

Réinitialiser

La réinitialisation de l'iPad *via* Réglages > Général > Transférer ou réinitialiser l'iPad ne doit pas être faite inconsidérément. Cela dit, vous pourriez avoir de bonnes raisons de le faire, comme vous le découvrirez au prochain chapitre. Voici les options de réinitialisation qui s'affiche lorsque vous touchez Réinitialiser en bas de l'écran :

- **Réinitialiser tous les réglages :** tous les paramètres sont remis à leur configuration d'usine, mais aucun contenu vous appartenant n'est supprimé.
- **Réinitialiser les réglages réseau :** efface toutes les configurations de réseau et rétablit les paramètres d'usine.
- **Réinitialiser les services de l'opérateur :** réinitialise les services du fournisseur d'accès Internet, et des données cellulaires pour un iPad Wi-Fi + Cellular.
- **Réinitialiser le dictionnaire clavier :** supprime tous les mots inconnus de l'iPad que vous avez validés au cours de vos saisies.
- **Réinitialiser l'écran d'accueil :** repositionne les icônes telles qu'elles étaient à la sortie de l'usine.
- **Réinitialiser localisation et confidentialité :** rétablit les paramètres par défaut.

Sous Réinitialiser, vous disposez de l'option Effacer contenu et réglages qui reconfigure tous les paramètres sur les valeurs d'usine. De plus, tout le contenu que vous avez importé dans l'iPad est effacé.

Retrouver un iPad égaré

Nous espérons que vous n'aurez jamais à utiliser la fonction Localiser . Elle vous permettra cependant de le retrouver si vous l'avez oublié par mégarde dans un restaurant ou dans un taxi, ou chez quelqu'un.

Commencez dès à présent par vérifier que la fonction de localisation de l'iPad est active. Pour cela, touchez votre nom en haut de la liste puis Localiser > Localiser mon iPad. Assurez-vous que le commutateur de localisation de votre iPad est actif. Touchez ensuite Confidentialité > Service de localisation > Services système. Dans le panneau qui apparaît, assurez-vous que ces deux commutateurs sont actifs :

- **Localiser mon iPad :** l'iPad devient localisable à condition qu'il ne soit pas éteint.
- **Mise en réseau et sans fil :** cette fonction permet de localiser vos appareils lorsqu'ils ne sont pas connectés à un réseau Wi-Fi ou cellulaire.

Enfin, revenez à Localiser > Localiser mon iPad > Envoyer la dernière position, lorsque la batterie de l'iPad devient faible, l'iPad envoie sa position.

Localiser l'iPad depuis un ordinateur

Si vous avez oublié votre iPad quelque part, et qu'il soit en veille (ou allumé), procédez comme suit pour signaler à son possesseur provisoire que vous aimeriez bien le récupérer :

1. Démarrez le navigateur Internet de votre Mac ou de votre PC.

2. Allez sur le site `https://www.icloud.com`.

3. Saisissez votre identifiant et le mot de passe (ou identifiez-vous avec votre empreinte digitale), puis cliquez sur le bouton fléché.

L'identifiant est l'adresse Internet sous laquelle vous êtes enregistré chez Apple, et le mot de passe est celui que vous utilisez habituellement avec l'iPad (quand il n'était pas égaré).

4. Si c'est la première fois que vous vous connectez à iCloud, vous devrez indiquer votre fuseau horaire puis cliquer sur Terminé.

5. Dans la page Internet d'iCloud, cliquez sur la grande icône Localiser.

6. Ouvrez le menu local Tous mes appareils puis choisissez iPad de <votre nom>.

Au bout de quelques secondes, l'iPad est localisé comme sur la Figure 14.10.

Il vous sera peut-être demandé de vous identifier une nouvelle fois. Dès que c'est fait, l'iPad est localisé sur une carte. Une boule colorée et une info-bulle indiquent son emplacement et son nom. Sur le côté gauche de la carte, le nom de l'iPad et un aperçu de son écran d'accueil sont affichés avec les options suivantes :

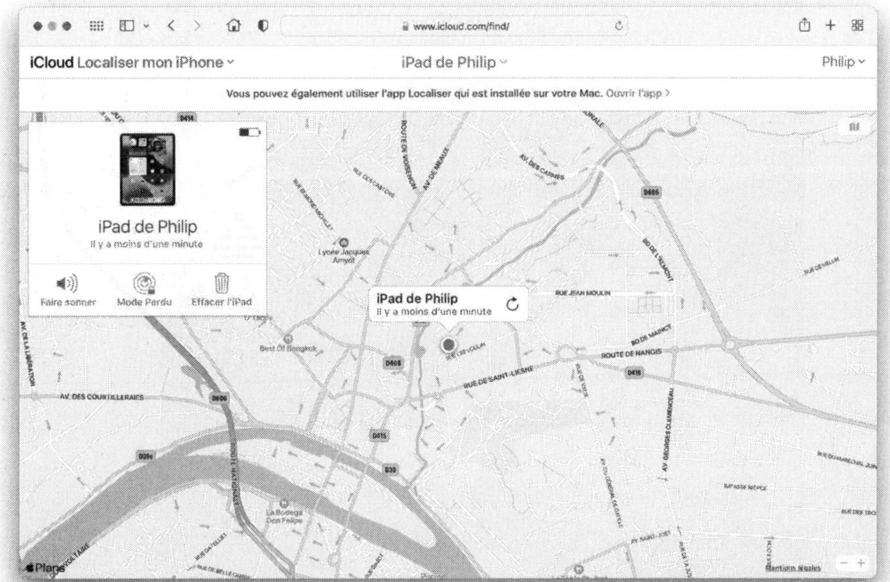

Figure 14.10 L'iPad vient d'être localisé depuis un ordinateur.

- **Faire sonner :** l'iPad égaré émet aussitôt des bips retentissants en affichant un message d'alerte (voir la Figure 14.11). Un message est également envoyé à votre adresse électronique pour signaler cette opération, comme le montre la Figure 14.12. Généralement, cela suffit pour retrouver le précieux appareil, bêtement planqué sous un coussin…
- **Mode Perdu :** après avoir entré un code à quatre chiffres, l'iPad est aussitôt bloqué, empêchant la personne qui détient l'iPad de consulter son contenu. Quand vous aurez récupéré l'iPad, vous devrez entrer de nouveau ce code pour pouvoir le réutiliser.
- **Effacer l'iPad :** tout le contenu de l'iPad est effacé. Il se retrouve dans le même état qu'à la sortie d'usine. Vous devrez restaurer son contenu depuis l'ordinateur, avec iTunes, pour retrouver vos applications, photos, musiques, vidéos et autres éléments.

Figure 14.11 Le message envoyé depuis un ordinateur apparaît sur l'écran de l'iPad réputé être égaré (à condition évidemment qu'il ne soit pas éteint ou totalement déchargé).

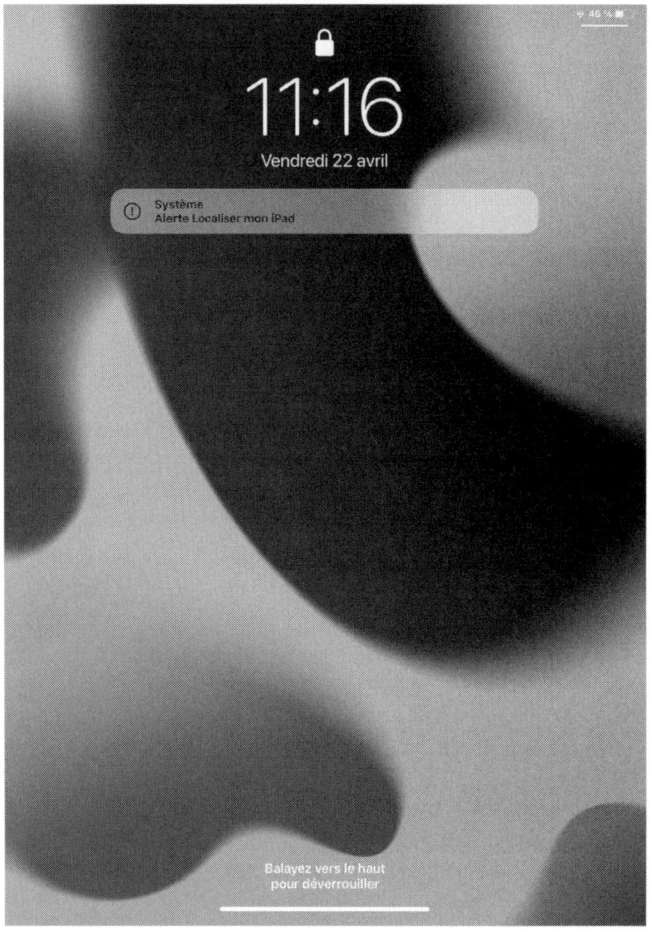

❼ Cliquez sur le bouton correspondant à l'action que vous voulez déclencher.

❽ Si vous possédez plusieurs appareils Apple (iPhone, iPod...) susceptibles d'être localisés, cliquez de nouveau en haut, sur le bouton Tous mes appareils.

Vos appareils Apple apparaissent dans une liste. Un point vert indique ceux qui ont été détectés.

❾ Cliquez sur l'appareil à retrouver, votre iPad en l'occurrence.

Localiser l'iPad depuis un iPhone, et réciproquement

Si vous possédez plusieurs appareils Apple, comme un iPhone et un iPad, une autre solution consiste à utiliser l'application Localiser depuis votre autre iPad ou votre iPhone.

Figure 14.12
E-mail envoyé par l'ordinateur quand l'iPad a été localisé.

❶ Touchez l'icône de l'application Localiser.

❷ Dans l'interface de l'application Localiser, saisissez votre identifiant ainsi que le mot de passe, puis touchez le bouton Se connecter. Touchez ensuite l'onglet Appareils au bas de l'écran.

L'iPhone ou l'autre iPad localise aussitôt l'iPad. Si vous possédez plusieurs appareils mobiles Apple, ils sont tous recherchés et localisés.

❸ Touchez l'étiquette de l'iPad à localiser.

Les trois options décrites précédemment à l'Étape 5, lors de la localisation avec un ordinateur, sont affichées. Si ce n'est pas le cas, touchez la mention Actions en bas de l'écran.

❹ Touchez l'un des boutons Faire sonner, Mode perdu ou Effacer l'iPad, puis suivez les instructions.

Touchez un point quelconque de l'écran pour obtenir d'autres options. Avec le *i* cerclé, vous choisissez le mode d'affichage de la carte (Standard, Mixte ou Satellite). Avec le petit dessin de voiture, vous passez en mode itinéraire. De quoi vous conduire vers votre iPad égaré…

Faire sonner un iPad égaré quelque part dans l'énorme désordre d'une chambre est un bon moyen de le retrouver rapidement. Le volume sonore est toujours au maximum lors d'une localisation.

Vous reprendrez bien un peu de localisation ?

Localiser son iPad, c'est déjà bien, mais localiser ses amis, c'est encore mieux ! Enfin, c'est ce que pense et vous propose Apple avec cette possibilité dans l'application Localiser. Touchez l'onglet Personnes pour suivre et ajouter vos proches. Il faut pour cela que vos amis aient accepté d'être localisés dans votre application. Il suffit de les y inviter et vous pouvez visualiser leur emplacement sur une carte. Si vous voulez que ces amis restent vos amis, assurez-vous qu'ils ne voient pas d'un trop mauvais œil cette démarche quelque peu intrusive dans leurs déplacements quotidiens...

DANS CE CHAPITRE

Corriger quelques problèmes.

Les problèmes de réseau.

Les misères de la synchronisation.

Parcourir les sites Internet et les forums.

Renvoyer l'iPad à un Apple Store.

Chapitre 15

Quand l'iPad fait des siennes

La plupart des utilisateurs que nous avons contactés n'ont pas rencontré de problème avec leur iPad. Remarquez les mots « la plupart », car, de temps en temps, l'iPad peut dysfonctionner. Nous espérons que cela arrive rarement, mais cela peut se produire. C'est pourquoi, dans ce chapitre, nous aborderons quelques problèmes et nous verrons comment les résoudre.

De quels problèmes s'agit-il ? Essentiellement :

» **du blocage de l'iPad ou de l'iPad qui ne réagit plus à rien ;**

» **de problèmes de réseau ;**

» **de la synchronisation défaillante avec iTunes, sur Mac ou sur PC.**

Après ces dépannages, nous vous dirons où trouver de l'aide. Et enfin, si l'iPad est si mal en point qu'il faut le renvoyer chez Apple pour être réparé, nous vous expliquerons comment procéder avec un minimum de stress et de complications.

Réanimer un iPad cataleptique

La première série de techniques de dépannage s'applique à un iPad qui est bloqué ou ne réagit plus. La procédure recommandée est une succession d'opérations simples :

1. Recharger l'iPad.
2. Le redémarrer.
3. Le réinitialiser.
4. Supprimer son contenu.
5. Réinitialiser les réglages et le contenu.
6. Restaurer.
7. Activer le mode Récupération.

Mais avant de lancer ces opérations, avec un PC sous Windows, Apple recommande de suivre ces étapes :

1. **Assurez-vous que la version la plus récente d'iTunes est installée.**

Vous pouvez la télécharger gratuitement à cette adresse : `www.apple.com/fr/itunes/`.

2. **Assurez-vous que l'iPad est directement connecté à l'ordinateur par un port USB 2.0 ou 3.**

Tous les ordinateurs un tant soit peu modernes sont équipés de ports USB 2.0. Les plus récents sont maintenant équipés d'au moins un port USB 3.

3. **Assurez-vous que le logiciel de l'iPad est à jour.**

Connectez l'iPad à l'ordinateur, démarrez iTunes – s'il n'apparaît pas spontanément –, puis cliquez sur le bouton iPad, vers le haut et la gauche de la fenêtre de l'application. Cliquez ensuite sur l'onglet Résumé, puis sur le bouton Rechercher les mises à jour.

Sur un Mac, ouvrez une fenêtre du Finder, puis cliquez sur le nom de votre iPad pour effectuer la vérification.

Pas de panique si ces étapes faciles ne réveillent pas l'iPad, ne le débloquent pas ou ne fonctionnent pas correctement. Le reste de cette section explique ce que vous pouvez faire, dans l'ordre que nous et Apple recommandons.

Si la première technique ne donne rien, essayez la deuxième, la troisième, et ainsi de suite.

Recharger l'iPad

Quand l'iPad dysfonctionne de quelque manière que ce soit, la première chose à faire est de recharger complètement sa batterie.

Vous devez utiliser le chargeur livré avec l'iPad, car l'alimentation des ports USB des ordinateurs est trop faible pour le recharger rapidement.

Si vous êtes pressé, chargez l'iPad pendant au moins 20 minutes. Une charge complète est préférable, mais une bonne vingtaine de minutes, c'est mieux que rien. La charge augmente d'abord très rapidement. Les derniers pourcentages sont les plus longs à atteindre.

Redémarrer l'iPad

Si l'iPad dysfonctionne malgré la recharge de la batterie, essayez de le redémarrer. C'est souvent suffisant pour corriger un problème. Voici comment procéder :

❶ Appuyez continûment sur le bouton Marche/Veille ou simultanément sur Marche/Veille et bouton volume supérieur.

Si vous avez un modèle sans bouton principal, maintenez l'un des boutons de volume et le bouton supérieur enfoncés.

❷ Dès que la glissière Éteindre apparaît en haut de l'écran, actionnez-la pour éteindre l'iPad puis attendez quelques secondes.

❸ Appuyez de nouveau continûment sur le bouton Marche/Veille jusqu'à ce que le logo d'Apple apparaisse.

❹ Si l'iPad est toujours bloqué, se comporte bizarrement, ou ne démarre pas, double-cliquez sur le bouton principal (iPad standard ou iPad mini), ou effleurez l'écran du bas vers le haut (iPad Air ou iPad Pro) puis fermez toutes les applications.

❺ Répétez les Étapes 1 à 3.

Réinitialiser un iPad

Procédez comme suit pour réinitialiser un iPad standard ou un iPad mini :

❶ Maintenez le bouton Marche/Veille et le bouton principal continûment enfoncés pendant au moins 10 secondes.

❷ Dès que le logo Apple apparaît, relâchez les deux boutons.

Pour un iPad Air ou sur un iPad Pro, la procédure est la suivante :

❶ Appuyez brièvement sur le bouton d'augmentation du volume.

❷ Appuyez brièvement sur le bouton de réduction du volume.

❸ Appuyez ensuite sur le bouton Marche/Veille.

❹ Dès que le logo Apple apparaît, relâchez les deux boutons.

Dans les deux cas, la tablette redémarre. Relâchez les boutons dès l'apparition du logo Apple.

La réinitialisation de l'iPad équivaut à redémarrer après un plantage. Vos données ne devraient pas être affectées et dans bien des cas, ce traitement de choc vient à bout de ce qui aurait pu affecter votre iPad. N'hésitez pas à recourir à cette technique. Il n'en faudra souvent pas plus pour que l'iPad revienne à la normale.

Si l'option de localisation de votre iPad est active, vous devrez saisir le mot de passe de votre identifiant Apple pour réveiller l'appareil. Bien entendu, vous connaissez par cœur votre mot de passe, ou du moins vous savez le retrouver facilement. Non ?

Il peut arriver que vous soyez obligé de maintenir la touche Marche/Veille enfoncée *avant* d'appuyer continûment sur le bouton principal. La raison est qu'en appuyant simultanément sur les deux touches, vous procédez à une capture d'écran de ce qui est affiché (nous y reviendrons à la fin du Chapitre 18). La capture d'écran se produit seulement quand vous appuyez puis relâchez les deux boutons en même temps. Mais elle se produit parfois intempestivement, alors que vous vouliez redémarrer l'iPad.

Le redémarrage de l'iPad ne résout parfois pas le problème. Des mesures plus radicales s'imposent alors.

Supprimer le contenu

Chacune des opérations entreprises jusqu'ici n'a pas dû vous prendre plus d'une minute ou deux. Ce sera cette fois un peu plus long.

Vous devrez synchroniser votre iPad et le reconfigurer en excluant de l'iPad quelques fichiers, ou la totalité des fichiers, afin qu'ils ne soient *pas* synchronisés. En effet, la source du problème peut se trouver parmi les contacts, les données du calendrier, les morceaux de musique, les photos, les vidéos ou les podcasts. Vous avez le choix entre deux stratégies pour ce dépannage :

» **Si vous suspectez un type de données particulier d'être à l'origine du problème** – les photos par exemple parce que l'iPad se bloque chaque fois que vous touchez l'application Photos sur l'écran d'accueil –, commencez par supprimer ce type de données.

C'est généralement à ce moment-là que l'on regrette de ne pas avoir sauvegardé ses précieuses données sur son ordinateur ou sur iCloud…

» **Si vous n'avez aucun doute,** désélectionnez chaque élément puis synchronisez. Cela fait, toutes vos données ont disparu de l'iPad.

Si l'une de ces techniques a résolu le problème, restaurez vos données, à raison d'un seul type à la fois. Si le problème réapparaît, vous devrez procéder par élimination pour savoir quel type de données en particulier, voire quel fichier, est incriminé.

L'iPad est toujours rétif? Rgngngnghhhh! Il va falloir réinitialiser ses paramètres.

Réinitialiser les réglages et le contenu

La réinitialisation s'effectue en deux phases. La première, la réinitialisation des paramètres de l'iPad, rétablit tous les réglages tels qu'ils étaient à la sortie de l'usine. Cette opération n'efface aucun de vos fichiers. Le seul inconvénient étant l'obligation de tout reconfigurer ensuite manuellement selon vos convenances. Vous pouvez donc réinitialiser l'iPad sans crainte. Pour ce faire, touchez Réglages, sur l'écran d'accueil, puis Général > Transférer ou réinitialiser l'iPad > Réinitialiser > Réinitialiser tous les réglages.

Veillez à ne pas toucher par inadvertance l'option Effacer contenu et réglages (du moins, pas maintenant). L'effacement de tout le contenu implique une durée de la restauration plus importante parce que la prochaine synchronisation sera forcément longue. C'est pourquoi il vaut mieux commencer avec l'option Réinitialiser tous les réglages.

Si la réinitialisation de tous les réglages n'a pas remis l'iPad en bon état, essayez l'option Effacer contenu et réglages sous la commande Réinitialiser.

L'option Effacer contenu et réglages efface *tout* de votre iPad : vos fichiers, vos données personnelles et audiovisuelles, et tous les réglages. Comme tous ces éléments se trouvent aussi dans votre ordinateur – en principe, du moins –, vous devriez les récupérer lors de la prochaine synchronisation. Sachez toutefois que vous perdrez tous les contacts, les événements notés dans le calendrier, ainsi que les listes de lecture et captures d'écran créés ou modifiés depuis la dernière synchronisation.

Voyez si l'iPad fonctionne correctement après avoir effacé tout le contenu et les réglages. Si ce n'est pas le cas (« on voyait à son air féroce qu'il tombait sur un os », comme dans *La Java des bombes atomiques* de Boris Vian), la restauration de l'iPad à partir d'iTunes devrait marcher.

La restauration de l'iPad

Il reste encore un recours pour sauver votre malheureux iPad. Connectez-le à l'ordinateur comme pour une synchronisation. Mais dès que la fenêtre Résumé apparaît, cliquez sur le bouton Restaurer l'iPad (voir Figure 15.1). Cette action efface tous vos fichiers et données et réinitialise tous les paramètres.

Comme toutes les données et tous les fichiers existent dans votre ordinateur – excepté les données modifiées depuis la dernière synchronisation –, la restauration ne devrait rien vous faire perdre. La prochaine synchronisation sera plus longue que d'habitude et vous devrez rétablir manuellement tous les paramètres que vous aviez changés depuis l'achat de votre iPad. Hormis ces légers inconvénients, la restauration devrait se dérouler sans problème.

Le mode Récupération

Si vous avez essayé toutes les opérations préconisées, ou s'il est impossible d'appliquer certaines d'entre elles parce que l'iPad est vraiment mal en point, il reste une dernière solution : le mode Récupération. Voici comment le mettre en œuvre :

Figure 15.1 Restaurer l'iPad depuis un MacBook Air.

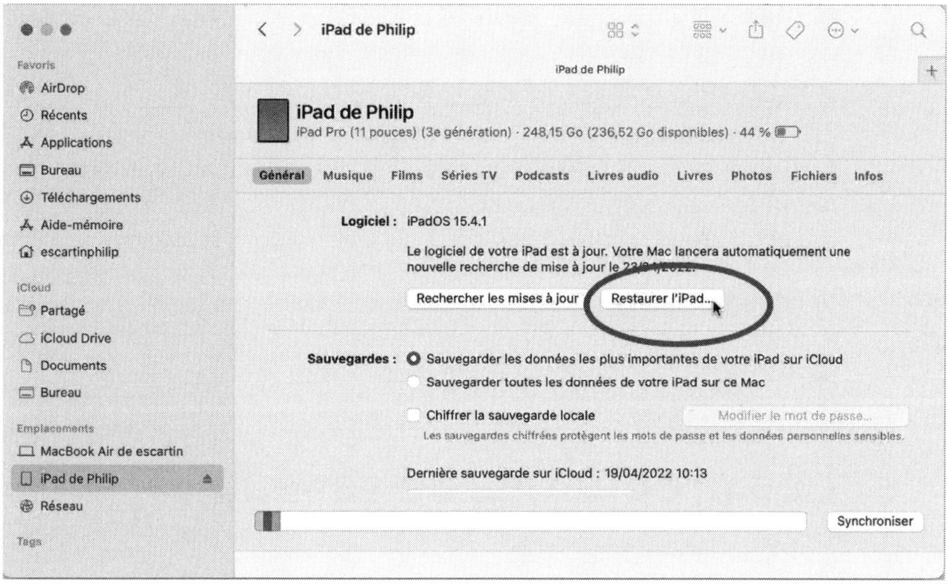

❶ Débranchez le câble USB de l'iPad, mais laissez l'autre extrémité connectée au port USB de l'ordinateur.

❷ Éteignez l'iPad en maintenant le bouton Marche/Veille enfoncé (ou ce bouton plus le bouton permettant de monter le volume) pendant quelques secondes, jusqu'à ce que la glissière Éteindre soit affichée, puis actionnez-la.

Attendez que l'iPad soit éteint.

❸ Le bouton principal (iPad standard ou iPad mini) ou le bouton volume+ (iPad Air ou iPad Pro) enfoncé, rebranchez le câble USB à l'iPad.

L'iPad se remet en marche.

Si vous voyez apparaître le dessin d'une batterie à fine bande rouge à sa base ainsi que l'icône d'une prise de courant et celle d'un éclair, vous devez laisser l'iPad en charge pendant au moins 10 à 15 minutes. Dès que le dessin de batterie aura disparu ou si la bande est devenue verte, recommencez à l'Étape 2.

❹ Laissez le bouton principal enfoncé jusqu'à ce que l'écran de connexion à l'ordinateur apparaisse. Relâchez le bouton.

Si l'écran de connexion à l'ordinateur n'est pas visible, répétez les Étapes 1 à 4.

Si iTunes n'a pas démarré spontanément, lancez-le manuellement. Sur un Mac, ouvrez manuellement une fenêtre du Finder. Un message vous informe que l'iPad est en mode de récupération et que vous devez le restaurer avant de pouvoir l'utiliser.

❺ Utilisez iTunes ou une fenêtre du Finder, pour restaurer l'iPad comme expliqué à la section précédente.

Eh bien voilà, nous avons fait le tour de ce qu'il est possible de faire lorsque l'iPad devient rétif. Si vous avez essayé toutes les solutions proposées jusqu'ici, parcourez le restant de ce chapitre pour voir si une autre intervention pourrait résoudre le problème. Le cas échéant, vous devrez probablement confier l'iPad au service après-vente (SAV).

Ne vous découragez jamais. Ne manquez pas de lire la dernière section de ce chapitre, « Si rien ne va plus ». Votre iPad est certes mal en point, mais il reste peut-être encore un petit quelque chose à faire.

Les problèmes de réseau

Si la connexion Wi-Fi ou la connexion au réseau 4G/3G (iPad Wi-Fi + Cellular seulement) pose problème, vous trouverez dans cette section des techniques pour le résoudre. Elles sont faciles et rapides à mettre en œuvre, sauf la dernière, la restauration. Décrite à la section précédente, elle est peu commode à effectuer et prend du temps, car il s'agit d'effacer tout le contenu de votre iPad, puis de le recopier.

Mais d'abord, voici quelques étapes simples qui peuvent vous aider :

- **Assurez-vous que le signal du Wi-Fi ou de la 5G/4G/3G est suffisamment puissant.**
- **Déplacez-vous quelque peu avec votre iPad.**

Changer de place de quelques pas peut parfois faire la différence entre un signal faible et un signal fort. Se rapprocher d'une fenêtre est souvent profitable.

- **Redémarrez l'iPad.**

Comme nous l'avions mentionné précédemment, un redémarrage vient souvent à bout de nombreux dysfonctionnements.

Vérifiez si vous n'avez pas laissé l'iPad en mode Avion par mégarde. Dans ce mode, toutes les fonctions de réseau sont désactivées. Il vous est impossible de recevoir ou d'envoyer du courrier électronique, ni d'utiliser les applications exigeant une connexion Wi-Fi ou réseau, comme Mail, Safari, Plans, iTunes et App Store.

Activez le mode Avion en touchant Réglages > Mode Avion. Attendez 15 à 20 secondes, puis désactivez le mode Avion.

Activer puis désactiver le mode Avion équivaut à réinitialiser à la fois la connexion Wi-Fi et la connexion 5G/4G/3G. Si c'est cette dernière qui posait problème, cette manipulation peut le corriger.

Apple a publié deux excellents articles – hélas uniquement en anglais – sur les problèmes rencontrés avec le Wi-Fi. Vous les trouverez aux adresses `http://support.apple.com/kb/TS3237` et `http://support.apple.com/kb/HT1365`.

Si aucune des suggestions ci-dessus ne résout le problème, envisagez la restauration de l'iPad comme expliqué précédemment.

De l'aide sur les sites Internet

Vous trouverez une aide efficace, en français, sur le site Internet d'Apple, plus précisément à l'adresse : `https://support.apple.com/fr-fr/guide/ipad/welcome/ipados` déjà citée (voir la Figure 15.2). Vous pouvez la parcourir par catégories, en cliquant sur les titres dans le volet de gauche, ou rechercher par mots-clés.

La page `support.apple.com/fr_FR/manuals` permet de consulter des manuels de tous les équipements fabriqués par Apple (iPad, mais aussi iPhone, Mac, iPod touch, périphériques...), dans de nombreuses langues, dont le français. Notez aussi qu'il existe un livre électronique intitulé *Guide de l'utilisateur de l'iPad* , téléchargeable depuis l'application Livres.

Un autre site Internet, à l'adresse `https://communities.apple.com/fr/welcome`, est un forum d'utilisateurs d'iPad, d'iPhone et d'iPod touch. Vous trouverez également des sites Internet et des forums consacrés à l'iPad à l'aide d'un moteur de recherche. Vous y trouverez souvent une solution ou des pistes qui vous feront gagner beaucoup de temps.

Si rien ne va plus

Si toutes les pistes et recommandations que nous venons de proposer ne dépannent pas votre iPad, vous devrez sans doute l'envoyer au service après-vente d'Apple. La réparation est bien sûr gratuite s'il est sous garantie (celle-ci étant de deux ans).

Figure 15.2 Le site Internet d'Apple est une intéressante source d'aide et d'informations.

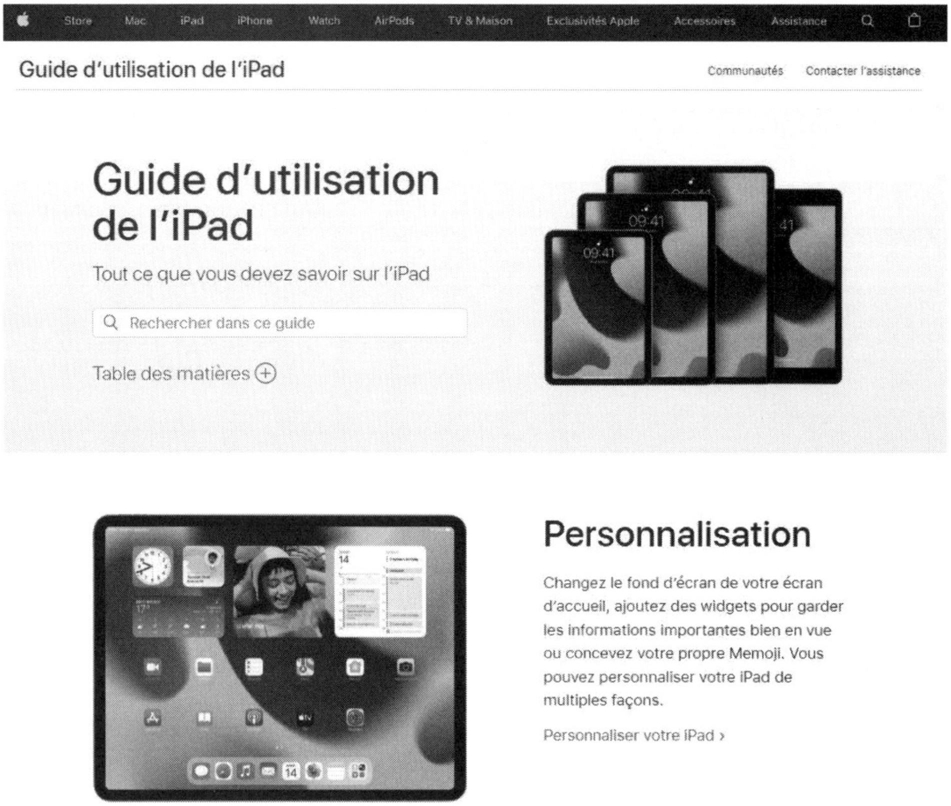

Voici deux points importants à prendre en compte lorsque votre iPad doit être réparé :

- *Il est fort possible que tout le contenu de l'iPad soit effacé.* Si son état le permet, sauvegardez son contenu avant de l'apporter au SAV. Dans le cas contraire, toutes les données entrées depuis la dernière sauvegarde risquent d'être perdues.
- Ôtez tous les accessoires, comme l'étui ou le protège-écran.

Ne confiez la réparation de votre iPad qu'à un service agréé par Apple. Renseignez-vous sur le service après-vente d'Apple à l'adresse `https://support.apple.com/fr-fr/ipad/repair/service` (voir Figure 15.3).

Figure 15.3 Pour tout savoir sur le SAV de l'iPad.

Le numéro d'appel du service clientèle d'Apple en France métropolitaine est le 0805 540 003. Dans les DOM-TOM, composez le 0825 77 00 35.

DANS CE CHAPITRE

Les étuis, claviers et chargeurs.

•

Les options de connexion (appareil photo, téléviseur et vidéoprojecteur).

•

Les écouteurs, oreillettes, casques et microphones.

•

Les enceintes.

•

Les protections.

•

Les accessoires divers.

Chapitre 16

Des accessoires pour iPad

Quiconque a acheté une voiture neuve sait qu'il est difficile de quitter le hall du concessionnaire sans que le vendeur tente de nous faire acheter des accessoires forcément « indispensables ». C'est ainsi que l'on repart avec un coffre de toit, des chaînes à neige, un parasol constellé de logos, un lecteur de DVD pour chaque siège arrière, une machine à café, etc.

Vous ne courrez certes pas ce risque en achetant votre iPad sur le site Internet d'Apple, mais Apple et d'autres fabricants se font un plaisir de vous proposer quantité d'accessoires, des claviers sans fil aux chargeurs de batterie, en passant par les étuis et les coques.

Tous les iPad sont dotés d'une prise Lightning, la même que celle des iPhone. Les iPad Air et les iPad Pro sont en outre pourvus d'un connecteur USB-C et d'une prise Smart Connector afin de les brancher au clavier Smart Keyboard ou Magic Keyboard et d'un connecteur magnétique pour le stylet Apple Pen.

Une chose est sûre : si un emballage porte la mention « Conçu pour l'iPad », l'accessoire électrique est spécifiquement destiné à l'iPad et conforme à tous les standards imposés par Apple.

Quantité de nouveaux accessoires arrivent régulièrement sur le marché. Ils s'ajouteront à ceux décrits ici. Nous commencerons cette présentation par les accessoires arborant le logo Apple et nous finirons par des accessoires non estampillés Apple, fabriqués par des sociétés tierces.

Les accessoires signés Apple

Nous attendons l'excellence dans le matériel que produit Apple, et il ne saurait en être autrement pour les accessoires. Vous vous ferez votre propre opinion, mais vous trouverez des avis des utilisateurs dans la boutique en ligne d'Apple, à l'adresse `www.apple.com/fr/shop/ipad/ipad-accessories`.

Smart Cover et Smart Folio

L'inconvénient majeur d'un accessoire, c'est d'être optionnel. Il serait si agréable de l'obtenir avec l'appareil lui-même. Entre autres, nous aurions aimé que l'iPad soit livré avec un étui ou une coque de protection. Ce n'est hélas pas le cas.

Vous pouvez également opter pour l'accessoire que montre la Figure 16.1, poétiquement appelé Smart Folio, qui est plus une sorte de capot qu'un étui. Il est ultrafin et tient grâce à des aimants. Plaquez le Smart Folio contre l'iPad et il se met en veille. Soulevez-le, ne serait-ce qu'un tout petit peu, et il se réveille.

Vous pouvez facilement plier le Smart Folio de plusieurs façons, afin d'en faire un support idéal pour lire, mais aussi écrire, regarder un film ou passer des appels FaceTime.

Disponible en plusieurs coloris il existe des modèles pour la majorité des iPad. Par conséquent, vérifiez bien que le Smart Folio qui vous intéresse est compatible avec le modèle de votre iPad.

Il existe aussi le Smart Cover, fin et léger, qui protège l'avant de l'iPad. Comme le Smart Folio, le Smart Cover réveille la tablette dès que vous le soulevez, et la remet en veille quand vous le rabattez.

Un étui, c'est bien. Mais si vous voulez placer l'iPad sur un support, comme ceux présentés plus loin dans ce chapitre, vous devez l'ôter de son étui, ce qui peut s'avérer quelque peu fastidieux à la longue.

Figure 16.1
Le Smart Folio pour iPad Air.

Les alternatives au clavier virtuel

Le clavier virtuel qui apparaît au moment même où vous en avez besoin est parfait pour les saisies assez courtes, comme la rédaction d'un courrier électronique ou une prise de notes. Mais, pour des tâches plus longues, un véritable clavier sera sans doute beaucoup plus confortable.

Il est heureusement très facile d'utiliser un véritable clavier avec l'iPad. Le clavier Magic Keyboard d'Apple est idéal pour pianoter sur un beau clavier en aluminium. Il se connecte en Bluetooth à l'iPad. Il existe des versions avec ou sans pavé numérique.

Notez que ce clavier est également utilisable avec des ordinateurs Mac. Comme il est particulièrement mince et compact, il est facile de l'emporter partout. Il trouvera toujours sa place dans un attaché-case, une mallette, un sac à dos, etc.

Mentionnons également le Smart Keyboard et Magic Keyboard (Figure 16.2) pour les iPad Air et iPad Pro, qui se connectent sur le port Smart Connector. Il sert aussi capot de protection et de support.

Figure 16.2
Le clavier Magic Keyboard.

Bien que nous ne l'ayons pas testé, il semblerait que n'importe quel clavier sans fil Bluetooth d'une marque tierce fonctionne, pour peu qu'il soit conforme au standard Bluetooth 2.1 + EDR. Par exemple, la marque Logitech propose un clavier Bluetooth pour iPad accompagné d'un support. Logitech et d'autres constructeurs proposent des modèles associant coque (ou housse) et clavier.

À noter que Logitech propose aussi des claviers ressemblant aux Smart Keyboard et Magic Keyboard, comme le Combo Touch et le Folio Touch.

Un stylet pour votre iPad

Un autre moyen de saisir des données consiste à utiliser un stylet. Vous en trouverez de nombreux modèles de marques tierces, notamment chez Wacom pour une trentaine d'euros. Mais nous nous devons de citer l'Apple Pencil, conçu pour la dernière génération d'iPad ainsi que pour l'iPad Pro, qui, selon les modèles, se recharge soit directement sur le port Lightning, soit contre le bord magnétique d'un iPad Pro de dernière génération (voir Figure 16.3). Il est vendu 99 € pour la première génération et 135 € pour la deuxième génération.

Figure 16.3
Le stylet Apple Pencil.

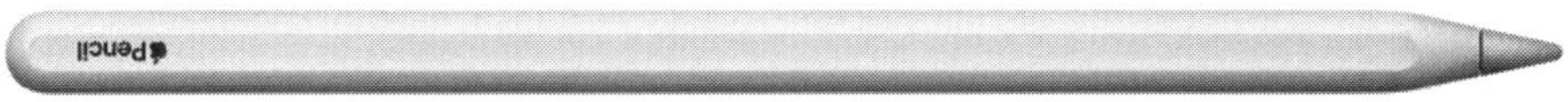

Connecter un appareil photo

L'iPad n'est pas équipé d'un lecteur de cartes mémoire SD, qui sont les moyens de transfert de photos numériques vers l'ordinateur les plus usités actuellement. L'iPad est pourtant une magnifique visionneuse. C'est pourquoi, si vous prenez beaucoup de photos, l'adaptateur Lightning vers lecteur de cartes SD (Figure 16.4), et l'adaptateur pour appareil photo Lightning vers le port USB-C (pour les iPad Air et les iPad Pro) méritent votre attention.

Figure 16.4
Le câble de transfert des photos à partir d'une carte mémoire SD.

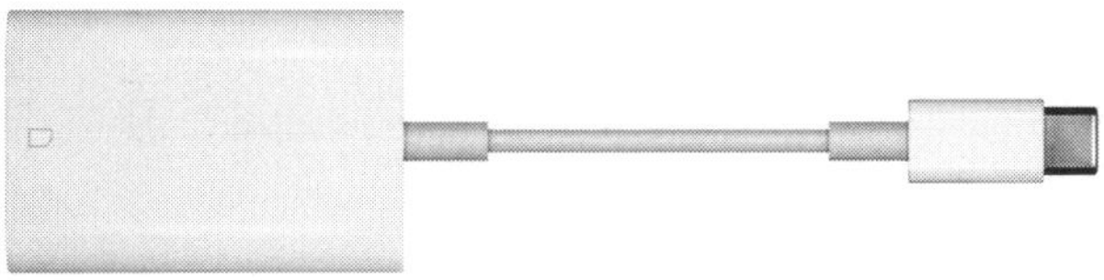

Le kit de connexion d'appareil photo est un accessoire fort utile en attendant – on peut rêver… – qu'Apple agrémente un jour l'iPad d'un lecteur de cartes mémoire SD intégré.

Connecter l'iPad à un téléviseur ou à un vidéoprojecteur

L'écran de l'iPad est assez vaste, ce qui apparente presque cette tablette à un ordinateur. Mais il n'est, bien sûr, pas aussi grand que celui d'un téléviseur, ou d'un écran comme ceux que l'on voit dans des salles de conférence ou dans un auditorium.

Les films sont plus beaux lorsqu'ils sont lus directement sur l'iPad, mais vous pouvez néanmoins les visionner sur un écran de télévision à l'aide du câble Composite AV. Il permet de brancher l'iPad à un *Home Cinema* ou à une chaîne stéréo. Attention toutefois : les premiers acheteurs ont été déçus par ce câble, car il ne restitue pas exactement ce qui est affiché sur l'iPad. L'application utilisée doit avoir été conçue pour prendre en charge un affichage vidéo externe, ce qui n'est pas toujours le cas. En outre, il ne se connecte qu'à des iPad dotés d'un connecteur Dock à 30 broches.

Le câble Adaptateur Lightning AV numérique est un câble HDMI qui est capable d'afficher l'écran de l'iPad sur un téléviseur et d'être connecté à un vidéoprojecteur, ce qui est un énorme avantage, notamment pour des présentations ou des démonstrations (voir la Figure 16.5).

Figure 16.5
Un connecteur HDMI pour iPad.

Non content d'offrir une connexion, ce câble est également équipé d'un connecteur USB-C.

Écouteurs, oreillettes, casques et microphones

Vous avez sans aucun doute remarqué que l'iPad est livré sans oreillettes ni écouteurs. C'est peut-être mieux ainsi, car ceux qui sont vendus depuis toujours avec les iPod et les iPhone ne sont pas très bons.

En l'absence d'écouteurs, vous voilà libre de choisir le matériel qui correspondra à votre budget et fera le bonheur de vos oreilles.

Le fil à l'oreille

Faites une recherche dans les boutiques en ligne, ou écumez les rayons des magasins spécialisés, et vous découvrirez quantité d'écouteurs, d'oreillettes, de casques et de casques-microphones, à des prix allant de quelques euros à plus d'un millier d'euros pour le très haut de gamme. Mais vous trouverez du bon matériel à partir d'une cinquantaine d'euros.

Précisons qu'Apple a racheté la société Beats (créée par le rappeur Dr Dre), célèbre pour ses casques audio hauts de gamme (et vendus à des prix assez élevés), que vous retrouverez tout naturellement sur le site d'Apple.

Étant donné le nombre de marques et de modèles de tout ce qui sert à écouter de la musique, il est évidemment impossible de tout essayer. Cela dit, nous en avons essayé beaucoup, sans doute plus que le commun des mortels, et nous avons nos préférences.

Dans le domaine des casques, certains ne jurent que par le Grado SR60x (`www.gradolabs.com`), bien connu pour offrir une étonnante qualité audio, pas du tout crado, à un prix abordable d'environ 150 euros. Nous avons testé des casques deux ou trois fois plus chers, et même davantage, qui n'étaient pas aussi bons. D'un autre côté, la marque allemande Sennheiser, `www.sennheiser.com`, propose également d'excellents modèles.

Si vous en avez les moyens, offrez-vous pour quelques (petites) centaines d'euros un casque Bose à réduction du bruit ambiant (`www.bose.fr`) ou Bang & Olufsen (`www.bang-olufsen.com`).

L'écoute sans fil

Si nous n'avons pas une grande expérience des casques et écouteurs Bluetooth, il n'est jamais trop tard pour s'y mettre. Ils permettent d'écouter de la musique jusqu'à dix mètres de distance de l'iPad, sans être entravé par un fil. Apple commercialise ses propres écouteurs Bluetooth, les AirPods et AirPods Pro.

N'importe quels haut-parleurs peuvent être connectés à l'iPad, mais si vous voulez un son correct, nous vous recommandons de n'opter que pour les enceintes *alimentées* et non pour des enceintes passives (non alimentées). La différence réside dans le fait que les premières contiennent leur propre amplificateur et délivrent ainsi un meilleur son, et plus fort que les secondes.

Le prix des enceintes va de quelques dizaines d'euros à des centaines, voire des milliers d'euros. La plupart des enceintes conçues pour les ordinateurs, iPod ou iPhone fonctionnent très bien tant qu'une entrée auxiliaire ou un connecteur de Dock ou Lightning permettent de les utiliser avec l'iPad.

Les enceintes Bluetooth

Comme les casques et les écouteurs, les enceintes Bluetooth restent en liaison avec l'iPad jusqu'à dix mètres. C'est parfait pour écouter de la musique autour de la piscine ou sous la douche, des lieux que l'iPad ne prise guère.

À l'instar des casques et des écouteurs Bluetooth, nous n'avons pas une grande expérience de ces équipements, mais nous nous en serions voulu de ne pas les mentionner, notamment l'enceinte connectée d'Apple : le HomePod, vendu à l'unité. Doublez le prix pour avoir la stéréo.

Autres accessoires

Avant de clore ce chapitre qui, lui, n'est pas accessoire, nous voudrions vous présenter quelques produits, notamment des films de protection qui maintiendront votre iPad à l'abri des agressions extérieures sans pour autant trop augmenter son encombrement.

Protéger l'écran avec un film

Certaines personnes préfèrent ne pas glisser leur iPad dans un étui, et c'est très bien ainsi. Pour le protéger, elles préfèrent recouvrir l'écran, voire tout l'appareil, d'une pellicule ou d'un film spécial. Nous avons déjà testé des produits de ce genre sur nos iPhone, et ils ont tenu leurs promesses. Appliqués dans les règles de l'art, ils sont quasiment invisibles et protègent efficacement l'iPad des rayures et des abrasions.

Nous avons par exemple testé la pellicule Invisible Shield fabriquée par Zagg (`www.zagg.com`), le film BodyGuardz (`www.bodyguardz.com`) et la pellicule Best Skins Ever. Tous ces produits se ressemblent. La première, Invisible Shield, est la plus chère et elle est peut-être de meilleure qualité. La pellicule BodyGuardz est 25 % moins chère et sa qualité semble comparable. Toutes deux sont garanties à vie. La pellicule Best Skins Ever est encore meilleur marché et, contrairement à ses concurrents, elle ne nécessite pas l'application préalable d'un liquide. Elle n'est pas garantie à vie, mais seulement 30 jours. Les trois sociétés proposent des pellicules qui protègent entièrement l'iPad (façade, dos et côtés) ou qui ne protègent que la façade et le dos.

Ces pellicules peuvent s'avérer délicates à appliquer. Respectez scrupuleusement le mode d'emploi, et regardez les vidéos sur le site Internet du vendeur ou sur YouTube.

Enfin, RadTech (`https://www.radtech.com`) propose une double protection de l'écran – contre les rayures et les reflets – grâce à un film en Mylar. Il est semi-rigide, contrairement aux pellicules précédemment décrites, mais il peut être nettoyé et réutilisé sans perte de qualité. La surface dure du Mylar résiste aux rayures et aux abrasions et sa qualité optique est irréprochable. Il est vendu par deux pour un peu moins d'une vingtaine d'euros.

Un support pour iPad

Les supports pour iPad sont nombreux. Ils seront le parfait compagnon du clavier Bluetooth d'Apple pour transformer l'iPad en ordinateur portable. Certains sont en outre dotés d'un chargeur et font office de station d'accueil, comme celui présenté à la Figure 16.6.

Figure 16.6
Un support/station d'accueil pour iPad.

Écouter l'iPad en amoureux

Quand vous voyagez à deux en avion, en train, en autocar ou dans le métro, un dédoubleur de jack sera fort utile.

Ce petit accessoire peu coûteux, en vente dans tous les magasins de hi-fi, possède une prise stéréo mâle de 3,5 mm que vous branchez dans la prise audio de l'iPad et, à l'opposé, deux prises stéréo femelles auxquelles chacun connecte son casque ou ses écouteurs. C'est une solution idéale pour profiter de l'iPad en couple sans gêner les voisins.

Assurez-vous que le dédoubleur est bien un modèle stéréo, et non mono.

Et surtout, après le bisou, au moment de prendre chacun sa route, pensez à débrancher l'écouteur de celui qui n'emporte pas l'iPad. Autrement, la séparation serait aussi déchirante pour le couple que pour le fil électrique.

Cinquième partie

Les dix commandements

DANS CETTE PARTIE…

Les dix commandements sont une véritable institution dans la collection « Pour les Nuls ». Nous ne dérogerons évidemment pas à cette tradition. Vous trouverez donc dans cette partie une liste de dix applications, essentiellement gratuites, qui méritent d'être installées dans votre iPad. Le choix est évidemment personnel, et d'autres applications non mentionnées ici vous paraîtront sans doute indispensables. C'est pourquoi, ne manquez pas de visiter régulièrement l'App Store pour vous tenir au courant des applications disponibles et des nouveautés.

Nous conclurons par l'un de nos sujets préférés : les trucs, astuces et raccourcis qui facilitent l'existence avec l'iPad. Vous découvrirez différents moyens de vérifier la capacité du petit joujou, de partager des pages Internet, de mieux utiliser le clavier virtuel, etc.

DANS CE CHAPITRE

- Calculatrice.
- Météo.
- Radio.
- Musique.
- Dailymotion.
- Mappy.
- Google Earth.
- Réveil HD.
- Wireless-Disk.
- YouTube.

Chapitre 17
Apps-olument génial !

Comme promis, ce chapitre vous propose de partir à la découverte de dix applications gratuites *et* utiles à installer.

Lors de vos recherches dans iTunes, pensez à sélectionner ce qui concerne l'iPad. Vous accéderez ainsi uniquement aux applications développées spécialement pour votre tablette, et non aux applications pour iPhone, moins séduisantes quand elles sont grossies.

Calculatrice

Pourquoi est-ce qu'Apple n'a pas cru bon de placer la calculette de l'iPhone dans l'iPad ? Mystère. Les applications de calcul ne manquent heureusement pas.

Parmi toutes les calculatrices que l'on trouve dans l'App Store, nous avons retenu Calculette pour iPad du développeur Beijing. À l'instar de l'application Calculette de l'iPhone, elle se présente sous deux formes, comme le montre la Figure 17.1 : une calculatrice « quatre opérations » à mémoire lorsque l'iPad est tenu en hauteur, et une calculatrice scientifique lorsque l'iPad est tenu en largeur.

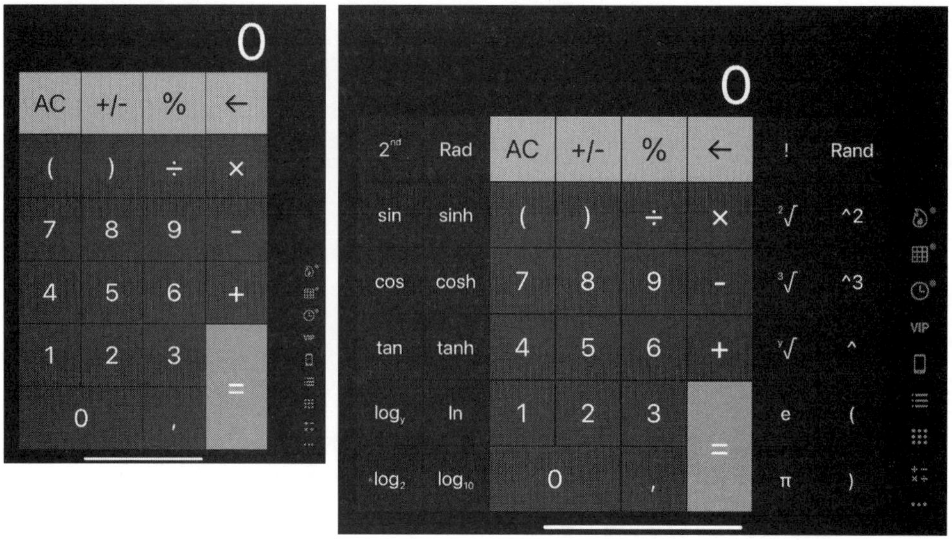

Figure 17.1 L'application Calculette pour iPad en mode « quatre opérations » à gauche et, à droite, le mode « scientifique ».

Cette calculatrice n'est pas la seule. Tapez Calculatrice dans le champ de recherche de l'App Store pour accéder à une grande quantité de propositions.

Gratuit ne veut pas forcément dire *cadeau*. Bien souvent, une application dite gratuite se rémunère en affichant des publicités plus ou moins discrètes ou intempestives. Si vous voulez vous en débarrasser, alors vous devrez passer par la case Achat. Fort heureusement, le prix demandé est généralement modique.

Météo

Si l'iPad propose une application Météo, peut-être préférerez-vous une app davantage axée sur le temps qu'il fait et fera dans notre hexagone. Pour cela, il suffit de télécharger depuis l'App Store l'app Météo-France et/ou La Chaîne Météo comme le montre la Figure 17.2. Ces deux apps sont gratuites et offrent de nombreuses fonctionnalités, comme des alertes ou encore l'accès à différentes vidéos (voir la Figure 17.2).

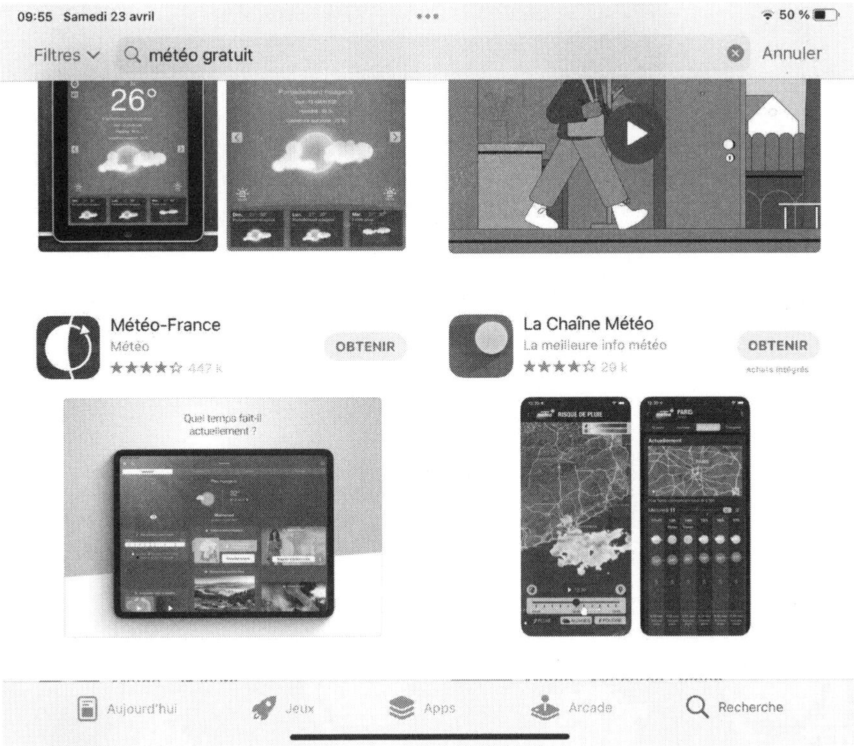

Figure 17.2 Beau temps sur (presque) toute la France !

Radio

Vous préférez la radio ? Votre station préférée a sans doute développé une application pour iPhone. Le seul inconvénient est l'interface minuscule, prévue pour le petit écran de l'iPhone. Frustrant sur un iPad...

Fort heureusement, quasiment toutes les stations de radio ont aujourd'hui une application permettant de l'écouter à tout moment. Avec l'application Autoroute Info, vous pouvez même capter chez vous le fameux 107.7 pour préparer un trajet.

Une application générique comme TuneIn Radio (Figure 17.3) donne accès à toutes les grandes stations comme Europe1, France Info, RMC, RTL, Skyrock et bien d'autres. La base de données mondiale contient plus de dix mille radios !

Figure 17.3 Toutes les radios de France et du monde sur votre iPad.

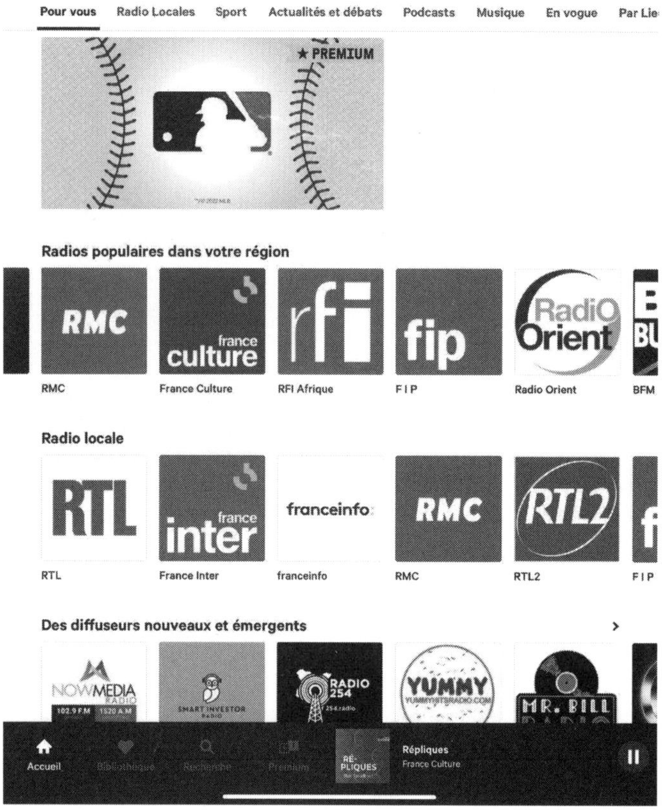

Musique

Vous voudriez jouer de la musique? L'écran de l'iPad peut devenir un fabuleux clavier avec une application appelée iGrand Piano Free for iPad gratuite, qu'illustre la Figure 17.4. Faites glisser le clavier vers la gauche ou la droite pour accéder à d'autres octaves. Vous avez droit à trois morceaux de piano pour apprendre à jouer des titres célèbres comme la *Gymnopédie n° 1* d'Erik Satie, la *Lettre à Élise* de Beethoven, et une sonate de Mozart.

Vous pouvez acheter des types de pianos supplémentaires. La sonorité est excellente et un métronome peut être réglé de 50 à 249 battements par minute.

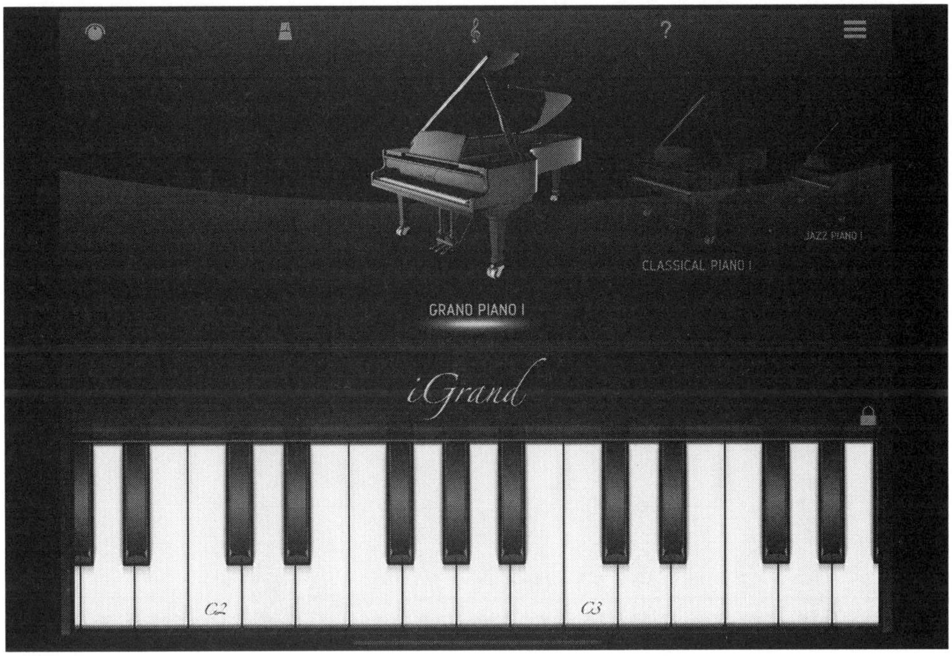

Figure 17.4 Une partie des touches apparaît ; faites glisser la sélection sur le clavier en haut pour changer d'octave.

Sytadin

Plus qu'utile si vous habitez la région parisienne, Sytadin vous informe de l'état de la circulation en Île-de-France. L'application a été conçue pour les iPhone, mais elle a aussi sa place sur un iPad. Un bouton en bas à droite permet d'agrandir l'affichage.

Travaux, fermeture de route, rue ou périphérique, véhicules en panne et accidents sont mentionnés en temps réel (Figure 17.5). Sytadin permet aussi de consulter tous les panneaux lumineux indiquant les durées de trajet. Des alertes peuvent être configurées afin d'être prévenu d'un incident avant de prendre la route

Figure 17.5 L'état de la circulation en Île-de-France.

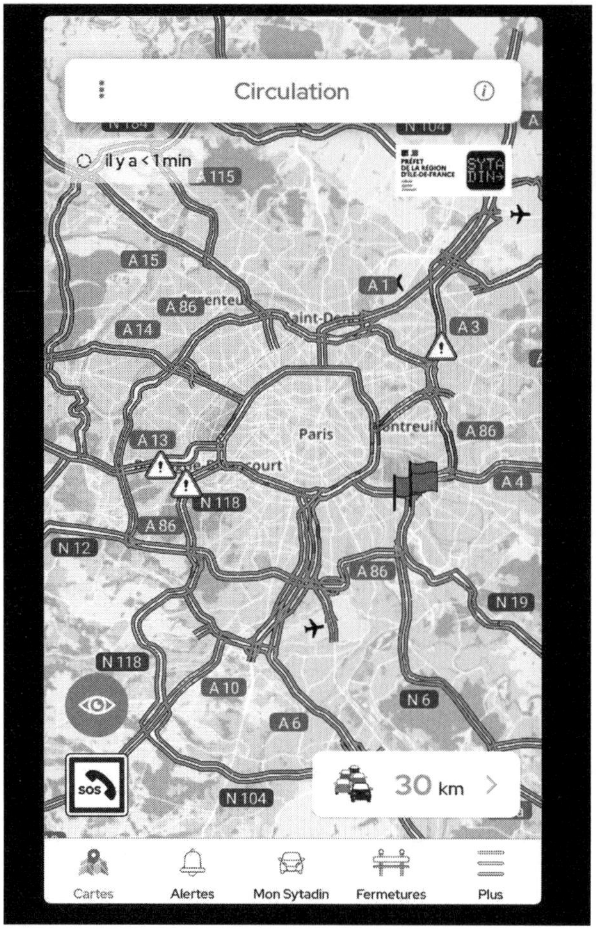

Pages Jaunes

L'application Plans de l'iPad est fort utile pour trouver des commerces et des services, mais elle n'a pas détrôné une institution : les vénérables Pages Jaunes, auxquelles s'ajoutent les Pages Blanches pour la recherche des coordonnées de particuliers (amis, famille...).

Contrairement aux apparences, l'ancien « annuaire inversé » qui permettait de chercher à qui appartient un numéro de téléphone, n'a pas disparu. Il suffit de le saisir dans l'unique champ de recherche. Mais la plupart des particuliers étant désormais en liste rouge, la recherche n'aboutit souvent pas.

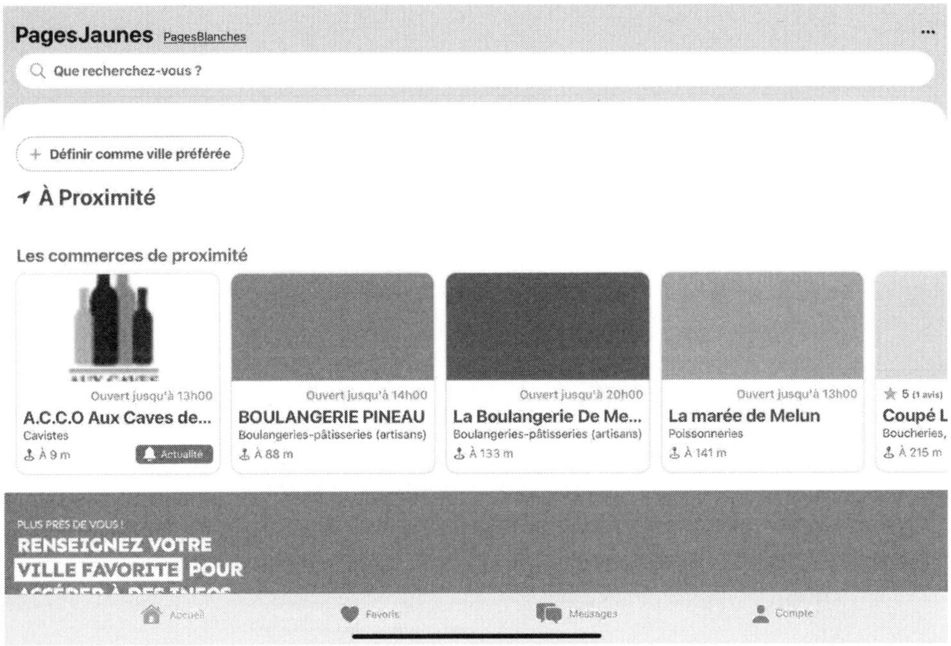

Figure 17.6
L'incontournable PagesJaunes.

Google Earth

C'est l'une des applications de cartographie les plus spectaculaires. Elle complète parfaitement l'application Plans d'Apple. Après avoir localisé votre iPad, un impressionnant zoom commence par une vue du globe terrestre tout entier suivi d'une descente vertigineuse jusqu'à votre petit « chez vous ». Des photos d'innombrables sites touristiques, des références provenant de Wikipédia, les routes et les frontières peuvent être affichées.

Google Earth c'est aussi Street View, une fonction activée en touchant une icône en forme de petit personnage, en bas à droite de l'écran. Elle permet de parcourir les rues de la plupart des villes du monde (Figure 17.7). Notez que les vues de Street View ne sont pas prises en temps réel. Certaines datent de deux ou trois ans.

Figure 17.7
La tour Eiffel célèbre et très touristique visitée avec Street View.

Réveil HD

L'iPad indique l'heure, mais de manière très discrète, en tout petits caractères dans la barre de titre.

Plusieurs applications permettent de transformer l'écran en horloge plus lisible. Réveil HD d'Alarm Clock affiche l'heure en grands caractères numériques, et indique éventuellement l'état du ciel et la température actuelle, ainsi que la maximale et la minimale du jour (voir la Figure 17.8).

Toucher l'icône de réveil (qui apparaît en haut à droite après avoir touché l'écran) permet de configurer des alarmes, avec la possibilité de les répéter à intervalles réguliers et de choisir le son du réveil (classique, coucou, chants d'oiseaux...).

Figure 17.8 L'iPad vous donne l'heure ainsi que d'autres informations.

Wireless-Disk

Cette application gratuite transforme l'iPad en clé USB dans laquelle vous pouvez placer n'importe quels types de fichiers, y compris de grande taille.

Voici comment transférer un fichier dans l'iPad avec Wireless-Disk :

1. Assurez-vous que l'iPad est connecté à un réseau Wi-Fi.

   L'icône Wi-Fi à gauche dans la barre de titre de l'iPad doit être visible et indiquer un signal exploitable.

2. Touchez Tap here to upload file from your PC (« *Touchez ici pour télécharger un fichier depuis votre PC* »), puis WiFi File Transfer.

   Notez l'adresse IP indiquée en haut de la fenêtre (comme sur la Figure 17.9).

3. Démarrez le navigateur Internet sur l'ordinateur ou tout autre appareil connecté en Wi-Fi où se trouvent les fichiers à transférer.

4. Dans la barre d'adresse du navigateur Internet de l'ordinateur ou de l'autre appareil, saisissez l'adresse indiquée à l'Étape 2 et appuyez sur la touche Entrée (PC) ou Retour (Mac).

   L'interface de la Figure 17.10 apparaît.

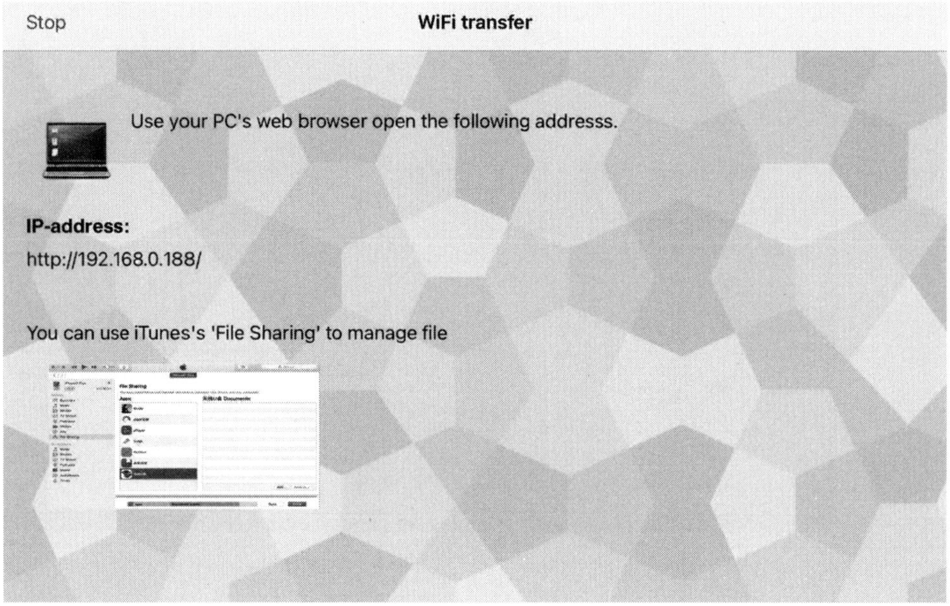

Figure 17.9 L'iPad peut aussi être une clé USB.

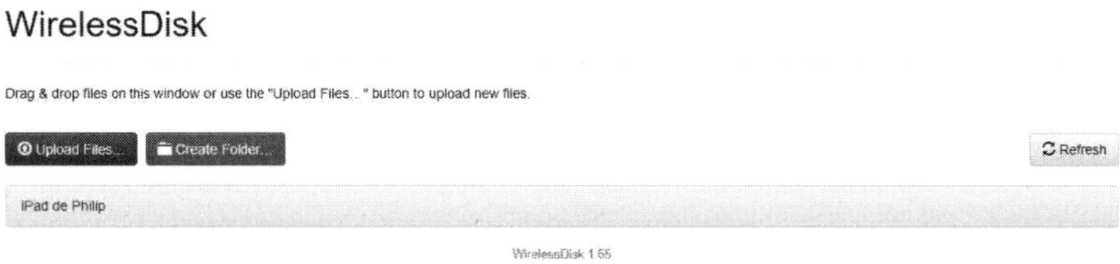

Figure 17.10 L'interface de transfert de fichiers sur l'ordinateur.

❺ Cliquez sur le bouton Upload File (« *Télécharger un fichier* ») et naviguez jusqu'au fichier à transférer. Cliquez dessus puis sur le bouton Choisir ou Ouvrir.

Le fichier apparaît dans la page (voir Figure 17.10). Il est envoyé vers l'iPad par la liaison Wi-Fi.

❻ Dans l'interface de Wireless-Disk sur votre iPad, touchez Stop en haut de la fenêtre : le fichier transféré apparaît.

❼ Touchez le fichier dans la liste, puis Preview (« *aperçu* ») s'il s'agit d'une image.

Le fichier apparaît. Pour le télécharger sur l'iPad, touchez l'icône Partager (le carré surmonté d'une flèche).

❽ Touchez Done (« *Terminé* ») à gauche, pour revenir à l'écran précédent.

Un mot de passe peut être défini pour protéger le contenu de Wireless-Disk (touchez Password, en bas à gauche).

Pour supprimer un fichier dans Wireless-Disk, effleurez-le vers la gauche, puis touchez le bouton rouge Delete (« *supprimer* »).

Dans un registre comparable, vous pouvez également vous intéresser à d'autres applications, par exemple iFiles ou USB Disk.

YouTube

Pour d'obscures (enfin, pas si obscures que cela) raisons, Apple a rompu il y a quelques années le contrat lui permettant d'utiliser l'application YouTube. Si elle vous manque vraiment, vous pourrez la télécharger depuis l'App Store.

Pour rechercher des vidéos, touchez la loupe en haut à droite de YouTube, saisissez quelques mots d'un titre, un nom d'artiste, voire d'un événement, puis tapez sur la touche Rechercher. Parcourez ensuite les vidéos proposées puis touchez celle qui vous intéresse (voir la Figure 17.11).

Figure 17.11 Regarder une vidéo dans YouTube.

Chapitre 18

Dix trucs, astuces et raccourcis

DANS CE CHAPITRE

Ne pas être dérangé.

•

Vérifier la capacité de stockage de l'iPad.

•

Allonger la vie de la batterie.

•

Partager des liens et des pages Internet.

•

Définir la page de démarrage dans Safari.

•

Optimiser la mémoire.

•

Photographier avec le bouton volume.

•

Désactiver le son du clavier virtuel.

•

Effectuer et annoter des captures d'écran.

Après avoir tripoté l'iPad dans tous les sens, nous avons fini par trouver bon nombre de trucs, d'astuces et de raccourcis. Dans ce chapitre, nous vous livrons ceux que nous préférons.

Ne pas être dérangé

Lorsque vous travaillez sur un projet sensible exigeant beaucoup de concentration, sans doute souhaiterez-vous d'être le moins dérangé possible par les notifications de votre iPad. Vous pourrez alors choisir les personnes que votre tablette autorisera à vous interrompre.

Voici comment procéder pour activer une option de concentration :

1. **Faites glisser vers le bas la partie supérieure droite de l'écran de votre iPad.**
2. **Parmi les icônes qui apparaissent, touchez Concentration pour accéder aux paramètres illustrés sur la Figure 18.1.**

❸ Ensuite, choisissez la durée d'activation de la fonction de concentration en commençant par toucher Ne pas déranger.

Vous pouvez alors choisir entre Pendant 1 heure, Jusqu'à ce soir, Jusqu'à ce que je quitte ce lieu <localisation actuelle de votre tablette>, Temps pour soi et enfin Travail.

❹ Le cas échéant, réglez d'autres paramètres qui vous seront proposés pour définir le temps de concentration.

❺ Pour indiquer les personnes et les apps qui peuvent contourner cette fonction de concentration, touchez Réglages sous Ne pas déranger.

Vous accédez alors aux paramètres Concentration de l'écran Réglages, comme sur la Figure 18.2.

❻ Touchez Personnes puis Ajouter et enfin choisissez les personnes en question dans l'app Contacts qui apparaît, et validez en touchant OK en haut à droite.

❼ Faites de même avec la fonction App, puis activez chacune des options qui échapperont à vos réglages de concentration.

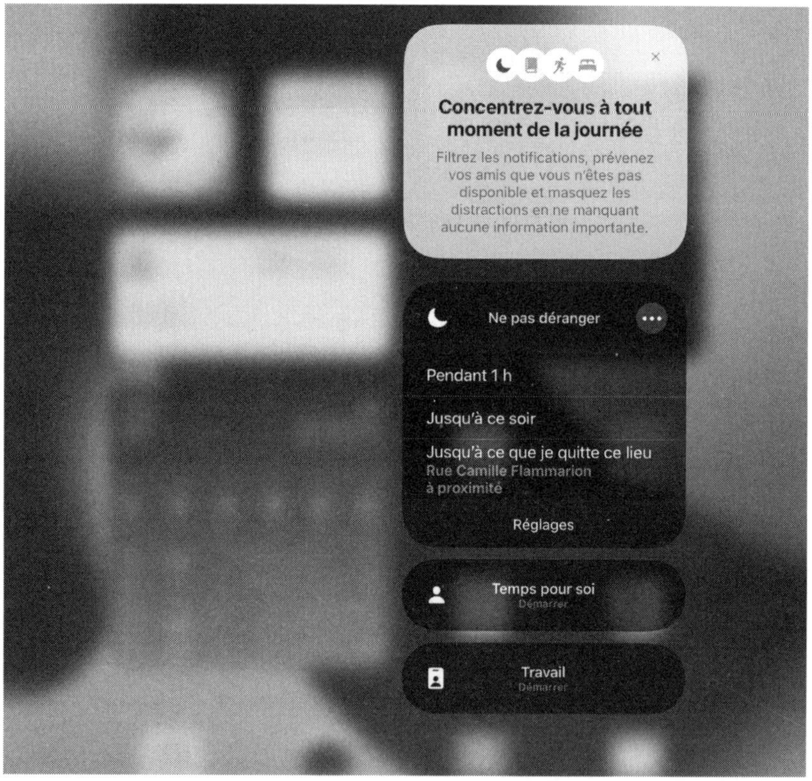

Figure 18.1
Les réglages de Concentration.

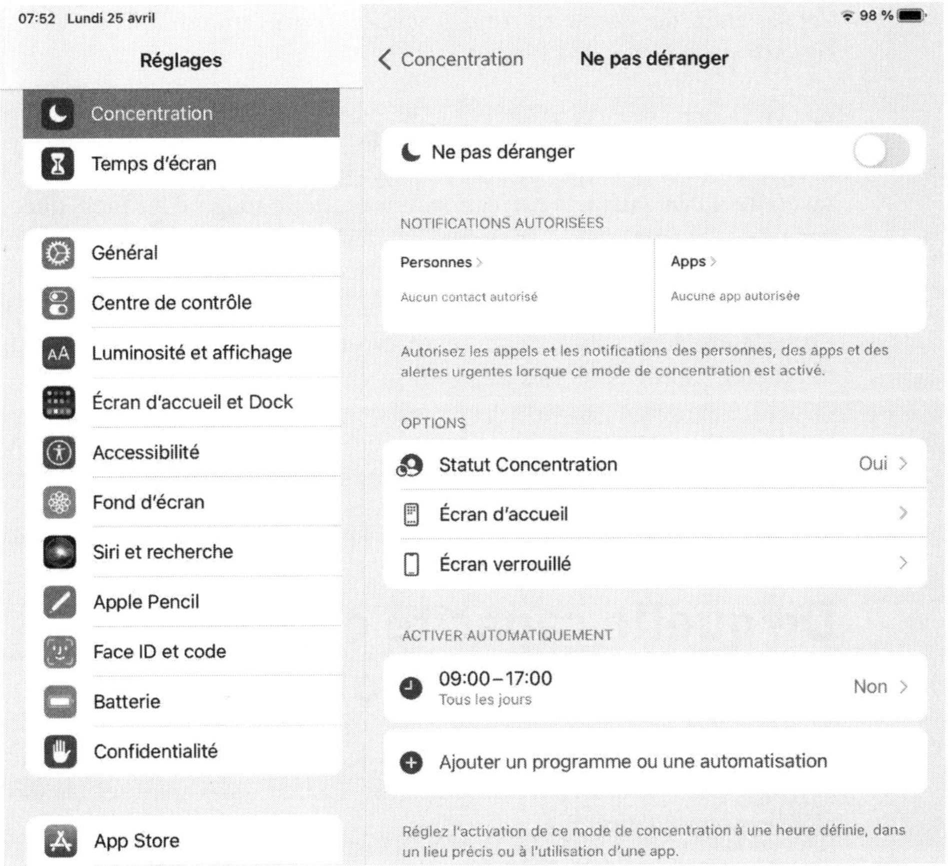

Figure 18.2 Indiquez les personnes et les apps qui pourront vous déranger.

La correction automatique

La correction automatique est extrêmement pratique. Voici quelques-unes de ses fonctionnalités qui faciliteront vos saisies.

Oubliez les apostrophes

Quand vous saisissez des notes, ne vous laissez pas ralentir par les apostrophes, car la correction automatique de l'iPad s'en charge. Elle corrige aussi des contractions. Bref, laissez autant que possible l'iPad travailler pour vous.

Par exemple, au lieu de taper « C'est l'été », tapez tout bonnement « cest lete ». Chaque fois que vous toucherez la barre Espace, l'iPad convertira « cest » en « c'est » et « lete » en « l'été ».

Vous venez de découvrir une nouvelle forme grammaticale : la grammaire concise et évolutive de l'iPad.

Rejetez avec désinvolture

Au cours d'une saisie, la correction automatique suggère les mots que, selon elle, vous êtes en train de taper. Si aucune suggestion particulière ne vous convient, continuez simplement à saisir votre mot. Touchez ensuite, dans la liste des suggestions, celle qui est affichée à gauche et qui est encadrée par des guillemets. De cette manière, l'iPad va apprendre votre nouveau mot, et il sera plus enclin à l'accepter la prochaine fois que vous le saisirez.

Si vous utilisez un véritable clavier, comme le Smart Keyboard et Magic Keyboard pour iPad Pro ou encore un clavier sans fil, vous pouvez rejeter la suggestion automatique en appuyant sur la touche Esc.

De quelle capacité de stockage disposez-vous encore ?

Pour obtenir un maximum de détails sur le stockage de votre iPad, touchez Réglages puis Général et enfin Stockage iPad, et ainsi analyser les informations visibles sur la Figure 18.3.

En lisant verticalement ce contenu, vous disposez des données suivantes :

» **La capacité de stockage utilisée par rapport à la capacité totale.**

» **Des recommandations sur l'utilisation de Photos iCloud, des apps inutilisées, et des vidéos personnelles.**

» **Une très longue liste des applications et de l'espace de stockage qu'elles occupent.**

» **L'espace de stockage occupé par iPadOS, et celui occupé par les données du système.**

Touchez une application pour accéder à des détails sur son utilisation, et pour disposer des commandes Décharger l'app et Supprimer l'app. Si cette dernière parle d'elle-même, la commande Décharger l'app permet de libérer une certaine quantité d'espace de stockage, mais tout en conservant ses documents et les données qui leur sont associées. Confirmez votre souhait en touchant de nouveau Décharger l'app dans le message qui apparaît.

Figure 18.3 Immobilisez le pointeur de la souris sur une zone colorée pour obtenir des détails.

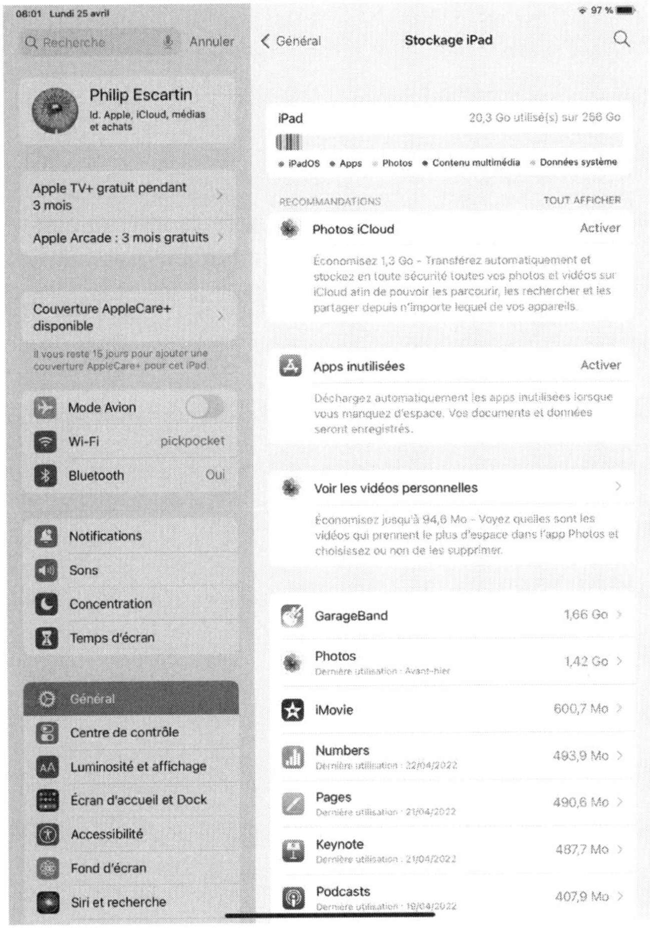

Longue vie à la batterie !

Ce chapitre étant consacré à des trucs et astuces, et comme il nous paraît important que vous ne tombiez jamais en panne de batterie, nous nous en voudrions de ne pas vous indiquer quelques moyens d'étendre son autonomie. D'abord et avant tout : si l'iPad est dans un étui, le charger pendant qu'il est dedans risque de produire une surchauffe préjudiciable à la fois pour la capacité de la batterie et sa durée de vie. C'est pourquoi, ôtez toujours l'iPad de son étui avant de le charger, surtout s'il chauffe.

Les réseaux Wi-Fi, EDGE et 3G/4G/5G, ainsi que la connexion Bluetooth, consomment de l'électricité, même quand ils ne sont pas utilisés. Si vous ne vous en servez pas, désactivez-les au travers du panneau Réglages.

Le réglage de luminosité automatique ajuste la luminosité de l'écran en fonction de la lumière ambiante. Il offre un autre avantage, à savoir une légère augmentation de l'autonomie de la batterie. Pour activer cette fonctionnalité, touchez Réglages > Général > Accessibilité > Affichage et taille du texte, et activez l'option Luminosité automatique.

Figure 18.4
Tous les secrets de la batterie.

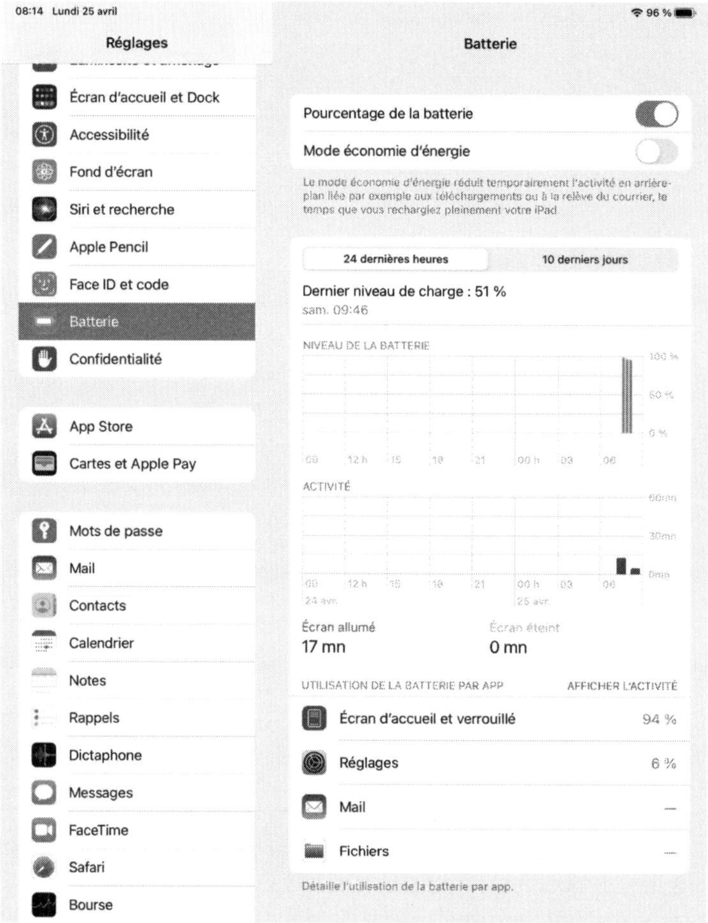

L'égaliseur évoqué au Chapitre 9 améliore le rendu sonore, mais il oblige aussi le processeur à travailler davantage. Le désactiver augmentera l'autonomie de la batterie. Si vous avez égalisé des morceaux dans iTunes au travers de la commande Obtenir les informations, et que vous désiriez conserver l'égalisation dans iTunes, mettez celle de l'iPad sur Plat. Comme l'égalisation n'a pas été désactivée, la batterie sera un peu mise à contribution, mais vous entendrez le morceau exactement comme vous l'avez voulu. Pour modifier les paramètres d'égalisation, touchez l'icône Réglages > Musique > Égaliseur.

Pour économiser la batterie, encore faut-il aussi savoir ce qui la sollicite le plus. Pour cela, rendez-vous dans Réglages > Batterie. Comme l'illustre la Figure 18.4, vous pouvez alors visualiser la manière dont les applications consomment votre batterie. Vous saurez ainsi si vous devez désactiver, voire désinstaller, telle ou telle application trop gourmande.

Une dernière astuce qui vaut aussi pour l'iPhone consiste à mettre l'iPad en veille en appuyant sur le bouton Marche/Veille, et non le laisser se mettre en veille automatiquement, après une durée d'inactivité. La «véritable veille» économise considérablement la batterie.

Liens d'adresses Internet et de courriers électroniques

L'iPad réagit d'une façon particulière lorsqu'il rencontre une adresse de courrier électronique ou une adresse Internet (URL). Il sait qu'une succession de caractères comme «http://www.site.nom.com» ou «www.site.fr» est une adresse Internet et qu'une suite comme «prenom.nom@fai.fr» est une adresse de messagerie. Il les transforme en liens qu'il fait apparaître en bleu et soulignés.

Quand vous touchez l'un de ces liens, l'iPad démarre Safari afin d'accéder au site indiqué par l'adresse Internet, ou bien il ouvre un nouveau message vide dans lequel il a déjà placé l'adresse du destinataire, c'est-à-dire celle que vous venez de toucher.

Voici une autre astuce sympa de Safari, mais cette fois pour les liens hypertextes : maintenez le doigt deux ou trois secondes sur un lien, et un aperçu de la page concernée et des commandes apparaissent, comme sur la Figure 18.5. Vous pouvez alors :

» **Ouvrir :** Safari ouvre la page Internet.

» **Ouvrir en arrière-plan :** ouvre la page dans un nouvel onglet.

» **Ouvrir dans un groupe d'onglets :** permet de choisir entre Nouveau groupe d'onglets et <un groupe existant>, pour créer un groupe d'onglets ou pour ajouter la page au groupe existant.

» **Ouvrir dans Split View :** la nouvelle page et la page actuelle vont se partager l'écran de l'iPad.

» **Télécharger le fichier lié :** télécharge le fichier qui est lié à la page s'il en existe un.

» **Dans la liste de lecture :** place le signet dans la catégorie Liste de lecture. Contrairement aux signets classiques, conservés en permanence dans la liste, ceux de la liste de lecture disparaissent sitôt que vous venez de lire la page Internet. C'est un bon moyen pour différer la lecture d'une page à plus tard, mais sans encombrer la liste des signets.

» **Copier :** copie l'URL dans le Presse-papiers afin qu'elle puisse être collée dans un message, dans Notes ou ailleurs.

» **Partager :** pour partager le lien par les moyens habituellement proposés *via* cette option (iMessage, e-mail, Facebook, Twitter, *etc.*).

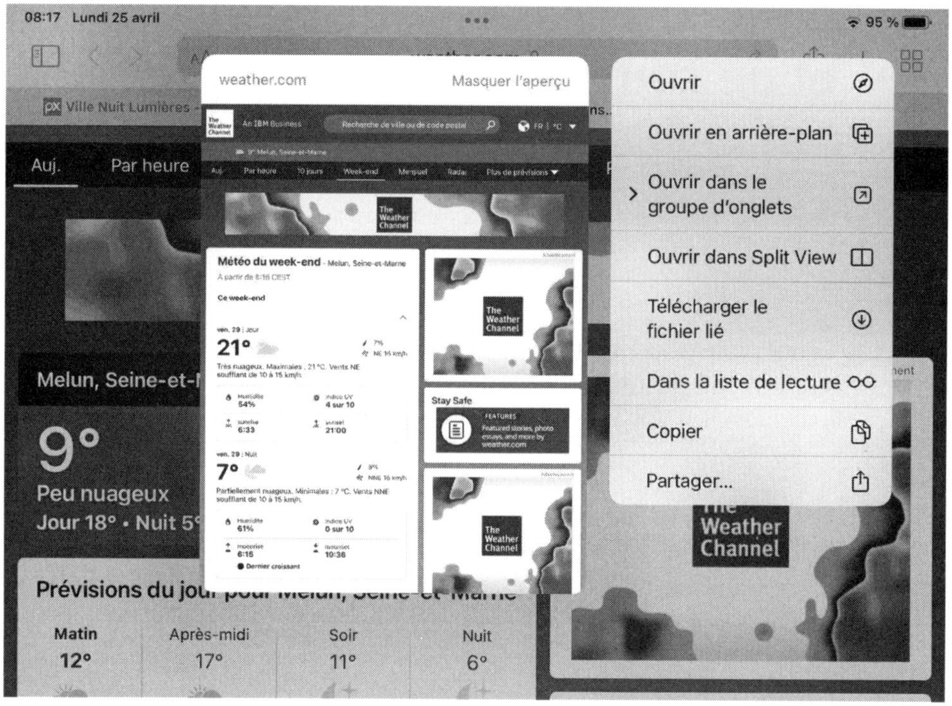

Figure 18.5 L'aperçu et les commandes qui s'affichent lorsque vous maintenez votre doigt appuyé sur un lien hypertexte.

L'adresse Internet complète d'un lien est affichée lorsque vous touchez continûment une URL dans Mail ou Notes. Cela peut permettre de détecter des liens douteux avant d'ouvrir une page dans Safari.

Et pour finir, une dernière astuce pour Safari : quand vous maintenez le doigt appuyé sur une image, touchez le bouton Enregistrer l'image et elle sera placée dans l'album Toutes les photos, au sein de l'application Photos. Touchez Copier, et elle sera stockée dans le Presse-papiers. Bien entendu, si cette image est associée à un lien, vous retrouverez aussi les options décrites ci-dessus.

Faire connaître une page Internet

Vous avez trouvé une page Internet que vous aimeriez bien faire connaître à quelqu'un d'autre? Rien de plus facile avec l'iPad. Depuis le site en question, touchez l'icône Partager en forme de carré avec une flèche qui en sort, en haut à gauche de Safari. Dans le menu qui apparaît, choisissez Mail (ou choisissez l'une des autres options, comme Messages). Ce faisant, un message Mail est créé avec, dans le champ Objet, le nom du site Internet déjà inscrit, et son adresse Internet. Choisissez le ou les destinataires, ajoutez éventuellement un commentaire de votre cru, puis touchez la flèche dirigée vers le haut pour envoyer le message.

Choisir une page de démarrage pour Safari

Vous avez sans doute remarqué que, contrairement aux versions de Safari pour Mac OS et Windows, la version pour iPad n'a pas de page de démarrage. Quand vous touchez l'icône Safari, c'est la page du dernier site visité qui est affichée ou la page des Favoris.

L'astuce, pour créer une page de démarrage, consiste à recourir à ce que l'on appelle *un clip Web* de la page en question. Voici comment procéder :

1. Ouvrez la page Internet dont vous désirez faire la page de démarrage puis touchez le bouton Partager.

2. Si nécessaire, faites défiler verticalement le contenu de ce menu local, puis touchez le bouton Sur l'écran d'accueil.

Une icône pointant vers cette page Internet sera placée sur l'écran d'accueil de l'iPad (ou sur l'un des écrans si vous en avez défini plusieurs).

❸ Touchez cette nouvelle icône, au lieu de celle de Safari, chaque fois que vous désirez accéder directement au site en question.

Vous pouvez même redisposer les icônes afin que l'icône de votre site perso se trouve dans le Dock. Reportez-vous au Chapitre 1 pour savoir comment redisposer les icônes de l'écran d'accueil.

Optimiser la mémoire

Le système d'exploitation iPadOS de l'iPad gère parfaitement la mémoire vive (celle qu'il utilise lors du traitement des données, pas la mémoire de stockage où vous engrangez vos photos, musiques, vidéos et autres éléments). Si vous avez l'impression que votre tablette réagit plus lentement, voici deux moyens de libérer de la mémoire :

» **Éteignez l'iPad :** ne vous contentez pas de le mettre en veille. Lorsque l'iPad est éteint, sa mémoire vive est vidée de tout son contenu.

» **Arrêtez les applications fonctionnant en multitâche :** toutes les applications que vous utilisez et refermez restent plus ou moins en mémoire (c'est cela, le multitâche !). Pour faire le ménage, double-cliquez sur le bouton principal (iPad standard ou iPad mini) ou effleurez lentement l'écran de bas en haut (iPad Air ou iPad Pro). Les icônes ainsi que des images réduites des applications mémorisées apparaissent. Faites glisser l'image réduite de chacune des applications vers le haut de l'écran d'accueil pour les effacer de la mémoire.

Photographier avec le bouton volume

Peut-être ne le savez-vous pas, mais lorsque vous utilisez l'app Appareil photo, vous pouvez déclencher sans toucher l'icône du déclencheur (gros cercle blanc) visible sur l'écran de l'iPad. Cela s'avère pratique dans des circonstances où vous ne pouvez pas voir facilement l'écran du fait de circonstances de cadrage particulières. Dans ce cas, déclenchez en appuyant sur un des deux boutons permettant de réglage le volume de votre tablette.

Désactiver le son émis par les touches du clavier virtuel

Par défaut, un son est émis par chaque touche lorsque vous saisissez du texte avec le clavier virtuel de votre iPad. À la longue, ce son devient obsédant et insupportable aussi bien pour vous que pour votre entourage.

Pour désactiver cette fonctionnalité, touchez l'icône Réglages de l'écran d'accueil puis Sons, et enfin basculez le commutateur Clics du clavier en position « désactivé » (couleur grise au lieu de verte).Effectuer et annoter une capture d'écran

Nous avons placé cette astuce tout à la fin car elle aide surtout les gens comme nous : auteurs, traducteurs, journalistes et webmestres, qui ont tous besoin d'illustrer des livres – dont celui-ci – ou des sites Internet avec ce que l'on appelle des « captures d'écran », un anglicisme pour « recopies d'écran ».

Pour réaliser une capture d'écran, appuyez simultanément et brièvement sur le bouton Arrêt/Veille et le bouton principal (iPad standard et iPad mini) ou sur le bouton Arrêt/Veille et le bouton de volume+ (iPad Air et iPad Pro). L'iPad enregistre aussitôt un instantané de ce qui se trouve à l'écran.

Une vignette de la capture d'écran apparaît brièvement dans le coin inférieur gauche de l'écran. Touchez-la pour l'afficher (Figure 18.6) et accéder à diverses commandes :

» **Luminosité :** la glissière en haut à gauche permet de régler la luminosité de la capture.

» **Recadrage :** faites glisser les bords du cadre pour délimiter la partie à conserver.

» **Dessiner :** des outils de dessin, semblables à ceux de l'application Notes, sont disponibles en haut de l'écran.

» **Supprimer :** l'icône de la poubelle permet de supprimer la capture en cours.

» **Partager :** donne accès aux options de partage standard sur iPad.

Cliquez sur OK pour enregistrer la capture d'écran, soit dans l'application Photos, où elle sera placée dans l'album Captures d'écran, soit dans l'application Fichiers, où vous l'enregistrerez dans l'iPad ou dans iCloud.

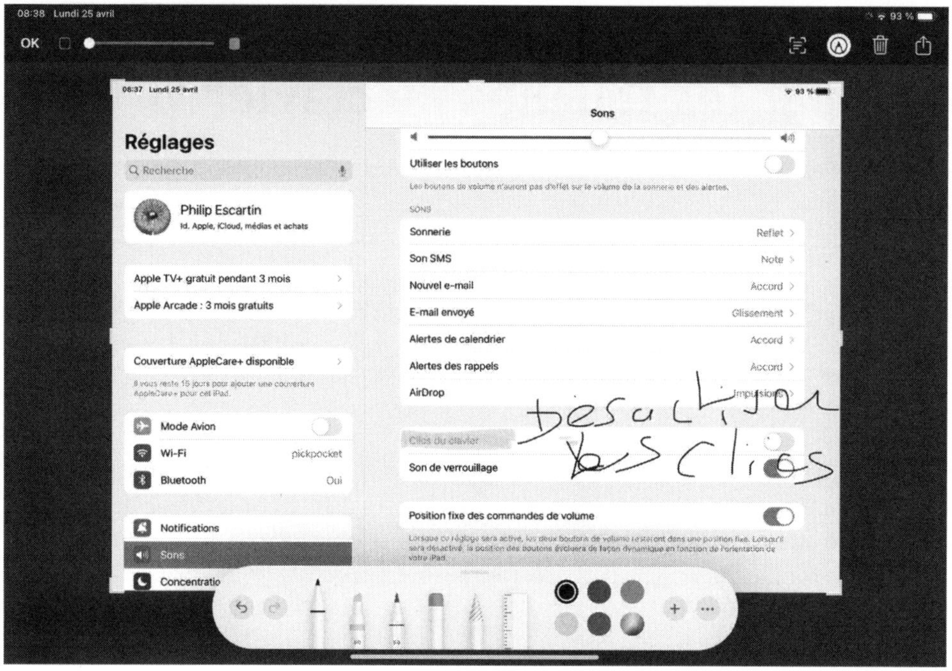

Figure 18.6 Les outils de recadrage et d'annotation d'une capture d'écran (ici, la capture d'un site Internet).

Index

G

H

I

J

K

L

M

S

T

U

V

W

Y

Z

Notes

Réglages > Concentration > Pour
être tranquille sans Appel

Réglages > Mots de Passe :
soit > Options
soit > Avis Relatifs Sécurité
> Détecter les Mots de Passe
Compromis

Réglages > ID > Diverses Informations
et sur les Appareils.

Réglages > Général > Eteindre
(en toute fin)

Réglages > Ecran Accueil + Multitâche
> Stage Manager
{Demander comment s'en servir}

Notes

Heure PST (Pacifique)
il est 9h plus tard à PARIS

Notes

Notes

Notes

Notes

Notes